LA FUENTE DEL LOTO

CONVERTIRSE EN NACIDO DEL LOTO

LA FUENTE DEL LOTO

CONVERTIRSE EN NACIDO DEL LOTO

C. R. LAMA Y JAMES LOW

Título original: Lotus Source. Becoming Lotus Born

Publicado por Simply Being www.simplybeing.co.uk

ISBN: 978-1-7394572-7-3

Imagen de la portada y del loto : Sarah Allen

El resto de las imágenes utilizadas en este libro, excepto la fotografía de la página viii, proceden de Himalayan Art Resources (https://www. himalayanart.org/), que amablemente pone a disposición obras de arte para uso personal, educativo y no comercial. Muchas gracias por su enorme generosidad y por el buen trabajo que hacen para que el arte budista esté disponible.

Maquetación por Sarah Allen.

Traducción y adaptación al castellano: A.S.R.

Contenidos

HOMENAJE

Aunque creí haberte visto
era una proyección

Sin embargo tú me viste
y no me rechazaste

Prólogo

Este es un libro sobre la luz. La luz brilla en el espacio iluminando esa inmensidad y todo lo que surge en ella. Lo vemos con el sol y la luna: cuando su luz no se ve obstaculizada, fluye por igual en todas direcciones, libre de prejuicios. Pero cuando ilumina las cosas, se producen sombras como zonas de oscuridad. El objetivo de las prácticas aquí descritas es experimentar la transparencia sin impedimentos ni sombras. La ausencia de existencia inherente en objetos como casas, personas o plátanos es real, pero está disfrazada por nuestras propias proyecciones cosificadoras.

La raíz del sufrimiento de todos los seres sensibles no es la enfermedad, la guerra, el cambio climático, las acciones dañinas de los demás, ni siquiera nuestros propios errores y comportamientos negativos actuales. Estas causas inmediatas de angustia surgen de una raíz: nuestra falta de conciencia de cómo somos realmente. Debido a esta inconsciencia, no vemos con claridad, sino sólo a través de los velos de nuestra imaginación. Imaginamos que nosotros y todas las criaturas que conocemos existimos como entidades independientes. Entonces es como si cada criatura viviente fuera sólo ella misma. Por ejemplo, vemos una vaca en un campo y exclamamos: «¡Oh, qué vaca más bonita!». Tendemos a ignorar el hecho de que la vaca es una prisionera esclavizada, una cautiva que servirá a los propósitos de su dueño. La palabra «vaca» parece indicar una entidad autónoma: una vaca es una vaca. Sin embargo, la vaca debe comer y respirar y depende del granjero para obtener agua y sal. El granjero mantiene a la vaca y la vaca mantiene al granjero. Sus funciones se confirman mutuamente. No hay vacas autoexistentes, ni granjeros autoexistentes, ni humanos autoexistentes, ni ninguna otra cosa «autoexistente».

La luz de nuestra propia mente, tal como es, es como la del sol y la luna, que se extiende uniformemente para mostrar los patrones de luz que confundimos con entidades. Cuando no vemos la luz como luz, imaginamos entidades y estas entidades se convierten en el límite de nuestro mundo. Somos como una lámpara en una vasija de barro que ilumina un pequeño universo en el que creemos saberlo todo. Nos conocemos a nosotros mismos y las pautas de nuestra vida, y así todo parece ser tal y como lo concebimos. La función de la práctica es romper o ver a través de la vasija de arcilla del artificio, la asociación, la suposición y el engaño para que la luz intrínseca de nuestra mente no nacida brille sin limitación ni cosificación.

La luz es energía y la energía de la base, del fundamento o de la fuente surge como fenómeno y como ideas. La interacción entre el potencial de la luz como iluminación «física» y color y el potencial de la luz como iluminación «mental» y pensamiento, sentimiento, memoria, etc., genera todas las posibilidades que encontramos en esta vida y en todas nuestras vidas. Para ver esto directamente necesitamos despertar del sueño en el que soñamos la aparente «realidad» de nuestras ilusiones. Tenemos que ver que, como apertura, somos la fuente de la luz; y que, como presencia, somos la claridad de la luz, el brillo o la inmediatez de este campo de visualización; y que, como participación, nuestra luz activa la de otras formas de luz, lo que conduce a la libertad de responder espontáneamente como luz con luz.

Formamos parte de un linaje de luz. El Buda primordial, el despertar intrínseco presente en todos los seres sensibles, es conocido como Luz Siempre Buena e Inmutable (Tib. *Kuntu Zangpo Oe Mingyur*). Manifiesta el triple aspecto de Amitaba, Luz Ilimitada (Tib. *Nangwa Taye*), Luz Infinita (Tib. *Odpagme*) y Amitayus, Vida Infinita (Tib. *Tsepakme*). Son las formas búdicas de la familia del Loto y encarnan el conocimiento original inmutable que discierne la especificidad única de cada apariencia sin sesgos ni deseos. Desde el corazón del buda Amitaba, Luz Ilimitada, una letra HRI irradia luz que se manifiesta como el Nacido del Loto, Padmasambava (Tib. *Padma Yungne*).

El loto es la fuente, la vacuidad abierta inasible, la mente misma, pura desde el principio. Esta fuente da lugar instantáneamente a la presencia de la bondad de todos los budas, la aparición multiforme que surge sin esfuerzo y ofrece la liberación a través de la fusión en su corazón. Él es Gurú Rinpoché, el gurú precioso que es tanto la Fuente del loto como el Nacido del loto, y en este libro se utilizarán los tres nombres. Sin embargo, aunque se le conoce como Nacido del loto, nunca ha nacido y nunca morirá, porque él es el cuerpo inmutable de luz. Esto es también quiénes y cómo somos si permitimos que nuestros oscurecimientos ocasionales se desvanezcan y experimentamos una lucidez sin límites. Los nombres Amitaba y Amitayus derivan ambos de la palabra sánscrita *a-mṛta*, «inmortal». Lo que no ha nacido tampoco muere. El objetivo de nuestra práctica es encontrarnos a nosotros mismos en esta brillante libertad intrínseca.

La Fuente del loto es la inseparabilidad de la apertura y la potencialidad. La apariencia es luz. La luz es inasible, fresca, incontenible, inmediata. El linaje también fluye desde Amitaba, Luz Ilimitada, hasta Avalokitésvara, el Señor que ve, y luego hasta Padmasambava, Nacido del loto, que surge de la luz. En Dewachen, la Gran Felicidad, la tierra pura del campo búdico de Amitaba, todos nacen en un loto. El mantra de Avalokitésvara, ***Om Mani Padme Hung Hri***, nos recuerda que la joya de la compasión es inseparable del loto de la vacuidad siempre pura donde mora. Padmasambava, el Nacido del loto, no nacido, es la presencia vital de la apariencia y la vacuidad que disuelve toda cosificación y su consiguiente engaño. Se le representa sentado sobre cojines del sol y la luna -dos grandes fuentes exteriores de luz- y éstos descansan sobre un loto, la fuente última.

Las oraciones y aspiraciones del principio del libro son un medio que nos permite conectar con la verdad de lo que somos. La devoción une donde el desconocimiento ha dividido. El poder de la devoción puede fortalecerse recitando las palabras de los grandes yoguis del pasado, incluido Padmasambava. Encontrarás estas joyas en *The Seven Chapters of Prayer: As Taught by Padma Sambhava of Urgyen, Known in Tibetan as Le`u bdun Ma* (wandel verlag, Germany 2010) y en *Longing for Limitless Light: Letting in the Light of Amitabha's Love* (Simply Being, UK, 2021), traducida al castellano como *Anhelar la luz sin límites (Simply Being, UK, 2024).*

Luego tenemos prácticas en estilo tántrico para fusionarse con Padmasambava, ya sea disolviéndose en su luz o siendo llevado instantáneamente por su luz a su corazón. Para obtener todos los beneficios de estas prácticas es vital recibir la iniciación y practicar con otros miembros del linaje.

Los textos de este libro fueron traducidos por James Low con la ayuda y bendición del C. R. Lama, Khordong Terchen Tulku Chimed Rigdzin, hace más de 40 años. Las traducciones han sido revisadas por James Low, que ha escrito la introducción. El oneroso trabajo de mecanografiar e insertar las correcciones ha corrido a cargo de Barbara Terris, sin cuya ayuda este libro no habría visto la luz. Los textos individuales fueron preparados en forma de libro por Sarah Allen.

Que todos vivamos como luz en la luz.

Introducción

¿Quién eres? Aparte de todas las identidades que adoptarás y descartarás en esta vida, eres un ser que siente. Eres sensible, capaz de sentir, pensar y conocer. Tienes una mente, aunque tu «mente», tal y como has aprendido a pensar en ella, no es como realmente es. De hecho, tus conceptos y pensamientos sobre tu cuerpo, habla y mente son tu gran limitación actual. Ni tú ni el mundo, con todos sus habitantes y objetos, sois lo que crees que sois..

¿Por qué? Debido a la cosificación, el apego y el juicio, la presencia brillante que es tu base real se te oculta. ¿Quién ha causado esto? Nadie. En un momento repentino, la ilusión de una entidad surgió en la vasta extensión iluminada por la presencia. La excesiva insistencia de esta brillante ilusión la convirtió en un proto-existente. Empañado por la intensidad de su propia energía brillante, el momento pareció perdurar después de haber desaparecido. Este rastro, sombra, eco, evocó otro momento insistente y gradualmente sus rastros se espesaron como el humo o la niebla hasta que hubo un «algo» impenetrable. Esta opacidad se manifestó como la bifurcación de la luz en sujeto, el aparente iluminador, y objeto, lo aparentemente iluminado. De su interacción surgió la diversidad de entidades imaginadas, todas las personas, animales, colinas, tractores, etc. que forman el dominio de nuestra experiencia vivida.

Al experimentarnos como alguien en algún lugar, experimentamos sentimientos de agrado y desagrado hacia los objetos que encontramos. Al sentir deseo por las cosas que nos gustan, intentamos acceder a ellas, y al sentir aversión por las cosas que no nos gustan, intentamos evitar el contacto con ellas. Este pulso de atracción y aversión se considera una respuesta válida a las cualidades reales de estos objetos. Así, todo lo que encontramos se infecta con nuestras atribuciones mentales y nuestra reacción a estas entidades imputadas se ve influida por nuestra inconsciencia de que son reflejos de la constitución de nuestros hábitos y de nuestros sentimientos reactivos.

Actuando y reaccionando, nuestros hábitos y tendencias se potencian, y esto conduce al nacimiento en todos y cada uno de los seis reinos del samsara. Nuestras acciones virtuosas actuales dan lugar más tarde a vidas en los tres reinos superiores de los dioses, los dioses celosos y los humanos. Nuestras acciones no virtuosas actuales dan lugar más tarde a vidas en los tres reinos inferiores de los animales, los fantasmas hambrientos y los infiernos. Todas estas experiencias son patrones del contenido de la mente. Aunque bajo el poder engañoso de la dualidad vemos objetos aparentemente «reales» que son totalmente distintos de nosotros, esta percepción errónea y el consiguiente malentendido no son más que los diversos dramas de la dualidad representados en el teatro de la inconsciencia. Los personajes y el atrezo de estos dramas se manifiestan por la influencia activa de los cinco venenos aflictivos: opacidad, deseo, aversión, orgullo y celos.

La opacidad o torpeza mental es nuestra incapacidad para ver a través del velo de la cosificación. Vemos lo irreal como real, igual que podemos dejarnos engañar por una película de dibujos animados. Creemos lo increíble y esto nos impide acceder a nuestro potencial para discernir el conocimiento sin artificios. El deseo es el anhelo de que algo o alguien nos complete y satisfaga. Es la expresión de una profunda sensación de carencia. Nos falta algo e imaginamos que se encuentra en eso otro que brilla momentáneamente. Lamentablemente, lo otro no cumple la tarea que se le ha asignado. La comida no quita el hambre para siempre. Los amigos y los amantes también traen insatisfacción. La respuesta no está en lo otro, pero nos negamos a aceptarlo. La aversión es el deseo de alejar a lo otro. Surge de sentimientos de miedo, ansiedad y aversión que pueden movilizarse rápidamente en forma de ira y rabia. En esta situación, lo otro se vive como un exceso. Es demasiado: «No puedo con esto. Vete». Sin embargo, debido a que nuestro yo es un habitante del dominio de la dualidad, donde sujeto y objeto nacen juntos, no podemos deshacernos de lo otro. El problema no reside en lo otro, pero nos negamos a aceptarlo.

El orgullo surge como un sentimiento de superioridad. Es la dignidad hinchándose en exceso de sí misma. Soy diferente de los demás porque soy especial y he nacido más digno que ellos. Este movimiento separativo suele requerir un público que confirme mi superioridad, y esta necesidad de afirmación demuestra su falsedad. Los celos surgen con la pérdida de nuestro sentido de lo especial, porque ahora otra persona es el objeto de la atención y la admiración que ansiamos. Nuestra escasez necesitada queda al descubierto cuando nuestros intentos de aferrarnos a nuestra ansiada centralidad resultan inútiles. Nos dejan de lado y, sin embargo, no podemos soltarnos. No podemos existir aislados de lo otro, ni podemos fusionarnos permanentemente con ello. Por mucho que lo intentemos, no encontramos la manera de seguir al mando y vivir la vida a nuestro aire. Así que sufrimos por conseguir lo que no queremos y por no conseguir lo que queremos.

¿CUÁLES SON LAS CONSECUENCIAS DE ESTO?   El nacimiento y la muerte dentro de la matriz de la dualidad. En los cielos superiores y en los infiernos simplemente nos encontramos allí de repente sin ningún proceso de nacimiento. Para los humanos, nuestra entrada en la vida comienza con miedo y confusión mientras viajamos rápidamente en una opresión oscura. Esto da paso a la aparente realidad del encuentro sexual de la pareja que serán nuestros padres. Somos arrastrados al lugar del coito y el potencial de nuestra conciencia sutil se ve influido por el deseo y la aversión. Si hay deseo por lo femenino y aversión por lo masculino, esta tendencia conducirá a un cuerpo masculino. Si hay deseo por lo masculino y aversión por lo femenino, esta tendencia conducirá a un cuerpo femenino. El desarrollo del feto es el despliegue de la interacción entre la conciencia que llega y las esencias masculina y femenina. Esto libera múltiples procesos dinámicos a medida que el cuerpo se desarrolla como un complejo sistema de comunicación tanto dentro de sí mismo como con el cuerpo de la madre y, a través de éste, con el mundo en general. La vida es movimiento, actividad, interacción, el pulso continuo de los latidos del corazón, y con el nacimiento esto se manifiesta como el ritmo continuo de la respiración. Somos movimiento coemergente en la postura, el gesto, la expresión y la actividad con los entornos siempre cambiantes con los que nos relacionamos. Somos viajeros en un viaje que no comprendemos. Tenemos que dejar personas, lugares, objetos y hábitos a los que nos aferramos, y tenemos que unirnos a personas, lugares, objetos y hábitos de los que desconfiamos.

Los años pasan a medida que avanzamos por la cadena del pasado, el presente y el futuro. Tarde o temprano, nuestro viaje termina en la muerte. Si la muerte es lenta, por ejemplo al sucumbir gradualmente a un cáncer mortal, entonces podemos tener tiempo para prepararnos. Si pasa de repente, por ejemplo en un accidente de coche, entonces ocurre antes de que podamos reflexionar sobre lo que está pasando. En cualquiera de los dos casos, el sistema vivo de cuerpo y mente se ve privado de su energía vital. Si la muerte se produce lentamente, entonces las conciencias de los cinco sentidos se debilitan y se funden en nuestra conciencia mental, que está empapada con las conciencias de las cinco aflicciones y con el potencial de la base. Todos los procesos mentales que soportaron nuestra expansión hacia el mundo se desvanecen suavemente y se funden en una autorreflexividad mental. Paralelamente, los cinco elementos: tierra, agua, fuego, viento y espacio pierden gradualmente su diferenciación. El elemento tierra sutil, que estaba unido al elemento tierra burdo y se manifestaba en forma de huesos y carne, se disuelve en el elemento agua sutil, lo que produce pesadez en el cuerpo. El elemento agua sutil vinculado con la forma burda de la sangre, la saliva, etc., se disuelve en el elemento fuego sutil dando lugar a sequedad en la boca. El elemento fuego sutil relacionado con el calor del hígado se disuelve en el elemento viento sutil relacionado con el flujo de la respiración. Finalmente, el elemento viento sutil se disuelve en el espacio y la conciencia mental sutil, que estaba siendo sostenida por el aliento, pierde su aposento en el cuerpo.

A partir de ese momento, la conciencia es una refugiada sin hogar y debe seguir adelante sin amigos y sola. Todo lo que sostenía el sentido de la identidad personal se ha perdido. Todo lo que queda es la convicción engañosa de que uno o una existe como algo junto con sus potenciales kármicos latentes esperando la situación adecuada en la que madurar. Aunque se pierda el acceso al cuerpo físico, nuestra conciencia manifiesta un cuerpo mental que tiene la forma del cuerpo anterior. Es como el propio cuerpo como se experimenta en un sueño. Tras salir del bardo o periodo transitorio de la muerte, entramos en el bardo de la realidad, el darmata. Es la apertura infinita de la mente. No es un objeto para la conciencia y, por tanto, si sólo hemos accedido a nuestra conciencia dualista en el transcurso de nuestra vida, nos volvemos inconscientes. Si, a través de la instrucción y la práctica, nos hemos abierto a la presencia intrínseca, entonces permanecemos relajados y presentes con esta apertura infinita carente de la opacidad de las entidades. Si ocurre esto, se da la liberación en el modo intrínseco, el *darmakaya*. Esto nos lleva a la presencia de nuestra propia base, el fundamento, la fuente, el origen que el momento primigenio de inconsciencia perdió de vista. Volvemos a la apertura de la que nunca hemos estado separados. El primer pensamiento de una entidad sustancial y todos los pensamientos posteriores que condujeron al surgimiento del samsara no eran otra cosa que el resplandor de la base. Así, el resplandor de la fuente dio lugar a la confusión, ya que la apariencia insustancial se tomó por la apariencia de las sustancias. Lo intrínseco, la fuente, da lugar tanto a la consciencia como a la inconsciencia. No está producida por la consciencia ni perdida por la inconsciencia. Despertar es re-surgir en la fuente y a través de esto ver que todo lo que ocurre es la espontaneidad intrínsecamente pura de la fuente. No hay ningún error ahora, no ha habido ningún error, nunca habrá ningún error ya que todos los «errores» son la energía autoliberadora de la fuente primordial. Despertar a esto es liberarse en lo inmortal.

Tras perder el conocimiento, de repente somos conscientes de luces brillantes, sonidos dulces y deidades sonrientes como Tara y Chenrezi que nos hacen señas. Si no tenemos experiencia de esas figuras brillantes, nos volvemos temerosos y caemos inconscientes de nuevo. Si hemos recibido la iniciación y las enseñanzas y nos hemos dedicado a las prácticas con las deidades, entonces sentimos que estamos entre amigos y que por fin nos encontramos con aquellos que hemos anhelado, las formas pacíficas que purifican el deseo. Con nuestra apertura gozosa a ellas, nos fundimos en su corazón y encontramos la liberación en el modo del gozo, el *sambogakaya*. Si hemos quedado inconscientes, revivimos ante sonidos fuertes y aterradores y la aparición espeluznante de criaturas feroces con armas, colmillos y ojos fijos. Estas son las deidades iracundas que han venido a darnos la bienvenida, pero sin una conexión previa con el Darma es probable que nos derrumbemos aterrorizados y quedemos inconscientes. Si hemos recibido la iniciación y hemos practicado, entonces podemos abrirnos a estas formas iracundas que purifican la aversión y así fundirnos en el modo del gozo, el *sambogakaya*.

Cuando volvemos a salir de la inconsciencia nos encontramos en movimiento. Viajamos rápidamente atravesando colinas, muros, etc., ya que nos manifestamos como un cuerpo ilusorio que va tomando gradualmente la forma de la encarnación de nuestra próxima vida. Si vamos a nacer como humanos, entonces tomamos conciencia de dos cuerpos unidos en unión sexual como se ha descrito anteriormente. Si tenemos fe, reconocemos que son de hecho nuestro gurú en unión yab-yum. Son la presencia de la no dualidad de la sabiduría y la compasión, y al entrar libremente en su punto de unión sin las manchas del deseo y la aversión podemos liberarnos en el modo de aparición, el *nirmanakaya*.

¿Por qué practicar el phowa, la transferencia de consciencia intencionada? Aunque existen varias oportunidades de liberación en la experiencia posterior a la muerte que acabamos de describir, también hay muchas incertidumbres. Cuando la mente ha abandonado su encarnación anterior, suele haber una sensación de desorientación, ya que hemos perdido las formas familiares y tranquilizadoras que confirmaban nuestra identidad. ¿Quiénes somos? Si ya no somos la persona que estaba acostumbrada a ser y si no tenemos sentido del yo o de lo que está pasando, entonces es fácil que nos sintamos perdidos, confusos y ansiosos. Para evitar los peligros y las incertidumbres del camino del bardo, podemos centrarnos en dirigir conscientemente nuestra mente hacia una tierra pura donde la liberación se vea facilitada por la presencia de un maestro bondadoso y amoroso como el buda darmakaya Amitaba, el bodisatva sambogakaya Chenrezi o el gurú nirmanakaya Padmasambava.

La práctica de la transferencia intencional es rápida y directa, por lo que debería ser la primera opción en el momento de la muerte. Si no somos capaces de dedicarnos a ella, aún podemos obtener la liberación en las diversas etapas del bardo porque, como dice un texto clave: *«Sin embargo, si esto (la transferencia) no nos es posible, entonces cuando yo y todos los demás abandonemos esta vida, que la muerte madure inmediatamente como el darmakaya de luz clara, con el bardo madurando como el sambogakaya, para que el nacimiento sea como el nirmanakaya beneficiando a todos los seres en el samsara.»*

Con la práctica de la transferencia deliberada utilizamos el poder de nuestra devoción a la deidad, vigorizada por nuestra intención de obtener la liberación para trabajar en beneficio de todos los seres sensibles, como el medio por el cual nos desprendemos fácilmente de todo lo que nos ha atado al renacimiento en el samsara. La devoción aporta un enfoque alegre a nuestra vida. Pase lo que pase, tenemos un propósito firme: despertar para ayudar a otros a despertar. A medida que desarrollamos la ecuanimidad, dejamos de ser zarandeados por las ráfagas del deseo y la aversión. Nuestra ecuanimidad se basa en no buscar el valor último en los acontecimientos transitorios de esta vida. La tierra pura, el campo búdico, está cerca cuando permitimos que se revele su valor. La distracción, la dispersión y la reactividad nos mantienen en movimiento, girando de un lado a otro mientras tratamos de aprehender los objetos que parecen prometernos la plenitud. Con el paso de los años, a menudo nos desilusionamos por las limitaciones de las personas y los objetos en los que habíamos creído. Nos volvemos menos esperanzados y más desesperanzados, y esta es una forma peligrosa de conducirse. Pero si reflexionamos, quizá podamos permitirnos, paradójicamente, una desilusión más profunda al ver que las formas seductoras de este mundo son ilusorias e incapaces de proporcionarnos lo que anhelamos. Dejando de lado el engaño respecto a la ilusión, podemos recuperar la energía, la alegría y la creatividad que hemos proyectado en los objetos y dirigir estas cualidades vivificantes hacia nuestro camino del Darma.

El engaño de la separación dualista da lugar al samsara y a todos sus sufrimientos. La salida consiste en volverse hacia lo ignorado, abrirse a la inclusión y encontrar la unión con el corazón de Buda. Fundirse en el reino del Buda, o en el cuerpo del Buda, o en el corazón del Buda, son todas formas de despertar a nuestra no-diferencia con el Buda. Incluso en nuestro cuerpo habitual no somos otra cosa que las emanaciones de la mente del Buda. Sin embargo, debido a nuestros oscurecimientos kármicos y cognitivos, esto nos puede resultar difícil de comprender, creer y manifestar. Por ello, para facilitar nuestro despertar, los budas han manifestado sus tierras puras, donde el apoyo es óptimo y las dificultades mínimas. Dewachen, el campo búdico de Amitaba, surgió del poder del voto que hizo al formular la promesa del bodisatva de ayudar a todos los seres. Juró acumular un vasto cúmulo de méritos y sabiduría para generar una tierra pura en la que la felicidad fuera omnipresente. Esto es Dewachen, (sct. *Sukavati*), El Feliz. Su emanación del corazón, Chenrezi (sct. *Avalokitésvara*), manifestó la tierra pura de Potala. Chenrezi vio todo el sufrimiento del mundo y estaba tan emocionado y conmovido por lo que veía que dio origen a Padmasambava, el Nacido del loto, la Fuente del loto.

¿QUIÉN ES PADMASAMBAVA? Padmasambava significa «surgido de un loto» y en este libro se le denomina tanto Nacido del loto como Fuente del loto. La flor de loto es un símbolo de pureza y la pureza suprema es la pureza intrínseca de la mente abierta e intacta desde el principio sin principio. Surgida de la pureza de la mente misma, la forma de aparición de Padmasambava es pura apariencia vacía. No es una persona, un ser sensible, una sustancia, una entidad. Es el resplandor de la luz de cinco colores, la juguetona luz conectiva del amor de Buda. Como dice el texto de *Drowa Kundrol*: «*HRI. Desde el centro del corazón de Chenrezi fluyen rayos de luz de cinco colores hacia el océano, revelando al nirmanakaya que se manifiesta, carente de causas y condiciones, el asombroso nacido de un loto. ¡Padmasambava, por favor, ven aquí!*»

La letra HRI es la sílaba semilla tanto de Amitaba como de Chenrezi y está presente en el corazón de Chenrezi. De color rojo, es el potencial creativo revelado por la purificación del deseo. Como tal, es la semilla originaria de la familia del Loto, una de las cinco familias de Buda. De ella brotan rayos de luz blanca, roja, azul, amarilla y verde que fluyen en una corriente hacia el lago Danakosha, donde se manifiesta un loto sobre el que está la forma de Padmasambava como un niño de ocho años. No hay causas ni condiciones específicas que le hayan dado origen, pues es la manifestación espontánea de la compasión no dual del Buda. Es la pureza nacida de la pureza. Por supuesto, no ha nacido realmente, ya que no tiene principio ni fin. Cualquier apariencia no ha nacido, ya que es inseparable de la vacuidad y, por lo tanto, está libre de la mancha del engaño de la existencia inherente. Para llevar la verdad viva de esta frase a los corazones de los seres que sufren, Padmasambava se manifiesta como la presencia directa e instantánea de la apariencia y la vacuidad, el sonido y la vacuidad, la conciencia y la vacuidad. Esta pureza no nacida purifica sin esfuerzo el engaño del nacimiento y la muerte. Padmasambava está siempre presente en todas partes y ni viene ni va. Sin embargo, para los personajes oscurecidos como nosotros que estamos ciegos a la integridad no dual, ha puesto su forma compasiva a disposición para que podamos conectarnos. Podemos invitarle aquí para que se fusione con nosotros y revele nuestra no dualidad, por lo que el texto anterior dice: «¡*Por favor, ven aquí!*». También podemos ir hacia él, viajando en rayos de luz para encontrarnos con él en su palacio de Luz de loto. Esta es una práctica de transferencia intencionada a la que nos conducen todos los textos de este libro.

Los textos comienzan en la página 27 con una ORACIÓN A BUDA SAKIAMUNI que es de carácter introductorio. Sakiamuni es el buda de nuestra época actual, aquel cuyo giro de la rueda del Darma sigue beneficiando a los seres sensibles. El sabio regio de los Sakias, él es la fuente clave del Darma en nuestro tiempo y por ello es el centro de nuestra gratitud sin fin. Cuando hay largos periodos en los que ni siquiera se escucha el nombre de Buda, entonces la oscuridad de la ignorancia se espesa y los seres en su extravío persiguen la falsa luz de las entidades bruñidas por el anhelo. Así que con esta oración celebramos nuestra buena suerte por poder seguir beneficiándonos de sus enseñanzas y bendiciones..

A continuación, en la página 28, está la OFRENDA DE HOMENAJE Y ALABANZA A PADMASAMBAVA, también conocido como el segundo Buda. Cuando recitamos estos versos nos estamos conectando activamente con Padmasambava. Nos acercamos a él y le invitamos a que se acerque a nosotros. Nuestras oraciones no expresan una vaga esperanza de que responda, sino que son el método probado y comprobado de activar su voto de que nunca abandonará a los que le invocan. Como principiantes, hacemos el voto de bodisatva y prometemos que en esta y en todas nuestras vidas futuras ayudaremos a todos los seres. Pero nos cansamos, nos distraemos, nos olvidamos de las cosas y volvemos a centrarnos en nosotros mismos. Padmasambava no tiene esa falta de fiabilidad. Suya es la palabra vajra, el vínculo inmutable de fuerza plena con todos los que se vuelven hacia él. Nosotros le olvidamos, pero él no nos olvida. Decimos estas palabras para recordarnos su presencia y disponibilidad permanentes. Las palabras son profundas y apuntan a sus tres modos iluminados, que son nuestro propio potencial.

Esta sección termina con la ORACIÓN EN SIETE VERSOS, la evocación segura y certera del Nacido del loto. Tradicionalmente la recitamos tres veces: la primera para llamarle, la segunda para darle la bienvenida y la tercera para recibir su bendición y fundirnos con él. Se manifiesta para devolvernos a nosotros mismos. Cuanto mayor es nuestra devoción hacia él, mayor es la facilidad con la que se disuelven los obstáculos y los oscurecimientos, de modo que al verle, nos vemos a nosotros mismos.

LA ASPIRACIÓN DEL NUDO VAJRA, en la página 34, es un breve resumen del camino que subraya nuestro deseo de no separarnos nunca del Darma. La cuarta estrofa apunta al corazón de nuestra práctica tántrica: todo lo que aparece es para siempre inseparable de la red siempre cambiante de la ilusión. Todos los sonidos son el inasible sonido del mantra. Los movimientos de nuestra mente son en realidad nuestra propia conciencia increada. Ojalá nos abramos plenamente a la felicidad infinita que no se gana ni se pierde. Cuanto más frecuentemente podamos recitar las preciosas palabras de esta aspiración escrita por el gran Minling Terchen, más claros se volverán los aspectos de colaboración mutua de todas nuestras prácticas. A través de esta aspiración, la bendición del camino se absorbe a través de nuestro cuerpo, voz y mente preparándonos para encontrarnos con el Nacido del loto.

En la página 40 encontramos *LA ORACIÓN DE ASPIRACIÓN QUE ES UNA JOYA QUE CUMPLE LOS DESEOS*. Se trata de un texto terma del tesoro pronunciado por Padmasambava, luego ocultado y más tarde revelado por Rigdzin Godem. Comienza con la confesión de los errores cometidos durante la práctica. Al recitarlo puedes añadir también cualquier otro error del que seas consciente en tu práctica. En la séptima estrofa se expone la raíz de las muchas formas diferentes en que no podemos cumplir nuestra intención de practicar correctamente: «*Yo y todos los seres sensibles sin excepción, desde el comienzo de este gran eón hasta ahora, nos hemos visto arrastrados a la actividad kármica de aferrarnos a las apariencias como si fueran entidades sustanciales. Debido a ello, hemos caído bajo el poder de los cinco venenos, hemos roto nuestros votos y hemos insultado al Darma. Confesamos humildemente estas acciones que se han convertido en obstáculos para nuestra liberación.*» Todos los méritos y deméritos surgen de la orientación de nuestra mente. Una vez que nos apartamos de lo real, el engaño corrompe nuestra intención como las aguas residuales vertidas en un río. Hasta que estemos plenamente iluminados, debemos vigilar para purificar los errores y las manchas que surgen de la cosificación y el apego. Entonces, como budas, la purificación de todo será nuestra actividad incesante. Ojalá obtengamos el mérito y la sabiduría que nos permitan beneficiar a los demás con nuestra mera presencia, tal y como Padmasambava es capaz de hacer.

Concluye con la aspiración de que purifiquemos los cinco venenos para que sus verdaderas cualidades de gran felicidad, gran amor, control benigno, gran paz y actividad útil se manifiesten sin esfuerzo. Recitando con frecuencia esta plegaria nos sumergimos en la tradición budista tántrica y, de este modo, suavizamos nuestra estructura del ego autoafirmante para que nos volvamos sensibles, flexibles y receptivos al servicio de los demás.

El *Sutra de la historia de la lámpara del rey Mano de oro y su aspiración*, en la página 63, ofrece una indicación del poder del sacrificio. En la actualidad, «¡*Yo primero!*» es un grito popular, ya se refiera a una persona, a un género, a un país o a una especie: si el sufrimiento y las dificultades tienen que ocurrir, ¡que les ocurran a los demás! Este sutra habla de una profunda intención altruista potenciada por un acto de autosacrificio. Muchas religiones tienen historias que demuestran el coste de anteponer al otro. Pueden parecer extrañas o incluso perversas en nuestras culturas egoístas y autocomplacientes. Sin embargo, asumir el sufrimiento para liberar a los demás y dar nuestro mérito, placer y libertad a los demás para que puedan prosperar, es la clave de la práctica de intercambiarse. De este modo, vamos más allá de la sintonía empática y nos exponemos voluntariamente al sufrimiento de los demás. Al asumirlo, descubrimos que debemos fundamentarnos en la presencia del vacío si queremos vivir lo que dicen nuestras palabras. El mérito generado por el sacrificio en esta historia brilla como la luz de una inmensa lámpara que ilumina todos los lugares más oscuros y desolados donde habitan los seres.

El sutra se recita a menudo durante las ceremonias funerarias como forma de generar un gran mérito que puede ofrecerse por el bienestar del difunto. Es un estímulo para que nunca olvidemos ni abandonemos a los necesitados, los débiles, los vulnerables. Es especialmente importante en este caso si vamos a realizar la transferencia intencionada por alguien que acaba de morir.

En la página 83 tenemos LA ASPIRACIÓN PARA EL DISCERNIMIENTO PURO escrita por el difunto Dudyom Rinpoché, Yigdral Yese Dorye. Lo transmitió en un breve retiro de enseñanza en Francia y yo lo traduje en aquel momento. Es muy cálido, profundo y enriquecedor, y surgió, como nos dice en el colofón, de una visión de Padmasambava. Hablando desde el corazón, señala de diversas maneras cómo nos engañamos a nosotros mismos y abandonamos nuestros ideales más elevados. En lugar de examinar en silencio nuestra propia pereza y evasión, buscamos el placer tóxico de juzgar a los demás y deleitarnos en exponer sus defectos. Nuestro fingimiento, nuestros encubrimientos, nuestra deshonestidad, son los medios por los que engañamos a los demás y nos engañamos a nosotros mismos. Viendo esto, con vergüenza, culpa y miedo necesitamos confesarnos «*desde lo profundo de nuestro corazón*». Necesitamos alejarnos de la confianza en las baratijas del mundo y volvernos hacia la luz del Darma que brilla en el corazón del gurú. Necesitamos ayuda porque no podemos encontrar el verdadero camino por nosotros mismos, así que rogamos al gurú en la forma de Gurú Rinpoché: «*¡Muéstranos nuestra propia mente tal como es!*». Deteniendo el incesante flujo de distracción con la intensidad de nuestra devoción pedimos al gurú que nos bendiga para que nunca nos desviemos del verdadero Darma, «*Por favor, bendícenos para que entremos en el conocimiento original no dual*». La humildad es nuestra gran amiga porque limpia el espejo para que al principio se nos muestren claramente nuestros defectos. Luego, el espejo nos muestra la naturaleza ilusoria de todos los reflejos, interpretaciones y construcciones. Por último, el espejo nos muestra que nuestra propia conciencia es como el espejo, siempre vacío, siempre lleno, siempre brillante.

La página 107 nos ofrece una intrigante invitación: Si DESEAS PURIFICAR TUS PECADOS Y OSCURECIMIENTOS. ¿Lo deseamos? Se trata de una práctica tántrica de purificación mediante la cual los oscurecimientos circunstanciales derivados de tendencias kármicas y creencias erróneas pueden limpiarse completamente de nuestra mente. La práctica depende de nuestra completa creencia en el poder de Padmasambava. Él y su consorte, la dakini blanca, son la presencia real de la pureza completa. Confiando en ellos activamos el corazón de la visión no-dual: la pureza intrínseca nunca puede ser contaminada y todas las contaminaciones aparentes son ilusorias sin la menor existencia real. Al recitar la Oración en siete versos modificada, la verdad de la pureza destierra el engaño de la contaminación. El elixir liberador que surge de la disolución del demonio del ego fluye en nosotros desde la unión de la sabiduría y la compasión y esto lava todas las faltas, manchas, hábitos, limitaciones y demás. Somos liberados por la eficacia de los cuatro poderes: el objeto puro; el reconocimiento de nuestro error; nuestro pesar y arrepentimiento; nuestro compromiso de no volver a errar. Entonces el gurú y su consorte se funden en nosotros y nos volvemos inseparables de su claridad sin obstáculos, la no dualidad de la consciencia y la vacuidad. Al descansar en esa apertura celestial, no hay ni un átomo de existencia alrededor del cual pueda formarse la ilusión. Todo lo que surge está dentro del mandala infinito del gurú y, por tanto, ocurra lo que ocurra, no nos apartamos de la pureza primordial. Con esto, nuestra confianza en que podemos transferir nuestra mente al corazón de Padmasambava se ve reforzada y simplificada por la experiencia directa.

LA PRÁCTICA QUE CUMPLE NUESTROS DESEOS SIN ESFUERZO de la página 113 es una oración mediante la cual se suscita y evoca la bendición de Padmasambava para hacer frente a las numerosas provocaciones que puedan surgir. Comienza con el buda Amitaba que manifiesta su bendición en la forma de Padmasambava que, presente en este mundo, actúa directamente en beneficio de los seres. Ha venido con la intención de ayudar, ha jurado ayudar y, por tanto, debemos confiar en su ayuda sin dudas ni vacilaciones. Ofrece su ayuda compasiva gratuitamente: es para nosotros y no necesitamos ganárnosla ni merecerla. Esto es asombroso. Por el mero hecho de ser él, y de volvernos hacia él, toda la ayuda que necesitamos está disponible gratuitamente. Esto se debe a nuestra pureza intrínseca, una pureza a menudo oculta para nosotros pero obvia para el Gran Gurú. Él se relaciona con nosotros tal y como somos en realidad y, si nos abrimos a él, el velo de nuestra ilusión se desvanecerá como la niebla en la luz de la mañana. Conforme crece la devoción, la fe, la confianza y la seguridad, pierde el poder que ejerce sobre nosotros la lealtad a nuestras limitaciones.

Como nos recuerda la cuarta estrofa, Padmasambava viene cada mañana y cada tarde «*cabalgando sobre los radiantes rayos del sol naciente y poniente*». Viene de su tierra pura de Luz de loto, y viene como luz, para traernos luz, y para mostrarnos que la actualidad de toda apariencia es luz: luz y sonido, energía como pulsación. El estribillo de cada verso es: «*Padmasambava de Urgyen, te rogamos: por favor bendícenos para que nuestros deseos se cumplan sin esfuerzo*». Expresamos un deseo y la vibración que regresa lo cumple. Nuestra vida es conversación. Cuando conversamos con el Precioso gurú existe la fresca inmediatez del resonante ir y venir. Es el monólogo lúgubre del ego aislado el que pierde el compás, el que no puede encontrar el ritmo y sólo sigue y sigue tocando su triste y solitaria melodía.

Con gran clarividencia, Padmasambava predijo las diversas invasiones del Tíbet, cuando importantes centros del Darma fueron destruidos. En esos momentos, «*debemos rezar sin dudas ni incertidumbres*». Ceder a la desesperanza es contraproducente. Descansar en la esperanza maníaca de que alguien nos rescatará es desalentador. Debemos rezar, entrar en las profundidades de la práctica y centrar toda nuestra atención en la liberación del engaño de la cosificación. En lugar de buscar únicamente antídotos materiales basados en la ciencia para las nuevas enfermedades, también debemos rezar y disolver el engañoso nexo de la dualidad que da origen a todos los diversos impedimentos con los que nos encontramos. Los cinco elementos están vinculados con la mente a través de nuestro cuerpo: cuerpo y mente no son dos ámbitos separados. La materialidad, principalmente el elemento tierra, no es la base de la mente; más bien es la mente la que da lugar al juego de los elementos que surgen como nuestra materialidad ilusoria.

Sean cuales sean las dificultades y peligros que surjan, ya sean opresores humanos, cambios climáticos, animales feroces, etc., debemos centrarnos en la práctica y no dispersar nuestra energía buscando aquí y allá antídotos cuando el único antídoto verdadero ya está con nosotros: la verdad real de nuestra propia mente. Además, al acercarse la muerte, si nos centramos en Padmasambava seremos guiados a Dewachen, Potala o Zangdopalri de la Luz del loto, donde nos instalaremos en el corazón de uno de los modos inseparables de la familia del Loto. ¡Vuélvete hacia la luz! Vuélvete hacia la luz y todo lo demás se disolverá como meras sombras atravesadas por la luz del sol. Esta oración, como la que le sigue, fue pronunciada directamente por Padmasambava a sus veinticinco discípulos más cercanos en el Tíbet. Dejó estas oraciones como parte de su legado vivo, su presencia en forma cercana, su invitación permanente a que estemos con él y a que lo tengamos siempre con nosotros. Pueden encontrarse junto con otras oraciones profundamente conectivas en el libro THE SEVEN CHAPTERS OF PRAYER BY PADMASAMBAVA, traducido por Chimed Rigdzin Rinpoché y James Low (wandel verlag, Berlín, 2010).

Enlazada con la oración anterior, en la página 134 encontramos LA ORACIÓN QUE ELIMINA LOS OBSTÁCULOS DEL CAMINO. Aquí Padmasambava aparece en forma semiairada manifestando el poder y la autoridad para detener a los demonios problemáticos en su camino. Los convoca hacia sí para domar sus tendencias salvajes y perturbadoras. Es vital recordar que no hay demonios reales o existentes, sólo hay energía. Es la energía del vacío de la fuente de la base. Si se la ve como tal, está inactiva. Si no se ve con claridad, absorbe nuestras esperanzas y temores, y esta mezcla se manifiesta como las formas y situaciones que nos aterrorizan. Cada «cosa», incluido nuestro «yo», está dentro del todo, el juego infinito de la claridad. Si no lo tenemos en cuenta, estamos a merced de las esperanzas y los miedos que surgen de la visión kármica dualista.

Cada versículo tiene el mismo estribillo que nos ofrece palabras de conexión, fe y consuelo. «*¡Bendícenos con tu compasión! ¡Condúcenos a la salvación con tu amoroso cuidado! ¡Concédenos logros con tu presencia! ¡Elimina nuestros obstáculos con tu poder! ¡Soluciona los obstáculos externos donde estén! ¡Soluciona los obstáculos internos donde estén! ¡Convierte los obstáculos sutiles en el vacío! ¡Nos postramos con devoción y nos refugiamos en ti! Gurú Padmasambava, con cuerpo, palabra y mente indestructibles, ¡por favor, concédenos la realización de la budeidad!*». La oración resume algunas de las grandes actividades realizadas por el Nacido del loto. Recordar sus grandes cualidades y, en especial, su capacidad para mantener su palabra y cumplir sus compromisos, nos da la confianza de que en esta vida, y en particular en el momento de nuestra transferencia o de nuestra muerte, estará con nosotros guiándonos hacia él. Como ya se ha dicho, los periodos inmediatamente antes, durante y justo después de la muerte son de gran vulnerabilidad. La situación exterior cambia rápidamente y esto desencadena reacciones intensas en nuestra corriente mental. Esta turbulencia exterior y agitación interior es como un imán para muchos tipos de demonios. Son patrones de energía inquietos y perturbadores que buscan la perturbación como alimento. De ahí que esta oración subraye la importancia de no dejarse llevar por el poder de la agitación y el miedo. En lugar de ello, podemos volvernos hacia el Precioso gurú y aferrarnos a su presencia segura. Su poder es suficiente, por lo que debemos evitar la dispersión de nuestro enfoque y unificar nuestra mente con la suya. El punto clave es la devoción sin distracciones, así que aunque la oración mencione acontecimientos que desconocemos, debemos confiar en el estado de ánimo de estas dulces palabras y abrirnos a Padmasambava, la aparición de nuestra propia pureza intrínseca.

LA ORACIÓN QUE CUMPLE RÁPIDAMENTE NUESTROS DESEOS, en la página 166, fue escrita por el difunto Dudyom Rinpoché. Continúa nuestra práctica de invocar a Padmasambava para que nos ayude. Nuestro poder no es suficiente. Cuando nos experimentamos como seres sensibles que vagan por el samsara, parece obvio que somos débiles y limitados. Por eso, si caemos en esta identidad engañosa, es vital invocar al Nacido del loto, ya que él es la presencia de nuestra verdadera realidad. En nuestra limitante condición actual de dualidad le invocamos, aunque nunca hemos estado verdaderamente separados. Él nos invita a fundirnos en él como la forma rápida y fiable de despertar a nuestra propia presencia real.

Al final de la oración hay un verso que honra a la madre de todos los budas. Esta madre se manifiesta de diversas formas y aquí se la identifica como Prajnaparamita, la presencia de la sabiduría de la vacuidad, destacada como la madre de todos los budas del pasado. También se manifiesta como la dakini Vidyadari, la presencia de la consciencia; como tal, es la madre que da origen a los budas del presente. También se manifiesta como Maha Karma Indrani, dakini que genera los budas del futuro. Fue ella quien se tragó a Padmasambava y le dio la iniciación cuando atravesó su cuerpo para salir de su vagina. Aunque a menudo se representa a Padmasambava solo, en realidad nunca está separado de su contraparte femenina. Simbólicamente, la mujer es el espacio, mientras que el hombre es la manifestación como conciencia, claridad y expresión. Son no-duales dentro de la gran completitud: la inseparabilidad de lo implícito y lo explícito.

En la página 172 encontramos LA ORACIÓN DE LA BIOGRAFÍA INTACHABLE, escrita por el *terton* Ñima Ozer. De nuevo expone acontecimientos clave en la historia de Padmasambava, animándonos a madurar nuestra confianza y seguridad para que el puente de arco iris entre nuestro corazón y el suyo se manifieste y podamos relajarnos con la certeza de que nuestra liberación está asegurada. Padmasambava no es ni uno ni muchos. No es uno, ya que no puede ser definido por conceptos y está más allá de la suma. No es muchos, ya que sus diversas manifestaciones tienen todas la misma realidad inasible. Más allá del pensamiento y la expresión, nunca está limitado por nuestros pensamientos y sentimientos sobre él. No es un objeto del pensamiento, siendo él mismo el fundamento del pensamiento. No nacido y no detenido, lo encontramos al dejar de buscarlo. Él es todo lo que vemos y, sin embargo, no vemos. Por lo tanto, el único camino es la confianza, la confianza infinita por la que nos relajamos y liberamos y nos encontramos donde realmente estamos.

Esta oración nos ofrece una peregrinación a los lugares santificados por la presencia del Gurú precioso. Recitando y creyendo, podemos ser conmovidos por estos acontecimientos de hace mucho tiempo que todavía resuenan. A medida que se desarrolla esta historia, podemos inspirarnos en ella, respirándola a través de nuestra reci-tación. Desde el espacio celestial de la mente de Padmasambava, el cálido viento de su compasión fluye hacia nosotros revitalizando nuestro corazón, nuestra energía y nuestro espíritu. Abrir, recibir, responder: la interacción de su generosidad y nuestra gratitud genera la claridad de nuestro camino.

Si vivimos en sociedades modernas, probablemente haya pocos símbolos del Darma en nuestro mundo: ni estupas, ni muros de oración, ni templos, ni ruedas de oración, ni lugares sagrados, etcétera. Por lo tanto, es vital que encendamos nuestra propia lámpara del Darma con la llama de la tradición para que la ilumi-nación del Darma nos acompañe allá donde vayamos.

Una vez recitados los versos de la oración, nos centramos en la presencia visualizada y sentida del Precioso gurú. Él está aquí con nosotros mirándonos con ojos amables y sonriéndonos. Recitamos su mantra OM AA HUNG BENZA GURU PEMA SIDDHI HUNG tantas veces como podamos, experimentando la disolución de cualquier obstáculo que se interponga entre nosotros. Entonces, en un estado de claridad abierta, recibimos su bendición. Desde las letras OM en su frente, AA en su garganta y HUNG en su corazón, irradian rayos de luz blanca, roja y azul que se funden en nuestros tres centros. Esto nos capacita para entrar en la práctica, purifica nuestros oscurecimientos de las aflicciones y cogniciones para que nos convirtamos en recipientes eficaces para las prácticas no-duales del linaje. Debido a esto nuestro cuerpo es simplemente un cuerpo radiante de luz libre de toda substancialidad. Entonces me fundo en el cuerpo de luz del Gurú de modo que somos completamente inseparables, y todo rastro de mis antiguas limitaciones desaparece. Con esto veo mi propio rostro original, el darmakaya más allá de los conceptos. Esto es la liberación en y como lo intrínseco.

LOTO BLANCO PURO: LA VIDA DEL NACIDO DEL LOTO DE ODDIYANA en la página 197 es un texto tesoro revelado por Sera Khandro hace sólo 100 años. Se trata de una biografía muy concisa, encantadora y lírica de Padmasambava, oculta en el momento en que abandonaba el Tíbet. Este texto nos da una idea del impacto que el Precioso gurú tuvo en aquellos con los que se encontró y vemos cómo respondía a diversas situaciones. No actuaba a partir de un modelo fijo o un libro de reglas, sino que respondía espontáneamente, ofreciendo un beneficio óptimo con una intervención mínima. No se establecía en un solo lugar, sino que viajaba mucho, aprendiendo y enseñando y exponiéndose a situaciones impredecibles. Así demostró su flexibilidad, curiosidad y creatividad. Estaba dispuesto y feliz de responder a las necesidades, pero si se encontraba con una falta de interés y entusiasmo por el Darma puro, no estaba dispuesto a ofrecer más tiempo y energía a aquellos que preferían cultivar sus oscurecimientos (véase el capítulo 9 de esta biografía). La enseñanza y la transmisión son una vía de doble sentido; tiene que haber voluntad de enseñar y voluntad de aprender. La coemergencia de estos factores refleja la no dualidad de la visión.

En la página 223 tenemos una oración del V Dalai Lama, LA GRAN NUBE DE BENDICIONES, en la que se nombran y describen brevemente las numerosas manifestaciones de Padmasambava. Se le invoca como el cumplidor de todas las esperanzas de sus fieles seguidores y se le invita a venir en persona desde su tierra pura de Zangdopalri junto con su círculo íntimo de dakinis y héroes. Te necesitamos aquí y ahora así que, «¡*Muestra la apariencia de tu cuerpo claro y brillante a nuestros ojos! ¡Envía el sonido del Darma de tu dulce discurso a nuestros oídos! ¡Deja que la bendición de tu mente relajada y apacible se funda en nuestros corazones! ¡Tócanos con tu gran bendición! Por favor, concédenos las cuatro iniciaciones*». Entonces le pedimos que nos proteja de la maduración de nuestras propias malas acciones. Esto no puede hacerse por mera intención; la raíz misma de esta maduración debe ser cortada en la vacuidad para que tanto las formas del objeto como del sujeto se auto-liberen. Así que pedimos a Padmasambava que recuerde su promesa y actúe ahora que nuestra necesidad es tan grande.

Súplica a Padmasambava en la página 236 es otra oración del difunto Dudyom Rinpoché, una que de nuevo es ferviente y sentida. Debido a la maduración de las malas acciones, las fuerzas demoníacas de la intolerancia, los prejuicios, la explotación, la crueldad, etc., aumentan y se extienden por todas partes. Necesitamos la protección de Padmasambava y de sus enseñanzas que encarnan la sabiduría y la compasión cuando nos encontramos con los egoístas, los desvergonzados y los que denigran el verdadero camino hacia la liberación y a sus seguidores. Además, también nos vemos atrapados en la hipocresía, el autoengaño y la negación de que nuestros problemas se deben a la maduración de nuestro propio karma negativo. Nuestra alegría es superficial y nos invade la tristeza y la pérdida de esperanza, ¡necesitamos tu ayuda! Debes actuar y poner todas las fuerzas negativas bajo tu poder y disolver todos los problemas en su propio y espacioso terreno. Danos el poder para actuar en beneficio de todos. Con qué precisión Dudyom Rinpoché da voz a los problemas de nuestro corazón. Escribió esta oración en respuesta a la invasión de Tíbet y la consiguiente pérdida de libertad del pueblo tibetano. Lamentablemente, estos horrores se manifiestan en todo el mundo a medida que se desarraigan las culturas tradicionales, se destruyen los bosques y los hábitats, se pone en peligro a las especies y las armas se multiplican en su mortandad y disponibilidad. Si vemos con claridad, nos daremos cuenta de que estas crecientes olas de desastre se precipitan hacia nosotros. Ahora es el momento de practicar y reforzar nuestro compromiso de actuar en beneficio de todos, incluidos los que hacen daño y perjudican.

En la página 244 tenemos un breve texto de alabanza a Padmasambava titulado El gurú precioso de Oddiyana. Con él pasamos de tomar refugio a desarrollar el deseo de alcanzar la iluminación para ayudar a los demás, y a acumular méritos mediante la Práctica de las Siete Ramas. Luego nos dirigimos directamente a Padma-sambava y le invocamos utilizando la Oración en siete versos. Una vez establecida nuestra certeza ante su presencia, relatamos sus cualidades tal y como se manifiestan a través de los signos y símbolos que despliega. Esto nos da un sentido más rico y profundo de cómo todas las visiones y caminos del Darma están presentes en él y como él. Esto sirve de preparación para el siguiente texto, que es una sadana tántrica breve pero completa sobre el Precioso gurú.

La PRÁCTICA DE LA FUENTE DEL LOTO, en la página 259, nos invita a abrirnos a la forma breve de la práctica escrita que fue revelada como texto tesoro por el primer Khordong Terchen Rinpoché, Nuden Dorye Dropan Lingpa Drolo Tsal. Se trata de un método muy eficaz para que uno mismo se encuentre en el verdadero estado de Padmasambava. Se preparó siguiendo las instrucciones del cuarto Khordong Terchen, Chimed Rigdzin. Los beneficios plenos de la práctica sólo se revelarán si se obtiene la iniciación de maduración según el linaje. Sin embargo, Chimed Rigdzin me dijo muchas veces que la fe era el elemento principal de la iniciación y que si las personas de buen corazón y clara intención deseaban de verdad practicar pero no podían obtener la iniciación, su práctica de corazón seguiría siendo beneficiosa, y se les debería apoyar en su deseo. Por este motivo, se ofrecen aquí esta práctica y la transferencia intencionada (Phowa) de la página 337.

La grabación de una explicación completa de este texto está disponible en el sitio web de simplemente ser: www.simplybeing.co.uk. Los detalles son importantes, ya que necesitamos absorber la práctica real tal y como se revela y no ahogarla en nuestras propias proyecciones e interpretaciones. La intención pura, el deseo de liberar a todos los seres, es el corazón mismo de la práctica y este texto muestra cómo mantener la claridad cuando nos levantamos del cojín de meditación y nos relacionamos con los demás en toda la complejidad de nuestra vida social en común. No hay acontecimiento ni circunstancia que no pueda integrarse en la práctica. Todo lo que surge es el camino.

ASPIRACIÓN PARA ZANGDOPALRI, en la página 293, es el primero de dos textos que describen con cierto detalle la Montaña de color cobre (Zangdopalri) a la que Padmasambava fue cuando abandonó Tíbet. En esta montaña se encuentra su mandala Palacio de la Luz de loto, donde vive rodeado de los caníbales rakshasa a los que ha ido civilizando poco a poco. Según la tradición, Padmasambava

abandonó Tíbet montado en un caballo mágico volador y recorrió
rápidamente la distancia que le separaba de la Isla Espantamoscas
(Camaradvipa), cuya forma exterior es la de Sri Lanka. En aquella
época, la isla estaba dominada por un rey despiadado que animaba
a sus súbditos a ser egoístas y crueles. Tiene muchas similitudes
con Ravana, el rey demonio de Sri Lanka cuyas batallas con Rama
y Lakshman se detallan en el texto hindú, el Ramayana. Cuando
Padmasambava llegó allí, entró secretamente en el palacio y, con
su cuerpo de luz, se fusionó con la forma dormida del rey de los
caníbales. Expulsó la conciencia del rey a un lugar donde pudiera
progresar hacia la iluminación. Por la mañana, el rey demonio
despertó: un cuerpo de rey demonio habitado por la conciencia
pura de Padmasambava. La gente del lugar no detectó ninguna
diferencia en el rey. Sin embargo, lenta y cuidadosamente, Padmasambava cambió el comportamiento manifestado por esta forma
demoníaca. Los súbditos se adaptaron gradualmente al comportamiento del rey sin saber que lo estaban haciendo. Mediante este
sutil método, Padmasambava trajo la paz y la prosperidad a todos
los habitantes de la Isla Espantamoscas y allí permanece hasta el día
de hoy, aunque sus numerosas emanaciones se encuentran en todas
las tierras, llevando a cabo la obra de la liberación al tiempo que
suscita hábilmente una resistencia mínima.

La oración describe el entorno del palacio del Precioso gurú. Se
encuentra en una isla redonda y plana rodeada de islas y lagos.
De aspecto hermoso, cada planta, cada forma es agradable a los
sentidos y motivo de relajación y deleite. La oración describe todos
los aspectos agradables del palacio y sus alrededores con tanta
claridad que nos sentimos bañados por su presencia. Al leer esta
oración repetimos el estribillo al final de cada estrofa: «Debemos
nacer en esta tierra de Luz de loto». El palacio se llama Luz de loto;
Padmasambava es él mismo Luz de loto, el resplandor de la pureza
no nacida; y Luz de loto también describe nuestra realidad, la no
dualidad de la pureza primordial y la presencia instantánea. Así
pues, que podamos despertar por haber nacido allí. Que lo hagamos
por estar cerca y luego ser inseparables de Padmasambava, e igual-
mente por nuestra inclusión en la inseparabilidad de la apertura
pura y el despliegue incesante no nacido. Todos los factores que
facilitan el despertar están presentes allí y todos los impedimentos
se han vuelto ineficaces. Somos bienvenidos, incluidos y asistidos
en nuestro camino que se hace entonces muy fácil. Por eso, en el

momento de la muerte, la opción de hacer una transferencia intencionada de nuestra conciencia a ese lugar supremo es muy valiosa y
su práctica se expondrá en detalle en breve.

En la página 315 sigue UNA DESCRIPCIÓN DE ZANGDOPALRI, que ofrece una
descripción similar del palacio pero evoca un estado de ánimo ligeramente diferente. Comienza describiendo cómo la infinita apertura de
la fuente del darmadatu se manifiesta a través de las vaginas de las
esposas de las familias de los Cinco budas como los cinco elementos
que dan lugar a Zangdopalri. Así, la conciencia darmakaya revela la
creatividad sambogakaya emanando la colaboración nirmanakaya de
los cinco elementos. La Montaña de color cobre se manifiesta directamente desde la mente del Buda como una isla autoexistente y omnipresente. Zangdopalri está simultáneamente al sur de la India y en
todas partes. Cómo lo veas depende de si tienes los ojos del corazón o
los ojos del intelecto. El corazón del demoníaco Matram Rudra, devo-
rador de madres, cayó aquí después de ser asesinado por la energía
de Hayagriva, cuya consorte, Vajravarahi, ha bendecido la isla como
un lugar feliz para las dakinis y las diosas madres. Hermoso a la vista,
encantador en todos los sentidos, este es el lugar donde el despertar
es fácil. No es un campo de Buda distante como Dewachen, sino que
está presente aquí en la dimensión de esta tierra como un lugar puro
nirmanakaya.

Aquí reside Padmasambava en la forma del vajra Nacido del loto,
espléndido e impresionante con el poder de cambiar de apariencia
según las necesidades de quienes acuden a él. Sonriendo a todos, su
voz es resonante y acogedora mientras manifiesta muchas emanaciones para llevar a cabo su actividad compasiva. Está rodeado
por los mandalas de las deidades de las Ocho grandes prácticas
junto con océanos de deidades, dakinis, mensajeros, etc. Todo lo
que se necesita para el despertar está fácilmente disponible aquí,
en esta tierra de purificación y alegría. No hay mejor lugar para
estar y, por lo tanto, si queremos practicar la transferencia intencionada y tener plena fe en Padmasambava, debemos recitar esta
oración una y otra vez hasta que estemos convencidos de que éste
es el único destino deseado cuando nuestra conciencia abandone
nuestro cuerpo. Rezamos a Padmasambava con la Oración en siete
versos repitiéndola una y otra vez y luego recitamos versos que le
invitan a venir realmente a nosotros, preparando el camino para
que vayamos hacia él. ¡Qué alegría ser recibidos por este gurú que
se balancea danzando con ritmos y melodías que ponen el mundo

en movimiento! Todas las creencias fijas en entidades reales se disuelven a medida que su caravana de luz se acerca más y más. Le pedimos que nos abrace, elimine todos los obstáculos y nos bendiga con la liberación del océano del samsara. A través del poder de esta oración que Padmasambava dio a su consorte Yeshe Tsogyal para que la tristeza por su partida se suavizara, nosotros también obtendremos el consuelo y la confianza de que nunca nos separaremos de él. Ahora estamos listos para volar a él....

En la página 337 tenemos la práctica de la transferencia intencionada titulada EN LA PROPIA MANO: LAS PROFUNDAS INSTRUCCIONES PARA USAR LA MUERTE COMO CAMINO. Este texto fue desarrollado por C. R. Lama a partir de la obra de Padma Trinle. Proporciona una explicación completa de cómo realizar la transferencia intencionada de la propia mente al corazón de Padmasambava. No es seguro practicarla sin la supervisión de un meditador experimentado en la práctica. Además, requiere iniciación y explicación. Se presenta aquí para que la dinámica de la conexión mente-cuerpo pueda entenderse con claridad, y para animar a la gente a prepararse para el momento en que el cuerpo y la mente se separen.

Al principio de esta introducción vimos brevemente el proceso de la muerte tal como ocurre, con el agotamiento de los factores kármicos que sustentaron la vida. Observamos que el cuerpo mental que surge con la disolución final de los elementos en el espacio es capaz de moverse rápidamente y sin impedimentos a través de lo que se le presente. Esto nos da una idea de cómo la mente, liberada de sus identificaciones con la densidad de los cinco componentes skandas, puede moverse más rápido que el viento. De hecho, como mostrará este texto, viaja en rayos de luz y llega instantáneamente al corazón de Padmasambava. Esta ligereza libre de contenido y sustancia le permite viajar como la luz a lo largo de la luz. Varios de los textos precedentes han ofrecido la práctica de recibir luz blanca, roja y azul de los centros del cuerpo, la palabra y la mente del gurú. A medida que nos llenamos de esta luz, nuestro yo sustancial se desvanece, dejando nuestra presencia como luz, mientras que la conciencia dualista se convierte en el conocimiento original no dual. Entonces nos fundimos con el Gurú, que ha ofrecido su forma ilusoria como medio para que despertemos a nuestra realidad. Si practicamos esto una y otra vez, seremos capaces de desprendernos instantáneamente de las acumulaciones de hábitos kármicos y descansar en la conciencia desnuda. Esta es la preparación clave que permite que la práctica de la transferencia intencionada tenga éxito.

El texto comienza con un esbozo de cómo puede utilizarse la muerte como vía de liberación. En él se destaca la transferencia intencionada como el método más profundo por su sencillez e inmediatez. Luego tenemos el Refugio y la Bodichita, seguidos de la oración en la que se pide ayuda a los budas y bodisatvas, que también es importante recitar si estamos haciendo la transferencia por otra persona. La oración pone de relieve lo aterrador que es dejar todo lo que uno conoce y viajar solo en medio de la confusión, el miedo y una soledad desoladora. Tantas apariencias externas e internas pueden preocuparnos y llevarnos a perder el recuerdo de todas las buenas intenciones que hemos desarrollado en la vida que dejamos. Necesitamos ayuda. Por eso la humildad de la devoción es nuestra gran aliada. Estamos acostumbrados a ser honestos sobre nuestras limitaciones y estamos abiertos a recibir ayuda con la gratitud genuina que nos ayuda a hacer un buen uso de ella. Como nuestro cuerpo después de la muerte es insustancial, podemos fundirnos fácilmente con los budas si no tenemos dudas ni vacilaciones. El hábito de confiar en nuestros propios pensamientos como guía de las situaciones se convierte ahora en un obstáculo que requiere mucho tiempo. La fe y la devoción nos preparan para el rápido camino de la fusión con la brillante presencia del Buda. La mente abierta, vacía y confiada encontrará rápidamente la liberación no dual.

A continuación, ofrecemos un saludo a los Budas del pasado, presente y futuro junto con los Grandes bodisatvas. Esto nos lleva a una breve oración del linaje que comienza con Nuden Dorye y concluye con un recordatorio de que nuestro propio gurú es la presencia real de Amitaba, Chenrezi y Padma Thod Treng Tsal. Centrándonos en esto, recitamos la Oración en siete versos muchas, muchas veces, para separarnos de todo lo que dejamos y unirnos a todo aquello hacia lo que nos dirigimos. Centrados en Padmasambava, rezamos para recibir la bendición de todos los grandes maestros y para que envíen a sus emisarias, las dakinis, a nuestro encuentro en el momento de la muerte y nos conduzcan al reino de la Luz de loto. Entonces rezamos por lo que deseamos, centrándonos en la Isla Espantamoscas en sus modos de presencia exterior, interior, secreto y secretísimo. La tierra pura no es otra cosa que la inseparabilidad de la apertura, la claridad y la apariencia que es la verdad de todos los budas y nuestra propia verdad. Con esta claridad rogamos que se purifiquen todos los oscurecimientos para que veamos nuestro propio rostro verdadero de pureza primordial. Entonces, al morir, seremos guiados a Zangdopalri, donde veremos a Padmasambava, oiremos su voz y obtendremos todas las enseñanzas que necesitamos para llegar a ser idénticos a él. ¡Entonces, como iluminados, podremos beneficiar y guiar a todos los seres para que obtengan el mismo despertar!

En la página 367 tenemos la primera de las transferencias intencionadas, la TRANSFERENCIA SUAVE. Descansando en la simple confianza del estado abierto, mantenemos la presencia de Padmasambava claramente en nuestra mente-corazón, de modo que estemos frescos y listos para abandonar la esclavitud del samsara. Entonces, en un instante, viajamos por un sendero de luz de cinco colores que conduce a la Montaña de color cobre. El mundo familiar se desvanece y la tierra pura de Padmasambava se vuelve más y más clara, más y más brillante, hasta que nos fundimos en el corazón del Precioso gurú y nos volvemos inseparables. Relajados y felices, todo lo que vemos es la brillante belleza de esta tierra pura libre de las manchas de la conceptualización.

En la página 369 comenzamos la TRANSFERENCIA INTENCIONADA ACTIVA recitando muchas veces la Oración en siete versos. Rezamos a Padmasambava como la presencia de las tres modalidades iluminadas y luego imaginamos que en nuestro corazón hay un loto de ocho pétalos en donde se encuentran respectivamente cada una de nuestras ocho conciencias. En el centro de este loto nuestra conciencia esencial, nuestra mente tal como sabemos que es, se mueve y vibra preparándose para salir. Entonces se dispara hacia arriba en brillantes rayos de luz y se funde en la mente-corazón de Padmasambava. Diciendo ¡HIK! ¡HIK! ¡HIK! ¡PHAT! ¡PHAT! PHAT! abandonamos irreversiblemente el cuerpo y nos desvanecemos en su corazón. Si esta práctica se hace con devoción y fuerza la mente se separará del cuerpo, por lo que es vital recordar que sólo debe hacerse a) cuando uno se está muriendo, b) cuando uno está siendo torturado, o teniendo una muerte lenta y dolorosa, o c) se ve obligado a dejar la práctica del Darma. Practicar plenamente si no se dan estas condiciones equivale al suicidio si uno lo hace por sí mismo, o al asesinato si lo hace por otro. A continuación, rezamos oraciones para fortalecer nuestra fe en la Tierra de buda pura. Tanto si decimos Dewachen, Potala o Zangdopalri, la devoción de nuestro corazón nos llevará a la liberación. Es importante no cosificar a las deidades puras tomándolas por seres humanos especiales. Existen formas de luz y sus formas cambian según nuestra necesidad.

A continuación, en la página 376 tenemos un texto de la TRANS-FERENCIA BASADA EN CHENREZI. A diferencia de las dos prácticas de transferencia anteriores, en las que estábamos en nuestro cuerpo familiar, en esta práctica imaginamos que nosotros, o la persona para la que hacemos la práctica, estamos en la forma de Chenrezi. Esta identidad imaginada suaviza nuestra identificación habitual con la forma que estamos acostumbrados a ver como propia y definitiva de lo que somos. Entonces nuestro gurú raíz se manifiesta como Chenrezi y se sienta sobre un loto en la parte superior de nuestra cabeza bloqueando el agujero por el que saldrá la conciencia. Entonces, como describe claramente el texto, nuestra consciencia sale por la fuerza de la parte superior de nuestra cabeza y se funde directamente con la mente-corazón de Chenrezi. Cuando practicamos esto es vital que también hagamos la práctica de larga vida de Chenrezi ya que la práctica de transferencia afloja la conexión mente-cuerpo. En esta práctica, Amitayus, el aspecto de Amitaba que fortalece relativamente la fuerza vital y, en última instancia, nos lleva a la inmortalidad, purifica nuestra encarnación y la revitaliza. Al final recibimos bendiciones y logros de Padmasambava imaginando rayos de luz de cinco colores que se vierten en nosotros y nos dan energía y fuerza.

A continuación, en la página 394 tenemos las oraciones finales con la dedicación de méritos. Esto pone fin a la práctica de transferencia intencionada. Es la esencia concentrada de toda la devoción que hemos desarrollado en las prácticas anteriores. Disminuye nuestra preocupación por los asuntos siempre cambiantes de esta vida y nos permite ver que no son acontecimientos reales, sino simplemente el juego de la mente malinterpretado.

Por último, en la página 398 tenemos una breve ORACIÓN DE DEDI-CACIÓN en la que expresamos nuestro deseo de aprovechar todo nuestro mérito, habilidad y compromiso en beneficio de todos los seres sensibles. *«Que por este mérito pueda yo llegar a ser omnisciente. Entonces, derrotando a todos los enemigos perturbadores, que pueda liberar a todos los seres del océano del samsara, donde son lanzados y arrastrados por las olas del nacimiento, la vejez, la enfermedad y la muerte.»*

¡Que sin esfuerzo lleguemos todos plenamente, abiertamente,
a la sencillez de lo que es y siempre es!

Oración a Buda Sakiamuni

ཐབས་མཁས་ཐུགས་རྗེ་ཤཱཀྱའི་རིགས་སུ་འཁྲུངས།

THAB	KHAE	THU YE	SHA KYE	RIG	SU	TRUNG
métodos, doctrinas	*hábil, experimentado*	*compasivo*	*Sakia*	*familia*	*en*	*nacido*

Compasivo nacido en la familia Sakia, hábil en los métodos,

གཞན་གྱིས་མི་ཐུབ་བདུད་ཀྱི་དཔུང་འཇོམས་པ།

ZHAN	GYI	MI	THUB	DUD	KI	PUNG	YOM PA
otros	*por*	*no*	*capaz de resistir*	*maras demonios*	*de*	*masa, fuerza*	*derrotar*

eres el invencible conquistador de todos los demonios en todas partes

གསེར་རི་ལྷུན་པོ་ལྟ་བུར་བརྗིད་པའི་སྐུ།

SER	RI	LHUN PO	TA BUR	YI PE		KU
dorado	*montaña*	*montón, masa*	*como*	*espléndido, resplandeciente magnífico*		*cuerpo*

Tu cuerpo brilla como una montaña de oro,

ཤཱཀྱའི་རྒྱལ་པོའི་ཞབས་ལ་གསོལ་བ་འདེབས།

SHA KYE	GYAL POI	ZHAB	LA	SOL WA DE
de los Sakia	*del rey*	*pies*	*a*	*rezar*

rey de los Sakias, rezo a tus pies.

Compasivo nacido en la familia Sakia, hábil en los métodos, eres el invencible conquistador de todos los demonios en todas partes. Tu cuerpo brilla como una montaña de oro, rey de los Sakias, rezo a tus pies.

བསྟོད་པ་ནི།
Ofrenda de homenaje y alabanza

ཧཱུྃ༔ མ་བཅོས་སྤྲོས་བྲལ་བླ་མ་ཆོས་ཀྱི་སྐུ༔

HUNG   MA CHO   TOE TRAL   LA MA   CHO KYI KU
Hung   no artificial, libre de todas   gurú,   darmakaya,
*   sin artificio   las posiciones duales y relativas maestro   modo intrínseco*

Hung. El gurú darmakaya carece de artificios y de cualquier posición relativa.

བདེ་ཆེན་ལོངས་སྤྱོད་བླ་མ་ཆོས་ཀྱི་རྗེ༔

DE   CHEN   LONG CHO   LA MA   CHO KYI JE
felicidad   gran   sambogakaya,   gurú   señor del Darma
*   modo de gozo*

El gurú sambogakaya es el señor del Darma gozando de gran felicidad.

པད་སྡོང་ལས་འཁྲུངས་བླ་མ་སྤྲུལ་པའི་སྐུ༔

PE   DONG   LAE   TRUNG   LA MA   TRUL PE KU
loto   tallo   de   nacido   gurú   nirmanakaya,
(símbolo de pureza inmutable)   modo de apariencia

El gurú nirmanakaya ha nacido de un tallo de loto.

སྐུ་གསུམ་རྡོ་རྗེ་འཆང་ལ་ཕྱག་འཚལ་བསྟོད༔

KU   SUM   DOR YE CHANG   LA   CHA TSAL   TOE
cuerpo, tres   Vajradara, el Buda supremo a   prostrar,   alabar
modo   original y eterno   y rendir homenaje

Rindo homenaje y alabo a Vajradara que encarna estos tres modos.

Hung. El gurú darmakaya carece de artificios y de cualquier posición relativa. El gurú sambogakaya es el señor del Darma gozando de gran felicidad. El gurú nirmanakaya ha nacido de un tallo de loto. Rindo homenaje y alabo a Vajradara que encarna estos tres modos.

གསོལ་བ་འདེབས་པ་ནི།

Oración

ཨེ་མ་ཧོཿ སྤྲོས་བྲལ་ཆོས་ཀྱི་དབྱིངས་ཀྱི་ཞིང་ཁམས་སུཿ

E MA HO	TOE TRAL	CHO KYI YING	KYI	ZHING KHAM	SU
¡Maravilloso!	*sin relatividad*	*darmadatu, el espacio*	*de*	*espacio puro*	*en*
(vacuidad)	*alguna*	*que todo lo abarca*			

¡Maravilloso! En la esfera del espacio libre de entidades y de cualquier posición relativa,,

ཆོས་ཉིད་དུས་གསུམ་སྐྱེ་འགག་མེད་པའི་ངང་ཿ

CHO ÑI	DU	SUM	KYE	GA	ME PE NGANG
realidad de los	*tiempos*	*tres*	*comenzado,*	*terminado*	*sin espontáneo*
fenómenos	*(pasado, presente, futuro)*		*nacido*		

está la realidad de los fenómenos, el estado espontáneo que está libre del comienzo y del final de los tres tiempos.

བྱ་བྲལ་ལྷུན་རྫོགས་བདེ་བ་ཆེན་པོའི་སྐུ་ཿ

YA TRAL	LHUN DZO	DE WA	CHEN POI	KU
sin actividad	*sin esfuerzo*	*gozo*	*gran*	*cuerpo, modo*
mundana dualista	*completo*	*(felicidad inmutable sin pena alguna)*		

Es el cuerpo intrínsecamente completo de gran felicidad sin actividad,

ནམ་མཁའ་བཞིན་དུ་ཕྱོགས་རེ་ཕྱོགས་རིས་མེད་ཿ

NAM KHA	ZHIN DU	THU YE	CHO RI ME
espacio, sin	*similar a*	*compasión,*	*imparcial, sin*
centro o borde		*bondad*	*preferencia*

donde la bondad imparcial es el espacio.

བླ་མ་ཆོས་ཀྱི་སྐུ་ལ་གསོལ་བ་འདེབས་ཿ

LA MA	CHO KYI KU	LA	SOL WA DE
Gurú	*darmakaya*	*a*	*rezar*

Rezamos al Gurú darmakaya.

ཨུ་རྒྱན་པདྨ་འབྱུང་གནས་ལ་གསོལ་བ་འདེབས་ཿ

UR GYEN	PE MA	YUNG NE	LA	SOL WA DE
Oddiyana	*loto*	*nacido*	*a*	*rezar*

Rezamos a Padmasambava de Urgyen.

¡Maravilloso! En la esfera del espacio libre de entidades y de cualquier posición relativa, está la realidad de los fenómenos, el estado espontá-

neo que está libre del comienzo y final de los tres tiempos. Es el cuerpo intrínsecamente completo de gran felicidad sin actividad, donde la bondad imparcial es el espacio. Rezamos al Gurú darmakaya. Rezamos a Padmasambava de Urgyen.

བདེ་ཆེན་ལྷུན་གྱིས་གྲུབ་པའི་ཞིང་ཁམས་སུ༔

DE	CHEN	LHUN GYI DRU PE	ZHING KHAM	SU
felicidad	*gran*	*surgir sin esfuerzo*	*esfera, reino*	*en*

En el reino de la gran felicidad que surge sin esfuerzo

སྐུ་གསུང་ཐུགས་དང་ཡོན་ཏན་ཕྲིན་ལས་ཀྱི༔

KU	SUNG	THU	DANG	YON TEN	TRIN LE	KYI
cuerpo	*palabra*	*mente*	*y*	*buenas cualidades de la budeidad*	*compasiva actividad*	*de*

se encuentran el cuerpo, la palabra, la mente, las buenas cualidades y la actividad compasiva

ཡེ་ཤེས་ལྔ་ལྡན་བདེ་བར་གཤེགས་པའི་སྐུ༔

YE SHE	NGA	DEN	DE WAR SHE PE	KU
conocimiento original	*cinco*	*tener*	*Ido Felizmente*	*modo*

de los Felizmente Idos que poseen los cinco conocimientos originales y

ཕྱགས་རྗེས་བྱེ་བྲག་སྣ་ཚོགས་སོ་སོར་སྟོན༔

THU YE	YE TRA	NA TSO	SO SOR	TON
bondad	*particular*	*diferente*	*individualmente*	*mostrar*

muestran diversos aspectos específicos de bondad.

བླ་མ་ལོངས་སྤྱོད་རྫོགས་སྐུ་ལ་གསོལ་བ་འདེབས༔

LA MA	LONG CHO DZO KU	LA	SOL WA DE
gurú	*sambogakaya*	*a*	*rezar*

Rezamos al Gurú sambhogakaya

ཨུ་རྒྱན་པདྨ་འབྱུང་གནས་ལ་གསོལ་བ་འདེབས༔

UR GYEN	PE MA	YUNG NE	LA	SOL WA DE
Oddiyana	*loto*	*nacido*	*a*	*rezar*

Rezamos a Padmasambava de Urgyen.

En el reino de la gran felicidad que surge sin esfuerzo se encuentran el cuerpo, la palabra, la mente, las buenas cualidades y la actividad compasiva de los Felizmente Idos que poseen los cinco conocimientos originales y muestran diversos aspectos específicos de bondad. Rezamos al Gurú sambogakaya. Rezamos a Padmasambava de Urgyen.

ཨི་མ་ཇེད་འཇིག་རྟེན་དག་པའི་ཞིང་ཁམས་སུ༔

MI YE YIG TEN DAG PE ZHING KHAM SU
sin número mundos puro reino en
(todos los mundos en todas partes son puros para Padmasambava)

En los reinos puros de innumerables mundos

ཐུགས་རྗེ་ཆེན་པོས་འགྲོ་བའི་དོན་ལ་བྱོན༔

THU YE CHEN POE DRO WE DON LA YON
bondad con gran seres beneficio, bienestar para venir

se manifiestan con gran bondad para beneficiar a los seres,

གང་ལ་གང་འདུལ་ཐབས་ཀྱི་འགྲོ་དོན་མཛད༔

GANG LA GANG DUL THAB KYI DRO DON DZE
hacer lo que sea necesario método por seres beneficio hacer

ayudándoles con cualquier método que sea necesario.

འདས་དང་མ་བྱོན་ད་ལྟ་དུས་གསུམ་གྱི༔

DE DANG MA YON TAN DA DU SUM GYI
pasado y futuro presente tiempos tres de

Los del pasado, los del futuro y los del presente: a todos los

བླ་མ་སྤྲུལ་པའི་སྐུ་ལ་གསོལ་བ་འདེབས༔

LA MA TRUL PE KU LA SOL WA DE
gurú nirmanakaya a rezar

gurús nirmanakaya, rezamos.

ཨུ་རྒྱན་པདྨ་འབྱུང་གནས་ལ་གསོལ་བ་འདེབས༔

UR GYEN PE MA YUNG NE LA SOL WA DE
Oddiyana loto nacido a rezar

Rezamos a Padmasambava de Urgyen.

En los reinos puros de innumerables mundos se manifiestan con gran bondad para beneficiar a los seres, ayudándoles con cualquier método que sea necesario. Rezamos a todos los gurús nirmanakaya tanto los del pasado como los del futuro y del presente. Rezamos a Padmasambava de Urgyen.

Oración en siete versos

ཧཱུྃ༔ ཨོ་རྒྱན་ཡུལ་གྱི་ནུབ་བྱང་མཚམས༔

HUNG   **UR GYEN YUL GYI NUB YANG TSHAM**
vocativo, sílaba semilla   *Oddiyana, la*   *de*   *noroeste*   *frontera,*
de Padmasambava   *tierra de las dakinis*   *esquina*

Hung. En la frontera noroeste de la tierra de Urgyen,

པདྨ་གེ་སར་སྡོང་པོ་ལ༔

PE MA GE SAR DONG PO LA
loto   *estambres*   *tallo*   *sobre*

sobre el tallo y los estambres de un loto,

ཡ་མཚན་མཆོག་གི་དངོས་གྲུབ་བརྙེས༔

YAM TSHEN CHO GI NGO DRU ÑE
maravilloso,   *supremo*   *sidhis, logros*   *tiene*
prodigioso   *(i.e. budeidad)*

con los logros maravillosos y supremos,

པདྨ་འབྱུང་གནས་ཞེས་སུ་གྲགས༔

PE MA YUNG NE   **ZHE SU**   **DRA**
Padmasambava, Gurú Rinpoché   *conocido como*   *famoso*
                        (afamado como)

tu afamado nombre es Nacido del Loto.

འཁོར་དུ་མཁའ་འགྲོ་མང་པོས་བསྐོར༔

KHOR DU KHAN DRO   **MANG POE KOR**
séquito   *como*   *dakinis, diosas del espacio*   *muchas por*   *rodeando*
            (quiere decir que son entidades que viajan por el cielo)

Estás rodeado por un séquito de muchas dakinis.

ཁྱེད་ཀྱི་རྗེས་སུ་བདག་བསྒྲུབ་ཀྱིས༔

KHYE KYI YE SU DA DRU KYI
tú   *siguiéndote,*   *yo*   *practico*   *por eso*
      emulándote

Siguiéndote y confiando en ti hacemos tu práctica. Por lo tanto,

བྱིན་གྱིས་བརླབ་ཕྱིར་གཤེགས་སུ་གསོལ༔

YIN GYI LAB CHIR SHE SU SOL
bendiciones   *para*   *ven, por favor*

ven aquí, por favor, para concedernos tus bendiciones.

ग་རུ་པདྨ་སིདྡྷི་ཧཱུྃ༔

GU RU   PE MA   SID DHI   HUNG
gurú, maestro   Padmasambava   logro verdadero   ¡dame!

¡Gurú Padmasambava concédenos el logro de la budeidad!

Hung. En la frontera noroeste de la tierra de Urgyen sobre el tallo y los estambres de un loto, con los logros maravillosos y supremos, tu afamado nombre es Nacido del Loto. Estás rodeado por un séquito de muchas dakinis. Siguiéndote y confiando en ti hacemos tu práctica, por lo tanto, ven aquí, por favor, para concedernos tus bendiciones. ¡Gurú Padmasambava concédenos el logro de la budeidad!

ཞེས་ཅི་ནུས་དང་།

[Recita esto tantas veces como puedas con verdadera devoción de corazón.]

སློན་ལམ་རྡོ་རྗེའི་རྒྱ་མདུད་ནི།

La aspiración del nudo vajra

བླ་མ་ཡི་དམ་ལྷ་ཚོགས་དགོངས་སུ་གསོལ།

LA MA	YI DAM LHA	TSHO	GONG SU	SOL
gurú, maestro	*deidades del camino*	*multitud*	*atiéndeme, escúchame*	*por favor, ruego*

A todos los gurús y deidades del camino, ¡por favor, escuchadme!

དེང་འདིར་བརྩོན་པས་བསྒྲུབས་པའི་དགེ་བ་དང་།

DENG DIR	TSON PE	DRU PEI	GE WA	DANG
hoy, aquí y ahora	*diligencia, duro trabajo*	*práctica*	*virtud*	*y*

¡La virtud de mi práctica diligente de ahora mismo, y

དུས་གསུམ་བསགས་དང་ཡོད་པའི་དགེ་བ་རྣམས།

DU	SUM	SAG	DANG	YOE PEI	GE WA	NAM
tiempos	*tres*	*acumulado*	*y*	*tener*	*virtud, mérito*	*toda*
	(pasado, presente, futuro)			*(del pasado y el presente)*		

toda la que he acumulado en los tres tiempos, así como la virtud que posea ya

བསྡོམ་ཏེ་བླ་མེད་བྱང་ཆུབ་ཆེན་པོར་བསྔོ།

DOM TE	LA ME	CHANG CHU	CHEN POR	NGO
all, total	*insuperables*	*bodi, iluminación*	*grande*	*dar, dedicar*

la dedico por completo para la gran iluminación insuperable de todos!

A todos los gurús y deidades del camino, ¡por favor, escuchadme! ¡La virtud de mi práctica diligente de ahora mismo, y toda la que he acumulado en los tres tiempos, así como la virtud que posea ya la dedico por completo para la gran iluminación insuperable de todos!

དེང་ནས་བྱང་ཆུབ་སྙིང་པོར་ཕྱི་ཀྱི་བར།

DENG	NE	CHANG CHU	ÑING POR	CHI KYI	BAR
este momento	*desde*	*bodi, iluminación*	*esencia*	*obtener*	*hasta*

Desde ahora hasta que logre el corazón de la iluminación,

རིགས་བཟང་བློ་གསལ་ང་རྒྱལ་མེད་པ་དང་།

RIG	ZANG	LO	SAL	NGA GYAL	ME PA	DANG
familia, kula	*bueno*	*mente, intelecto*	*claro*	*orgullo, egoísmo*	*sin*	*y*

que podamos nacer en buenas familias, tener un intelecto claro sin orgullo,

སྙིང་རྗེ་ཆེ་ཞིང་བླ་མ་ལ་གུས་ལྡན།

ÑING YE	CHE	ZHING	LA MA	LA	GUE	DEN
compasión	*gran*	*con*	*gurú*	*a*	*devoción*	*tener*

tener gran compasión y devoción a nuestros gurús.

དཔལ་ལྡན་རྡོ་རྗེའི་ཐེག་ལ་རེས་གནས་ཤོག།

PAL DEN	DOR YEI	THEG	LA	NGE	NE	SHO
glorioso	*vajra*	*vehículo*	*en, a*	*verdaderamente*	*permanecer*	*debemos*
	(vajrayana, tantra)					

Que podamos morar con certeza en el glorioso Vajrayana.

Desde ahora hasta que logre el corazón de la iluminación, que podamos nacer en buena familia, tener un intelecto claro sin orgullo, tener gran compasión y devoción a nuestros gurús. Que podamos morar con certeza en el glorioso Vajrayana.

དབང་གིས་སྨིན་ཅིང་དམ་ཚིག་སྡོམ་པར་ལྡན།

WANG	GI	MIN CHING	DAM TSHI	DOM PAR	DEN
iniciación,	*por*	*madurar,*	*votos tántricos*	*votos*	*mantener*
empoderamiento		*hacer disponible*			

Tras haber madurado con la iniciación, que podamos mantener nuestros votos tántricos y

རིམ་གཉིས་ལམ་ལ་བསྙེན་སྒྲུབ་མཐར་ཕྱིན་ཏེ།

RIM	ÑI	LAM	LA	ÑEN DRU	THAR CHIN	TE
sistema	*dos*	*caminos*	*de*	*recitación de la sadana*	*perfeccionar*	

(Kyerim; el sistema de desarrollo. Dzogrim; el sistema de perfección)

completar las prácticas y las recitaciones de mantras de los sistemas de desarrollo y perfección.

དཀའ་བ་མེད་པར་རིག་འཛིན་གོ་འཕང་བསྒྲོད།

KA WA	ME PAR	RIG DZIN	GO PHANG	DRO
dificultad	*sin*	*vidyadaras,*	*etapa, nivel,*	*obtener, alcanzar*
		sabios		

Que al introducirnos en las etapas del sabio sin dificultad

དངོས་གྲུབ་རྣམ་གཉིས་བདེ་བླག་འགྲུབ་གྱུར་ཅིག།

NGO DRU	NAM	ÑI	DE LA	DRU	GYUR CHI
sidhis,	*clases*	*dos*	*fácilmente*	*obtener, lograr*	*¡podamos!*
logros	*(supremo y general)*				

podamos fácilmente obtener los logros supremos y comunes.

Tras haber madurado con la iniciación, que podamos mantener nuestros votos tántricos y completar las prácticas y las recitaciones de mantras de los sistemas de desarrollo y perfección. Que al introducirnos en las etapas del sabio sin dificultad podamos fácilmente obtener los logros supremos y comunes.

ཅིར་སྣང་སྒྱུ་འཕྲུལ་དྲ་བའི་འཁོར་ལོར་རྫོགས།

CHIR NANG   GYU TRUL   DRA WE   KHOR LOR   DZO
todo lo que se ve,   maya, ilusión   jala, red   chakra, rueda   completar, obtener
(según el Mayajalachakratantra todas las apariencias son apariciones vacías)

Lo que aparece siempre es inseparable de la red siempre cambiante de la ilusión.

གྲགས་པ་ཐམས་ཅད་བརྗོད་བྲལ་སྔགས་ཀྱི་སྒྲ།

DRA PA   THAM CHE   YO TRAL   NGA KYI   DRA
sonidos, todo   todo   más allá de la expresión   del mantra   sonido
lo que se oye   indefinible

Todos los sonidos son el inasible sonido del mantra.

སེམས་ཀྱི་འགྱུ་བ་རང་རིག་འདུས་མ་བྱས།

SEM KYI   GYU WA   RANG   RIG   DU MA YE
de la mente   movimientos   propia   presencia, vidya   no compuesto,
*   no fabricado por nadie*

Los movimientos de nuestra mente son realmente nuestra propia presencia no creada.

བདེ་ཆེན་འདུ་འབྲལ་མེད་པ་མངོན་གྱུར་ཤོག

DE   CHEN DU TRAL ME PA NGON GYUR   SHO
felicidad gran,   unir separar   sin   completamente, claramente   debe venir
vacía   (i.e. siempre presente naturalmente)

Que podamos abrirnos por completo a la felicidad infinita que ni se gana ni se pierde.

Lo que aparece es inseparable siempre de la red siempre cambiante de la ilusión. Todos los sonidos son el inasible sonido del mantra. Los movimientos de nuestra mente son realmente nuestra propia presencia no creada. Que podamos abrirnos por completo a la felicidad infinita que ni se gana ni se pierde.

ཉམས་ཆགས་རྟོག་སྒྲིབ་མ་སྤངས་གནས་སུ་དག

ÑAM CHA   TO   DRIB   MA   PANG   NE SU   DA
todos los votos pensamientos oscurecimientos no   desechados,   en su propio   puro
rotos   apartados   lugar, naturalmente

Los votos rotos, los pensamientos y oscurecimientos erróneos son puros tal como son, sin necesidad de desecharlos.

ཕྱི་ནང་གསང་བ་དབྱེར་མེད་རྟོགས་པས་བསྐངས།

CHI   NANG   SANG WA   YER ME   TO PAE   KANG
externo   interno secreto   inseparable,   hacer realidad   culminar
(mundo)   (cuerpo) (mente)   sin diferencia

Completados mediante la permanencia en la inseparabilidad del mundo exterior, el cuerpo interior y los acontecimientos mentales secretos,

གང་ཤར་རང་གྲོལ་ཀུན་བཟང་ཀློང་ཡངས་སུ།

GANG	SHAR	RANG DROL	KUN ZANG	LONG YANG	SU
lo que es, cualquier cosa	surge	autoliberar	Samantabadra, «Todo Bueno»	extensión, infinitud, espacio vasto, sunyata	en

todo lo que surge se autolibera en Samantabadra, la vasta extensión.

ངན་སོང་དོང་སྤྲུགས་སྲིད་ཞི་མཉམ་གྱུར་ཅིག

NGAN SONG	DONG TRU	SI	ZHI	ÑAM	GYUR CHI
estados de aflicción, lugares malos*	volcar y vaciar	samsara, devenir	nirvana, paz	igual	puedan ser

*infiernos, pretas, animales

Que los estados de aflicción mejoren y se vacíen dentro de la igualdad de samsara y nirvana.

Los votos rotos, los pensamientos y oscurecimientos erróneos son puros tal como son, sin necesidad de desecharlos. Completados mediante la permanencia en la inseparabilidad del mundo exterior, el cuerpo interior y los acontecimientos mentales secretos, todo lo que surge se autolibera en Samantabadra, la vasta extensión. Que los estados de aflicción mejoren y se vacíen dentro de la igualdad de samsara y nirvana.

ཐིག་ལེ་ཆེན་པོ་སྐུ་དང་ཞིང་ཁམས་རྫོགས།

THIG LE	CHEN PO	KU	DANG	ZHING KHAM	DZO
bindu (sunyata)	gran	cuerpo, tres kayas o modos	y	reino	llenar, completar

Todos los modos y reinos están completos intrínsecamente dentro de la gran esfera.

སྒྱུ་འཕྲུལ་དྲ་བའི་ལམ་གསང་སེམས་ལ་རྫོགས།

GYU TRUL	DRA WE	LAM	SANG	SEM	LA	DZO
maya, ilusión (según el Mayajala Tantra)	jala, red	camino	secreto	mente	en	llenar, completar

Nuestras mentes despiertan como intrínsecamente completas mediante el camino secreto de la red de la ilusión.

ཕྲིན་ལས་རྣམ་བཞི་ལྷུན་གྱིས་གྲུབ་པ་ཡིས།

TRIN LE	NAM	ZHI	LHUN GYI DRU PA	YI
actividades, acciones	clases	cuatro*	surgen sin esfuerzo	por

* pacificar, expandir, subyugar y destruir

¡Que gracias al surgimiento sin esfuerzo de las cuatro clases de actividades,

ཨུ་མཐའ་མེད་པའི་འགྲོ་བ་སྒྲོལ་བར་ཤོག།

MU THA   **ME PEI**   **DRO WA**   **DROL WAR**   **SHO**
fin, límite   *sin*   *seres, los que*   *liberado*   *deben ser!*
                      vagan en samsara

se liberen los ilimitados seres!

Todos los modos y reinos están completos intrínsecamente dentro de la gran esfera. Nuestras mentes despiertan como intrínsecamente completas mediante el camino secreto de la red de la ilusión. ¡Que gracias al surgimiento sin esfuerzo de las cuatro clases de actividades, se liberen los ilimitados seres!

ཞི་ཁྲོ་སྤྲུལ་པའི་འཁོར་ལོས་ལུང་སྟོན་ཞིང་།

ZHI   **TRO**   **TRUL PEI**   **KHOR LOE**   **LUNG TON ZHING**
pacíficas   *airadas*   *emanaciones*   *círculos, grupos*   *predicciones,*
                                                   (sobre nuestro progreso en el camino)

¡Que con las predicciones de las emanaciones pacíficas y airadas y con

མཁའ་འགྲོ་རྣམས་ཀྱིས་བུ་བཞིན་སྐྱོང་བ་དང་།

KHAN DRO   **NAM**   **KYI**   **BU**   **ZHIN**   **KYONG WA**   **DANG**
dakini   *plural*   *por*   *niño/a, hijo*   *como, de*   *proteger,*   *y*
                                              esa forma   *cuidar*

las dakinis protegiéndonos como a sus hijos e hijas, y

ཆོས་སྐྱོང་སྲུང་མས་བར་ཆད་ཀུན་བསལ་ནས།

CHO KYONG   **SUNG MAE**   **BAR CHAE**   **KUN**   **SAL**   **NE**
protectores del Darma   *guardianes*   *obstáculos,*   *todas*   *eliminadas,*   *entonces*
                                         dificultades   *despejadas*

los protectores del Darma y guardianes eliminando todos los obstáculos,

ཡིད་ལ་སྨོན་པ་མཐའ་དག་འགྲུབ་གྱུར་ཅིག།

YI   **LA**   **MON PA**   **THA DA**   **DRU GYUR**   **CHI**
mente   *a*   *aspiraciones, deseos*   *hasta el final*   *logrado*   *pueda ser!*

se cumplan todos nuestros deseos!

¡Que con las predicciones de las emanaciones pacíficas y airadas y con las dakinis protegiéndonos como a sus hijos e hijas, y los protectores del Darma y guardianes eliminando todos los obstáculos, se cumplan todos nuestros deseos!

རྒྱལ་བའི་བསྟན་པ་དར་ཞིང་རྒྱས་པ་དང་།

GYAL WE   **TEN PA**   **DAR ZHING**   **GYE PA**   **DANG**
victorioso, Buda   *doctrinas*   *extender*   *expandir*   *y*

¡Que expandiéndose la doctrina del Victorioso ampliamente y

བསྟན་འཛིན་རྣམས་ཀྱི་བཞེད་པའི་དོན་ཀུན་འགྲུབ།

TEN DZIN	NAM KYI	ZHE PEI	DON	KUN	DRU
mantenedores de la doctrina (grandes lamas)	*todos*	*pensar, desear*	*significado*	*todo*	*se complete, se logre*

cumpliéndose todos los planes de los mantenedores de la doctrina,

མ་ལུས་སྐྱེ་རྒུའི་འགལ་རྐྱེན་ཀུན་ཞི་ཞིང་།

MA LU	KYE GUI	GAL	KYEN	KUN	ZHI ZHING
sin excepción	*seres molestos*	*malas, difíciles,*	*condiciones*	*todas*	*pacificar*

todas las dificultades de todos los seres sin excepción se pacifiquen, y

ཕུན་ཚོགས་མཐའ་དག་ཡིད་བཞིན་འབྱོར་གྱུར་ཅིག། །།

PHUN TSHO	THA DA	YI ZHIN	YOR GYUR	CHI
todo lo bueno	*hasta el final*	*como se desea*	*completa, obtener*	*debe*

obtengan la satisfacción según nuestros deseos!

¡Que expandiéndose la doctrina del Victorioso ampliamente y cumpliéndose todos los planes de los mantenedores de la doctrina, todas las dificultades de todos los seres sin excepción se pacifiquen, y, obtengan la satisfacción según nuestros deseos!

ཅེས་པའང་འགྱུར་མེད་རྡོ་རྗེས་སྦྱར་བའོ།། །།

Esto fue escrito por Minling Terchen, Rigdzin Gyurme Dorye Terdag Lingpa.

༄༅། །སྨོན་ལམ་ཡིད་བཞིན་ནོར་བུའོ།

La Oración de aspiración que es una joya
que cumple los deseos

བྱང་ཆུབ་སེམས་དཔའི་སྤྱོད་དབང་གི༔ དཀྱིལ་འཁོར་བྱ་བ་རྫོགས་པ་དང་༔ བཤགས་པ་བྱ་ཞིང་ སྨོན་ལམ་གདབ༔ ཐམས་ཅད་གུས་པས་ཐལ་མོ་སྦྱར༔

Completando la sección del mandala de la práctica Changchub Sempei Chowang, haz la confesión y luego esta oración de aspiración, llevándote las manos al corazón en señal de devoción.

ན་མོ་ཕྱོགས་བཅུ་དུས་གསུམ་སངས་རྒྱས་དང་༔

NA MO   **CHO**   **CHU**   **DU**   **SUM**   **SANG GYE**   **DANG**
homenaje   *direcciones*   *diez*   *tiempos*   *tres*   *budas*   *y*

Homenaje. Budas de las diez direcciones y de los tres tiempos,

བདེ་གཤེགས་རིགས་ལྔ་བྱང་ཆུབ་སེམས་དཔའ་དང་༔

DE SHE   **RIG**   **NGA**   **CHANG CHU SEM PA**   **DANG**
tatágatas   *kulas,*   *cinco*   *bodisatva*   *y*
Idos Felizmente   *familias*

tatágatas de las cinco familias, bodisatvas y

གསང་སྔགས་རིག་སྔགས་ལྷ་ཚོགས་ཐམས་ཅད་རྣམས༔

SANG   **NGA**   **RIG**   **NGA**   **LHA**   **TSHO**   **THAM CHE**   **NAM**
secreto   *mantra*   *presencia*   *mantra*   *dioses*   *multitud*   *todo*   *todos*

y todas las deidades del mantra secreto y del mantra de la presencia,

བདག་དང་ཡོན་བདག་རྣམས་ལ་དགོངས་སུ་གསོལ༔

DA   **DANG**   **YON DA**   **NAM**   **LA**   **GONG**   **SU SOL**
a mí   *y*   *patrones*   *todos*   *a*   *prestar atención,*   *por favor*
    (seres)   *pensar en*

por favor, prestadme atención a mí y a todos los seres.

Homenaje. Budas de las diez direcciones y de los tres tiempos, tatágatas de las cinco familias, bodisatvas y todas las deidades del mantra secreto y del mantra de la presencia, por favor, prestadme atención a mí y a todos los seres.

 བདེ་བར་གཤེགས་པ་ཁྱེད་ཀྱི་སྤྱན་སྔ་རུ༔

DE WA SHE PA KYE   KYI   CHEN NGA RU
sugatas, budas*   tu/vosotros   de   en presencia de, ante
*los que han pasado al nirvana

Ante vosotros, los Sugatas,

བདག་གིས་མི་དགེའི་སྡིག་པ་བགྱིས་པ་རྣམས༔

DA GI   MI GEI   DIG PA   GYI PA   NAM
yo*   por   no virtuosos errores   cometidos   plural
* siempre que aparezca «yo» en el texto nos referimos a nosotros mismos y a todos los seres
sensibles

todos los errores no virtuosos que haya cometido

ཐམས་ཅད་མ་ལུས་སོ་སོར་བཤགས་པར་བགྱི༔

THAM CHE   MA LU   SO SOR   SHA PAR GYI
todos   sin   cada uno   confieso y pido perdón
             excepción

los confieso individualmente.

*Ante vosotros, los Sugatas, confieso todos y cada uno de los errores no
virtuosos cometidos.*

ཡི་དམ་ལྷ་ཡི་ཏིང་འཛིན་བསྒོམས་པའི་ཚེ༔

YI DAM   LHA   YI   TING DZIN   GOM PEI   TSHE
deidad del camino dios   de   meditación   meditación,   cuando, momento
                           concentrada   práctica

Al practicar la meditación concentrada de las deidades del camino,

སྣང་སྟོང་འཇའ་ཚོན་ལྟ་བུར་མ་བསྒོམས་པར༔

NANG   TONG   CHAA TSHON   TA BUR   MA   GOM PAR
apariencia   vacuidad   arco iris   como, similar no   meditado

no las imaginé como apariencia y vacuidad, similar a un arco iris.

རང་རྒྱུད་དངོས་པོར་བསྒོམས་པ་མཐོལ་ལོ་བཤགས༔

RANG   GYU   NGOE POR   GOM PA   THOL LO SHA
*yo mismo   flujo   substancial   meditar   humildemente confieso con las manos
                                               unidas en el corazón*

Confieso humildemente que he meditado como si el flujo de experiencia
consistiera en entidades.

*Al practicar la meditación concentrada de las deidades del camino, no
las imaginé como apariencia y vacuidad, similar a un arco iris. Confieso
humildemente que he meditado como si el flujo de la experiencia consistiera en entidades.*

 བྱང་ཆུབ་སེམས་དཔའི་སྡོམ་པ་སེམས་བསྐྱེད་དང་༔

CHANG CHU SEM PAI   **DOM PA**   **SEM KYE**   **DANG**
del bodisatva   *votos,*   *desarrollar*   *y*
                   ordenación   *bodichita**

* una intención inclusiva de obtener la iluminación

Mi voto de bodisatva de desarrollar inclusión y

ཉན་ཐོས་བསླབ་པ་ཉམས་པ་མཐོལ་ལོ་བཤགས༔

ÑAN THO   **LA PA**   **ÑAM PA**   **THOL LO SHA**
sravaka   *votos, reglas,*   *perdido, abandonado*   *confieso humildemente*
(hinayana)   *entrenamiento*

mi entrenamiento en el estudio y la práctica disciplinados, confieso humildemente que he abandonado estos compromisos.

Confieso humildemente que he abandonado mi voto de bodisatva de desarrollar la mente inclusiva y los de entrenarme en el estudio y la práctica con disciplina.

ཐེག་ཆེན་ཆོས་ལ་སྐུར་པ་བཏབ་པ་དང་༔

THEG CHEN   **CHO**   **LA**   **KUR PA**   **TAB PA**   **DANG**
mahayana   *darma,*   *hacia*   *insultar*   *hacer*   *y*
         doctrinas

Insultar las doctrinas mahayana,

ཕ་དང་མ་ལ་ངན་ཚིག་སྨྲས་པ་དང་༔

PHA DANG MA   **LA**   **NGEN**   **TSHI**   **ME PA**   **DANG**
padres   *a*   *mal,*   *habla,*   *hablar*   *y*
         grosero   *palabras*

hablar con rudeza a mis padres,

ཆོས་ཀྱི་གྲོགས་ལ་འགྲན་ཞིང་བརྒལ་བ་དང་༔

CHO KYI DRO   **LA**   **DREN ZHING**   **GAL WA**   **DANG**
amigos del darma   *a*   *enfrentarse, considerarlos*   *disputa,*   *y*
         rivales   *oposición*

enfrentarme y discutir con mis amigos del darma, y

ཚེ་རབས་ཐོག་མེད་དུས་ན་བསགས་པ་ཡི༔

TSHE RAB   **THO ME**   **DU**   **NA**   **SAG PA**   **YI**
ciclos de renacimiento   *sin principio*   *tiempo*   *en*   *acumulados*   *de*

todo el karma negativo que haya acumulado durante todas mis vidas desde un tiempo sin principio

མི་དགེ་བཅུ་དང་མཚམས་མེད་ལྔ་ཡི་ལས༔

MI GE CHU   **DANG**   **TSHAM ME NGA**   **YI**   **LAE**
diez no virtuosas   *y*   *cinco errores ilimitados*   *de*   *karma, actividad*

derivado de los cinco errores ilimitados y las diez acciones no virtuosas

བགྱིད་དང་བགྱིད་དུ་སྩལ་དང་ཡི་རང་བགྱིས༔

GYI   DANG   GYI DU TSAL   DANG   YI RANG GYI
lo hice y   animé a otros   y   me alegré de hacerlo
              a hacerlo

cualesquiera que sean los errores que haya cometido, haya animado a otros a hacer y me haya alegrado de llevarlos a cabo,

དེ་དག་ཐམས་ཅད་མ་ལུས་སོ་སོར་བཤགས༔

DE DA   THAM CHE   MA LU   SO SOR   SHA
esos   todos   sin   cada uno ellos   los confieso
                        excepción

Los confieso todos y cada uno de ellos sin excepción.

Insultar las doctrinas mahayana, hablar con rudeza a mis padres, enfrentarme y discutir con mis amigos del darma, y todo el karma negativo que haya acumulado en todas mis vidas durante el tiempo sin principio, derivado de los cinco errores ilimitados y de las diez acciones no virtuosas, cualesquiera que sean los errores que haya cometido, que haya animado a otros a cometer y que me haya alegrado de cometer, los confieso todos y cada uno sin excepción.

ལེ་ལོ་བག་མེད་དབང་དུ་གྱུར་པ་ཡིས༔

LE LO   BA ME   WANG   DU   GYUR PA   YI
pereza descuido poder bajo ir   por

Por estar bajo el dominio del descuido y la pereza

ཚོར་དང་མ་ཚོར་མ་རིག་མུན་པས་བསྒྲིབས༔

TSHOR   DANG   MA TSHOR   MA RIG   MUN PAE   DRI
percibir y   no percibir   ignorancia oscuridad cubierto
              (no darse cuenta de lo que uno hace)

he cometido pecados de los que era consciente y de los que no, mientras estaba cegado por la oscuridad de la ignorancia.

རྩ་བ་ཡན་ལག་དམ་ཚིག་ཉམས་པ་རྣམས༔

TSA WA   YEN LA   DAM TSHI   ÑAM PA   NAM
raíz   ramas   votos tántricos rotos, perdidos todos

Los abandonos de mis votos tántricos raíces y secundarios

ཐམས་ཅད་མ་ལུས་སོ་སོར་བཤགས་པར་བགྱི༔

THAM CHE   MA LU   SO SOR   SHA PAR GYI
todos   sin   cada uno   confieso y pido perdón
            excepción

te los confieso individualmente sin excepción y te pido perdón.

Por estar bajo el dominio del descuido y la pereza, he cometido errores de los que era consciente y de los que no, todo ello mientras estaba cegado por la oscuridad de la ignorancia. Todas las roturas de mis votos tántricos raíces y secundarios te las confieso individualmente sin excepción y te pido perdón.

བདག་གིས་དང་པོར་སེམས་བསྐྱེད་རྒྱ་ཆེན་བགྱིས༎

DA GI	DANG POR	SEM KYE		GYA CHEN	GYI
yo por	*en primer lugar*	*desarrollar la mente de la iluminación*		*vasta*	*hice*

Al principio desarrollé una vasta aspiración inclusiva por la iluminación,

ལེ་ལོ་ཤེས་རབ་དམན་པས་དེ་ལས་ཉམས༎

LE LO	SHE RAB	MEN PAE	DE	LAE	ÑAM
pereza	*estupidez*		*esa*	*de*	*abandonar, alejarse*

pero luego, debido a la pereza y a una comprensión débil, me alejé de ella.

སེམས་བསྐྱེད་དམ་བཅའ་ཉམས་པ་མཐོལ་ལོ་བཤགས༎

SEM KYE	DAM CHA	ÑAM PO	THOL LO SHA
bodichita	*votos*	*perdidos*	*confieso humildemente*

Confieso humildemente las faltas en mi voto de bodichita de incluir a todos en la iluminación.

Al principio desarrollé una vasta aspiración inclusiva por la iluminación, pero luego, debido a la pereza y a una comprensión débil, me alejé de ella. Confieso humildemente las faltas en mi voto de bodichita de incluir a todos en la iluminación.

བདག་དང་སེམས་ཅན་མ་ལུས་ཐམས་ཅད་ཀྱིས༎

DA	DANG	SEM CHEN	MA LU	THAM CHE	KYI
yo	*y*	*seres sensibles*	*sin excepción*	*todos*	*por*

Yo y todos los seres sensibles sin excepción

བསྐལ་པ་ཆེན་པོའི་གོང་ནས་ད་ལྟའི་བར༎

KAL PA	CHEN POI	GONG	NAE	DA TEI	BAR
kalpa, eón	*del gran*	*principio*	*desde*	*ahora*	*hasta*

desde el principio de este gran eón hasta ahora,

དངོས་པོར་འཛིན་པའི་ལས་ལ་ཞེན་པ་ཡིས༎

NGO POR	DZIN PE	LE	LA	ZHEN PA	YI
cosas, entidades sustanciales	*aferrarse a , creer en*	*actividad kármica*	*para*	*deseo, esperanza*	*debido a*

nos hemos visto arrastrados por la actividad kármica de aferrarnos a las apariencias como si fueran entidades sustanciales.

དུག་ལྔའི་དབང་གྱུར་སྡོམ་པ་ཉམས་པ་དང༔

DU NGE	WANG	GYUR	DOM PA	ÑAM PA	DANG
cinco venenos*	poder	caer	votos	perdidos, rotos	y

*estupidez, enfado, deseo, orgullo y celos

Debido a ello, hemos caído bajo el poder de los cinco venenos, hemos roto nuestros votos y

དམ་པའི་ཆོས་ལ་སྐུར་པ་བཏབ་པ་རྣམས༔

DAM PE	CHO	LA	KUR PA TA PA	NAM
santo, excelente	darma	a	insultar	todo

hemos insultado al excelente Darma.

ཐར་པའི་གེགས་སུ་གྱུར་པ་མཐོལ་ལོ་བཤགས༔

THAR PE	GE	SU	GYUR PA	THOL LO SHA
mukti, liberación	obstáculo	como	llegar a ser	confieso humildemente

Confesamos humildemente estas acciones que se han convertido en obstáculos para nuestra liberación.

Desde el comienzo de este gran eón hasta ahora, yo y todos los seres sensibles sin excepción nos hemos visto arrastrados a la actividad kármica de aferrarnos a las apariencias como si fueran entidades sustanciales. Debido a ello, hemos caído bajo el poder de los cinco venenos, hemos roto nuestros votos y hemos insultado al excelente Darma. Confesamos humildemente estas acciones que se han convertido en obstáculos para nuestra liberación.

ཕྱོགས་བཅུ་དུས་གསུམ་བདེ་བར་གཤེགས་པ་རྣམས༔

CHO	CHU	DU	SUM	DE WAR	SHE PA	NAM
direcciones	diez	tiempos	tres	felizmente	idos (sugatas, budas)	todos

Felizmente Idos de las diez direcciones y los tres tiempos,

འཇིག་རྟེན་ཁམས་འདིར་རྟག་པར་བཞུགས་ནས་ཀྱང༔

YIG TEN	KHAM	DIR	TA PAR	ZHU	NAE	KYANG
mundo externo		aquí	siempre	permanecer	luego	también

por favor, permaneced siempre en este mundo y

མྱ་ངན་མི་འདའ་འགྲོ་དྲུག་ཐུགས་རྗེས་གཟིགས༔

ÑA NGAN	MI DA	DRO DRU	THU YE	ZI
miseria	no ir más allá (no morir, no pasar al nirvana)	seres de los seis reinos	con compasión	mirar

sin pasar al nirvana, por favor, mirad con compasión a los seres en los seis reinos del samsara.

ཐེག་ཆེན་ཆོས་ཀྱི་འཁོར་ལོ་བསྐོར་དུ་གསོལ༔

THEG CHEN	CHO	KYI	KHOR LO	KOR	DU SOL
mahayana	*darma*	*de*	*rueda*	*girar (i.e. enseñar)*	*por favor*

Os pedimos que enseñéis el darma mahayana.

Felizmente Idos de las diez direcciones y los tres tiempos, por favor, permaneced siempre en este mundo y sin pasar al nirvana, por favor, mirad con compasión a los seres en los seis reinos del samsara. Os pedimos que enseñéis el darma mahayana.

བདག་གིས་བྱང་ཆུབ་མཆོག་ཏུ་སེམས་བསྐྱེད་དེ༔

DA GI	CHANG CHU	CHO	TU	SEM	KYE	DE
yo por	*iluminación, inclusión*	*excelente, suprema*	*a*	*mente de la iluminación*	*desarrollar, surgir*	*esta*

Desarrollaré la mente que incluye a todos en la iluminación excelente y con ello

བདེ་བར་གཤེགས་པ་ཁྱེད་ཀྱི་གདུང་གསོབ་ཅིང༔

DE WAR SHE PA	KHYE KYI	DUNG SO CHING
sugatas, budas	*tu*	*seguirte, entrar en tu familia o linaje*

entraré en tu linaje, tú, el Felizmente Ido.

སེམས་ཅན་བདེ་བའི་དོན་ཆེན་བསྒྲུབ་པའི་ཕྱིར༔

SEM CHEN	DE WE	DON	CHEN	DRU PAI	CHIR
seres sensibles	*felicidad*	*beneficio*	*gran*	*práctica*	*para*

Para lograr el gran beneficio de la felicidad para los seres sensibles

བླ་མེད་བྱང་ཆུབ་མཆོག་ཏུ་སེམས་བསྐྱེད་དོ༔

LA ME	CHANG CHU	CHO	TU	SEM	KYE DO
suprema, insuperable	*iluminación*	*excelente*	*a*	*mente de la iluminación*	*desarrollar, surgir*

desarrollaré la mente que incluye a todos en la iluminación suprema.

Desarrollaré la mente que incluye a todos en la iluminación excelente y con ello entraré en tu linaje, tú, el Felizmente Ido. Para lograr el gran beneficio de la felicidad para los seres sensibles desarrollaré la mente que incluye a todos en la iluminación suprema.

བདག་གིས་སེམས་བསྐྱེད་རྒྱ་ཆེན་བགྱིས་པ་ཡིས༔

DA GI	SEM KYE	GYA	CHEN	GYI PA	YI
yo por	*desarrollar bodichita*	*vasta*	*grande*	*hacer*	*por eso*

Al dar yo origen a una gran mente vasta de inclusión

ཁམས་གསུམ་སེམས་ཅན་མ་ལུས་ཐམས་ཅད་ཀུན༔

KHAM SUM	SEM CHEN	MA LU	THAM CHE	KUN
tres mundos	seres sensibles	sin	todos	todos
(deseo, forma, sin forma)				

que todos los seres sensibles sin excepción de los tres mundos

མི་ཁོམ་སྡུག་བསྔལ་བརྒྱད་དང་ངན་སོང་གསུམ༔

MI KHOM	DU NGAL	GYAE	DANG	NGEN SONG	SUM
no ocio*	desgracias	ocho#	y	reinos inferiores	tres+

* no es posible la práctica del Darma
# nacer en los infiernos, como un fantasma insaciable, como un animal, como un dios de larga vida, en una tribu salvaje, entre personas con visiones erróneas, en países bárbaros fronterizos, y como un idiota
+ infiernos, fantasmas insaciables y animales

sean liberados de las ocho condiciones penosas de la falta de ocio y de los tres reinos inferiores

དེ་ལས་ཐར་ནས་བྱང་ཆུབ་ཐོབ་པར་ཤོག༔

DE	LAE	THAR	NAE	CHANG CHU	THO PA	SHO
estos lugares	de	liberar	entonces	iluminación mente inclusiva	obtener	debe

¡y que todos ellos obtengan la iluminación!

Al dar yo origen a una gran mente vasta de inclusión, que todos los seres sensibles sin excepción de los tres mundos sean liberados de las ocho condiciones penosas de la falta de ocio y de los tres reinos inferiores, ¡y que todos ellos obtengan la iluminación!

དཀོན་མཆོག་གསུམ་དང་ནམ་ཡང་མི་འབྲལ་ཞིང༔

KON CHO SUM	DANG	NAM YANG MI	TRAL ZHING
triple joya*	y	nunca	separar

* buda, darma, sanga; gurú, deva, dakini; darmakaya, sambogakaya, nirmanakaya

Sin separarme nunca de las Tres Joyas y

ཚེ་རབས་ཀུན་ཏུ་དགེ་བཅུ་སྤྱོད་པ་དང༔

TSHE RAB	KUN	TU	GE	CHU	CHOE PA	DANG
vidas	todas	en	virtudes	diez*	práctica	y

* las diez virtudes son: no quitar la vida; no coger lo que no se ha dado; comportamiento sexual ético; decir la verdad; hablar amablemente; no incumplir las promesas; no calumniar; no codiciar las propiedades de otros; no hacer daño a otros; respetar el Darma.

practicando las diez virtudes en todas mis vidas

འགྲོ་བ་དྲུག་ལ་རྒྱུན་དུ་སྙིང་རྗེས་བལྟ༔

DRO WA	DRU	LA	GYUN DU	ÑING YE	TA
seres	de los seis reinos	a	siempre	con compasión	mirar

que siempre mire con compasión a los que se mueven en los seis reinos y

གཞན་དོན་ཕུན་སུམ་ཚོགས་པ་སྐྱེད་པར་ཤོག །

ZHEN	DON	PHUN SUM TSHO PA	CHOE PAR	SHO
otros	beneficio	todo lo bueno (gracia, fama, riqueza)	ganar el uso de	debe

sea capaz de ayudar a los demás y darles acceso a todo lo que es beneficioso.

Sin separarme nunca de las Tres Joyas y practicando las diez virtudes en todas mis vidas, que siempre mire con compasión a los que se mueven en los seis reinos y sea capaz de ayudar a los demás y darles acceso a todo lo que es beneficioso.

བདག་དང་དད་ལྡན་གནས་འདིར་ཚོགས་པ་རྣམས། །

DA	DANG	DAE	DEN	NAE	DIR	TSHO PA	NAM
Yo	y	tener	fe	lugar	aquí	multitud	(plural)

Para mí y para todos los aquí presentes que tienen fe,

ཚེ་རིང་ནད་མེད་ལོངས་སྤྱོད་རྒྱས་པ་དང་། །

TSHE RING	NE ME	LONG CHO	GYAE PA	DANG
vida larga	buena salud	riqueza	incrementar	y

que podamos tener una larga vida, con salud y riqueza en aumento, y

མི་མཐུན་གནོད་པའི་རྐྱེན་རྣམས་ཞི་བ་དང་། །

MI THUN	NOE PE	KYEN NAM	ZHI WA	DANG
no armonioso	problemáticas	razones, condiciones	pacificadas	y

con todas las condiciones inarmónicas y problemáticas pacificadas

བདག་གཞན་ཕུན་སུམ་ཚོགས་པ་སྐྱེད་པར་ཤོག །

DA	ZHAN	PHUN SUM TSHO PA	CHOE PAR	SHO
yo	otros	todo lo bueno (gracia, fama, riqueza)	ganar el uso de	debe

que yo y todos los demás podamos disfrutar de todo lo que es beneficioso.

Para mí y para todos los aquí presentes que tienen fe, que podamos tener una larga vida, con salud y riqueza en aumento, y con todas las condiciones inarmónicas y problemáticas pacificadas, que yo y todos los demás podamos disfrutar de todo lo que es beneficioso.

ཤེས་རབ་སྤོབས་པ་དྲན་པ་ཏིང་འཛིན་ནི། །

SHE RAB	PO PA	DREN PA	TING DZIN NI
discernimiento	confianza	recuerdo	samadi, contemplación focalizada

Ganando verdadero discernimiento, confianza, recuerdo, contemplación focalizada y

བྱང་ཆུབ་སེམས་ལ་མི་བརྗེད་གཟུངས་ཐོབ་ནས༔

CHANG CHU SEM		LA	MI	YE	ZUNG	THO	NAE
bodichita mente inclusiva		a	no	olvidar	memoria, mantener	obtener poder	entonces

memoria constante de nuestra mente inclusiva,

ས་དང་ཕ་རོལ་ཕྱིན་པའི་ལམ་བགྲོད་དེ༔

SA	DANG	PHA ROL CHIN PE		LAM	DROE	DE
bumi, diez estadios	y	paramita, virtudes trascendentales		vía, camino	recorrer	así

nos moveremos a través de las diez etapas y el camino de las virtudes trascendentes.

བླ་མེད་བྱང་ཆུབ་མྱུར་དུ་ཐོབ་པར་ཤོག༔

LA ME	CHANG CHU	ÑUR DU	THO PAR	SHO
suprema, insuperable	iluminación, inclusión	rápidamente	obtener	debe

Que así obtengamos rápidamente la iluminación suprema.

Ganando verdadero discernimiento, confianza, recuerdo, contemplación focalizada y memoria constante de nuestra mente inclusiva, nos moveremos a través de las diez etapas y el camino de las virtudes trascendentes. Que así obtengamos rápidamente la iluminación suprema.

བདག་འདྲ་ཆེ་གེ་མོ་ཞེས་བགྱི་བ་ཡིས༔

DA DRA	CHE GE MO	ZHE GYI WA	YI
yo	(di tu nombre)	así llamado	por

Yo, (di tu nombre),

དུས་འདི་ནས་བཟུང་བསྐལ་པ་དཔག་མེད་དུ༔

DU	DI	NAE ZUNG	KAL PA	PA ME	DU
tiempo	este	desde ahora en adelante	kalpa	incontable	en

prometo que a partir de este momento, durante incontables eones,,

སེམས་བསྐྱེད་རྒྱ་ཆེན་བགྱིད་པར་དམ་བཅའོ༔

SEM KYE	GYA CHEN	GYI PAR	DAM CHA O
desarrollar bodichita	vasta, grande	hacer, llevar a cabo	prometo

actuaré para generar una vasta mente inclusiva.

དཀོན་མཆོག་གསུམ་གྱིས་བདག་གི་གྲོགས་མཛོད་ཅིག༔

KON CHO SUM	GYI	DA GI	DRO	DZOE	CHI
triple joya (gurú, deva, dakini, etc.)	por	a mi de	ayudante, amigo	hacer	por favor

¡Que las Tres Joyas me ayuden en esto!

Yo, (di tu nombre), prometo que a partir de este momento, durante incontables eones, actuaré para generar una vasta mente inclusiva. ¡Que las Tres Joyas me ayuden en esto!

ཚེ་རབས་འདི་དང་བསྐལ་པ་དཔག་མེད་ཀྱི༔

TSHE RAB DI DANG KAL PA PA ME KYI
duración vital esta y kalpa incontables de
(durante este enorme periodo de tiempo todos los seres del samsara entrarán en algun tipo de relación conmigo)

En esta vida y durante incontables eones,

བདག་གི་ཕ་དང་མ་དང་བྲན་ཁོལ་དང༔

DA GI PHA DANG MA DANG DREN KHOL DANG
mi padre y madre y sirvientes y

mis progenitores y sirvientes,,

བུ་དང་བུ་མོ་མཛའ་བའི་གྲོགས་ལ་སོགས༔

BU DANG BU MO DZA WE DRO LA SO
hijos y hijas queridos, íntimos amigos y demás

mis hijos e hijas, mis amigos íntimos y demás,

ཐམས་ཅད་ངན་སོང་གསུམ་གྱི་གནས་ན་འཁོར༔

THAM CHE NGEN SONG SUM GYI NAE NA KHOR
todos reinos inferiores tres de lugar en girar, morar

todos llegarán a morar en los tres reinos inferiores.

དེ་ཕྱིར་བདག་གིས་འགྲོ་དྲུག་སེམས་ཅན་རྣམས༔

DE CHIR DA GI DRO DRU SEM CHEN NAM
por lo tanto, yo por seres (en los ser sensible (plural)
seis reinos)

Puesto que todos los seres sensibles de los seis reinos

ཉེ་རིང་བྱས་ནས་སྤང་བླང་ཇི་ལྟར་བྱེད༔

ÑE RING YAE NAE PANG LANG YI TAR YE
cercano y lejano* hacer entonces abandonar, ayudar, de esta forma hacer
dejar acoger

* los míos y otras personas

distinguen entre íntimos y extraños, y los ayudan o abandonan en consecuencia, estas acciones

འགྲོ་བ་དྲུག་གི་གནས་འདི་མ་སྟོངས་པར༔

DRO WA DRU GI NAE DI MA TONG PAR
seres seis reinos de lugares estos no vaciar
(debido a que los seres actúan erróneamente entre sí y no practican una apertura imparcial, el samsara sigue y sigue)

garantizan que los seis reinos no se vacíen de seres.

བདག་གི་སེམས་བསྐྱེད་ཉམས་པར་མ་གྱུར་ཅིག༔

DA GI	**SEM KYE**	**ÑAM PAR**	**MA**	**GYUR**	**CHI**
Yo	*desarrollar bodichita*	*débil, interrumpida*	*no*	*crecer, llegar a ser*	*debe*

Por lo tanto, no debo permitir que mi inclusión de todos se debilite.

En esta vida y durante incontables eones, mis padres y sirvientes, mis hijos e hijas, mis amigos íntimos y demás, todos llegarán a morar en los tres reinos inferiores. Puesto que todos los seres sensibles de los seis reinos distinguen entre íntimos y extraños, y los ayudan o abandonan en consecuencia, estas acciones garantizan que los seis reinos no se vacíen de seres. Por lo tanto, no debo permitir que mi inclusión de todos se debilite.

བདག་ནི་དུས་འདིར་ནུས་པ་མཆོག་ཐོབ་ནས༔

DA NI	**DU**	**DIR**	**NU PA**	**CHO**	**THO**	**NAE**
Yo	*tiempo*	*aquí*	*poder, oportunidad*	*suprema, muy buena*	*obtener*	*entonces*

Ahora que he obtenido el poder más excelente de la mente inclusiva,

རིགས་དྲུག་སེམས་ཅན་མ་ལུས་ཐམས་ཅད་ཀྱི༔

RIG	**DRU**	**SEM CHEN**	**MA LU**	**THAM CHE**	**KYI**
clases	*seis*	*seres sensibles*	*sin todo*	*todo*	*de*

(seres sensibles en los seis reinos)

Que pueda destruir todo el karma y los resultados kármicos de

ལས་དང་ལས་ཀྱི་རྣམ་སྨིན་འཇོམས་པར་ཤོག༔

LAE	**DANG**	**LAE**	**KYI**	**NAM MIN**	**YOM PAR**	**SHO**
karma	*y*	*karma*	*de*	*resultado completamente maduro*	*dominado*	*debe hacer*

todos los seres sensibles de los seis reinos sin excepción.

བདག་ནི་ཡིད་བཞིན་ནོར་བུ་ལྟར་གྱུར་ཏེ༔

DA NI	**YI ZHIN NOR BU**	**TAR**	**GYUR**	**TE**
Yo	*joya que cumple los deseos*	*como*	*llegar a ser*	*esto*

Que, convirtiéndome en la gema que cumple los deseos,

ཡིད་ལ་ཅི་བསམས་མ་ལུས་འགྲུབ་པར་ཤོག༔

YI	**LA**	**CHI**	**SAM**	**MA LU**	**DRU PAR**	**SHO**
mente	*en*	*cada*	*pensamiento*	*sin*	*lograr*	*debe*

pueda cumplir todos los deseos éticos que surgen en la mente de todos los seres.

Ahora que he obtenido el poder más excelente de la mente inclusiva, que pueda destruir todo el karma y los resultados kármicos de todos los seres sensibles sin excepción en los seis reinos. Que, convirtiéndome en la gema que cumple los deseos, pueda cumplir todos los deseos éticos que surgen en la mente de todos los seres.

དམྱལ་བ་ཡི་དྭགས་དུད་འགྲོ་ལ་སོགས་སོ་ང་དན་སོང་གསུམ༔

ÑAL WA	YI DA	YOL SONG	NGEN SONG	SUM
infierno	fantasmas insaciables	animal	reinos inferiores	tres

Los tres reinos inferiores: de los infiernos, los fantasmas insaciables y los animales,

བདག་གིས་སྙིང་རྗེའི་ཡུལ་དུ་དྲན་པ་ཡིས༔

DA GI	ÑING JEI	YUL	DU	DREN PA	YI
yo por	compasión	objeto	como	recordar	por

los consideraré el objetivo de mi bondad y

ཚ་གྲང་བཀྲེས་སྐོམ་གཏི་མུག་ལས་ངན་བྱང༔

TSHA	DRANG	TRE KOM	TI MU	LAE NGEN	YANG
calor	frío	hambre y sed	estupidez	mal karma	purificar
(infiernos ardientes)	(infiernos helados)	(fantasmas insaciables)	(animales)		

purificaré el mal karma que conduce al gran calor y al frío, al hambre y a la sed, y a la torpe estupidez.

བདག་གི་འཁོར་དང་གདུལ་བྱར་སྐྱེ་བར་ཤོག༔

DA GI	KHOR	DANG	DUL YAR	KYE WA	SHO
mi	círculo	y	discípulos	nacido como	debe ser

Que todos estos seres nazcan como mis allegados y discípulos.

Los tres reinos inferiores: el de los infiernos, de los fantasmas insaciables y de los animales, los consideraré el objetivo de mi bondad, y purificaré el mal karma que conduce al gran calor y al frío, al hambre y a la sed, y a la estupidez embotada. Que todos estos seres nazcan como mis allegados y discípulos.

ལྷ་དང་ལྷ་མིན་མི་ཡི་རིགས་རྣམས་ཀུན༔

LHA	DANG	LHA MIN	MI	YI	RIG NAM	KUN
dioses	y	asuras	humanos	de	clases	todas

Con todos aquellos en los reinos de los dioses, semidioses y humanos,

བདག་གིས་ཡིད་ཀྱི་ཡུལ་དུ་དྲན་པ་ཡིས༔

DA GI	YI	KYI	YUL	DU	DREN PA	YI
yo por	mente	de	objeto	como	pensar en, recordar	por

siendo recordados y tenidos en mente,

ཆགས་སྡང་འཐབ་རྩོད་ལེ་ལོའི་སྡུག་བསྔལ་བྱང༔

CHA	DANG	THAB	TSOE	LE LOI	DU NGAL	JANG
deseo (humanos)	enfado	peleas (asuras)		pereza (dioses)	sufrimiento	purificar

que todos sus sufrimientos de deseo, ira, lucha y pereza sean purificados y

ཐམས་ཅད་བྱང་ཆུབ་སེམས་དང་ལྡན་པར་ཤོག༔

THAM CHE	CHANG CHU SEM	DANG DEN PAR	SHO
todo	bodichita	tener	debe

que puedan encontrar la mente de la mente inclusiva.

Que al recordar y tener en mente a todos aquellos en los reinos de los dioses, semidioses y humanos, se purifiquen todos sus sufrimientos de deseo, ira, lucha y pereza, y puedan encontrar la mente inclusiva.

བདག་གི་དགྲ་བགེགས་རྣམས་ཀྱིས་བདག་མཐོང་ན༔

DA GI	DRA	GEG	NAM	KYI	DA	THONG	NA
mis	enemigos	obstructores		por	a mi	ver	si, cuando

Cuando mis enemigos y oponentes me vean,

ཞེ་སྡང་གནོད་སེམས་སྙིང་རྗེའི་སེམས་སུ་བསྒྱུར༔

ZHE DANG	NOE SEM	ÑING YEI	SEM	SU	GYUR
enfado	malevolencia	compasiva	mente	para	cambiar

que su ira y mala voluntad se transformen en una actitud compasiva.

བདག་གི་གཉེན་དང་འཁོར་གྱིས་བདག་མཐོང་ན༔

DA GI	ÑEN	DANG	KHOR	GYI	DA	THONG	NA
mis	familiares y		personas de mi círculo	por	a mi	mirar, ver	si, cuando

Y cuando mis parientes y allegados me vean

འཁོར་བ་སྤོང་བའི་བློ་དང་ལྡན་པར་ཤོག༔

KHOR WA	PONG WE	LO	DANG	DEN PAR	SHO
samsara	renunciar, parar	mente, pensamiento	con	tener	deben obtener

que adquieran la intención de renunciar al samsara.

Que cuando mis enemigos y oponentes me vean, su ira y mala voluntad se transformen en una actitud compasiva. Y cuando mis parientes y allegados me vean, que adquieran la intención de renunciar al samsara.

ཆེ་བཙན་རྒྱལ་པོ་རྣམས་ཀྱིས་བདག་མཐོང་ན༔

CHE TSEN	GYAL PO	NAM	KYI	DA	THONG	NA
grande y fuerte, poderoso	*rey*	*(plural)*	*por*	*a mi*	*mirar, ver*	*si, cuando*

Cuando los reyes grandes y poderosos me vean

ཁེངས་དྲེགས་ངམ་སེམས་ཐུལ་ནས་ཆོས་སྤྱོད་ཤོག༔

KHENG	DRE	NGAM SEM	THUL	NAE	CHO	CHOE	SHO
egoísmo, arrogancia, orgullo intenso		*mente violenta*	*refrenar, parar*	*entonces*	*darma*	*practicar*	*deben*

que su arrogancia altiva y sus mentes ásperas y violentas sean refrenadas y que practiquen el Darma.

Cuando los reyes grandes y poderosos me vean, que su arrogancia altiva y sus mentes burdas y violentas sean refrenadas y que practiquen el Darma.

གཞན་ཡང་ནད་དང་སྡུག་བསྔལ་དྲག་པོས་གཟིར༔

ZHEN YANG	NE	DANG	DU NGAL	DRA POE	ZIR
además	*enfermedad*	*y*	*miseria*	*terrible*	*afligido, torturado atravesado*

Además, cuando los seres tienen enfermedades y son atravesados por terribles sufrimientos

འཆི་ཁ་དང་ནི་བར་དོའི་སེམས་ཅན་གྱིས༔

CHI KHA	DANG NI	BAR DO	SEM CHEN	GYI
en el momento de morir	*y*	*periodos intermedios*	*seres sensibles*	*por*

cuando están a punto de morir y en los períodos subsiguientes,

བདག་ཉིད་མཐོང་བ་དང་ནི་དྲན་པ་ཡིས༔

DA ÑI	THONG WA	DANG NI	DREN PA	YI
a mi, yo	*mirar, ver*	*y*	*recordar*	*por*

al verme y recordarme,

རང་རང་ལས་ཀྱི་སྡུག་བསྔལ་ཞི་བར་ཤོག༔

RANG RANG	LAE	KYI	DU NGAL	ZHI WAR	SHO
cada uno	*karma*	*de*	*sufrimiento*	*pacificado*	*debe*

que cada uno tenga sus propios sufrimientos kármicos pacificados.

Además, que cuando los seres tengan enfermedades y sean atravesados por terribles sufrimientos, que cuando estén a punto de morir y en los períodos subsiguientes, al verme y recordarme, que cada uno tenga sus propios sufrimientos kármicos pacificados.

སེམས་ཅན་དབུལ་ཕོངས་བཀྲེས་སྐོམ་ཉེན་པ་རྣམས༔

SEM CHEN	WUL PHONG	TRE	KOM	ÑEN PA	NAM
seres sensibles	*pobres*	*hambre*	*sed*	*afligido, en peligro*	*los que están*

Que todos los seres sensibles aquejados por la pobreza, el hambre y la sed,

བདག་ཉིད་མཐོང་ངམ་དྲན་པས་འབྱོར་པ་རྒྱས༔

DA ÑI	THONG	NGAM	DREN	PAE	YOR PA	GYE
a mi	*mirar, ver*	*o*	*recordar*	*por*	*fortuna,*	*aumentar la riqueza*

al verme o recordarme, vean aumentar su fortuna y

ལོངས་སྤྱོད་ཕུན་སུམ་ཚོགས་པ་ཐོབ་པར་ཤོག༔

LONG CHOE	PHUN SUM TSHO PA	THO PAR	SHO
bienes útiles	*todo lo bueno*	*obtener*	*debe*

obtengan gozo y plenitud.

Que al verme o recordarme, todos los seres sensibles aquejados por la pobreza, el hambre y la sed vean aumentar su fortuna y obtengan gozo y plenitud.

སེམས་ཅན་གཤེད་མའི་ལག་ཏུ་བཟུང་བ་ཡི༔

SEM CHEN	SHE ME	LAG	TU	ZUNG WA	YI
seres sensibles	*verdugo, asesino*	*manos*	*en*	*sostener*	*de*

Cuando los seres sensibles sean atrapados por un asesino,

མི་དང་དུད་འགྲོ་སེམས་ཅན་ཐམས་ཅད་ཀྱི༔

MI	DANG	DUN DRO	SEM CHEN	THAM CHE	KYI
ser humano	*y*	*animales*	*seres sensibles*	*todos*	*de*

para todos los seres, sean humanos o animales,

ཚེ་སྲོག་བདག་གིས་བླུ་ཞིང་སྐྱོབ་པར་ཤོག༔

TSHE	SO	DA GI	LU ZHING	KYO PAR	SHO
vida	*fuerza*	*yo por*	*rescatar*	*salvar*	*debe*

que pueda rescatar sus vidas y protegerlos.

Que cuando los seres sensibles sean atrapados por un asesino, sean humanos o animales, pueda rescatar sus vidas y protegerlos.

སྐྱེ་བོ་སྡིག་ཅན་རྣམས་ཀྱིས་བདག་མཐོང་ན༔

KYE WO	DIG CHEN	NAM	KYI	DA	THONG	NA
ser humano	*inmoral*	*los que son*	*por*	*a mi*	*ver*	*si, cundo*

Cuando las personas inmorales me vean,

ཞེ་སྡང་རྔམ་སེམས་ལོག་པའི་སེམས་ཞི་ནས༔

ZHE DANG	NGAM SEM	LOG PE SEM	ZHI	NAE
enfado	*violento*	*ideas erróneas*	*pacificar*	*entonces*

que su enfado, sus pensamientos violentos y sus visiones erróneas se calmen y entonces

ཞི་དུལ་སྙིང་རྗེའི་སེམས་དང་ལྡན་པར་ཤོག༔

ZHI DUL	ÑING YEI	SEM	DANG DEN PAR	SHO
pacífico	*compasivo*	*mente*	*tener*	*debe*

puedan obtener la calma y la mente compasiva.

Que cuando las personas inmorales me vean, su enfado, sus pensamientos violentos y sus visiones erróneas se calmen y así puedan obtener la calma y la mente compasiva.

བུད་མེད་སྐྱེ་དམན་རྣམས་ཀྱིས་བདག་མཐོང་ན༔

BU ME	KYE MEN	NAM	KYI	DA	THONG	NA
mujer	*mujer*	*(plural)*	*por*	*a mí*	*miren*	*si, cuando*

Cuando las mujeres me vean,

འདོད་ཆགས་ཞེན་པའི་བསམ་པ་དག་གྱུར་ནས༔

DOE CHA	ZHEN PE	SAM PA	DA	GYUR	NAE
deseo, deseo sexual	*esperanza*	*pensamientos*	*puro*	*convertirse*	*entonces*

que sus pensamientos de deseo y su apego esperanzado se purifiquen y entonces

དྲན་རིག་བདེ་བ་ཆེན་པོ་རྟོགས་པར་ཤོག༔

DREN RIG	DE WA	CHEN PO	TO PAR	SHO
consciencia plena, presencia	*felicidad*	*grande*	*lograr*	*debe*

puedan lograr la gran felicidad de la consciencia plena.

Que cuando las mujeres me vean sus pensamientos de deseo y su apego esperanzado se purifiquen y así puedan lograr la gran felicidad de la consciencia plena.

རབ་བྱུང་བཙུན་པ་རྣམས་ཀྱིས་བདག་མཐོང་ན༔

RAB YUNG	TSUN PA	NAM	KYI	DA	THONG	NA
bhikshus, renunciantes	*seres santos*	*(plural)*	*por*	*a mí*	*miren, vean*	*si, cuando*

Cuando monjes y monjas de cualquier clase me vean,

ཚུལ་ཁྲིམས་སྡོམ་པ་གཙང་ཞིང་བརྟན་པ་དང་ༀ

TSHUL TRIM   **DOM PA**   **TSANG ZHING**   **DEN PA**   **DANG**
moralidad   *votos*   *pureza*   *mantener*   *y*

que puedan mantener sus votos y moralidad puros y

ཕ་རོལ་ཕྱིན་པ་དྲུག་ལ་སྤྱོད་པར་ཤོག་ༀ

PHA ROL CHIN PA   **DRU**   **LA**   **CHOE PAR**   **SHO**
paramitas, trascendente seis*   *en*   *practicar*   *debe hacer*
* Generosidad, moralidad, resistencia, diligencia, contemplación focalizada y sabiduría. Es
su inseparabilidad de la vacuidad lo que las hace trascendentes.

practicar los seis aspectos de la trascendencia.

*Que cuando monjes y monjas de cualquier clase me vean, puedan
mantener sus votos y moralidad puros y practicar los seis aspectos de
la trascendencia.*

གསང་སྔགས་རྣལ་འབྱོར་རྣམས་ཀྱིས་བདག་མཐོང་ནༀ

SANG NGA   **NAL YOR**   **NAM**   **KYI**   **DA**   **THONG**   **NA**
tantra   *yogui*   *(plural)*   *por*   *a mí*   *ver*   *si, cuando*

Cuando me vean yoguis tántricos,

དམ་ཚིག་ཉམས་ཆགས་ཐམས་ཅད་སྐོང་གྱུར་ནསༀ

DAM TSHI ÑAM   **CHA**   **THAM CHE**   **KONG**   **GYUR**   **NAE**
votos   *interrumpidos perdidos todos*   *completos*   *lleguen a estar*   *y entonces*

que se reparen todos sus votos perdidos o interrumpidos y

བདག་གཞན་གཉིས་སུ་མེད་པའི་དོན་རྟོགས་ཤོག་ༀ

DA ZHAN   **ÑI SU ME PE**   **DON**   **TO**   **SHO**
yo   *otros*   *no diferente*   *significado*   *hacer realidad*   *debe*

que puedan hacer realidad la no-dualidad del yo y los otros.

*Que cuando me vean yoguis tántricos, se reparen todos sus votos
perdidos o interrumpidos y que puedan hacer realidad la no-dualidad
del yo y los otros.*

བླ་མེད་རྣལ་འབྱོར་སྒྲུབ་པས་བདག་མཐོང་ནༀ

LA ME   **NAL YOR**   **DRU PE**   **DA**   **THONG**   **NA**
supremo   *yoga*   *practicantes*   *a mí*   *ver*   *si, cuando*

Cuando los practicantes del yoga tántrico supremo me vean,

སྣང་སྲིད་འཁོར་འདས་སེམས་སུ་ཐག་ཆོད་ནསༀ

NANG SI   **KHOR**   **DE**   **SEM**   **SU**   **THA CHO**   **NAE**
todas las apariencias posibles   *samsara*   *nirvana*   *mente*   *como*   *decidir, determinar*   *entonces*

que confíen en que todas las apariencias posibles del samsara y nirvana
son el juego de la mente, y entonces

ས་བཅོས་རང་བྱུང་ཡེ་ཤེས་དོན་རྟོགས་ཤོག

MA CHOE	RANG YUNG	YE SHE	DON	TO	SHO
no-artificial	espontáneo	conocimiento original	naturaleza	hacer realidad	debe

hagan realidad el conocimiento original prístino no creado.

Cuando los practicantes del yoga tántrico supremo me vean, que confíen en que todas las apariencias posibles del samsara y el nirvana son el juego de la mente, y entonces hagan realidad el conocimiento original prístino no creado.

སྲིད་པའི་རྩེ་ནས་དམྱལ་བའི་གནས་ཡན་ཆད

SI PE	TSE	NAE	ÑAL WE	NAE	YAN CHE
mundo	pico	desde	del infierno	lugar	de arriba a abajo

Desde los niveles más elevados de este mundo hasta los reinos infernales, y

ཚངས་པའི་ལྷ་དང་འཚག་མའི་སྲིན་བུའི་བར

TSHANG PE LHA	DANG	YAG ME	SIN BUI	BAR
dioses brahma	desde	hierba	insecto	hasta, incluir

desde los dioses brahma hasta el insecto más pequeño en la hierba,

རིགས་དྲུག་སེམས་ཅན་གཟུགས་ལྡན་གཟུགས་མེད་ཀུན

RIG DRU	SEM CHEN	ZUG DEN	ZUG ME	KUN
seis reinos del samsara	seres sensibles	con cuerpo, con forma	sin cuerpo, sin forma	todos

que todos los seres sensibles en los seis reinos, con forma o sin ella,

བདག་ཉིད་མཐོང་དང་ཐོས་དང་རེག་པ་དང

DA ÑI	THONG	DANG	THOE	DANG	REG PA	DANG
a mí	ver (a mí o mi nobre)	y	oír	y	entrar en contacto	y

con sólo verme, oírme, tocarme o pensar en mí,,

བདག་ཉིད་བསམས་པ་ཙམ་གྱིས་སྒྲིབ་པ་སྦྱངས

DA ÑI	SAM PA	TSAM	GYI	DRI PA	YANG
a mí	pensar	solo	por	obscurecimientos	limpios

eliminen todos sus oscurecimientos.

ཐམས་ཅད་བདག་གི་ཆོས་ལ་སྤྱོད་པར་ཤོག

THAM CHE	DA GI	CHO	LA	CHOE PAR	SHO
todos ellos	mi	dharma	a	practicar	debe

Que practiquen mi darma.

Desde los niveles más elevados de este mundo hasta los reinos del infierno, y desde los dioses brahma hasta los insectos más diminutos de la hierba, que todos los seres sensibles de los seis reinos, con forma o sin ella, con sólo verme, oírme, tocarme o pensar en mí, eliminen todos sus oscurecimientos. Que practiquen mi darma.

བདག་ནི་རང་བྱུང་ཡེ་ཤེས་ཆེན་པོ་སྟེ༔

DA NI	RANG YUNG	YE SHE	CHEN PO	TE
Yo	*espontáneo*	*conocimiento original*	*grande*	*así*

Con el gran conocimiento original no creado

ཉོན་མོངས་དུག་ལྔ་ཡེ་ཤེས་ལྔ་རུ་ཤེས༔

ÑON MONG	DU	NGA	YE SHE	NGA	RU	SHE
aflicciones	*venenos*	*cinco**	*conocimiento original*	*cinco#*	*como*	*conocer*

* estupidez, enfado, deseo, orgullo, celos   # se describen en los versos siguientes

sabemos que los cinco venenos aflictivos son los cinco conocimientos originales.

Con el gran conocimiento original no creado sabemos que los cinco venenos aflictivos son los cinco conocimientos originales.

འདོད་ཆགས་བདེ་བ་ཆེན་པོའི་ངོ་བོར་ཤར༔

DOE CHA	DE WA CHEN POI	NGO WOR	SHAR
deseo	*gran felicidad, gozo*	*esencia*	*surge*

La esencia del deseo surge como gran felicidad.

གཉིས་སུ་མེད་པར་ཚིམ་པར་སྦྱར་བ་ཡིས༔

ÑI SU ME PAR	TSHIM PAR	YAR WA	YI
no-dualidad	*felizmente satisfecha*	*reunión**	*por*

*sujeto y objeto tienen las misma base y están interpenetrados

Con la satisfactoria unión en la no-dualidad

སོ་སོར་རྟོག་པའི་ཡེ་ཤེས་རྟོགས་པར་ཤོག༔

SO SOR TO PE	YE SHE	TO PAR	SHO
discernir claramente	*conocimiento original*	*hacer realidad*	*debe*

que podamos hacer realidad el conocimiento que ve cada detalle con precisión.

La esencia del deseo surge como gran felicidad. Que con la satisfactoria unión en la no-dualidad podamos hacer realidad el conocimiento que ve cada detalle con precisión.

ཞེ་སྡང་བྱམས་པ་ཆེན་པོའི་ངོ་བོར་ཤར༔

ZHE DANG **YAM PA** **CHEN POI** **NGO WOR** **SHAR**
enfado, odio *bondad,* *grande* *esencia* *crecer, comprender*
amor

La esencia del enfado surge como gran amor.

བསད་བཅད་ཚར་གཅོད་དྲག་པོས་བསྒྲལ་པ་ཡིས༔

SAE **CHE** **TSAR CHOE** **DRA POE** **DRAL PA** **YI**
matar *cortar* *aniquilar* *con fuerza* *matar, liberar* *por*
(i.e. matar la ignorancia y la aparente materialidad de la apariencias)

Al liberar con matanza, hendidura y aniquilación llenas de poder

སྟོང་པ་ཉིད་ཀྱི་ཡེ་ཤེས་ཐོབ་པར་ཤོག༔

TONG PA ÑI **KYI** **YE SHE** **THO PAR** **SHO**
sunyata, darmadatu, *de* *conocimiento* *hacer realidad* *debe*
hospitalidad infinita *original*

que todos podamos actualizar el conocimiento original de la hospitalidad infinita.

La esencia del enfado surge como gran amor. Que al liberar con poderosa matanza, corte y aniquilación, todos podamos actualizar el conocimiento original de la hospitalidad infinita.

ང་རྒྱལ་འགྲོ་བ་དབང་བསྡུས་དངོས་སུ་ཤར༔

NGA GYAL **DRO WA** **WANG DU** **NGO** **SU** **SHAR**
arrogancia, *seres* *poder sobre* *verdad* *como* *surgir*
orgullo *sensibles*

La esencia del orgullo surge como el control benigno de los seres sensibles.

དྲག་པོ་ཟིལ་གནོན་འགགས་མེད་སྒྲ་བསྒྲགས་པས༔

DRA PO **ZIL NON** **GAG ME** **DRA** **DRA PAE**
feroz, fuerte *personalidad* *sin* *sonido* *rugir* *por*
dominante *parar*

Por el incesante rugido de una personalidad poderosa e imponente,

མཉམ་པ་ཉིད་ཀྱི་ཡེ་ཤེས་ཐོབ་པར་ཤོག༔

ÑAM PA ÑI **KYI** **YE SHE** **THO PAR** **SHO**
igualdad perfecta* *de* *conocimiento original* *hacer realidad* *debe*
*purificar el orgullo viendo la verdadera igualdad de todos los fenómenos

que todos podamos actualizar el conocimiento original de la igualdad.

La esencia del orgullo surge como el control benigno de los seres sensibles. Que por el incesante rugido de una personalidad poderosa e imponente, que todos podamos actualizar el conocimiento original de la igualdad.

གཏི་མུག་ཞི་བ་ཆེན་པོའི་ངང་དུ་ཤར༔

TI MU		ZHI WA	CHEN POI	NGANG	DU	SHAR
opacidad mental		*paz*	*grande*	*estado*	*como*	*surgir*

La esencia de la opacidad mental surge como la presencia de una gran paz.

མ་བཅོས་རང་གསལ་ཆེན་པོའི་མདངས་ཤར་ནས༔

MA CHO	RANG SAL	CHEN POI	DANG	SHAR	NAE
natural	*claridad inherente*	*grande*	*resplandor*	*surge*	*entonces*

Con el surgimiento del resplandor de la claridad inherente no fabricada,

མེ་ལོང་ལྟ་བུའི་ཡེ་ཤེས་ཐོབ་པར་ཤོག༔

ME LONG	TA BUI	YE SHE	THO PAR	SHO
espejo	*como*	*conocimiento original*	*hacer realidad*	*debe*

que podamos hacer realidad el conocimiento original semejante a un espejo.

La esencia de la opacidad mental surge como el estado de gran paz. Que con el surgimiento del resplandor de la claridad inherente no fabricada, todos podamos hacer realidad el conocimiento original semejante a un espejo.

ཕྲག་དོག་འཕྲིན་ལས་ལམ་གྱི་གྲོགས་སུ་ཤར༔

TRA DO	TRIN LAE	LAM	GYI	DRO	SU	SHAR
celos	*actividad*	*camino*	*de*	*asistencia, apoyo*	*como*	*surge*

La esencia de los celos surge como un apoyo en el camino de la actividad.

དམིགས་བྱ་ཡུལ་གྱི་བསམ་པའི་དོན་གྲུབ་ནས༔

MIG YA	YUL	GYI	SAM PE	DON	DRU	NAE
conceptualizado	*lugar, objeto*	*de*	*pensamientos*	*significado, naturaleza*	*comprensión*	*entonces*

Con la comprensión efectiva de los pensamientos que subyacen a los los objetos cosificados,

བྱ་བ་གྲུབ་པའི་ཡེ་ཤེས་ཐོབ་པར་ཤོག༔

YA WA	DRU PE	YE SHE	THO PAR	SHO
acto	*lograr*	*conocimiento original*	*hacer realidad*	*debe*

que todos podamos actualizar el conocimiento original que lo logra todo.

La esencia de los celos surge como un apoyo en el camino de la actividad. Que con la comprensión efectiva de los pensamientos que subyacen a los objetos cosificados, todos podamos actualizar el conocimiento original que lo logra todo.

ཨེ་མ་ཧོ་ལྟ་བ་རྒྱུ་སྣང་མའི་དུས༔ ལས་ཅན་སྤྲུལ་པའི་རྣལ་འབྱོར་བ༔ ང་ཡི་གཏེར་དང་འཕྲད་པར་འགྱུར༔ དུས་གསུམ་བདེ་གཤེགས་དཔང་དུ་བཙུག༔ སྒུ་རུ་སེམས་དཔའི་ཚ་ལུགས་ཅན༔ གིང་དང་མཁའ་འགྲོ་མང་པོས་བསྐོར༔ ལས་རྣམས་གང་བྱེད་གྲོགས་སུ་བསམ༔ སྨོན་ལམ་རྣམ་དག་འདི་བཏབ་ན༔ འགྲོ་དོན་རྒྱ་ཆེན་འགྲུབ་པར་འགྱུར༔ ཞེས་གསུངས་སོ༔ ཚོས་ཀྱི་འཁོར་ལོ་གསུམ་པའི༔ དེའི་དུས་སུ་བོད་ཀྱི་རྗེ་འབངས་བསམ་པའི་དོན་གྲུབ་ནས༔ ལྷ་སྲས་སུ་ཁྲི་བཙན་པོས་དཀར་ཆག་ཡི་གེར་བཀོད་ནས་བསེ་སྒྲོམ་སྨུག་པོར་སྦས་སོ༔ རིག་འཛིན་རྟོད་ཀྱི་ལྗེ་འཕྲུ་ཅན་གྱིས་གྲོ་གསེར་མཛོད་ཁ་པོ་ནས་སྤྲན་དྲངས་པའི༔ ས་མ་ཡུ་རྒྱ་རྒྱ་རྒྱ༔

«*¡Maravilloso! En los tiempos degenerados del período final de quinientos años, un afortunado yogui secreto (Rindzin Goedem) se encontrará con mi tesoro. Los budas Felizmente Idos de los tres tiempos serán sus testigos y le ayudarán.*

Ve al gurú en la forma de Vajrasatva rodeado de muchos representantes y dakinis, que actúan como sus ayudantes en cualquier actividad que realice.

Si recitas esta oración de aspiración muy pura, lograrás un gran beneficio para los seres sensibles.» Así fue dicho (por Padmasambava).

En el momento del tercer darmachakra se cumplieron los deseos del rey tibetano y de los otros veinticinco discípulos. El príncipe Lhasé Mutri Tsenpo escribió esta oración y luego la escondió en el cofre de cuero granate. Rindzin Goekyi Dem Truchen la sacó del tesoro dorado de color amarillo situado en el lado sur del recipiente.

Votos.   Sello.   Sello.   Sello.

Notas

1. La confesión debe hacerse honestamente, con sincero arrepentimiento, como si uno hubiera tragado veneno, y con la firme intención de no volver a cometer tales errores. Si se hace así, la confesión será una purificación verdaderamente eficaz porque los budas enviarán su luz sanadora revelando la vacuidad intrínseca de todos los fenómenos que ha sido oscurecida por el apego a la idea de entidades que conduce al error.

རྒྱལ་པོ་གསེར་གྱི་ལག་པའི་མར་མེའི་ལོ་རྒྱུས་དང་སྨོན་ལམ་གྱི་མདོ་བཞུགས་སོ།།

El sutra de la Historia de la lámpara del rey Mano de oro y su aspiración

༄༅། རྒྱ་གར་སྐད་དུ། རཱ་ཛཀ་ཙུ་བྲ་ཏུ་དི་པ་སྱ་ཡ་ཀྲི་ཡ་ཙ་རྞ་སཱུ་ཏྲ། བོད་སྐད་དུ། རྒྱལ་པོ་གསེར་གྱི་ལག་པའི་མར་མེའི་ལོ་རྒྱུས་དང་སྨོན་ལམ་གྱི་མདོ། དཀོན་མཆོག་གསུམ་ལ་ཕྱག་འཚལ་ལོ། སྟོན་སངས་རྒྱས་མར་མེ་མཛད་ཀྱིས་སྟོན་པ་མཛད་པའི་དུས་ན། རྒྱལ་པོ་གསེར་གྱི་ལག་པ་ཞེས་བྱ་བས། བཙུམ་ལྡན་འདས་མར་མེ་མཛད་ལ་འདི་སྐད་ཅེས་གསོལ་ཏོ། བཙུན་པ་བཅོམ་ལྡན་གྱི་དུས་ན་དགེ་བའི་རྩ་བ་ཅི་ཞིག་སྨྲད་ན། དཔྱར་མཚན་དང་དཔེ་བྱད་དུ་ལྡན་ཏེ། སྐུ་ལས་འོད་ཟེར་མཐའ་ཡས་པ་འབྱུང་བའི་རྒྱ་གང་ལགས། རྒྱན་གང་ལགས། བཙུམ་ལྡན་འདས་ཀྱིས་བཀའ་སྩལ་པ། རྒྱལ་པོ་ཆེན་པོ་ཉོན་ཅིག། ངས་སྔོན་སྲིད་པ་ན། ཕྱོགས་བཅུའི་སངས་རྒྱས་ཐམས་ཅད་ལ་བྱང་ཆུབ་ཏུ་སེམས་བསྐྱེད་ནས། ལུས་ལ་རས་བལ་གྱི་ཡེའུ་ཏིལ་མར་གྱི་ནང་དུ་བཙོས་པ་སྟོང་བཙུགས་ཏེ། ཕྱོགས་བཅུ་དུས་གསུམ་གྱི་སངས་རྒྱས་ཐམས་ཅད་ལ། གཏན་པ་མེད་པའི་མཆོད་པར་ཕྱུལ་བས། དཔྱར་ཏེ་ཉིད་སངས་རྒྱས་མར་མེ་མཛད་ཅེས་བྱ་བར་གྱུར་པ་ཡིན་ནོ་ཞེས་གསུངས་པ་དང་། དེ་ལ་རྒྱལ་པོ་ཆེན་པོ་ཉིན་ཏུ་ཡི་རངས་ཏེ། དེ་ནས་རྒྱལ་པོ་དེས་རང་གི་ལག་པ་གཡས་པ་རས་བལ་མར་གྱིས། བཙོས་པས་དཀྱིལ་ཏེ་མེ་བཏང་ནས། ལག་པ་གཡོན་པ་བར་སྤྲལ་བ་བཅུང་སྟེ། ཕྱོགས་བཅུའི་སངས་རྒྱས་ཐམས་ཅད་དང་། བདག་གི་སྟོན་པ་བཙོམ་ལྡན་འདས་མར་མེ་མཛད་དགོངས་སུ་གསོལ་ལོ། འགྲོ་བ་མེད་པའི་སེམས་ཀྱིས། ཕྱོགས་བཅུའི་སངས་རྒྱས་ཐམས་ཅད་ཡིད་ཀྱིས་མཆོག་སྦྱར་དུ་དམིགས་ཏེ། གཏན་པ་མེད་པའི་མཆོད་པར་བསྒོལ་ནས་སྨོན་ལམ་འདེབས་ཏེ། འདི་སྐད་དོ།

Sánscrito: *rajakancanabahudipasyaprakriyapranidhana sutra*
Tibetano: *Gyalpo Sergyi Lagpe Marme Logyu Dang Monlam Gyido*

Homenaje a las Tres Joyas.
Cuando Dipamkara, el Buda del período anterior a la época de Buda Sakiamuni, estaba enseñando, el rey Mano de oro le preguntó: «*Ve-*

nerable, ¿cuál fue la base de la virtud que creaste en tiempos pasados que dio como resultado que ahora muestres los signos mayores y menores de un Buda e irradies luz infinita de tu cuerpo?».

Buda Dipamkara respondió: «*¡Escucha, gran rey! Cuando era un ser ordinario, delante de todos los budas de las diez direcciones desarrollé la bodichita altruista. Entonces mojé mil mechas de algodón en mantequilla clarificada y las coloqué sobre mi cuerpo. Sin esperanza ni expectativas, las encendí como ofrenda a todos los Budas de las diez direcciones y de los tres tiempos. Por eso ahora se me conoce como Buda Dipamkara, 'el que hizo la lámpara de mantequilla'».*

El gran rey se alegró de ello. Envolvió su propia mano derecha en algodón, la mojó en mantequilla clarificada y la encendió. Levantó la mano izquierda hacia el cielo y dijo: «*Budas de las diez direcciones y buda Dipamkara, mi maestro, por favor, pensad en mí*».

Con la mente libre de remordimientos, visualizó claramente a todos los budas de las diez direcciones. Dedicó el mérito de esta ofrenda entregada sin expectativas, e hizo esta oración de aspiración:

[En primer lugar, enciende una lámpara de mantequilla o una vela. Si estás recitando esto para generar mérito para alguien que está muriendo o que ha muerto, entonces di su nombre y teniéndolo en mente, recita el sutra con las manos levantadas, las palmas mirando al cielo].

མར་མེའི་སྣོད་ནི་སྟོང་གསུམ་གྱི་སྟོང་ཆེན་པོའི་

MAR MEI		NOE	NI	TONG	SUM	GYI	TONG	CHEN POI
lámpara de mantequilla		*candil*	*este*	*mil (infinito)*	*tres*	*de*	*mil*	*grande*

Que el candil de esta lámpara llegue a ser tan vasta como el infinito

འཇིག་རྟེན་གྱི་ཁམས་ཚམ་དུ་གྱུར་ཅིག །

YIG TEN	GYI	KHAM	TSAM DU	GYUR CHI
mundos	*de*	*reinos*	*tanto como*	*llegar a ser*

de los innumerables mundos.

སྙིང་པོ་ནི་རིའི་རྒྱལ་པོ་རི་རབ་ཚམ་དུ་གྱུར་ཅིག །

ÑING PO	NI	RI	GYAL PO	RI RAB	TSAM DU	GYUR CHI
mecha	*estas montañas*		*rey*	*Monte Meru**	*como*	*llegar a ser*

*Monte Meru, en la cosmología tradicional budista, es la montaña en el centro de nuestro mundo. Es tan alta que la noche surge cuando el sol se esconde detrás al anochecer.

Que la mecha se haga tan grande como el monte Meru, el rey de las montañas.

འོད་ཀྱིས་ནི་སྲིད་པའི་རྩེ་མོ་མན་ཆད་ནས།

WOE	KYI	NI	SI	PE	TSE MO	MEN CHAE	NAE
luz	*por*	*este*	*mundo*	*cima*	*bajar*		*desde*

Que los rayos de su luz lleguen desde la cima de este mundo

མནར་མེད་པའི་སེམས་ཅན་དམྱལ་བ་ཡན་ཆད་ནས།

NAR ME PE	SEM CHEN	ÑAL WA	YAN CHAE	NAE
nombre del infierno más bajo	*seres sensibles*	*infierno*	*encima*	*también*

hasta los seres del más bajo infierno de Avici.

Que el candil de esta lámpara llegue a ser tan vasto como el infinito de los innumerables mundos. Que la mecha se haga tan grande como el monte Meru, el rey de las montañas. Que los rayos de su luz lleguen desde la cima de este mundo hasta los seres del más bajo infierno de Avici.

གཞན་ཡང་ལྕགས་རི་ཆེན་པོའི་ཕྱི་རྒྱབ་ན།

ZHAN YANG	CHA	RI	CHEN POI	CHI GYAB	NA
además	*hierro*	*montaña*	*grande*	*más allá*	*en*

Que los rayos de su luz lleguen más allá de las montañas de hierro que rodean nuestro sistema mundial

སེམས་ཅན་རང་གི་ལས་ཀྱིས་སྒྲིབ་པས་

SEM CHEN	RANG GI	LAE	KYI	DRI PAE
seres sensibles	*propias*	*acciones*	*por*	*obscurecer*

para alcanzar a las personas que viven en la penumbra envolvente

བསྒྲིབས་པའི་མུན་ནག་ཆེན་པོའི་ནང་ན།

DRI PE	MU	NA	CHEN POI	NANG NA
cubrir	*oscuridad*	*negra*	*grande*	*en*

de la oscuridad creada por sus propias malas acciones y

རང་གི་ལག་པ་བརྐྱང་བསྐུམ་ཡང་མི་མཐོང་བའི་གནས་

RANG GI	LA PA	KYANG KUM	YANG	MI	THONG PE	NAE
propias	*manos*	*mover, agitar*	*también*	*no*	*ver*	*lugar*

que ni siquiera pueden ver los movimientos de sus propias manos.

ཆུན་ཆད་སྣང་ཞིང་གསལ་བར་གྱུར་ཅིག

TSHUN CHAE	NANG ZHING	SAL WAR	CHI
tan lejos como	*luz*	*iluminar*	*llegue a ser*

Que esta luz difunda allí la iluminación.

Que los rayos de su luz lleguen más allá de las montañas de hierro que rodean nuestro sistema mundial para alcanzar a las personas que viven en la penumbra envolvente de la oscuridad creada por sus propias malas acciones y que ni siquiera pueden ver los movimientos de sus propias manos. Que esta luz difunda allí la iluminación.

ཡུན་ནི་དུས་གསུམ་གྱི་སངས་རྒྱས་ཇི་སྲིད་བཞུགས་པ་

YUN NI	DUE	SUM	GYI	SANG GYE	YI SI	ZHU PA
duración	*tiempos*	*tres*	*de*	*budas*	*durante*	*permanecer así*

Que esta luz permanezca durante todos los períodos de todos los budas

དེ་སྲིད་དུ་གནས་པར་གྱུར་ཅིག

DE SI	DU	NAE PAR	GYUR CHI
tanto tiempo	*por*	*permanecer*	*que pueda*

del pasado, presente y futuro.

གྲངས་ནི་ཕྱོགས་བཅུ་འཇིག་རྟེན་གྱི་ཁམས་མཐའ་ཡས་པ་ན་

DRANG NI	CHO	CHU	YIG TEN	GYI	KHAM	THA YAE PA	NA
enumeración	*direcciones*	*diez**	*mundo*	*de*	*reinos*	*sin límites*	*en*

*diez direcciones, i.e. por todas partes

Que esta luz brille ante los ojos

བཞུགས་པའི་སངས་རྒྱས་གྲངས་མེད་པར་

ZHU PE	SANG GYE	DRANG ME PAR
permanecer	*budas*	*innumerables*

de todos los budas innumerables

རེ་རེའི་སྤྱན་ལམ་དུ་གསལ་བར་གྱུར་ཅིག

RE REI	CHEN	LAM DU	SAL WAR	GYUR CHI
cada	*ojo*	*enfrente de*	*brillar*	*hacer*

de los incontables mundos esparcidos por las diez direcciones.

Que esta luz permanezca durante todos los períodos de todos los budas del pasado, presente y futuro. Que esta luz brille ante los ojos de todos los budas innumerables de los incontables mundos esparcidos por las diez direcciones.

མར་མེ་འདི་གཟུགས་མེད་པའི་གནས་སུ་སྣང་ཞིང་

MAR ME	DI	ZUG ME PE	NAE	SU	NANG ZHING
lámpara de mantequilla	*esta*	*sin forma*	*lugar*	*en*	*aparecer*

Que la luz de esta lámpara ilumine

 གསལ་བར་གྱུར་ཅིག   དེ་ལྟར་གསལ་བའི་མོད་ལ།

SAL WAR	GYUR CHI	DE TAR	SAL WE	MOE LA
iluminar	*que pueda*	*así*	*resplandeciente*	*inmediatamente*

los reinos sin forma.   Con esta iluminación,

གཟུགས་མེད་པའི་ལྷ་རྣམས་མར་མེའི་འོད་ཀྱིས་བསྐུལ་མ་ཐག་ཏུ།

ZUG ME PE	LHA	NAM	MAR MEI	OE	KYI	KUL	MA TAG TU
sin forma	*dioses*	*todos*	*lámpara de mantequilla*	*luz*	*por*	*despertar*	*tan pronto como*

tan pronto como se despierten los dioses de estos reinos

མཚན་དང་དཔེ་བྱད་དུ་ལྡན་ནས་

TSHAN	DANG	PE YE	DU DEN	NE
marcas mayores	*y*	*marcas menores*	*obtener*	*entonces*
(del cuerpo de un buda)				

que obtengan las marcas mayores y menores de la iluminación y

སྙོམས་པར་འཇུག་པའི་སྐྱེ་མཆེད་བཞི་ལས་གྲོལ་ཏེ།

ÑOM PAR YU PE	KYEM CHE	ZHI	LAE	DROL	TE
absorción mental	*soportes sensoriales*	*cuatro**	*de*	*liberar*	*entonces*

*estos son los cuatro niveles sin forma, lo más elevado en el samsara

se liberen de las absorciones mentales de los cuatro niveles de soporte sensorial sutil.

དེ་བཞིན་གཤེགས་པའི་བསམ་གཏན་ལ་སོགས་པར

DE ZHIN SHE PE	SAM TAN	LA	SO PAR
Buda, Tatágata,	*formas estables*	*de*	*diferentes*

Que la entrada a los diversos estados meditativos del Tatágata

སྙོམས་པར་འཇུག་པའི་སྐལ་པ་དང་ལྡན་པར་གྱུར་ཅིག

ÑOM PAR YU PE	KAL PA	DANG DEN PAR	GYUR CHI
contemplación	*afortunado*	*tenga*	*que pueda*

esté disponible para estos afortunados.

Que la luz de esta lámpara ilumine los reinos sin forma. Con esta iluminación, tan pronto como se despierten los dioses de estos reinos, que obtengan las marcas mayores y menores de la iluminación y se liberen de las absorciones mentales de los cuatro niveles de soporte sensorial sutil. Que la entrada a los diversos estados meditativos del Tatágata esté disponible para estos afortunados.

མར་མེ་འདི་གཟུགས་ན་སྤྱོད་པའི་ལྷ་རྣམས་ཀྱི་

MAR ME	DI	ZUG	NA	CHOE PE	LHA NAM	KYI
lámpara de mantequilla	*esta*	*forma*	*con*	*actuar*	*dioses*	*de*

Que la luz de esta lámpara ilumine

གནས་སུ་གསལ་བར་གྱུར་ཅིག །

NAE SU SAL WAR GYUR CHI
lugar para iluminar que pueda

el reino de los dioses con forma.

གཟུགས་ན་སྤྱོད་པའི་ལྷ་རྣམས་ཏིང་ངེ་འཛིན་གྱི་

ZUG NA CHOE PE LHA NAM TING NGE DZIN GYI
forma en, con actuar dioses contemplación imperturbable de

Que estos dioses entren en la contemplación imperturbable,

དགའ་བདེ་རྩེ་གཅིག་ལ་ཉམས་སུ་མྱོང་ནས།

GA DE TSE CHI LA ÑAM SU ÑONG NAE
felicidad alegría punto un en experiencia entonces

experimenten una felicidad inquebrantable y

ཕྱིར་མི་ལྡོག་པའི་ས་ཐོབ་པར་གྱུར་ཅིག །

CHIR MI DO PE SA THO PAR GYUR CHI
irreversible estadio* obtener que puedan
*estadio de no retorno, Anagami, el de los que no vuelven a este mundo de nuevo

alcancen el estado de no retorno.

Que la luz de esta lámpara ilumine el reino de los dioses con forma. Que estos dioses entren en la contemplación imperturbable, experimenten una felicidad inquebrantable y alcancen el estado de no retorno.

མར་མེ་འདི་འདོད་ཁམས་ཀྱི་ལྷ་རྣམས་ཀྱི་གནས་སུ་

MAR ME DI DOE KHAM KYI LHA NAM KYI NE SU
lámpara esta deseo reino de dioses de lugar para
de mantequilla

Que la luz de esta lámpara ilumine el entorno

སྣང་ཞིང་གསལ་བར་གྱུར་ཅིག །

NANG ZHING SAL WAR GYUR CHI
mostrar iluminar que pueda

de los dioses del reino del deseo.

འདོད་ཁམས་ཀྱི་ལྷ་རྣམས་ཀྱང་

DOE KHAM KYI LHA NAM KYANG
deseo reino de dioses también

Que estos dioses

ལྷའི་འདོད་པའི་ལོངས་སྤྱོད་ལ་སེམས་མ་ཆགས་ཤིང་།

LHE DOE PE LONG CHO LA SEM MA CHA SHING
del dios deseable riqueza a mente no apegarse

se liberen del apego a las riquezas de su reino.

རང་གི་སེམས་ལ་བལྟ་ཞིང་།

RANG GI   SEM   LA   TA ZHING
propia   mente   a   mirar, ver

Que observen sus propias mentes y

བསམ་གཏན་བཞི་ལ་རིམ་གྱིས་སྙོམས་པར་འཇུག་པའི་

SAM TEN   ZHI   LA   RIM   GYI   ÑOM PAR YU PE
absorción   cuatro sobre gradualmente por entrar en ese estado,*
meditativa   estabilizarse

*cuatro concentraciones: 1. con conceptos e investigación, 2.con investigación pero sin conceptos, 3. con actividad mental sin conceptos ni investigación 4. con actividad mental inseparable del gozo.

entren sucesivamente en cada una de las cuatro absorciones meditativas.

སྐལ་པ་དང་ལྡན་པར་གྱུར་ཅིག

KAL PA   DANG DAN PAR   GYUR CHI
afortunado   tener   que puedan
oportunidad

Que tengan la oportunidad de experimentarlo.

Que la luz de esta lámpara ilumine el entorno de los dioses del reino del deseo. Que estos dioses se liberen del apego a las riquezas de su reino. Que observen sus propias mentes y entren sucesivamente en cada una de las cuatro absorciones meditativas. Que tengan la oportunidad de experimentarlo.

མར་མེ་འདི་ལྷ་མ་ཡིན་རྣམས་ཀྱི་གནས་སུ་

MAR ME   DI   LHA MA YIN   NAM   KYI   NAE   SU
lámpara   esta semidioses, asuras (plural) de   lugar   a
de mantequilla

Que la luz de esta lámpara ilumine

སྣང་ཞིང་གསལ་བར་གྱུར་ཅིག

NANG ZHING   SAL WAR   GYUR CHI
mostrar   iluminar   que pueda

el reino de los semidioses.

ལྷ་མ་ཡིན་གྱི་ང་རྒྱལ་དང་ཁྲོ་གཏུམ་དང་།

LHA MA YIN   GYI   NGA GYAL   DANG   TRO TUM   DANG
asuras, semidioses de   orgullo   y   furia, rabia y
celosos

Que se liberen de su orgullo, furia, rabia y crudeza,,

སེམས་ཀྱི་གདུག་པ་ཞི་ནས་ཚད་མེད་པ་བཞི་དང་ལྡན་ནས།

SEM KYI DUG PA ZHI NE TSAE ME PA ZHI DANG DEN NE

crudeza, actitud tosca — pacificar — entonces — inconmensurables — cuatro — obtener — entonces*

* amor, compasión, alegría, ecuanimidad

desarrollen el amor, la compasión, la alegría y la ecuanimidad.

ཞི་གནས་ཀྱི་སེམས་ཡིད་ལ་བྱེད་པ་དང་ལྡན་པར་གྱུར་ཅིག།

ZHI NE KYI SEM YI LA YE PA DANG DEN PAR GYUR CHI

calma, pacífico — de — mente — práctica — obtener, tener — que puedan

Que desarrollen mentes en calma.

Que la luz de esta lámpara ilumine el reino de los semidioses. Que se liberen de su orgullo, furia y crudeza, y desarrollen el amor, la compasión, la alegría y la ecuanimidad. Que desarrollen mentes en calma.

མར་མེ་འདི་གླིང་བཞིའི་མི་རྣམས་ཀྱི་གནས་སུ་

MAR ME DI LING ZHI MI NAM KYI NAE SU

lámpara de mantequilla — esta — continentes — cuatro — habitantes — de — lugar — a*

*las cuatro islas alrededor del monte Meru

Que la luz de esta lámpara ilumine

སྣང་ཞིང་གསལ་བར་གྱུར་ཅིག།

NANG ZHING SAL WAR GYUR CHI

mostrar — iluminar — que pueda

a los seres que habitan los cuatro continentes.

གླིང་བཞིའི་མི་རྣམས་ཀྱང་སྡུག་བསྔལ་བརྒྱད་ལས་ཐར་ནས།

LING ZHI MI NAM KYANG DU NGAL GYAE LAE THAR NE

continentes — cuatro — habitantes — también — sufrimientos — ocho — de — libres — entonces*

*nacimiento, vejez, enfermedad, muerte, separación de los seres queridos, ser despreciado, no obtener lo que uno quiere, la maduración de los cinco skandas.

Que se liberen de los ocho sufrimientos.

བརྩོན་འགྲུས་ཀྱི་ཕ་རོལ་ཏུ་ཕྱིན་པ་དང་ལྡན་པར་གྱུར་ཅིག།

TSON DRUE KYI PA ROL TU YIN PA DANG DAN PAR GYUR CHI

diligencia — de — cualidades trascendentes — obtener — que puedan*

*diligencia trascendente: una de las seis paramitas o cualidades trascendentes de un bodisatva

Que obtengan la diligencia trascendente.

Que la luz de esta lámpara ilumine a los seres que habitan los cuatro continentes. Que se liberen de los ocho sufrimientos. Que obtengan la diligencia trascendente.

 མར་མེ་འདི་ཕྱོལ་སོང་རྣམས་ཀྱི་གནས་སུ་

MAR ME   **DI**   **YOL SONG NAM**   **KYI**   **NAE**   **SU**
lámpara de mantequilla   *esta*   *animales*   *de*   *lugar*   *a*

Que la luz de esta lámpara ilumine

སྣང་ཞིང་གསལ་བར་གྱུར་ཅིག

NANG ZHING   **SAL WAR**   **GYUR CHI**
mostrar, aclarar   *illuminar*   *que pueda*

a todos los que viven en el reino animal.

ཕྱོལ་སོང་དེ་དག་གཅིག་ལ་གཅིག་ཟ་བ་དང་

YOL SONG   **DE DA**   **CHI LA CHI**   **ZA WA**   **DANG**
animales   *estos*   *uno a uno*   *comer*   *y*
                (i.e. unos a otros)

Que dejen de comerse unos a otros y

བརྫག་བཏུང་དང་། གསད་པ་དང་།

DE DUNG   **DANG**   **SAE PA**   **DANG**
luchar   *y*   *matar*   *y*

se liberen del sufrimiento de luchar, matar,

བཀོལ་བའི་སྡུག་བསྔལ་དང་།   བླུན་རྨོངས་ལས་ཐར་ནས།

KOL WE   **DU NGAL DANG**   **LUN MONG**   **LAE THAR**   **NE**
esclavizado, capturado, sufrimiento   *y*   *estupidez,*   *de*   *liberar*   *entonces*
domesticado   *opacidad mental*

ser esclavizados y ser torpes y estúpidos.

ཤེས་རབ་རྣམ་པ་གསུམ་དང་ལྡན་པར་གྱུར་ཅིག

SHE RAB   **NAM PA**   **SUM**   **DANG DAN PAR**   **GYUR CHI**
sabiduría   *tipos*   *tres**   *obtener*   *que puedan*
* escuchar enseñanzas de darma, reflexionar en ellas y meditar

Que adquieran la sabiduría de escuchar, pensar y meditar en el Darma.

Que la luz de esta lámpara ilumine a todos los que viven en el reino animal. Que dejen de comerse unos a otros y se liberen del sufrimiento de luchar, matar, ser esclavizados y ser torpes y estúpidos. Que adquieran la sabiduría de escuchar, pensar y meditar en el Darma.

མར་མེ་འདི་གཤིན་རྗེའི་འཇིག་རྟེན་དུ་སྣང་ཞིང་

MAR ME DI   **SHIN YEI**   **YIG TEN**   **DU**   **NANG ZHING**
lámpara   *esta*   *Señor de la muerte**   *reino, mundo*   *a*   *mostrar*
de mantequilla
  *Yama, el que nos juzga al morir y cuyo esbirros castigan a los culpables.

Que la luz de esta lámpara ilumine

གསལ་བར་གྱུར་ཅིག །

SAL WAR   GYUR CHI
iluminar   que pueda

el reino del Señor de la muerte.

གཤིན་རྗེ་རྣམས་གསོད་གཅོད་བྱེད་པ་དང་

SHIN YE NAM   SOE CHOE   YE PA   DANG
Yama dioses   matar   cortar   y

Que estos crueles dejen de

བརྡེག་བཙོང་གི་ལས་ཐར་ནས།

DEG DUN   GI   LE   THAR   NE
golpear   de   actividad liberar   entonces

matar, cortar y golpear.

དེ་བཞིན་གཤེགས་པ་ཐམས་ཅད་ཀྱིས་ཕ་རོལ་ཏུ་ཕྱིན་པ་བསླབས་པས།

DE ZHIN SHE PA THAM CHE KYI PHA ROL TU CHIN PA   DRA PAE
tatágata, buda   todos   por paramitas*, trascendente   enseñar, escuchar
* las cualidades de generosidad; moralidad; paciencia; diligencia; concentración y sabiduría

Que los Tatágatas les enseñen las seis cualidades trascendentes y

སེམས་ཅན་ཐམས་ཅད་གཏོང་བའི་སེམས་འབྱུང་བར་གྱུར་ཅིག །

SEM CHEN   THAM CHE   TONG WE   SEM   YUNG WAR   GYUR CHI
seres sensibles   todos   generoso,   mente,   surgir, obtener   que pueda
*   dar   actitud*

que de este modo desarrollen actitudes de generosidad hacia todos los seres.

Que la luz de esta lámpara ilumine el reino del señor de la muerte. Que estos crueles dejen de matar, cortar y golpear. Que los Tatágatas les enseñen las seis cualidades trascendentes y que de este modo desarrollen actitudes de generosidad hacia todos los seres.

མར་མེ་འདི་ཡི་ཡི་དྭགས་སུ་གསལ་བར་གྱུར་ཅིག །

MAR ME   DI   PRE TE   NAE   SU   SAL WAR   GYUR CHI
lámpara   esta   espíritu hambriento lugar   a   iluminar   que pueda
de mantequilla

Que la luz de esta lámpara ilumine los reinos de los espíritus hambrientos.

ཡི་ཏུ་རྣམས་ཀྱང་བཀྲེས་སྐོམ་གྱི་སྡུག་བསྔལ་ལས་ཐར་ནས།

PRE TA NAM   KYANG TRE   KOM GYI DU NGAL LE   THAR NE
espíritus hambrientos también   hambre sed de   sufrimiento de libre   entonces

Que sean liberados de la miseria de la sed y el hambre.

བྱང་ཆུབ་སེམས་དཔའ་ནམ་མཁའ་མཛོད་ཀྱི་

CHANG CHUB SEM PA   NAM KHA DZOE   KYI
bodisatva   cielo, tesoro, akashagarba   de

Por las bendiciones de la gran compasión

ཐུགས་རྗེ་ཆེན་པོའི་བྱིན་གྱི་རླབས་ཀྱིས།

THU YE   CHEN POI   YIN GYI LAB   KYI
compasión   grande   bendiciones   por

del Bodisatva Akashagarba,

ཟས་དང་སྐོམ་གྱིས་མི་འཕོངས་པའི་ལོངས་སྤྱོད་

ZAE   DANG KOM   GYI   MI PHONG PE   LONG CHO
comida y   bebida   por   lujoso,   suministros, recursos

que tengan un suministro inagotable

ཟད་མི་ཤེས་པ་དང་ལྡན་ཞིང་།

ZAE PA MI SHE PA   DANG DEN ZHING
inagotable   tener

de comida y bebida fácilmente disponibles.

སྦྱིན་པའི་ཕ་རོལ་ཏུ་ཕྱིན་པའི་དབང་དང་ལྡན་པར་གྱུར་ཅིག།

YIN PE   PHA ROL TU CHIN PE   WANG   DANG DEN PAR   GYUR CHI
generosidad paramitas, trancendente   poder   tener, obtener   que puedan

Que obtengan el poder de la generosidad trascendente.

Que la luz de esta lámpara ilumine los reinos de los espíritus hambrientos. Que sean liberados de la miseria de la sed y el hambre. Por las bendiciones de la gran compasión del bodisatva Akashagarba, que tengan un suministro inagotable de comida y bebida fácilmente disponibles. Que obtengan el poder de la generosidad trascendente.

མར་མེ་འདི་ན་རག་རྣམས་ཀྱི་གནས་སུ་གསལ་བར་གྱུར་ཅིག།

MAR ME   DI   NA RAG NAM   KYI   NAE   SU   SAL WAR   GYUR CHI
lámpara   esta   infiernos   de   lugares   a   iluminar   que pueda
de mantequilla

Que la luz de esta lámpara ilumine los reinos infernales.

ན་རག་ནི་སྔོན་གྱི་ལས་ངན་པའི་རྣམ་པར་སྨིན་པས་

NA RAG NI   ÑON GYI   LAE   NGAN   PE   NAM PAR MIN PAE
infiernos   previas   acciones malas   por   madurar

Los seres sufren allí según la maduración de sus malas acciones anteriores,

ཚ་གྲང་གི་སྡུག་བསྔལ་བཟོད་པར

TSHA	DRANG	GI	DU NGAL	ZOE PAR
calor	*frío*	*de*	*sufrimiento*	*soportar, padecer*

experimentando intolerables

དཀའ་བ་ཉམས་སུ་མྱོང་པ་ལས།

KA WA	ÑAM SU ÑONG PA	LE
dificultad	*experiencia*	*entonces*

calor y frío.

འཕགས་པ་སྤྱན་རས་གཟིགས་དབང་ཕྱུག་གི་ཐུགས་རྗེའི་བྱིན་གྱི་རླབས་ཀྱིས།

PHA PA	CHEN RE ZI WANG CHU	GI	THU YEI	YIN GYI LAB	KYI
arya, noble	*Avalokitésvara*	*de*	*compasión*	*bendiciones*	*por*

Por las bendiciones de la compasión del bodisatva arya Avalokitésvara

དམྱལ་བའི་སྡུག་བསྔལ་ཚད་མེད་པ་ལས་ཐར་ནས།

ÑAL WE	DU NGAL	TSHE ME PE	LE	THAR	NE
del infierno	*sufrimiento*	*ilimitado*	*de*	*liberar*	*entonces*

que sean liberados de los ilimitados sufrimientos del infierno.

བཟོད་པའི་ཕ་རོལ་ཏུ་ཕྱིན་པ་དང་ལྡན་པར་གྱུར་ཅིག

ZOE PE	PHA ROL TU CHIN PA	DANG DEN PAR	GYUR CHI
paciencia	*paramita*	*obtener*	*que puedan*

Que realicen la cualidad trascendente de la paciencia.

Que la luz de esta lámpara ilumine los reinos infernales. Los seres sufren allí según la maduración de sus malas acciones anteriores, experimentando un calor y un frío intolerables. Por las bendiciones de la compasión del bodisatva arya Avalokitésvara, que sean liberados de los ilimitados sufrimientos del infierno. Que realicen la cualidad trascendente de la paciencia.

མར་མེ་འདིས་འཛམ་བུ་གླིང་གི་ཕྱི་རོལ་ན་མུན་ནག་གི་

MAR ME	DI	DZAM BU LING	GI	CHI ROL NA	MUN NA	GI
lámpara de mantequilla	*esta*	*Jambudvipa, nuestro mundo*	*de*	*fuera, más allá*	*profunda oscuridad*	*de*

Que la luz de esta lámpara ilumine los reinos más allá de este sistema mundial, donde,

ནང་ན་འཐོམས་པའི་

NANG	NA	THOM PAI
en	*allí*	*ignorante, entorpecido*

en la oscuridad, los ignorantes no pueden ver

 སེམས་ཅན་རང་གི་ལག་པ་གཡས་པ་བཀྱང་བ་ཡང་

SEM CHEN	RANG GI	LA PA	YAE PA	KYANG WA	YANG
seres	*propia*	*mano*	*derecha*	*levantada frente a ellos*	*siquiera*

ni siquiera su propia mano derecha

མི་མཐོང་བའི་གནས་སུ་གསལ་བར་གྱུར་ཅིག །

MI	THONG WE	NAE	SU	SAL WAR	GYUR CHI
no	*ver*	*lugar*	*a*	*iluminar*	*que pueda*

levantada frente a ellos.

དེ་དག་སྔོན་གྱི་ལས་ངན་པའི་རྣམ་པར་སྨིན་པས་

DE DA	NGON GYI	LAE	NGAN PE	NAM PAR MIN PAE
ellos	*anteriores*	*acciones malas*	*por*	*madurar*

Debido a la maduración de sus malas acciones anteriores,

ཟས་དང་སྐོམ་འདོད་པ་ལས།

ZAE	DANG KOM	DOE PA	LAE
comida y	*bebida*	*desear*	*aún*

anhelan comida y bebida,

ནམ་མཁའ་ལ་རང་གི་ལྕགས་ཀྱི་སེན་མོ་ཡོད་པས་

NAM KHA	LA	RANG GI	CHA	KYI	SEN MO	YOE PAE
cielo	*a*	*propio*	*hierro*	*de*	*garra*	*eso tienen*

pero se arañan con sus garras de hierro

བསྔོགས་བས་ཟས་དང་སྐོམ་མ་རྙེད་ནས།

ÑOG WAE	ZAE	DANG	KOM	MA	ÑE	NE
arañar, rasgar	*comida y*		*bebida*	*no*	*obtener*	*entonces*

al extenderlas hacia el cielo, por lo que quedan insatisfechos.

རང་གི་ལུས་ཟིན་པ་དང་ཤ་བཅད་ཅིང་བཟའ་པ་

RANG GI	LU	ZIN PA	DANG	SHA	CHE CHING	ZAE PA
propio	*cuerpo*	*agotado*	*y*	*carne*	*cortar*	*comer*

Agotados, cortan su propia carne y se la comen.

དེ་དག་དེ་བཞིན་གཤེགས་པ་འོད་དཔག་མེད་ཀྱི་

DE DA	DE ZHIN SHE PA	OE PA ME	KYI
estos seres	*tatágata, buda*	*Amitaba*	*de*

Por la bendición de la compasión

ཕྲགས་རྗེའི་བྱིན་གྱི་རླབས་ཀྱིས།

THU YEI   **YIN GYI LAB**   **KYI**
compasión   *bendiciones*   *por*

de buda Amitaba

མུན་ནག་ཆེན་པོའི་ཐོམས་པ་ལས་ཐར་ནས།

MUN NA   **CHEN POI**   **THOM PA**   **LAE**   **THAR**   **NE**
profunda   *grande*   *aturdido,*   *de*   *liberar*   *entonces*
oscuridad   *anonadado*

que se liberen del desconcierto de esa gran oscuridad y

བདེ་བ་ཅན་གྱི་ཞིང་ཁམས་སུ་སྐྱེ་བར་གྱུར་ཅིག

DE WA CHEN   **GYI**   **ZHING KHAM**   **SU**   **KYE WA**   **GYUR CHI**
Sukavati*   *de*   *reino*   *en*   *nacido*   *que pueda*
*o Dewachen, el reino búdico donde reside Amitaba

renazcan en el reino puro de la Gran Felicidad.

Que la luz de esta lámpara ilumine los reinos más allá de este sistema mundial, donde, en la oscuridad, los ignorantes ni siquiera pueden ver su propia mano derecha levantada frente a ellos. Debido a la maduración de sus malas acciones anteriores, anhelan comida y bebida, pero se arañan con sus garras de hierro al extenderlas hacia el cielo, por lo que quedan insatisfechos. Agotados, cortan su propia carne y se la comen. Por la bendición de la compasión del buda Amitaba, que se liberen del desconcierto de esa gran oscuridad y renazcan en el reino puro de la Gran Felicidad.

གཞན་ཡང་མར་མེ་འདི་ཀླུའི་གནས་སུ་སྣང་ཞིང་

ZHAN YANG   **MAR ME**   **DI**   **LUI**   **NAE**   **SU**   **NANG ZHING**
además   *lámpara*   *esta*   *nagas**   *lugar*   *a*   *mostrar*
      de mantequilla
*dioses serpiente que protegen los tesoros de la tierra y guardan sus recursos

Que la luz de esta lámpara ilumine

གསལ་བར་གྱུར་ཅིག

SAL WAR   **GYUR CHI**
iluminar   *que pueda*

el reino de los nagas.

དེ་རྣམས་གཏི་མུག་དང་སེར་སྣའི་མདུད་པ་ལས་བཀྲོལ་ཏེ

DE NAM   **TI MU**   **DANG**   **SER NE**   **DUE PA**   **LAE**   **TROL**   **TE**
ellos   *estupidez*   *y*   *envidia*   *trampa,*   *de*   *liberado,*   *entonces*
         nudo   *desatado*

Que se liberen de las trampas de la estupidez y la envidia y que,

 གཏོང་བའི་བློ་དང་ལྡན་ཞིང་།

TONG WE LO DANG DEN ZHING
generosidad actitud tener

con generosidad de espíritu,

ནམ་མཁའ་ལྡིང་གི་འཇིགས་པ་དང་།

NAM KHA DING GI YIG PA DANG
aves depredadoras, de miedo y
garudas, águilas, etc.

se liberen del miedo a las aves depredadoras,

མེ་ཚན་བྱེ་ཚན་ལ་སོགས་ཏེ།

ME TSHAN CHE TSHAN LA SO TE
aire caliente arena seca y demás

al calor, a la arena seca y

འཇིགས་པ་ཆེན་པོ་བརྒྱད་ལས་ཐར་ནས།

YIG PA CHEN PO GYE LAE THAR NE
miedos grandes ocho* de liberar entonces
* los ocho grandes miedos: miedo al fuego, al agua, a la tierra, al aire, a los elefantes, a las
serpientes, a los bandidos y a los reyes

al resto de los ocho grandes miedos.

སངས་རྒྱས་དང་། ཆོས་དང་།

SANG GYE DANG CHO DANG
buda y darma y

Que se refugien

དགེ་འདུན་ལ་སྐྱབས་སུ་འགྲོ་ཞིང་།

GEN DUN LA KYAB SU DRO ZHING
sanga a refugio en ir por

en el Buda, el Darma y la Sanga

སྲོག་འཚོ་བའི་ཞི་གནས་ཀྱི་ཆུའི་ཐིག་ལེ་སྙིང་ལ་གནས་ནས་

SO TSHO WE ZHI NE KYI CHUI THIG LE ÑING LA NAE NE
vida sostener, morar en de gota de agua corazón en permanecer entonces
alimentar calma (refresca y purifica)

para que la gota de agua que sustenta la vida de la permanencia en
calma descanse en sus corazones y

ཀླུ་རྣམས་འདོད་པའི་ཡོན་ཏན་དང་ལྡན་པར་གྱུར་ཅིག།

LU NAM DOE PE YON TAN DANG DEN PAR GYUR CHI
nagas cualidades bueno obtener que puedan
deseables

todos los nagas obtengan todo lo que desean.

Que la luz de esta lámpara ilumine el reino de los nagas. Que se liberen de las trampas de la estupidez y la envidia y que, con generosidad de espíritu, se liberen del miedo a las aves depredadoras, al calor, a la arena seca y al resto de los ocho grandes miedos. Que se refugien en el Buda, el Darma y la Sanga para que la gota de agua que sustenta la vida de la permanencia en calma descanse en sus corazones y todos los nagas obtengan todo lo que desean.

མར་མེ་འདི་སློ་འཕྱེ་ཆེན་པོའི་གནས་སུ་སྣང་ཞིང་

MAR ME	DI	TO CHE	CHEN POI	NAE	SU	NANG ZHING
lámpara de mantequilla	*esta*	*reptiles*	*grandes*	*lugar*	*a*	*mostrar*

Que la luz de esta lámpara ilumine

གསལ་བར་གྱུར་ཅིག །

SAL WAR	GYUR CHI
iluminar	*que pueda*

el reino de los reptiles gigantes.

དེས་སློ་འཕྱེ་ཆེན་པོའི་སྡུག་བསྔལ་ཞི་ནས་

DE	TO CHE	CHEN POI	DU NGAL	ZHI	NE
por estos	*reptiles*	*grandes, enormes*	*sufrimiento*	*pacificar*	*entonces*

Que sus sufrimientos desaparezcan.

དགའ་བ་རྒྱ་མཚོ་རྣམ་པར་འཕྲུལ་པའི་ཤུགས་

GA WA	GYAM TSO	NAM PAR	TRUL PE	SHU
felicidad	*océano*	*forma*	*mágico*	*poder*

Que obtengan el poder mágico de vivir

དང་ལྡན་པར་གྱུར་ཅིག །

DANG DEN PAR	GYUR CHI
poseer	*que puedan*

en océanos de felicidad.

Que la luz de esta lámpara ilumine el reino de los reptiles gigantes. Que sus sufrimientos desaparezcan. Que obtengan el poder mágico de vivir en océanos de felicidad.

མར་མེ་འདི་འཛམ་བུ་གླིང་གི་ཕྱིར་གནས་པའི་

MAR ME	DI	DZAM BU LING	GI	CHIR	NAE PE
lámpara de mantequilla	*esta*	*este mundo*	*de*	*más allá*	*permanecer*

Que la luz de esta lámpara ilumine las áreas más allá del continente de Jambudvipa habitadas

ས་བདག་དང་། ལྷ་དང་། ཀླུ་དང་།

SA DA **DANG** LHA **DANG** LU **DANG**
dioses de la tierra, *y* *dioses locales* *y* *nagas* *y*
protectores del lugar

por dioses de la tierra, dioses locales, nagas,

ས་བདག་གི་རྒྱལ་པོ་པ་ཏི་ལི་དང་།

SA DA **GI GYAL PO PA TI LI DANG**
dioses de la tierra *de* *rey* *su nombre* *y*

Patili el rey de los dioses de la tierra,,

ས་བའི་རྒྱལ་མོ་ཆེན་པོ་དང་།རྒྱ་མཚོ་ཆེན་པོ་དང་།

SE **GYAL MO CHEN PO DANG GYAM TSHO CHEN PO DANG**
reina de la tierra *grande* *y* *(los dioses del) océano* *grande* *y*

la gran reina de la tierra, y los dioses de los océanos, y lo que viven en

མཚོ་བྲན་དང་། རྫིང་དང་། ཁྲོན་པ་ལ་གནས་པ་དང་།

TSHO TRAN DANG DZING DANG TRON PA LA NAE PA DANG
mares *y* *estanques* *y* *pozos* *en* *estar* *y*

mares, estanques y pozos,

ཀླུང་ཆེན་པོ་དང་། ཀླུང་ཕྲ་མོ་དང་།

LUNG CHEN PO DANG LUNG TRA MO DANG
ríos *grande* *y* *ríos* *pequeños* *y*

ríos grandes, ríos pequeños,

ཆུ་མིག་དང་། ལུ་མ་ལ་གནས་པ་དང་།

CHU MI DANG LU MA LA NAE PA DANG
manantial *y* *estanques estacionales* *en* *estar* *y*

manantiales, estanques estacionales, y

གངས་རི་མཐོན་མོའི་རྒྱུད་ལ་གནས་པ་དང་།

GANG RI THON MOI GYU LA NAE PA DANG
nieve montaña alta *corriente* *en* *estar* *y*
(corriente glaciar)

los que permanecen en los altos arroyos glaciares

རི་ནག་པོ་དང་། གཡའ་དང་། ཤ་སྲང་དང་།

RI NAG PO DANG YA DANG SHA SANG DANG
montaña negra *y* *pizarra* *y* *praderas de agua* *y*

montañas negras, colinas de pizarra, praderas de agua,

སྤང་རི་དང་།   ནགས་ཆེན་པོ་དང་།   ཤིང་གཅིག་པ་དང་།

PANG RI DANG   **NAG CHEN PO DANG**   **SHING CHI PA DANG**
campos y   *bosque grande y*   *árbol solitario y*
de colinas

campos de colinas, grandes bosques, árboles solitarios,

གཙུག་ལག་ཁང་དང་།   མཆོད་རྟེན་དང་།   གྲོང་ཁྱེར་དང་།

TSUG LA KHANG DANG   **CHO TEN DANG**   **DRONG KHYER DANG**
templos y   *estupas y*   *ciudades y*

templos, estupas, ciudades y

གྲོངས་ན་གནས་པའི་གནས་སུ་སྣང་ཞིང་གསལ་བར་གྱུར་ཅིག།

JONG NA NAE PE NAE SU NANG ZHING SAL WAR GYUR CHI
aldeas en estar lugares en mostrar iluminar que puedan

aldeas. Que sean iluminados todos los que permanecen en estos lugares.

དེ་དག་སོ་སོའི་འཁྲུལ་པའི་རྟོག་པ་ཐམས་ཅད་བྱུང་ནས།ཐམས་ཅད་བྱུང་ནས།

DE DA SO SOI TRUL PE TOE PA THAM CHE YANG NE
ellos cada uno, confusión, pensamientos todos limpiar, entonces
individual engaño eliminar

Que se eliminen las confusiones particulares de cada uno de estos
seres.

དཀོན་མཆོག་གསུམ་ལ་མི་ཕྱེད་པའི་དད་པ་དང་ལྡན་ཏེ།

KON CHO SUM LA MI CHE PE DAE PA DANG DEN TE
joyas tres a inmutable fe obtener así, entonces

Que tengan una fe inmutable en las Tres Joyas.

བྱང་ཆུབ་ཀྱི་སེམས་དང་ལྡན་ནས་ཐར་པ་

CHANG CHU KYI SEM DANG DEN NE THAR PA
intención altruista obtener, tener entonces liberación
del bodisatva

Que adquieran una intención altruista hacia la iluminación

ཐོབ་པའི་རྒྱུ་རུ་གྱུར་ཅིག།

THO PE GYU RU GYUR CHI
obtener causa como desarrollar, establecer

y establezcan la causa de la liberación.

*Que la luz de esta lámpara ilumine las áreas más allá del continente de
Jambudvipa habitadas por dioses de la tierra, dioses locales, nagas, Patili
el rey de los dioses de la tierra, la gran reina de la tierra, y los dioses
y moradores de los océanos, mares, estanques y pozos, grandes ríos,*

pequeños ríos, manantiales, estanques estacionales y los que permanecen en los altos arroyos glaciares, montañas negras, colinas de pizarra, praderas de agua, campos de colinas, grandes bosques, árboles solitarios, templos, estupas, ciudades y aldeas. Que sean iluminados todos los que permanecen en estos lugares. Que se eliminen las confusiones particulares de cada uno de estos seres. Que tengan una fe inmutable en las Tres Joyas. Que adquieran una intención altruista hacia la iluminación y establezcan la causa de la liberación.

རྒྱལ་པོ་གསེར་གྱི་ལག་པའི་སྨོན་ལམ་གྱི་མདོ་རྫོགས་སོ།

Aquí acaba La Aspiración del rey Mano de oro.

དེ་ལྟར་དེང་མར་མེ་འདིའི་ཡོན་བདག་ཀྱིས་ཀྱང་། གཏན་པ་མེད་པའི་མཚོད་པའི་དེ་ཕྱལ་བས་བདག་དང་མཐའ་ཡས་པའི་སེམས་ཅན་རྣམས་དེ་བཞིན་གཤེགས་པ་མར་མེ་མཛད་ཀྱི་ཞབས་དྲུང་དུ་སྐྱེས་ཏེ། མཚོན་པར་རྫོགས་པར་སངས་རྒྱས་ནས། སེམས་ཅན་ཐམས་ཅད་ཀྱི་དཔལ་མགོན་དུ་གྱུར་ཅིག།།

Por el patrocinio de estas lámparas y la ofrenda de este transitorio despliegue, que yo y todos los infinitos seres sensibles renazcamos a los pies de buda Dipamkara. Que alcancemos la budeidad perfecta y nos convirtamos en benefactores de todos los seres.

Traducido por C R Lama y James Low, 1985

༄༅། རང་སྐྱོན་རྟོགས་སྐྱབས་ཡུལ་རྗེས་དྲན་གྱི་གསོལ་འདེབས་ཆོས་བཤགས་སྨོན་ལམ་ཡང་དག་བླང་
དོར་གསལ་འདེབས་ཡོད།

La Aspiración para el discernimiento puro

LA ORACIÓN POR LA QUE UNO RECONOCE SUS PROPIAS FALTAS

Y

RECUERDA EL PROPIO REFUGIO

JUNTO CON

UNA CONFESIÓN Y RECTIFICACIÓN ARREPENTIDAS

Y

UNA ASPIRACIÓN MUY PURA DE TENER ABSOLUTAMENTE CLARO LO QUE
HAY QUE ADOPTAR Y LO QUE HAY QUE ABANDONAR

por
Dudyom Rinpoché, Yigdral Yeshe Dorye

ༀ། ། ན་མོ་གུ་རུ་བེ།

NA MO   GU RU   BE
homenaje   maestro   postrarse

Homenaje. Nos postramos ante el maestro.

བསྐལ་བཟང་ཞིང་གི་འདྲེན་མཆོག་ཤཱཀྱའི་རྒྱལ།

KAL   ZANG   ZHING   GI   DREN CHO   SHA KYE   GYAL
kalpa,   bueno   reino, esfera   de   guía,   supremo   clan Sakia   rey
eón   líder   (i.e. Buda Sakiamuni)
(uno en el que se enseña el darma)

Buda Sakiamuni, guía supremo del universo durante este buen kalpa,

རྒྱལ་སྲས་བྱང་སེམས་འགྲོ་འདུལ་འཕགས་པའི་ཚོགས།

GYAL   SAE CHANG SEM DRO   DUL   PHA PE   TSHO
Victorioso, hijos bodisatvas   seres controlar, arya, noble   multitud, asamblea
Buda   educar

nobles bodisatvas, hijos reunidos del Victorioso que educáis a los seres,

སྙིགས་འགྲོའི་སྐྱབ་པ་མཚུངས་མེད་གུ་རུ་རྗེ།

ÑIG   DROI   KYO PA   TSHUNG ME   GU RU   YE
era degenerada seres   protector,   inigualable,   maestro   noble, superior
refugio   insuperable

precioso gurú, protector insuperable de los seres en esta era degenerada,

རྩ་གསུམ་ཆོས་སྐྱོང་དམ་ཅན་ཚོགས་བཅས་ལ།

TSA SUM   CHO KYONG DAM CHEN   TSHO CHE   LA
raíces tres   protectores   guardianes   multitud junto con
(gurú, deva, dakini) del darma   de los votos

junto con las Tres Raíces y las multitudes de protectores del Darma y
guardianes de los votos,

རྩེ་གཅིག་སྙིང་ནས་དྲན་པའི་གདུང་ཡུས་ཀྱིས།

TSE CHI   ÑING   NE   DRAN PE   DUNG YUE   KYI
focalizada, total   corazón desde recuerdo   añorar, anhelante por
devoción

con la anhelante devoción de recordaros sin distracción desde las profundidades de nuestro corazón,

ཡང་ཡང་གསོལ་འདེབས་ཐུགས་དམ་བསྐུལ་ལགས་ན།

YANG YANG   SON DE   THU DAM KUL   LA NA
una y otra vez   rogar, solicitar   invocar, llamar vuestra atención hacer si, cuando

rogamos una y otra vez para llamar vuestra atención.

བརྩེ་བས་རྗེས་བཟུང་ཐོགས་མེད་ཐུགས་རྗེའི་མཐུས།

TSE WAE	YE ZUNG	THO ME	THU YEI	THU
con compasión, bondad	*seguidores*	*sin obstáculos*	*de la compasión*	*por ese poder*

Debido a vuestra bondad, por el poder de vuestra compasión sin obstáculos hacia vuestros seguidores,

བསམ་དོན་ཆོས་བཞིན་འགྲུབ་པར་བྱིན་གྱིས་རློབས།

SAM	DON	CHO	ZHIN	DRU PAR	YIN GYI LO
pensamientos	*intención, valor*	*darma*	*como*	*lograr, hacer*	*bendecidnos (y a todos los ser sensibles)*

por favor bendecidnos para que nuestros pensamientos e intenciones estén de acuerdo con el Darma.

Buda Sakiamuni, guía supremo del universo durante este buen kalpa, nobles bodisatvas, hijos reunidos del Victorioso que educáis a los seres, precioso gurú, protector insuperable de los seres en esta era degenerada, junto con las Tres Raíces y las multitudes de protectores del Darma y guardianes de los votos, con la anhelante devoción de recordaros sin distracción desde las profundidades de nuestro corazón, rogamos una y otra vez para llamar vuestra atención. Debido a vuestra bondad, por el poder de vuestra compasión sin obstáculos hacia vuestros seguidores, por favor bendecidnos para que nuestros pensamientos e intenciones estén de acuerdo con el Darma.

སྔོན་ལས་མ་ཞན་མི་ལུས་རིན་ཆེན་ཐོབ།

NGON	LAE	MA ZHAN	MI LU	RIN CHEN	THO
anteriores	*acciones, karma*	*sin aferramiento (i.e. bueno)*	*existencia humana*	*preciosa*	*obtenida*

Debido a las acciones anteriores realizadas sin aferrarnos hemos ganado esta preciosa existencia humana.

བསོད་ནམས་མ་ཆུང་དམ་པའི་ཆོས་དང་མཇལ།

SO NAM	MA CHUNG	DAM PE	CHO	DANG YAL
mérito	*no pequeño*	*santo, excelente*	*darma*	*encontrar*

Gracias a nuestros méritos, que no son pocos, nos hemos encontrado con el santo Darma.

བླ་མས་རྗེས་བཟུང་དབང་བྱིན་གདམས་ངག་ཐོབ།

LA MAE	YE ZUNG	WONG	YIN	DAM NGA	THO
por el gurú	*seguidores*	*iniciación*	*bendiciones*	*instrucciones*	*obtener*

Nuestro gurú ha permitido que nosotros, sus seguidores, obtengamos la iniciación, las bendiciones y las instrucciones.

ནོར་བུ་རང་ལག་སྟེད་པའི་དུས་བྱུང་ཡང་།

NOR BU   RANG LA   ÑE PE   DUE   YUNG   YANG
joya   propia mano tener   momento, ocasión ha ocurrido sin embargo
(i.e. el cuerpo humano precioso con la oportunidad de practicar)

Este es el momento en el que tenemos la joya justo en nuestra mano, y

ཆོལ་ཆུང་སྤྲེའུ་འདྲ་བའི་རང་སེམས་འདི།

CHOL CHUNG   TRE U   DRA WE   RANG   SEM   DI
acciones frívolas, tontas mono   como   mi   mente   así

nuestras mentes, como monos frívolos,

རྣམ་གཡེང་བསླུ་བྱེད་འགོང་པོའི་དབང་སོང་ནས།

NAM YENG   LU   TRI GONG POI   WONG SONG   NE
cambiando siempre, engañada demonios,   estar bajo su poder entonces
muy inestable   fuerzas negativas

son completamente inestables y por eso caemos bajo el poder de las
fuerzas negativas engañosas y de los demonios.

རང་ནོར་རང་བདག་ཉམས་ལེན་མ་ནུས་ཏེ།

RANG NOR   RANG DA   ÑAM LEN   MA   NU   TE
mi joya (precioso del que soy dueño práctica,   no   poder por lo tanto aquí
cuerpo humano)   familiarización

No tenemos poder para utilizar esta joya que es nuestra,

དལ་འབྱོར་གདམས་ངག་ཆབ་གཅིག་ཆུད་ཟོས་ཤོར།

DAL YOR   DAM NGA   CHAB CHI   CHU ZOE SHOR
las 8 libertades y las 10 instrucción toda   desperdiciar
oportunidades de un nacimiento
humano precioso

así que las instrucciones que recibimos sobre las libertades y las oportunidades las desperdiciamos.

*Debido a las acciones anteriores realizadas sin aferrarnos hemos ganado
esta preciosa existencia humana. Gracias a nuestros méritos, que no son
pocos, nos hemos encontrado con el sagrado Darma. Nuestro gurú ha
permitido que nosotros, sus seguidores, obtengamos la iniciación, las
bendiciones y las instrucciones. Este es el momento en el que tenemos
la joya justo en nuestra mano, y sin embargo, nuestras mentes, como
monos frívolos, son completamente inestables y por eso caemos bajo el
poder de las fuerzas negativas engañosas y de los demonios. No tenemos
poder para utilizar esta joya que es nuestra, así que las instrucciones
que recibimos sobre las libertades y las oportunidades las desperdiciamos.*

དལྟ་དོན་ཆེན་འགགག་ལ་ཕྱུག་ཉེ་དུས།

DAN TA DON	CHEN GA	LA THU ÑE	DU
ahora significado, valor grande punto crucial a		*llegado, encontrado con*	*tiempo*

Nos encontramos en un verdadero momento crucial de nuestras vidas.

ཞུས་ཚད་ཐོབ་ཚད་གནའ་བོའི་སྒྲུང་གཏམ་འདྲ།

ZHU	TSHAE	THO	TSHAE	NA WOI DRUNG TAM	DRA
preguntado	*cualquier cantidad*	*recibida*	*cualquier cantidad*	*historias sin sentido, solo una idea interesante*	*como*

Todo lo que hemos pedido, todo lo que hemos recibido, todo parece un cuento

ལུས་འདི་ཆོས་གཟུགས་ཆོས་པ་ཡིན་རྟོམ་ཡང་།

LU	DI CHO	ZUG CHO PA	YIN	LOM	YANG
cuerpo, vida	*esta darma forma*	*persona de darma*	*be*	*gustar, querer (e imaginar que somos)*	*sin embargo*

Queremos vivir de acuerdo con el Darma y ser verdaderos practicantes del Darma, pero

སེམས་འདིས་ཡང་དག་ཆོས་པའི་རྗེས་མ་ཟིན།

SEM	DI	YANG DA	CHO PE	YE MA ZIN
mente	*mi, esta*	*puro, perfecto*	*practicante del darma*	*no recordamos ser*

pero nuestras propias mentes olvidan lo que significa ser una persona pura del Darma.

ལྷ་ཆོས་ལྟ་ཅི་མི་ཆོས་དྲིས་མ་གོས།

LHA CHO	TA CHI	MI CHO	DRI	MA	GO
darma de las deidades (i.e. puro darma del Buda)	*visión que*	*darma humano (i.e. ideas y conceptos)*	*preguntar*	*no*	*comprender*

No sabemos cómo aprender los valores humanos ordinarios, por no hablar de la visión del darma de Buda y

མི་ཆོས་གཙང་མ་བཅུ་དྲུག་གོ་ཡུལ་ཙམ།

MI CHO	TSANG MA CHU DRU	GO YUL	TSAM
darma humano, noción	*puro dieciséis (16 reglas de buena conducta dadas por el rey Trisong Deutsen)*	*hemos oído de pasada no las conocemos de verdad*	*solo*

y sólo tenemos una vaga noción de las dieciséis reglas[1] de la conducta humana correcta.

རང་སྤྱོས་སྤྱོད་ངན་སྤྱད་ལ་དོ་ཚ་བྲལ།

RANG	TOE	CHO	NGAN	CHAE	LA	NGO TSHA	DRAL
uno mismo	observar, examinar	conducta	mala	hecha	para	vergüenza	sin

No sentimos vergüenza cuando observamos las cosas malas que hemos hecho, pero

གཞན་སྤྱོས་ཁྲེལ་གཞུང་ཕྱི་ཐག་བྲ་བའི་མཇུག །

ZHAN	TOE	TREL ZHUNG	CHI THA	TRA WE	YU
otros	observar	indignación moral	cuerda atada, como la cuerda alrededor del cuello de un animal	como	aferrarse a

estamos enganchados a la indignación moral cuando observamos la conducta de los demás.

Nos encontramos en un verdadero momento crucial de nuestras vidas. Todo lo que hemos pedido, todo lo que hemos recibido, todo parece un cuento. Queremos vivir de acuerdo con el Darma y ser verdaderos practicantes del Darma, pero nuestras propias mentes olvidan lo que significa ser una persona pura del Darma. No sabemos cómo aprender los valores humanos ordinarios, por no hablar de la visión del darma de Buda, y sólo tenemos una vaga noción de las dieciséis reglas de la conducta humana correcta. No sentimos vergüenza cuando observamos las cosas malas que hemos hecho, pero estamos enganchados a la indignación moral cuando observamos la conducta de los demás.

ལྷ་ཆོས་དགེ་བཅུ་ཡང་དག་ངོ་མ་ཐོགས།

LHA CHO	GE	CHU	YANG DA	NGO MA THO
darma del Buda	virtudes	diez	muy pura, perfecta	no reconocer o comprender

No tenemos una comprensión realmente pura de las diez[2] virtudes según el darma del Buda.

སྟོན་པ་གཅིག་གི་བསྟན་ལ་ཕྱོགས་ཞེན་གྱིས།

TON PA	CHI	GI	TAN	LA	CHO ZHEN	GYI
maestro*	uno	de	enseñanzas, doctrinas	a	parcialidad	debido a

*i.e. el Buda,la fuente de todos los linajes y enseñanzas

Debido a la parcialidad de nuestras actitudes hacia las doctrinas del único Maestro que las enseñó todas

ཆོས་དང་དམ་པར་སྐུར་འདེབས་ལས་ངན་བསགས།

CHO	DANG	DAM PAR	KUR DE	LAE	NGAN	SA
darma	y	personas santas	insultar, denigrar	acción, karma	mala	acumular
		(i.e. otras escuelas, linajes y maestros)				

hablamos mal del Darma y de los santos, acumulando así mal karma.

ཆོས་ལ་བརྟེན་ནས་སྡིག་པའི་ཁུར་ཆེན་ཁྱེར།

CHO	LA	TEN	NE		DIG PE	KHUR	CHEN	KHYER
darma	*a*	*confiar*	*entonces, pero*		*pecador*	*cargar, atosigar*	*gran*	*llevar*

De este modo, aparentemente confiando en el Darma, sólo conseguimos una gran carga de pecado que llevar.

ཐོས་པ་ཆེ་བཞིན་རང་མཐོང་ང་རྒྱལ་ཆེ།

THO PA	CHE	ZHIN	RANG THONG	NGA GYAL	CHE
escuchar	*grande, mucho*	*como*	*verse uno mismo*	*orgullo*	*grande*

Hemos escuchado muchas enseñanzas, por lo que nos miramos a nosotros mismos con gran orgullo; sin embargo

བསམ་པས་དཔྱད་དོན་གོ་བའི་གཏིང་མ་དཔོགས།

SAM PAE CHE	DON	GO WE	TING	MA	PO
al pensar, análisis, definición	*significado*	*comprender*	*profundidad*	*no*	*conmover,*
considerar precisa					*alcanzar*

cuando las contemplamos, no alcanzamos una comprensión profunda
del significado que se analiza..

སོ་ཐར་ཚུལ་ཁྲིམས་བསྲུང་བར་འདོད་ན་ཡང་།

SO THAR		TSHUL TRIM	SUNG WAR LOM	NA YANG
los votos pratimoksa del hinayana		*moralidad*	*proteger desear*	*sin embargo*
de disciplina moral				

Nos gustaría adherirnos a la conducta moral de las ordenaciones hinayana,

དགེ་སྦྱོང་ཆོས་བཞི་གར་སོང་ཆ་མེད་གཏོར།

GE JONG	CHO	ZHI	GAR SONG	CHA ME	TOR
práctica virtuosa,	*darmas,*	*cuatro[3]*	*ir en contra de*	*sin traza*	*desechar*
conducta pura del laico	*puntos*				

sin embargo actuamos en contra de los cuatro puntos básicos de la
práctica virtuosa y los desechamos totalmente.

*No tenemos una comprensión realmente pura de las diez virtudes según
el darma del Buda. Debido a la parcialidad de nuestras actitudes hacia
las doctrinas del único Maestro que las enseñó todas, hablamos mal del
Darma y de los santos, acumulando así mal karma. De este modo, aparentemente confiando en el Darma, sólo conseguimos una gran carga de
pecado que llevar. Hemos escuchado muchas enseñanzas, por lo que nos
miramos a nosotros mismos con gran orgullo; sin embargo, cuando las
contemplamos, no alcanzamos una comprensión profunda del significado
que se analiza. Nos gustaría adherirnos a la conducta moral de las ordenaciones hinayana, sin embargo actuamos en contra de los cuatro puntos
básicos de la práctica virtuosa y los desechamos totalmente.*

 བྱང་སེམས་བསླབ་ནོར་ལྡན་པར་རྩོམ་ན་ཡང་།

CHANG SEM LAB   **NOR**   **DEN PAR LOM**   **NA YANG**
bodisatva   *aprendizaje,entrenamiento*   *riqueza tener*   *desear, querer*   *sin embargo*

Nos gustaría poseer las riquezas del entrenamiento del bodisatva,

ཚད་མེད་རྣམ་བཞི་རི་མོའི་མར་མེ་འདྲ།

TSHAE ME   **NAM**   **ZHI**   **RI MOI**   **MAR ME**   **DRA**
inconmensurable   *tipos*   *cuatro*   *dibujo*   *lámpara de mantequilla*   *como*
(amor, compasión, alegría y ecuanimidad)   *(i.e. más allá de nuestro alcance)*

pero las cuatro actitudes inconmensurables permanecen inalcanzables como una imagen vista en una llama.

གསང་སྔགས་དམ་ཚིག་བསྲུང་བར་རྩོམ་ན་ཡང་།

SANG NGA   **DAM TSHI**   **SUNG WAR**   **LOM**   **NA YANG**
mantra secreto,   *samaya,*   *proteger, guardar*   *desear*   *sin embargo*
vajrayana, tantra   *votos sagrados*

Nos gustaría mantener los votos samaya del tantra,

རྩ་ལྟུང་དང་པོར་རྩི་མེད་སྣང་ཆུང་ཤོར།

TSA   **TUNG**   **DANG POR**   **TSI ME**   **NANG CHUNG**   **SHOR**
raíz   *caída*   *primero*   *no considerar*   *de poca importancia*   *menospreciar,*
                                                     descartar

pero no prestamos atención ni siquiera a la primera caída raíz y los descartamos todos como de poca importancia.

བློ་ལྡོག་རྣམ་བཞི་ཁ་ནས་བཤད་ཤེས་ཀྱང་།

LO   **DO**   **NAM**   **ZHI**   **KHA**   **NE**   **SHE**   **SHE**   **KYANG**
actitud   *cambiar,*   *plural*   *cuatro**   *boca*   *de*   *explicar*   *saber*   *sin embargo*
         modificar   *como*

**renacimiento humano precioso, karma, impermanencia y muerte, sufrimiento en los seis reinos*

Sabemos dar explicaciones verbales sobre los cuatro factores que cambian la actitud,

དོན་ལ་ལྡོག་མིན་འདིར་སྣང་ཞེན་པས་སྟོན།

DON   **LA**   **DOG MIN**   **DIR**   **NANG**   **ZHEN PAE TON**
valores   *a*   *no dan la vuelta*   *esta vida*   *apariencias,*   *deseo,*   *muestra, expone*
                                        acontecimientos   *apego*

pero nuestro apego a los acontecimientos de esta vida expone nuestra continua implicación con los valores mundanos.

བླ་མ་བསྟེན་བཞིན་མོས་གུས་རིམ་གྱིས་བྲི།

LA MA   **TEN**   **ZHIN**   **MOE**   **GUE**   **RIM GYI**   **TRI**
gurú, maestro   *servir*   *como*   *devoción*   *respeto*   *gradualmente*   *disminuye*

Servimos al gurú pero nuestro respeto y devoción disminuyen gradualmente.

དག་སྣང་ཚབས་སུ་མཉམ་འགྲོགས་ལོག་པར་མཐོང་།

DA NANG	TSHAB SU	ÑAM	DRO	LO PAR	THONG
visión pura de la acción del maestro	*en vez de*	*igualmente*	*como amigo*	*equivocadamente*	*ver, interpretar*

En lugar de tener una visión pura, erróneamente vemos al gurú como un igual y un amigo.

Nos gustaría poseer las riquezas del entrenamiento del bodisatva, pero las cuatro actitudes inconmensurables permanecen inalcanzables como una imagen vista en una llama. Nos gustaría mantener los votos samaya del tantra, pero no prestamos atención ni siquiera a la primera caída raíz y los descartamos todos como de poca importancia. Sabemos dar explicaciones verbales sobre los cuatro factores que cambian la actitud, pero nuestro apego a los acontecimientos de esta vida expone nuestra continua implicación con los valores mundanos. Servimos al gurú pero nuestro respeto y devoción disminuyen gradualmente. En lugar de tener una visión pura, erróneamente vemos al gurú como un igual y un amigo.

རྡོ་རྗེ་སྤུན་ལ་བརྩེ་གདུང་བཀུར་སེམས་ཞན།

DOR YE	PUN	LA	TSE	DUNG	KUR SEM	ZHAN
dorye	*hermanos*	*a*	*bondad*	*amor*	*actitud insultante*	*mantener*

Insultamos y menospreciamos a nuestros hermanos y hermanas vajra en lugar de mostrarles amor y bondad.

ཚིག་ངན་ཙམ་ཡང་མི་བཟོད་དམོད་ཆར་འབེབས།

TSI	NGAN	TSAM	YANG	MI ZOE	MOE	CHAR	BE
palabras	*malas*	*simplemente*	*pero*	*sin indulgencia*	*maldiciones*	*lluvia*	*caer*

Cuando otros nos dicen unas pocas malas palabras, en lugar de mostrar indulgencia, les enviamos un torrente de maldiciones.

འགྲོ་དྲུག་ཕ་མར་ཤེས་པའི་བྱམས་སྙིང་རྗེ།

DRO	DRU	PHA MAR	SHE PE	YAM	ÑING YE
seres sensibles	*seis (reinos)*	*como padres*	*conocer, reconocer*	*amor*	*compasión*

El amor y la compasión de reconocer a todos los seres de los seis reinos como nuestros propios padres

བྱང་སེམས་གཏིང་ནས་མ་འབྱོངས་ན་བུན་བཞིན།

CHANG SEM	TING	NE	MA	YONG	NA BUN	ZHIN
bodisatva, actitud altruista	*profundidad*	*desde*	*no*	*practicar*	*niebla*	*como*

se desvanece como la niebla cuando no lo practicamos desde la profundidad de la verdadera bodichita.

བསྐྱེད་རྫོགས་ལམ་ལ་ཉམས་ལེན་ཁུལ་ཁྱལ་ཀྱང་།

KYE	DZO	LAM	LA	ÑAM LEN	YAE	KHUL	KYANG
desarrollo sistema	completación sistema	camino de		práctica, familiarización	hacer fingir, sin interés auténtico		sin embargo

Nos obligamos a realizar las prácticas de los sistemas de desarrollo y culminación, pero

ཐ་མལ་འཁྲུལ་འཐུམས་འདི་ལ་ལྐོགས་མ་ཉེད།

THA MAL	TRUL	YAM	DI	LA	LAG	MA	ÑE
cotidiana	confusión, perplejidad	hundido	esta	a	alternativa	no	obtener

no podemos utilizarlas como alternativa a estar sumergidos en la confusión cotidiana.

མདོ་སྔགས་ཆོས་ཕུག་སྟོང་ཉིད་དོ་ཤེས་ཀྱང་།

DO	NGA	CHO	PHU	TONG ÑI	NGO SHE	KYANG
sutra	tantra	darma	profundo, interior	vacuidad reconocer		sin embargo

Sabemos que la vacuidad es la esencia del Darma tanto en el sutra como en el tantra pero,

སྟོང་གོ་མ་ཆོད་རང་རྒྱུད་ར་ལྟར་གྱོང་།

TONG	GO	MA CHO	RANG GYU	RA	TAR	GYONG
vacuidad	comprensión	no obtener	flujo mental, personalidad	cuerno	como	duro, sólido

al no adquirir una comprensión adecuada de ella, nuestras mentes se vuelven tan rígidas y duras como el cuerno.

Insultamos y menospreciamos a nuestros hermanos y hermanas vajra en lugar de mostrarles amor y bondad. Cuando otros nos dicen unas pocas malas palabras, en lugar de mostrar indulgencia, les enviamos un torrente de maldiciones. El amor y la compasión de reconocer a todos los seres de los seis reinos como nuestros propios padres se desvanece como la niebla cuando no lo practicamos desde la profundidad de la verdadera bodichita. Nos obligamos a realizar las prácticas de los sistemas de desarrollo y culminación, pero no podemos utilizarlas como alternativa a estar sumergidos en la confusión cotidiana. Sabemos que la vacuidad es la esencia del Darma tanto en el sutra como en el tantra pero, al no adquirir una comprensión adecuada de ella, nuestras mentes se vuelven tan rígidas y duras como el cuerno.

གནས་ལུགས་སྒོམ་གྱི་རང་ཚུགས་མ་ཟིན་པར།

NAE LU	GOM	GYI	RANG TSHU	MA	ZIN PAR
naturaleza original	práctica	de	armonía	no	mantener

Al no mantener la confianza relajada de permanecer en nuestra naturaleza original,

ཁ་ཁྱེར་ལྟ་བས་རྒྱུ་འབྲས་རླུང་ལ་བསྐུར།

KHA KHYER	TA WAE	GYU DRE	LUNG	LA	KUR
de boquilla	*con es visión*	*karma, causa y efecto*	*viento*	*en*	*esparcir*
		(i.e. abandonar todo cuidado con respecto a la actividad)			

solo prestamos atención de boquilla a ese punto de vista y diseminamos la causa y el efecto al viento..

ཕྱི་ལྟར་ཚུལ་འཆོས་སྤྱོད་ལམ་བཟང་ན་ཡང་།

CHI TAR	TSHUL CHO	CHOE LAM	ZANG	NA YANG
exteriormente	*comportamiento*	*patrones*	*bueno*	*sin embargo*
	disciplinado	*de conducta*		

Por fuera parecemos disciplinados y de muy buen comportamiento,

ནང་དུ་ཆགས་སྲེད་འདོད་རྔམས་མེ་ལྟར་འབར།

NANG DU	CHA	SE	DOE	NGAM	ME	TAR	BAR
interiormente	*apego*	*ansia*	*deseo*	*avidez*	*fuego*	*como*	*abrasador*

pero por dentro nuestro apego, ansia, deseo y codicia arden como el fuego.

ལུས་འདི་དབེན་པའི་རི་ལ་གནས་ཁུལ་ཀྱང་།

LU	DI	WEN PE	RI	LA	NAE	KHUL	KYANG
cuerpo	*este*	*aislado*	*montaña*	*en*	*quedarse*	*mostrar, fingir*	*sin embargo*

Aunque colocamos nuestros cuerpos en la soledad de las montañas,

སེམས་འདིས་ཉིན་མཚན་བར་མེད་གྲོང་ཡུལ་འགྲིམས།

SEM	DI	ÑIN	TSHAN	BAR ME	DRONG YUL	DRIM
mente	*por esto*	*día*	*noche*	*constantemente*	*ciudades*	*visitar*

nuestras mentes se desvían incesantemente a la ciudad de día y de noche.

རང་མགོ་ཐོན་པའི་གདིང་ཚད་མ་ལོངས་བཞིན།

RANG	GO	THON PE	DING TSHE	MA LONG	ZHIN
propia	*cabeza*	*experiencia*	*confianza*	*no tiene*	*como*

No confiamos en nuestra propia experiencia y práctica,

གཞན་མགོ་འདོན་པའི་བསམ་སྦྱོར་བྱིས་པའི་སྒྲུང་།

ZHAN GO	DON PE SAM YOR	YI PE	DRUNG
otros *cabeza*	*consejo, dirección*	*de niños*	*historias*

y sin embargo damos consejos a los demás como un niño que cuenta
un cuento.

*Al no mantener la confianza relajada de permanecer en nuestra
naturaleza original, solo prestamos atención de boquilla a ese punto de
vista y diseminamos la causa y el efecto al viento. Por fuera parecemos
disciplinados y de muy buen comportamiento, pero por dentro nuestro*

apego, ansia, deseo y codicia arden como el fuego. Aunque colocamos nuestros cuerpos en la soledad de las montañas, nuestras mentes se desvían incesantemente a la ciudad de día y de noche. No confiamos en nuestra propia experiencia y práctica, y sin embargo damos consejos a los demás como un niño que cuenta un cuento.

དཀོན་མཆོག་ཐུགས་རྗེ་བསླུ་བ་མི་སྲིད་ཀྱང་།

KON CHO   THU YE   LU WA   MI SI   KYANG
tres joyas   compasión   engañar   imposible   pero

Es imposible ser engañado por la compasión de las Tres Joyas,

མོས་གུས་ཞན་པས་རང་གིས་རང་བསླུས་དོགས།

MOE   GUE   ZHAN PA   RANG   GI   RANG   LUE   DO
devoción respeto disminuir   yo mismo por   yo mismo engañado perjudicado

sin embargo, debido a nuestra devoción fallida nos engañamos y nos perjudicamos a nosotros mismos.

འདི་ལྟར་དམ་པའི་ཆོས་དང་བླ་མ་ལ།

DI TAR   DAM PE   CHO   DANG   LA MA   LA
de esta forma santo, sagrado, excelente   darma   y   gurú   a

Así, aunque estamos libres de los puntos de vista erróneos que surgen de la falta de fe

ཡིད་མ་ཆེས་པའི་ལོག་ལྟ་མེད་མོད་ཀྱང་།

YI MA CHE PE   LOG TA   ME   MOE   KYANG
sin fe, no confiar en la mente abierta   visión errónea sin   son   aún

en el gurú y en el santo Darma,

དུས་ངན་སེམས་ཅན་ལས་ངན་ཁ་མ་གང་།

DUE   NGAN   SEM CHAN   LAE NGAN   KHA MA GANG
tiempos malos, difíciles seres sensibles   acciones negativas   no satisfacer

debido a estos malos tiempos los seres sensibles realizamos malas acciones y permanecemos insatisfechos.

གོ་བཞིན་ཤེས་བཞིན་བག་མེད་དབང་དུ་ཤོར།

GO ZHIN   SHE ZHIN   BA ME   WANG   DUE   SHOR
comprensión   alcanzar   sin cuidado poder   bajo   ido, caído

Nuestra comprensión y claridad han caído bajo el poder del descuido.

དྲན་ཤེས་བྱ་རམ་ཐོང་སྒྱོང་ཆེན་བཏབ།

DRAN SHE   YA RA   MA THONG   GYONG   CHEN   DA
atención   cuidar   no hacerlo bien   perder, problema   gran   trae

Al no proteger nuestra atención, sufrimos grandes pérdidas.

ད་ལྟ་རང་བློས་རང་ལ་དཔྱད་ཉིན་མོ།

DAN TA	RANG	LOE	RANG	LA	CHE	ÑIN MO
ahora	*propio*	*por el intelecto*	*yo mismo*	*a*	*examinar*	*tener tiempo de*

Ahora debemos tomarnos el tiempo para examinarnos a nosotros mismos con mucho cuidado.

Es imposible ser engañado por la compasión de las Tres Joyas, sin embargo, debido a nuestra devoción fallida nos engañamos y nos perjudicamos a nosotros mismos. Así, aunque estamos libres de los puntos de vista erróneos que surgen de la falta de fe en el gurú y en el santo Darma, debido a estos malos tiempos los seres sensibles realizamos malas acciones y permanecemos insatisfechos. Nuestra comprensión y claridad han caído bajo el poder del descuido. Al no proteger nuestra atención, sufrimos grandes pérdidas. Ahora debemos tomarnos el tiempo para examinarnos a nosotros mismos con mucho cuidado.

བྱས་ཚད་ཐམས་ཅད་འཁྲུལ་པའི་ཁ་སྣོན་སོང་།

YAE	TSHAE	THAM CHE	TRUL PE	KHA NON SONG
hecho	*lo que sea, tanto como*	*todo*	*confusión*	*añadir más a*

Todo lo que hemos hecho solo ha conseguido aumentar nuestra confusión.

བསམ་ཚད་ཐམས་ཅད་ཉོན་མོངས་འཛིན་པར་སོང་།

SAM	TSHAE	THAM CHE	ÑON MONG	DZIN PAR	SONG
pensamiento, concepto	*tanto como*	*todo*	*aflicción (apego, aversión, etc.)*	*aferramiento, mezclado con*	*ido*

Todos nuestros pensamientos están impregnados de las aflicciones y el aferramiento.

དགེ་བའང་སྡིག་པས་མ་བསྲེད་མེད་མཐོང་བས།

GE	WANG	DIG PAE	MA	LE	ME	THONG	WAE
virtud	*también*	*por error*	*no*	*mezclar*	*sin*	*ver*	*por*

La virtud que hacemos está siempre mezclada con el error, y aunque vemos esto no hacemos nada al respecto,

མཐར་ཐུག་འགྲོ་ས་ངན་སོང་ལས་གཞན་ཅི།

THAR THU	DRO SA	NGAN SONG	LAE ZHAN CHI
definitivo	*destino*	*tres reinos inferiores**	*¿dónde sino en estos?*

*animal, espíritu hambriento e infiernos

¿dónde más puede estar nuestro destino final sino en los tres reinos inferiores?

དེ་ལྟར་རང་གི་སྤྱོད་ཚུལ་བྱ་བཞག་རྣམས།

DE TAR	RANG GI	CHO	TSHUL	YA ZHA NAM
de esta forma	*mi*	*acción, conducta*	*vía, sistema*	*todas las acciones*

Entonces, cuando examinamos todas nuestras acciones y pautas de comportamiento,

དྲན་ནས་རང་གིས་རང་ལ་ཡི་ཆད་ཅིང་།

DRAN	NE	RANG	GI	RANG	LA	YI CHE CHING
recordar	*entonces*	*yo mismo*	*por*	*yo mismo*	*a*	*perder confianza, remordimiento*

perdemos la confianza en nosotros mismos, y

གཞན་ལ་བསྐུས་ཀྱང་ཡི་མུག་ཁ་སྐྱོན་ལས།

ZHAN LA	TAE	KYANG	YI MU		KHA NON	LAE
otro	*a*	*considerar*	*también*	*decepcionado*	*crítico*	*entonces*

cuando consideramos a los demás nos sentimos decepcionados y críticos, y entonces

ཕན་གྲོགས་བློ་བག་ཕབ་མཁན་སུ་མ་བྱུང་།

PHEN	DRO		LO BA	PHAB KHAN	SU	MA	JUNG
beneficioso	*amigo, ayudante*		*una mente confiada*	*ayudante fiable*	*como*	*no*	*surgir*

no encontramos a nadie fiable que nos tranquilice y ayude.

Todo lo que hemos hecho solo ha conseguido aumentar nuestra confusión. Todos nuestros pensamientos están impregnados de las aflicciones y el aferramiento. La virtud que hacemos está siempre mezclada con el error, y aunque vemos esto no hacemos nada al respecto, así que ¿dónde más puede estar nuestro destino final sino en los tres reinos inferiores? Entonces, cuando examinamos todas nuestras acciones y pautas de comportamiento, perdemos la confianza en nosotros mismos, y cuando consideramos a los demás nos sentimos decepcionados y críticos, y entonces no encontramos a nadie fiable que nos tranquilice y ayude.

ད་ནི་རང་མགོ་རང་གིས་མ་བཏོན་ན།

DA NI	RANG	GO	RANG	GI	MA	TON	NA
ahora	*propia*	*cabeza*	*yo mismo*	*por*	*no*	*mostrar*	*si*

Si no nos aclaramos ahora,

གཤིན་རྗེའི་ཕོ་ཉའི་ལག་ཏུ་ཚུད་ཟིན་དུས།

SHIN YEI		PHO ÑE		LAG	TU	TSHU ZIN	DUE
señor Yama de la muerte		*mensajeros del*		*mano*	*en*	*atrapar*	*cuando*

cuando seamos atrapados por las manos de los mensajeros de Yama,

གཞན་པ་སུས་ཀྱང་སྐྱོབ་པའི་རེ་བ་ཟད།

ZHAN PA	SUE	KYANG	LO PE		RE WA	ZAE
otra persona	*por quien*	*también*	*de los maestros*		*esperanza*[4]	*acabar, destruir*

¿quién de nosotros no verá destruidas las esperanzas de nuestros maestros?

རེ་སྟོང་བསླུག་པས་བསླུས་ལ་མ་ཆོར་རམ།

RE	TONG	GU PAE	LUE PA	MA	TSHOR	RAM
esperanzas	*vacía*	*esperar*	*engañada*	*no*	*sentir*	*o*

Entonces, cuando, esperemos con todas nuestras esperanzas incumplidas ¿no nos sentiremos engañados?

 དེས་ན་རང་སྐྱོན་ངོས་ཟིན་གནོང་འགྱོད་ཀྱིས།

DE NA   RANG KYONG NGOE ZIN NONG   GYOE   KYI
Por lo tanto propias faltas   reconocer   arrepentirse, culpable remordimiento por

Por lo tanto, con la culpa y el remordimiento que surgen del reconocimiento de nuestras propias faltas,

ཆོས་འགལ་ཉེས་ལྟུང་ཉམས་ཆག་ཅི་མཆིས་པ།

CHO   GAL   ÑE   TUNG   ÑAM CHA   CHI   CHI PA
darma   error falta caída   olvidos   lo que sea   hecho

Por todos los errores, las faltas, las caídas y los olvidos del Darma que
hayamos cometido,

མི་འཆབ་མི་སྦེད་ཡེ་ཤེས་སྤྱན་ལྡན་དྲུང་།

MI CHA MI BE YE SHE   CHAN DEN   DRUNG
no repetir no hacer conocimiento original ojo   tener ante, en frente de
                     (i.e. Buda)

y decidimos no repetirlos jamás, delante de aquellos que tienen el ojo
del conocimiento original.

སྙིང་ནས་བཤགས་སོ་བརྩེ་བས་བཟོད་བཞེས་ལ།

ÑING   NE   SHA SO   TSE WAE   ZOE ZHE   LA
corazón desde confesar por compasión perdonar   entonces

Nos confesamos desde lo más profundo de nuestro corazón. Por favor,
perdónanos con tu compasión.

ལམ་ལོག་གཡང་སའི་འཇིགས་ལས་བསྐྱབ་ནས་ཀྱང་།

LAM   LO   YANG SE   YIG   LAE KYAB   NE   KYANG
camino contrario, precipicio miedo de   proteger entonces también
        equivocado

Por favor, protégenos del terror de los abismos del mal camino y

ཡང་དག་ཐར་ལམ་ཟིན་པར་དབུགས་དབྱུང་གསོལ།

YANG DA   THAR   LAM   ZIN PAR   WUG YUNG   SOL
muy puro, perfecto liberación camino sostener   inspiración,   pedir
                              consuelo

sostennos para que podamos mantenernos en el camino puro hacia la
liberación.

*Si no nos aclaramos ahora, entonces, cuando seamos atrapados por las
manos de los mensajeros de Yama, ¿quién de nosotros no verá destruidas las esperanzas de nuestros maestros? Entonces, cuando, esperemos
con todas nuestras esperanzas incumplidas ¿no nos sentiremos engañados? Por lo tanto, con la culpa y el remordimiento que surgen del reco-*

nocimiento de nuestras propias faltas, delante de aquellos que tienen el ojo de la sabiduría, desde lo más profundo de nuestro corazón confesamos todos nuestros errores, faltas, caídas y lapsus del Darma y juramos no repetirlos jamás. Por favor, perdónanos con tu compasión. Por favor, protégenos del terror de los abismos del mal camino y sostennos para que podamos mantenernos en el camino puro hacia la liberación.

YE	YE	DRU	DRU	MI	TSHE	KYAL NA	YANG
hacer	*hacer*	*practicar*	*lograr*	*vida humana*		*gastar*	*también*

Nos pasamos la vida ocupados, tan ocupados, haciendo esto y aquello, sin embargo

DON		ÑING	LAG	TU	LON PA	CHI	MA	YUNG
significado, valor		*esencial*	*manos*	*en*	*vacías*	*un*	*no*	*llegar a ser*

nos quedamos con las manos vacías, sin un átomo siquiera de la verdad esencial.

DA NI	KUN	SHE	CHI	DUG	LAM	BOR	NE
ahora	*todo*	*saber*	*un*	*sufrimiento*	*camino*	*desechar*	*entonces*

Ahora, abandonando el camino de saber muchas cosas y experimentar sólo sufrimiento,

CHIG	SHE	KUN	DROL	LAM	LA	CHI MI YU
uno	*saber*	*todo*	*libre*	*camino*	*en*	*por qué no entrar*

¿por qué no entrar en el camino de saber una cosa y estar libre de todo?

MI	LU		NGE PE	RE	TOE	CHI CHO	GON
no	*engañar, decepcionar*		*cierto*	*esperanza*	*confianza*	*único*	*benefactor*

Verdadero benefactor infalible, nuestra única esperanza y confianza,

TSA WE	LA MA	KYAB NAE		KUN	DUE	LA
raíz	*gurú*	*refugio, lugar de protección*		*todo*	*abarcar, personificar*	*a*

gurú raíz que abarcas todos los lugares de refugio,

TSE CHI	GUE PAE	SOL WA DE	LA	NA
focalizado	*por devoción*	*rogar, pedir*	*hacer*	*si, cuando*

cuando te oramos con devoción concentrada,

ཕྱོགས་རྗེ་གཟིགས་ཤིག་སྐྱབས་མཆོག་དྲིན་ཅེན་རྗེ།

THU YE	ZI SHI	KYAB	CHO	DRIN CHEN	YE
con compasión	*¡míranos!*	*refugio*	*supremo*	*el más amable*	*el noble*

por favor míranos con compasión, nuestro refugio supremo, ¡amabilísimo señor!

Nos pasamos la vida ocupados, tan ocupados, haciendo esto y aquello, sin embargo nos quedamos con las manos vacías, sin un átomo siquiera de la verdad esencial. Ahora, abandonando el camino de saber muchas cosas y experimentar sólo sufrimiento, ¿por qué no entrar en el camino de saber una cosa y estar libre de todo? Verdadero benefactor infalible, nuestra única esperanza y confianza, gurú raíz que abarcas todos los lugares de refugio, cuando te oramos con devoción unidireccional, por favor míranos con compasión, nuestro refugio supremo, ¡amabilísimo señor!

རང་སྐྱོན་རང་གིས་མཐོང་བར་བྱིན་གྱིས་རློབས།

RANG	KYON	RANG	GI	THONG WAR	YIN GYI LO
mis	*faltas*	*yo*	*por*	*ver*	*por favor, bendíceme*

Por favor, bendícenos para que veamos nuestras propias faltas.

གཞན་སྐྱོན་བལྟ་འདོད་མེད་པར་བྱིན་གྱིས་རློབས།

ZHAN	KYON	TA	DOE ME PAR	YIN GYI LO
otros	*faltas*	*examinar*	*sin deseo*	*por favor, bendíceme*

Por favor bendícenos para que no tengamos deseos de examinar las faltas de los demás.

བསམ་ངན་གདུག་རྩུབ་ཞི་བར་བྱིན་གྱིས་རློབས།

SAM	NGAN	DU	TSUB	ZHI WAR	YIN GYI LO
pensamientos	*malos*	*molestias*	*duros*	*pacificar*	*por favor, bendíceme*

Por favor bendícenos con la eliminación de todos nuestros malos pensamientos perturbadores.

བསམ་བཟང་ཁོངས་ནས་འཆར་བར་བྱིན་གྱིས་རློབས།

SAM	ZANG	KHONG		NE	CHAR WAR	YIN GYI LO
pensamientos	*buenos*	*interior*	*profundo*	*desde*	*surgir*	*por favor, bendíceme*

Por favor, bendícenos para que surjan buenos pensamientos desde lo más profundo de nuestro ser.

འདོད་ཆུང་ཆོག་ཤེས་ལྡན་པར་བྱིན་གྱིས་རློབས།

DOE	CHUNG	CHO	SHE	DAN PAR	YIN GYI LO
deseo	*pequeño*	*límite, capacidad*	*conocer*	*tener*	*por favor, bendíceme*

Por favor bendícenos para que tengamos pocos deseos y conozcamos nuestros límites.

ནམ་འཆི་ཆ་མེད་དྲན་པར་བྱིན་གྱིས་རློབས།

NAM   CHI   CHA ME   DRAN PAR   YIN GYI LO
cuando morir incierto   recordar   por favor, bendíceme

Por favor bendícenos para que recordemos que el momento de la muerte es incierto.

འཆི་དུས་བློ་ལྷག་མེད་པར་བྱིན་གྱིས་རློབས།

CHI   DUE   LO   LHAG ME PAR   YIN GYI LO
morir cuando gustos, intenciones sin vestigios   por favor, bendíceme

Por favor bendícenos para que estemos libres de intenciones mundanas cuando muramos.

ཆོས་ལ་ཡིད་ཆེས་སྐྱེ་བར་བྱིན་གྱིས་རློབས།

CHO   LA   YI CHE   KYE WAR   YIN GYI LO
darma   a   confiar   surgir, nacer   por favor, bendíceme

Por favor bendícenos para que nazca en nosotros la verdadera confianza en el Darma.

Por favor, bendícenos para que veamos nuestras propias faltas. Por favor bendícenos para que no tengamos deseos de examinar las faltas de los demás. Por favor bendícenos con la eliminación de todos nuestros malos pensamientos perturbadores. Por favor, bendícenos para que surjan buenos pensamientos desde lo más profundo de nuestro ser. Por favor bendícenos para que tengamos pocos deseos y conozcamos nuestros límites. Por favor bendícenos para que recordemos que el momento de la muerte es incierto. Por favor bendícenos para que estemos libres de intenciones mundanas cuando muramos. Por favor bendícenos para que nazca en nosotros la verdadera confianza en el Darma.

དག་སྣང་ཕྱོགས་མེད་འབྱོངས་པར་བྱིན་གྱིས་རློབས།

DA NANG   CHO ME   YONG PAR   YIN GYI LO
visión pura parcialidad, tomar partido práctica   por favor, bendícenos

Por favor, bendícenos para que practiquemos una visión pura y libre de prejuicios.

བཅོས་མིན་མོས་གུས་སྐྱེ་བར་བྱིན་གྱིས་རློབས།

CHO MIN   MOE   GUE   KYE WAR   YIN GYI LO
no artificial, no fabricado devoción respeto surgir   por favor, bendíceme

Bendícenos para que sintamos verdadero respeto y devoción.

ལོངས་མེད་བློ་སྣ་ཐུང་བར་བྱིན་གྱིས་རློབས།

LONG ME   LO NA   THUNG WAR   YIN GYI LO
inalcanzable deseos, ideas diminuir   por favor, bendíceme

Por favor, bendícenos para que reduzcamos nuestro anhelo por lo que es inalcanzable.

བློ་ཕུག་ཆོས་ལ་གཏད་ནུས་བྱིན་གྱིས་རློབས།

LO	PHU	CHO	LA	TAE	NU	YIN GYI LO
mente, intelecto	*en profundidad, experiencia*	*darma*	*como fijar establecer*		*poder*	*por favor, bendíceme*

Por favor, bendícenos con el poder de establecer el Darma en la profundidad de nuestra mente.

ཆོས་ཕུག་སྒྲུབ་ལ་བཙོན་ནུས་བྱིན་གྱིས་རློབས།

CHO	PHU	DRU	LA	TSON	NU	YIN GYI LO
darma	*profundidad*	*práctica*	*para*	*diligencia*	*poder*	*por favor, bendíceme*

Por favor bendícenos con el poder de la diligencia para practicar dentro de la profundidad del Darma.

སྒྲུབ་ཕུག་རང་རྒྱུད་གྲོལ་བར་བྱིན་གྱིས་རློབས།

DRU	PHU	RANG GYU	DROL WAR	YIN GYI LO
práctica	*profundidad*	*propia capacidad mental personalidad*	*liberar*	*por favor, bendíceme*

Por favor, bendícenos para que liberemos toda nuestra experiencia en la profundidad de la práctica.

སྒྲུབ་ལ་བར་ཆད་མེད་པར་བྱིན་གྱིས་རློབས།

DRU	LA	BAR CHE	ME PAR	YIN GYI LO
práctica	*para*	*obstáculos*	*sin*	*por favor, bendíceme*

Por favor, bendícenos para que nuestra práctica esté libre de obstáculos.

སྒྲུབ་འབྲས་མྱུར་དུ་སྨིན་པར་བྱིན་གྱིས་རློབས།

DRU	DRAE	ÑUR DU	MIN PAR	YIN GYI LO
práctica	*resultado*	*rápidamente*	*madurar*	*por favor, bendíceme*

¡Por favor, bendícenos para que los resultados de la práctica maduren rápidamente!

Por favor, bendícenos para que practiquemos una visión pura y libre de prejuicios. Bendícenos para que sintamos verdadero respeto y devoción. Por favor, bendícenos para que reduzcamos nuestro anhelo por lo que es inalcanzable. Por favor, bendícenos con el poder de establecer el Darma en la profundidad de nuestra mente. Por favor bendícenos con el poder de la diligencia para practicar dentro de la profundidad del Darma. Por favor, bendícenos para que liberemos toda nuestra experiencia en la profundidad de la práctica. Por favor, bendícenos para que nuestra práctica esté libre de obstáculos. ¡Por favor, bendícenos para que los resultados de la práctica maduren rápidamente!

འབྲེལ་ཚད་དོན་དང་ལྡན་པར་བྱིན་གྱིས་རློབས།

TREL TSHE	DON DANG DAN PAR	JIN GYI LO
aquellos con los que estoy conectado	*significado*	*por favor, bendíceme*

Por favor, bendícenos para que aportemos significado y beneficio a todos aquellos con los que estamos conectados.

རེ་དོགས་གཉིས་འཛིན་ཞིག་པར་བྱིན་གྱིས་རློབས།

RE   DO   ÑI DZIN   ZHIG PAR   YIN GYI LO
esperanza dudas   dualismo   destruir   por favor, bendíceme

Por favor bendícenos con la destrucción de la dualidad y sus esperanzas y miedos.

གཉིས་མེད་ཡེ་ཤེས་མཐོང་བར་བྱིན་གྱིས་རློབས།

ÑI ME   YE SHE   THONG WAR   YIN GYI LO
no-dual   conocimiento original   ver, experimentar por favor, bendíceme

Bendícenos para que entremos en el conocimiento original no dual.

ཡེ་ཤེས་རང་ངོ་ཤེས་པར་བྱིན་གྱིས་རློབས།

YE SHE   RANG NGO   SHE PAR   YIN GYI LO
conocimiento original propia esencia conocer, reconocer por favor, bendíceme

Bendícenos para que hagamos realidad el conocimiento original de nuestra propia esencia.

རང་ཐོག་བཙན་ས་ཟིན་པར་བྱིན་གྱིས་རློབས།

RANG   THOG   TSAN   SA   ZIN PAR   YIN GYI LO
yo   en   seguro lugar   sostener, morar en   por favor, bendíceme*
libertad no nacida

Por favor bendícenos para que permanezcamos en el lugar seguro justo donde estamos.

རྩོལ་མེད་གདིང་ཆེན་ཐོབ་པར་བྱིན་གྱིས་རློབས།

TSOL ME   DING CHEN   THO PAR   YIN GYI LO
sin esfuerzo dualista gran confianza   ganar   por favor, bendíceme

Por favor bendícenos para que ganemos gran confianza en el no-esfuerzo.

Por favor, bendícenos para que aportemos significado y beneficio a todos aquellos con los que estamos conectados. Por favor bendícenos con la destrucción de la dualidad y sus esperanzas y miedos. Bendícenos para que entremos en el conocimiento original no dual. Bendícenos para que hagamos realidad el conocimiento original de nuestra propia esencia. Por favor bendícenos para que permanezcamos en el lugar seguro justo donde estamos. Por favor bendícenos para que ganemos gran confianza en el no-esfuerzo.

ཡེ་གནས་ཡེ་ཤེས་རྡོ་རྗེའི་མཚོན་ཆེན་གྱིས།

YE   NAE   YE SHE   DOR YEI   TSHON   CHEN   GYI
desde el   presente conocimiento vajra, indestructible arma   gran   por
mismo principio   original

Con la gran arma indestructible del conocimiento original que siempre está presente,

འཁོར་འདས་སྟོང་སློག་དུས་གཅིག་བཅད་ནས་ཀྱང་།

KHOR	DAE	TONG	SO	DUE	CHI	CHE	NE	KYANG
samsara	*nirvana*	*miles de cosas*	*fuerza vital*	*momento (en la forma de Vajrasatva)*	*un*	*cortada*	*entonces*	*también*

que toda la diversidad del samsara y el nirvana sea cortada en un instante.

མ་འགག་བདེ་ཆེན་སྙེམས་མའི་དགའ་སྟོན་ལ།

MA GA	DE CHEN	ÑEM ME	GA TON	LA
incesante	*gran felicidad*	*nombre de la consorte de Vajrasatva*	*celebración del festival*	*en*

En la gran felicidad incesante de la celebración de Ñema,

འདུ་འབྲལ་མེད་པར་སྤྱོད་པས་རྟག་ཚེན་ཤོག

DU	TRAL	ME PAR	CHO PAE	TAG	TSEN	SHO
unir	*separar (i.e. inmutable)*	*sin*	*por conducta*	*permanente*	*seguro*	*que pueda haber*

que todos encontremos seguridad permanente en la conducta libre de todo cambio..

མཉམ་བརྡལ་ཀློང་ན་སྡུག་བསྔལ་མིང་ཚམ་མེད།

ÑAM	DAL	LONG	NA	DU NGAL	MING	TSAM	ME
par, igual	*extender, impregnar*	*vasto y profundo (no-dualidad de vacuidad y presencia)*	*en*	*sufrimiento*	*nombre*	*incluso*	*sin*

En el infinito, que es el mismo en todas partes, no existe ni siquiera el nombre de sufrimiento,

དེས་ན་བདེ་བ་འཚོལ་མཁན་སུ་ཞིག་མཆིས།

DE NA	DE WA	TSHOL KHAN	SU ZHI CHI
cuando hay eso	*felicidad*	*la persona que busca*	*quién podría ser*

así que ¿quién podría aún estar buscando allí la felicidad?

བདེ་སྡུག་རོ་མཉམ་འཛིན་མེད་རང་གྲོལ་གྱི།

DE	DU	RO	ÑAM	DZIN ME	RANG DROL	GYI
felicidad	*pena*	*aroma*	*igual*	*sin aferramiento*	*autoliberado*	*de*

El estado autoliberado libre de aferramiento donde la felicidad y la tristeza saben igual,

ཀུན་བཟང་རྒྱལ་སྲིད་ཚེ་འདིར་ཐོབ་པར་ཤོག

KUN ZANG	GYAL SI	TSHE	DIR	THO PAR	SHO
Samantabadra, 'siempre bueno'	*reino*	*vida*	*esta*	*ganar*	*que pueda*

que en esta misma vida obtengamos este reino de Samantabadra.

Con la gran arma indestructible del conocimiento original que siempre está presente, que toda la diversidad del samsara y el nirvana sea cortada en un instante. En la gran felicidad incesante de la celebración de Ñema, que todos encontremos seguridad permanente en la conducta libre de todo cambio. En el infinito, que es el mismo en todas partes, no existe ni siquiera el nombre de sufrimiento, así que ¿quién podría aún estar buscando allí la felicidad? Que en esta misma vida obtengamos este reino de Samantabadra, el estado autoliberador libre de aferramiento donde la felicidad y la tristeza saben igual.

COLOFÓN

En relación con este trabajo, que es una combinación de oración, confesión arrepentida y aspiración, una noche durante la luna creciente del décimo mes del año del cerdo de agua, mi esposa, Shérab Ma Rindzin Wang Mo, tuvo un sueño en el que aparecía una dama que ya había estado en sus sueños antes. Esta señora le dijo: «*Ahora deberías pedirle a Rinpoché que escriba una oración*», y luego se marchó.

Luego, más tarde, en la noche del décimo día del mismo mes, apareció la misma señora y le dijo: «*Debes ayudar inmediatamente a pedir la escritura de una oración*», y luego se desvaneció.

A la mañana siguiente me informaron del sueño, pero dije: «*No hay mucha gente dispuesta a recitar las oraciones que ya existen, así que no es que no haya oraciones en la actualidad*». Mi mujer me pidió entonces que escribiera rápidamente una oración sin preocuparme por la longitud. Entonces tuve la idea de escribir una oración, ya que parecía necesario pedir protección contra los temores de enfermedad, hambruna, armas y combates que prevalecen en este momento. Pero se quedó sólo en una intención, ya que ocurrieron otras cosas y parecía menos apremiante.

Sin embargo, más tarde, en la noche del 10º día del 11º mes, la señora apareció de nuevo en el sueño de mi esposa y dijo: «*Mi petición para esa oración no es algo de poca importancia. Es una gran necesidad*». Entonces, basándome en la audición de ese sueño, en la mañana del día 15 de ese mes tuve la idea de escribir algo.

Al anochecer del día 14 del mes siguiente, recé con concentración a Gurú Rinpoché y pedí una bendición muy significativa.

A la mañana siguiente, al canto del gallo, tuve un sueño en el que estaba sentado en el interior de un gran edificio que se parecía a mi templo. De repente apareció un hombre blanco, joven, vestido de blanco y con largos tirabuzones. Tocaba los platillos muy suavemente y bailaba siguiendo los pasos en espiral del Ging en el sentido de las agujas del reloj, mientras entraba por la puerta y se acercaba cada vez más a mí mientras entonaba estas palabras:

Si quieres establecer el Darma, plántalo en tu corazón.

Cuando esté en lo más profundo de tu corazón obtendrás la budeidad.

Si quieres alcanzar la tierra de Buda, purifica tu apego a la confusión ordinaria.

Felizmente, el la tierra de buda pura está a tu lado.

Desarrolla la diligencia en la práctica de la esencia.

Si no practicas, ¿quién obtendrá los logros?

Es difícil ver las propias faltas.

Ver realmente las propias faltas es el punto esencial de las instrucciones del Darma.

Purifica gradualmente los errores que tengas y aumenta y desarrolla las buenas cualidades que poseas.

Al final de cada línea aumentaba el volumen de los platillos y al final se marchó mientras los tocaba muy fuerte, y debido a esto me desperté. Inmediatamente después de despertar recordé sus palabras y supe que su significado se refería a la dificultad de entrenarse en «rechazar y aceptar». Entonces, con el pesar de haber visto a mi único padre, Gurú Padmasambava, directamente frente a mí y no haberlo reconocido, con anhelante devoción este viejo padre del Ñingma, Yigtral Yeshe Dorye, escribió esto de acuerdo con mi visión. Que sea beneficioso.

Beneficio para todos

Notas

1. El Breve Capítulo sobre la Discriminación (Yepa Leuchung) las enumera como sigue: 1. Desarrollar la fe en las Tres Joyas Preciosas sin tristeza ni cansancio; 2. Buscar en última instancia la verdadera doctrina; 3. Estudiar hábilmente las ciencias excelentes; 4. Primero recordar y luego valorar todo lo que se va a emprender; 5. No anhelar el trabajo no asignado; 6. Mirar a un nivel superior y emular a los antiguos y a los de conducta superior; 7. Devolver la amabilidad a los padres del pasado, del presente y del futuro; 8. Ser amplio de miras y hospitalario en el trato con los hermanos

mayores y menores y con los padres. 8. Tener amplitud de miras y ser hospitalario en el trato con los hermanos mayores y menores y con los parientes paternos; 9. Procurar que los jóvenes respeten a sus mayores por grados; 10. Mostrar bondad amorosa con los vecinos; 11. Ayudar con empeño a los conocidos que son benefactores espirituales; 12. Satisfacer perfectamente las necesidades de los cercanos que están conectados por acontecimientos comunes; 13. Ayudar a los demás mediante la propia habilidad en la ciencia y las artes; 14. Proporcionar un refugio con bondad a los que dependen de él; 15. Resistirse a los malos consejos y establecer consejos que aumenten la felicidad del país; y 16. Confiando las propias acciones a la doctrina, uno debe llevar a su cónyuge a obtener el terreno de la iluminación en vidas futuras. [De LA ESCUELA ÑINGMA DEL BUDISMO TIBETANO POR DUDYOM RINPOCHÉ].

2. 1. No matar a los seres, sino rescatarlos y protegerlos. 2. No tomar lo que no se da, sino dar lo que se tiene a los demás. 3. No entregarse al comportamiento sexual, sino mantenerse dentro de la moral. 4. No decir mentiras, sino decir la verdad pura y directa. 5. No hablar de forma discordante, sino tratar de reconciliar a los que están en desacuerdo. 6. No hablar con aspereza, sino con dulzura y serenidad. 7. No chismorrear ociosamente, sino abstenerse de hablar o pasar el tiempo leyendo libros religiosos o recitando mantras. 8. No ser avaro, sino saber que la propia riqueza es suficiente y meditar sobre la falta de necesidad de más. 9. No tener mala voluntad, sino preocuparse por el beneficio de los demás. 10. No sostener opiniones erróneas, sino tener fe en las Tres Joyas de Buda, el Darma y la Sanga, y en la relación kármica de causa y efecto..

3. 1. No odiar a los demás a pesar de ser objeto de su odio. 2. No tomar represalias con ira aunque se esté enfadado. 3. No herir a los demás aunque se esté herido. 4. No golpear a los demás, ni siquiera cuando uno es golpeado por ellos..

4. Aunque hemos recibido muchas instrucciones de nuestros amables maestros, no las hemos aplicado, por lo que las esperanzas que nuestros maestros depositaron en nosotros se quedan en nada.

ཕྱིག་སྒྲིབ་དག་པར་འདོད་ན༔

Si deseas purificar tus pecados y oscurecimientos

རང་གི་སྤྱི་གཙུག་སྟེང་གི་ནམ་མཁའ་ལ་

RANG GI   CHI TSU   TENG GI   NAM KHA   LA
mi   coronilla   encima de cielo   en

En el cielo, sobre mi coronilla,

ཨོ་རྒྱན་རིན་པོ་ཆེ་སྐུ་མདོག་དཀར་པོ་

OR GYAN   RIN PO CHE   KU   DO   KAR PO
Oddiyana   el precioso   cuerpo color blanco
(Padmasambava)

está Urgyen Rinpoché, de color blanco,

དར་དང་རིན་པོ་ཆེའི་རྒྱན་ཅན༔

DAR   DANG   RIN PO CHEI   GYAN   CHAN
tejidos y   joya   ornamentos llevar, vestir
(prendas diferentes) sustancias preciosas

vestido con hábitos y adornado con joyas.

ཕྱག་གཡས་རྡོ་རྗེ་དང་གཡོན་དྲིལ་བུ་འཛིན་པ༔

CHA   YAE   DOR YE   DANG   YON   DRIL BU   DZIN PA
mano   derecha vajra   y   izquierda campana   sostener

Sostiene un vajra en su mano derecha y una campana en la izquierda.

ཡུམ་ཌཱ་ཀི་མ་དཀར་མོས་འཁྱུད་པ༔

YUM   DAK KI MA   KAR MOE   KHYU PA
consorte dakini, diosa blanca   abrazar

Abraza en unión sexual a su consorte, la dakini blanca,

འཁོར་སློབ་དཔོན་ཆེན་པོ་དྲུག

KHOR   LO PON   CHEN PO   DRU
círculo, acharyas, séquito grandes maestros seis

Los seis grandes acharyas

གྷིས་བསྐོར་བར་བསམ་ལ༔

GI KOR WAR SAM LA
por rodeado piensa esto, cree en esto

rodeándolo como su séquito. Imagina esto.

Imagino que en el cielo, sobre mi coronilla, está Urgyen Rinpoché, de color blanco, vestido con hábitos y adornado con joyas. Sostiene un vajra en su mano derecha y una campana en la izquierda. Abraza en unión sexual a su consorte, la dakini blanca, y está rodeado por su séquito, formado por los seis grandes acharyas.

ཧཱུྃ༔ ཨུ་རྒྱན་ཡུལ་གྱི་ནུབ་བྱང་མཚམས༔

HUNG   UR GYEN YUL GYI   NUB   YANG   TSHAM
vocativo, sílaba semilla Oddiyana   de   norte   oeste   frontera, esquina
de Padmasambava

Hung. En la frontera noroeste de la tierra de Urgyen,

པདྨ་གེ་སར་སྡོང་པོ་ལ༔

PE MA   GE SAR   DONG PO   LA
loto   estambre   tallo   sobre

sobre el tallo y los estambres de un loto,

ཡ་མཚན་མཆོག་གི་དངོས་གྲུབ་བརྙེས༔

YAM TSHEN   CHO GI   NGO DRU   ÑE
maravilloso,   supremo   sidhis,   ha obtenido
excelente   logro   (i.e. budeidad)

te encuentras con los logros maravillosos y supremos,

པདྨ་འབྱུང་གནས་ཞེས་སུ་གྲགས༔

PE MA   YUNG NAE   ZHE SU DRA
loto   fuente   famoso como
Padmasambava

renombrado Padmasambava,

འཁོར་དུ་མཁའ་འགྲོ་མང་པོས་བསྐོར༔

KHOR DU   KHAN DRO   MANG   POE   KOR
séquito como dakinis, todas   muchas   por   rodeado
las deidades voladoras

tienes un séquito de dakinis a tu alrededor.

ཁྱེད་ཀྱི་རྗེས་སུ་བདག་སྒྲུབ་ཀྱིས༔

KHYE KYI   YE SU   DA   DRU   KYI
tú   seguir,   yo   práctica por eso
*   imitar*

Te sigo, confío en ti y hago tu práctica, por eso,

ཕྱིན་གྱིས་བརླབ་ཕྱིར་གཤེགས་སུ་གསོལ༔

YIN GYI LAB   CHIR   SHE SU   SOL
bendecir   con el fin de   venir   por favor

¡por favor, ven aquí y concédeme tus bendiciones!

གུ་རུ་པདྨ་སིདྡྷི་ཧཱུྃ༔

GU RU   PE MA   SID DHI   HUNG
gurú, maestro   Padmasambava   logro verdadero   dame!

¡Gurú Padmasambava concédeme el logro de la budeidad!

བདག་གི་ཚེ་རབས་བསགས་བྱས་པའི༔

DA GI   TSE RAB   SAG   YAE PE
mis   vidas*   reunido,   hecho
*pasadas y presentes   acumulado

¡Todo lo que he reunido en todas mis vidas;

ཉམས་དང་སྡིག་སྒྲིབ་ཀུན་བྱང་མཛོད༔

ÑAM   DANG   DIG   DRIB   KUN   YANG   DZOE
faltas*   y   pecados   oscurecimientos**   todo   limpiar,   hazlo por favor,
                                                  purificar   debes hacerlo
*votos y promesas rotas   ** (del karma y sus trazas sutiles)

las faltas, los pecados y los oscurecimientos se debe purificar!

Hung. En la frontera noroeste de la tierra de Urgyen, sobre el tallo y los estambres de un loto, te encuentras con los logros maravillosos y supremos, renombrado Padmasambava, tienes un séquito de dakinis a tu alrededor. Te sigo, confío en ti y hago tu práctica, por eso, ¡por favor, ven aquí y concédeme tus bendiciones! ¡Gurú Padmasambava concédeme el logro de la budeidad! ¡Por favor, purifica todas las faltas, los pecados y los oscurecimientos que he reunido en todas mis vidas!

ཅེས་གསོལ་ནས་སྟོབས་བཞི་དང་ལྡན་པས་འགྱོད་བཤགས་བྱ༔

[Recita esta oración y confiesa con arrepentimiento utilizando los cuatro poderes oponentes, que son:

1. Confiar en un objeto puro como Vajrasatva o una imagen de una estupa.
2. Reconocer con vergüenza que uno/a ha cometido acciones negativas.
3. Sentir un intenso arrepentimiento y pesar, como si hubieras ingerido veneno.
4. Prometer no volver a cometer acciones negativas incluso aunque esté en juego la propia vida.]

ཨུ་རྒྱན་རིན་པོ་ཆེ་ཡབ་ཡུམ་གྱི་ཐུགས་ཀའི་

UR GYAN RIN PO CHE   YAB YUM   GYI   THU KAE
Padmasambava   con su consorte   de   corazones'

En los corazones de Urgyen Rinpoché y su consorte están las sílabas
semilla Hung.

ས་བོན་དང་སྦྱོར་མཚམས་ནས་བདུད་རྩིའི་རྒྱུན་

SA BON   DANG YOR TSHAM   NE   DU TSI   GYUN
sílaba semilla y   su lugar de   desde amrita,   flujo, corriente*
*(*Hung)   unión   elixir liberador*

Desde estas Hung y del lugar de unión fluye una corriente de elixir
liberador que

བབས་པས་སྤྱི་གཙུག་ཚངས་བུག་ནས་ཞུགས་

BAB PAE   CHI TSU   TSHANG BU   NE   ZHU
al descender   coronilla de   agujero de Brahma por   entra en mí*
                mi cabeza

*el área dentro de un círculo trazado a diez centímetros de la línea de nacimiento del cabello

desciende y entra por la coronilla de mi cabeza,

ཏེ་ལུས་ཀྱི་ནང་ཡོངས་སུ་གང་སྟེ་

TE   LU   KYI   NANG   YONG SU   GANG   TE
entonces cuerpo de   interior completamente llenar   entonces

llenando por completo el interior de mi cuerpo.

ནད་རྣམས་རྣག་ཁྲག་དང༔   གདོན་འབུ་སྲིན་

NAE   NAM   NAG TRAG DANG   DON   BU   SIN
enfermedades, (plural) pus   sangre y   demonios,   insectos, reptiles,
dolencias   obstaculizadores gusanos cocodrilos

Todas mis enfermedades son expulsadas del cuerpo en forma de pus
y sangre. Los demonios que me causan problemas salen en forma de
insectos y reptiles, y

སྡིག་སྒྲིབ་དུད་སོལ་གྱི་ཁུ་བའི་རྣམ་པར་ཐོན་

DIG   DRIB   DUD SOL   GYI   KHU WE   NAM PAR   THON
pecados oscurecimientos hollín limpiar de   líquido   forma   salir

mis pecados y oscurecimientos salen en forma de líquido negro como
el hollín.

ནས་ལུས་ཤེལ་གོང་དཀར་པོ་

NE   LU   SHEL GONG   KAR PO
entonces cuerpo cristal esfera   blanca

Imagino que mi cuerpo se ha convertido en una esfera blanca brillante
de cristal

 རྡུལ་ཕྲེས་པ་ལྟར་གྱུར་པར་བསམ༔

DUL   CHI PA   TAR   GYUR PAR SAM
polvo   limpiado, eliminado   como   imagino que se vuelve

sin una sola mota de polvo.

En los corazones de Urgyen Rinpoché y su consorte están las sílabas semilla Hung. Desde estas Hung y del lugar de unión fluye una corriente de elixir liberador que desciende y entra por la coronilla de mi cabeza, llenando por completo el interior de mi cuerpo. Así todas mis enfermedades son expulsadas del cuerpo en forma de pus y sangre. Los demonios que me causan problemas salen en forma de insectos y reptiles, y todos mis pecados y oscurecimientos salen en forma de líquido negro como el hollín. Imagino que mi cuerpo se ha convertido en una esfera blanca brillante de cristal sin una sola mota de polvo.

སྤྱར་བླ་མ་ཡབ་ཡུམ་འོད་དུ་ཞུ་ནས་

LAR   LA MA   YAB YUM   WOE   DU   ZHU   NE
de nuevo,   Gurú,   consorte   luz   en, como fundir entonces
otra vez   Padmasambava

Entonces el Gurú y su consorte se disuelven en luz y se funden de forma inseparable conmigo.

རིག་སྟོང་འོད་གསལ་བའི་ཡེ་ཤེས་དང་

RIG   TONG   WOE   SAL WE   YE SHE   DANG
presencia   vacuidad   luz   clara   conocimiento original   y

El conocimiento original de la luz clara de la presencia y la vacuidad y

རོ་གཅིག་ཏུ་མཉམ་པར་བཞག་ན༔

RO   CHI   TU   ÑAM PAR   ZHA   NA
sabor   uno   como, igualdad   mantener   si, cuando
(vacuidad)   en   (presencia inalterada)

mi propia mente tienen un solo sabor. Al descansar en esa calma,

མཚམས་མེད་པ་ལྔ་བྱས་ན་ཡང་

TSHAM ME PA   NGA   YAE   NA   YANG
pecados ilimitados   cinco hecho si   también*
*Las cinco acciones negativas ilimitadas: parricidio; matricidio; matar a un arhat; derramar sangre de un Tatágata; causar un cisma en la sanga

incluso si he cometido las cinco acciones negativas ilimitadas,

བྱང་ཞིང་དག་པར་འགྱུར་རོ༔

YANG ZHING   DAG PAR   GYUR RO
limpiar, lavar   *purificadas*   *llegan a ser*

todo queda limpio y purificado.

Entonces el Gurú y su consorte se disuelven en luz y se funden de forma inseparable conmigo. El conocimiento original de la luz clara de la presencia y la vacuidad y mi propia mente tienen un solo sabor. Al descansar en esa calma, incluso si he cometido las cinco acciones negativas ilimitadas, todo queda limpio y purificado.

ས་མ་ཡཿ   རྒྱ་རྒྱ་རྒྱཿ

Votos.   Sello. Sello. Sello.

གསོལ་འདེབས་བསམ་པ་ལྷུན་གྲུབ།

La Práctica que cumple con nuestros deseos sin esfuerzo

ཨེ་མ་ཧོཿ ནུབ་ཕྱོགས་བདེ་བ་ཅན་གྱི་ཞིང་ཁམས་སུཿ

E MA HO	**NUB**	**CHO**	**DE WA CHEN**	**GYI**	**ZHING KHAM**	**SU**
maravilloso	*occidental*	*dirección*	*Sukavati,* 'feliz'	*de*	*reino*	*en*

¡Maravilloso! En el reino de Dewachen que se encuentra al oeste,

སྣང་བ་མཐའ་ཡས་ཐུགས་རྗེའི་བྱིན་རླབས་གཡོས༔

NANG WA THA YAE	**THU YEI**	**YIN LAB**	**YOE**
por Amitaba	*la compasión de*	*bendiciones*	*conmovido*
		(i.e. surge en este mundo como Padmasambava)	

Amitaba liberó su bendición compasiva y

སྤྲུལ་སྐུ་པདྨ་འབྱུང་གནས་བྱིན་བརླབས་པས༔

TRUL KU	**PAE MA YUNG NAE**	**YIN LAB PAE**
encarnación, emanación	*Padmasambava*	*bendiciendo*

tú, Padmasambava, emanaste y bendijiste

འཛམ་གླིང་བོད་ཀྱི་སེམས་ཅན་དོན་ལ་དགོངས༔

DZAM LING	**BOE KYI**	**SEM CHAN**	**DON**	**LA**	**GONG**
mundo	*tibetano*	*seres*	*beneficio*	*para*	*tener en cuenta*

a los seres de Tíbet teniendo en cuenta su bienestar[1].

འགྲོ་དོན་རྒྱུན་ཆད་མེད་པའི་ཐུགས་རྗེ་ཅན༔

DRO	**DON**	**GYUN CHA ME PE**	**THU YE CHAN**
seres	*beneficio*	*sin cesar*	*el compasivo*

Eres el compasivo que actúa incesantemente en beneficio de los seres.

ཨོ་རྒྱན་པདྨ་འབྱུང་གནས་ལ་གསོལ་བ་འདེབས༔

UR GYAN	**PE MA JUNG NAE**	**LA**	**SOL WA DE**
Oddiyana	*Padmasambava*	*a*	*rogar*

Padmasambava de Urgyan, te rogamos:

བསམ་པ་ལྷུན་གྱིས་གྲུབ་པར་བྱིན་གྱིས་རློབས༔

SAM PA   LHUN GYI DRU PAR   YIN GYI LO
deseos   surgir sin esfuerzo   bendecir

¡por favor, bendícenos para que nuestros deseos se cumplan sin esfuerzo!

¡Maravilloso! En el reino de Dewachen que se encuentra al oeste, Amitaba liberó su bendición compasiva y tú, Padmasambava, emanaste y bendijiste a los seres de Tíbet teniendo en cuenta su bienestar. Eres el compasivo que actúa incesantemente en beneficio de los seres. Padma-sambava de Urgyan, te rogamos: ¡por favor, bendícenos para que nuestros deseos se cumplan sin esfuerzo!

རྒྱལ་པོ་ཁྲི་སྲོང་ལྡེའུ་བཙན་མན་ཆད་ནས༔

GYAL PO   TRI SONG DEU TSAN   MAN CHAE   NE
rey   (nombre)   después, por debajo   desde

Rey Trisong Deutsan y

ཆོས་རྒྱལ་གདུང་བརྒྱུད་མཐའ་ནས་མ་སྟོངས་བར༔

CHO   GYAL   DUNG GYU   THA NE   MA TONG   BAR
darma rey   descendientes finalmente no termina hasta

y todos sus descendientes reales hasta el final de su línea

དུས་གསུམ་རྒྱུན་ཆད་མེད་པར་བྱིན་གྱིས་རློབས༔

DU   SUM   GYUN CHA ME PAR   YIN GYI LO
tiempos tres   continuamente   bendecir

serán continuamente bendecidos en los tres tiempos,

བོད་ཀྱི་ཆོས་སྐྱོང་རྒྱལ་པོའི་གཉེན་གཅིག་པུ༔

BOE   KYI   CHO   KYONG   GYAL POI   ÑEN   CHI PU
Tíbet   de   darma proteger   rey   amigo único

por ti, el único amigo del rey que practica el Darma en Tíbet.

རྒྱལ་པོ་ཆོས་སྱོད་སྐྱོབ་པའི་ཐུགས་རྗེ་ཅན༔

GYAL PO   CHO   CHO   KYO PE   THU YE CHEN
rey   darma hacer proteger   el compasivo

Eres el compasivo que protege al rey que practica el Darma[2].

ཨོ་རྒྱན་པདྨ་འབྱུང་གནས་ལ་གསོལ་བ་འདེབས༔

UR GYAN   PE MA   YUNG NAE   LA   SOL WA DE

Padmasambava de Urgyan, te rogamos:

བསམ་པ་ལྷུན་གྱིས་གྲུབ་པར་བྱིན་གྱིས་རློབས༔

SAM PA   LHUN GYI   DRU PAR   YIN GYI LO

¡por favor, bendícenos para que nuestros deseos se cumplan sin esfuerzo!

El rey Trison Deutsan y todos sus descendientes reales hasta el final de su línea serán continuamente bendecidos en los tres tiempos por ti, el único amigo del rey que practica el Darma en Tíbet. Eres el compasivo que protege al rey que practica el Darma. Padmasambava de Urgyan, te rogamos: ¡por favor, bendícenos para que nuestros deseos se cumplan sin esfuerzo!

སྐུ་ནི་ལྷོ་ནུབ་སྲིན་པོའི་ཁ་གནོན་མཛད༔

KU NI   LHO NUB   SIN POI   KHA NON   DZAE
cuerpo   suroeste   rakshashas,   reprimir   hacer
(i.e. Ngayabling)   demonios caníbales

Tu cuerpo está en el suroeste reprimiendo a los demonios caníbales,

ཐུགས་རྗེས་བོད་ཀྱི་སེམས་ཅན་དོན་ལ་དགོངས༔

THU YE   BOE KYI   SEM CHAN   DON LA   GONG
con compasión   tibetano   seres   beneficio   tener en cuenta

pero con tu compasión te ocupas del bienestar de los seres del Tíbet[3].

མ་རིག་ལོག་པའི་སེམས་ཅན་འདྲེན་པའི་དཔལ༔

MA RIG LO PE   SEM CHAN   DREN PE   PAL
ignorante   visiones erróneas, errar   seres sensibles   guiar   glorioso, el grande

Como guía glorioso de todos los que sostienen puntos de vista erróneos surgidos de la ignorancia,

ཉོན་མོངས་གདུལ་དཀའི་སེམས་ཅན་ཐབས་ཀྱིས་གདུལ༔

ÑON MONG   DUL KE   SEM CHAN   THAB   KYI   DUL
aflicciones (enfado,   difícil de   seres sensibles   métodos   por   controlar,
deseo etc.)   educar, rudo   adecuados   educar

controlas a los seres afligidos rebeldes con métodos adecuados..

བརྩེ་གདུང་རྒྱུན་ཆད་མེད་པའི་ཐུགས་རྗེ་ཅན༔

TSE   DUNG   GYUN CHAE ME PE   THU YE CHAN
compasión   amor, cariño   sin cesar, continuamente   el compasivo

Eres el compasivo cuyo tierno amor y cuidado fluyen incesantemente.

ཨུ་རྒྱན་པདྨ་འབྱུང་གནས་ལ་གསོལ་བ་འདེབས༔

UR GYAN   PE MA   YUNG NAE   LA   SOL WA DE

Padmasambava de Urgyan, te rogamos:

བསམ་པ་ལྷུན་གྱིས་གྲུབ་པར་བྱིན་གྱིས་རློབས༔

SAM PA   LHUN GYI   DRU PAR   YIN GYI LO

¡por favor, bendícenos para que nuestros deseos se cumplan sin esfuerzo!

Tu cuerpo está en el suroeste reprimiendo a los demonios caníbales, pero con tu compasión te ocupas del bienestar de los seres del Tíbet. Como guía glorioso de todos los que sostienen puntos de vista erróneos surgidos de la ignorancia, controlas a los seres afligidos rebeldes con métodos adecuados. Eres el compasivo cuyo tierno amor y cuidado fluyen incesantemente. Padmasambava de Urgyan, te rogamos: ¡por favor, bendícenos para que nuestros deseos se cumplan sin esfuerzo!

དུས་ངན་སྙིགས་མའི་མཐའ་ལ་ཐུག་པའི་ཚེ༔

DU	NGAN	ÑIG ME	THA LA THUG PE	TSHE
tiempo, periodo malo, malvado (i.e. la era actual)		degenerada, fin escoria	al alcanzar, venir	tiempo, cuando

Durante este tiempo maligno del final del periodo degenerado

ནང་རེ་དགོངས་རེ་བོད་ཀྱི་དོན་ལ་བྱོན༔

NANG	RE	GONG	RE	BOE	KYI	DON	LA	YON
mañana	cada	tarde	cada	Tíbet	de	beneficio	para	venir

vienes cada mañana y cada tarde por el bien de los seres de Tíbet[4].

ཉི་ཟེར་འཆར་སྡུད་མདངས་ལ་བཅིབས་ཏེ་འབྱོན༔

ÑI	ZER	CHAR	DU	DANG	LA	CHIB	TE	YON
sol	rayos	surgir	ponerse	irradiar	sobre	cabalgar así		venir

Vienes cabalgando sobre los radiantes rayos del sol naciente y poniente y,

ཡར་ངོའི་ཚེས་བཅུའི་དུས་སུ་དངོས་སུ་འབྱོན༔

YAR NGOI	TSHE CHUI	DU	SU	NGO SU	YON
creciente	décimos día	tiempo	en el	realmente, verdaderamente	venir

en el décimo día de la luna creciente muestras tu verdadera presencia.

འགྲོ་དོན་སྟོབས་ཆེན་མཛད་པའི་ཐུགས་རྗེ་ཅན༔

DRO	DON	TOB	CHEN	DZAE PE	THU YE CHAN
seres	beneficio	poder, fuerza	grande	hacer	el compasivo

Eres el compasivo que actúa con más fuerza en beneficio de los seres.

ཨུ་རྒྱན་པདྨ་འབྱུང་གནས་ལ་གསོལ་བ་འདེབས༔

UR GYAN   PE MA   YUNG NAE   LA   SOL WA DE

Padmasambava de Urgyan, te rogamos:

བསམ་པ་ལྷུན་གྱིས་གྲུབ་པར་བྱིན་གྱིས་རློབས༔

SAM PA   LHUN GYI   DRU PAR   YIN GYI LO

¡por favor, bendícenos para que nuestros deseos se cumplan sin esfuerzo!

Durante este tiempo maligno del final del periodo degenerado vienes cada mañana y cada tarde por el bien de aquellos que tienen fe. Vienes cabalgando sobre los radiantes rayos del sol naciente y poniente y, en el décimo día de la luna creciente muestras tu presencia. Eres el compasivo que actúa con más fuerza en beneficio de los seres. Padmasambava de Urgyan, te rogamos: ¡por favor, bendícenos para que nuestros deseos se cumplan sin esfuerzo!

ལྔ་བརྒྱ་ཐ་མ་རྟོད་དུས་སྙིགས་མ་ལ༔

NGAB GYA	THA MA		TSO	DU	ÑIG MA	LA
quinientos	*final*		*luchar,*	*tiempo*	*degenerado,*	*en*
(el periodo final			*pelear*		*restos, vestigios*	
de las doctrinas de Sakiamuni en este mundo)						

Durante el período degenerado de luchas de los últimos quinientos años

སེམས་ཅན་ཐམས་ཅད་ཉོན་མོངས་དུག་ལྔ་རྒྱགས༔

SEM CHAN	THAM CHE	ÑON MONG	DU	NGA	HRAG
seres sensibles	*todos*	*aflicciones*	*venenos*	*cinco**	*duro, burdo, difícil*

*estupidez, odio, deseo, envidia y orgullo

los cinco venenos aflictivos serán muy fuertes en todos los seres sensibles.

ཉོན་མོངས་འཆོལ་ཉག་དུག་ལྔ་རང་རྒྱུད་སྤྱོད༔

ÑON MONG	CHOL ÑA	DU	NGA	RANG GYU	CHO
aflicciones	*mezclada, compuesta*	*venenos*	*cinco*	*propia mente,*	*hacer*
(cada aflicción se mezcla con aspectos de las demás)				*carácter*	

Estos cinco venenos actuarán en muchas combinaciones dentro de sus mentes y

དེ་འདྲའི་དུས་ན་ཁྱེད་ཀྱི་ཐུགས་རྗེ་བསྐྱེད༔

DEN DRE	DU	NA	KHYE KYI	THU YE	KYE
como eso	*tiempo*	*en*	*tu*	*compasión*	*surgir, desarrollarse, aparecer*

en esos momentos, se manifestará tu compasión.

དད་ལྡན་མཐོ་རིས་འདྲེན་པའི་ཐུགས་རྗེ་ཅན༔

DAE DAN   THO RI   DREN PE   THU YE CHAN
fiel   cielo, los tres   conducir, guiar a   el compasivo
              reinos superiores

Eres el compasivo que conduce a los fieles a los reinos superiores.

ཨུ་རྒྱན་པདྨ་འབྱུང་གནས་ལ་གསོལ་བ་འདེབས༔

UR GYAN   PE MA   YUNG NAE   LA   SOL WA DE

Padmasambava de Urgyan, te rogamos:

བསམ་པ་ལྷུན་གྱིས་གྲུབ་པར་བྱིན་གྱིས་རློབས༔

SAM PA   LHUN GYI   DRU PAR   YIN GYI LO

¡por favor, bendícenos para que nuestros deseos se cumplan sin esfuerzo!

Durante el período degenerado de luchas de los últimos quinientos años, los cinco venenos aflictivos serán muy fuertes en todos los seres sensibles. Estos cinco venenos actuarán en muchas combinaciones dentro de sus mentes y, en esos momentos, se manifestará tu compasión. Eres el compasivo que conduce a los fieles a los reinos superiores. Padmasambava de Urgyan, te rogamos: ¡por favor, bendícenos para que nuestros deseos se cumplan sin esfuerzo!

ཧོར་དང་འཇིགས་པའི་དམག་གིས་མཐའ་བསྐོར་ནས༔

HOR   DANG YI PE   MA   GI   THA   KOR   NE
Mongol,   y   espantoso ejército por frontera rodeado entonces
bárbaro,
anti-darma

Cuando las fronteras están rodeadas por ejércitos terribles y contrarios al Darma y

ཆོས་འཁོར་གཉན་པོ་འཇིག་ལ་ཐུག་པའི་ཚེ༔

CHO KHOR   ÑAN PO   YI   LA   THUG PE   TSHE
centros de   importante destruir, a   alcanzar, llegar tiempo, cuando
enseñanza del darma   desintegrar

y los centros importantes del Darma son destruidos,

ཡིད་གཉིས་ཐེ་ཚོམ་མེད་པར་གསོལ་བ་ཐོབ༔

YI ÑI   THE TSHOM   ME PAR   SOL WA THO
dos-mentes, indeciso duda   sin   ¡debemos rezar!

¡debemos rezar sin duda ni incertidumbre!

ཨུ་རྒྱན་ལྷ་སྲིན་སྡེ་བརྒྱད་འཁོར་དང་བཅས༔

UR GYAN	LHA SIN	DE	GYE	KHOR	DANG CHE
Padmasambava	*dioses y espíritus locales*	*grupos*	*ocho*	*círculo, séquito*	*junto con*

Porque entonces tú, Padmasambava, vendrás con tu círculo de los ocho grupos de espíritus locales y

དམག་དཔུང་ཧུར་ཐུམས་བཟློག་པར་ཐེ་ཚོམ་མེད༔

MA	PUNG	HUR THUM	DOG PAR	THE TSHOM ME
ejército	*masa*	*destruir fácilmente aniquilar*	*repeler, rechazar*	*indudablemente*

definitivamente repelerás y destruirás rápidamente a estas hordas guerreras.

ཨུ་རྒྱན་པདྨ་འབྱུང་གནས་ལ་གསོལ་བ་འདེབས༔

UR GYAN	PE MA	YUNG NAE	LA	SOL WA DE

Padmasambava de Urgyan, te rogamos:

བསམ་པ་ལྷུན་གྱིས་འགྲུབ་པར་བྱིན་གྱིས་རློབས༔

SAM PA	LHUN GYI	DRU PAR	YIN GYI LO

¡por favor, bendícenos para que nuestros deseos se cumplan sin esfuerzo!

Cuando las fronteras están rodeadas por ejércitos terribles y contrarios al Darma y los centros importantes del Darma son destruidos, ¡debemos rezar sin duda ni incertidumbre! Porque entonces tú, Padmasambava, vendrás con tu círculo de los ocho grupos de espíritus locales y definitivamente repelerás y destruirás rápidamente a estas hordas guerreras. Padmasambava de Urgyan, te rogamos: ¡por favor, bendícenos para que nuestros deseos se cumplan sin esfuerzo!

སེམས་ཅན་སྒྱུ་ལུས་འཇིག་པའི་ནད་བྱུང་ནས༔

SEM CHAN	GYU LU	YI PE	NAE	YUNG	NE
seres sensibles	*temporales, cuerpos insustanciales*	*destruir*	*enfermedades, dolencias*	*surgir, aparecer*	*entonces*

Cuando surgen enfermedades que destruyen nuestros cuerpos insustanciales de seres sensibles y

མི་བཟད་སྡུག་བསྔལ་ཆེན་པོས་ནོན་པའི་ཚེ༔

MI DZAE	DU NGAL	CHEN POE	NON POI	TSHE
insoportable	*miseria*	*por gran*	*oprimido, coaccionado*	*cuando*

estamos oprimidos por una gran miseria insoportable,

ཡིད་གཉིས་ཐེ་ཚོམ་མེད་པར་གསོལ་བ་ཐོབ༔

YI ÑI   THE TSHOM   ME PAR   SOL WA THO
¡debemos orar sin duda ni incertidumbre!

ཨུ་རྒྱན་སྨན་གྱི་ལྷ་དང་དབྱེར་མེད་པས༔

UR GYAN   MEN GYI LA   DANG   YER ME   PAE
Padma   *Baishajya Gurú, el Buda* *y*   *no es diferente* *por lo tanto*
Sambava   *patrono de la medicina*
                    y la salud

Porque entonces tú, Padmasambava, que eres uno con el Buda de la Medicina,

ཚེ་ཟད་མ་ཡིན་བར་ཆད་ངེས་པར་སེལ༔

TSHE ZAE   MA YIN   BAR CHAE   NGE PAR   SEL
vida acabada no   *obstáculos*   *ciertamente,* *disipar, eliminar*
(i.e. antes de la máxima *(asesinato, accidente,* *en realidad*
duración posible según   *plagas etc.)*
el propio el karma)

disiparás con toda certeza todos los obstáculos que crean la muerte prematura.

ཨུ་རྒྱན་པདྨ་འབྱུང་གནས་ལ་གསོལ་བ་འདེབས༔

UR GYAN   PE MA   YUNG NAE   LA   SOL WA DE
Padmasambava de Urgyan, te rogamos:

བསམ་པ་ལྷུན་གྱིས་གྲུབ་པར་བྱིན་གྱིས་རློབས༔

SAM PA   LHUN GYI   DRU PAR   YIN GYI LO
¡por favor, bendícenos para que nuestros deseos se cumplan sin esfuerzo!

Cuando surgen enfermedades que destruyen nuestros cuerpos insustanciales y los seres sensibles estamos oprimidos por una gran miseria insoportable, ¡debemos orar sin duda ni incertidumbre! Porque entonces tú, Padmasambava, que eres uno con el Buda de la Medicina, disiparás con toda certeza todos los obstáculos que crean la muerte prematura. Padmasambava de Urgyan, te rogamos: ¡por favor, bendícenos para que nuestros deseos se cumplan sin esfuerzo!

འབྱུང་བ་དགྲར་ལངས་ས་བཅུད་ཉམས་པའི་ཚེ༔

YUNG WA DRAR   LANG SA   CHU   ÑAM PE   TSHE
elementos* como enemigos# surgir tierra, esencia, *perder, cuando*
                                   la Tierra poder nutritivo disminuir
*tierra, agua, fuego, aire y espacio
 # i.e. actuando en contra de los intereses de los seres

Cuando los elementos se comportan como enemigos y la tierra pierde su fertilidad,

སེམས་ཅན་མུ་གེའི་ནད་ཀྱིས་གཟིར་བ་ན༔

SEM CHAN **MU GEI** **NAE** **KYI** **ZIR WA** **NA**
seres sensibles *del hambre* *enfermedades* *por* *oprimido,* *si, cuando*
(el hambre y *atormentado*
las enfermedades que provoca)

los seres sensibles quedan atormentados por las enfermedades del hambre, en ese caso

ཡི་གཉིས་ཐེ་ཚོམ་མེད་པར་གསོལ་བ་ཐོབ༔

YI ÑI **THE TSHOM** **ME PAR** **SOL WA THO**
¡debemos orar sin duda ni incertidumbre!

ཨུ་རྒྱན་མཁའ་འགྲོ་ནོར་ལྷའི་ཚོགས་དང་བཅས༔

UR GYAN **KHAN DRO** **NOR LHE** **TSHO** **DANG CHE**
Padmasambava *dakini* *dioses de la riqueza* *multitud* *junto con*

Porque entonces tú, Padmasambava, vendrás con tu multitud de dakinis y dioses de la riqueza y

དབུལ་ཕོངས་བཀྲེས་སྐོམ་སེལ་བར་ཐེ་ཚོམ་མེད༔

UL PHONG **TRE** **KOM** **SEL WAR** **THE TSHOM ME**
pobreza *hambre* *sed* *disipar* *indudablemente*

y con toda seguridad eliminarás toda pobreza, hambre y sed.

ཨུ་རྒྱན་པདྨ་འབྱུང་གནས་ལ་གསོལ་བ་འདེབས༔

UR GYAN **PE MA** **YUNG NAE** **LA** **SOL WA DE**
Padmasambava de Urgyan, te rogamos:

བསམ་པ་ལྷུན་གྱིས་གྲུབ་པར་བྱིན་གྱིས་རློབས༔

SAM PA **LHUN GYI** **DRU PAR** **YIN GYI LO**
¡por favor, bendícenos para que nuestros deseos se cumplan sin esfuerzo!

Los seres sensibles quedan atormentados por las enfermedades del hambre, en ese caso, cuando los elementos se comportan como enemigos y la tierra pierde su fertilidad, ¡debemos rezar sin duda ni incertidumbre! Porque entonces tú, Padmasambava, vendrás con tu multitud de dakinis y dioses de la riqueza y con toda seguridad eliminarás toda pobreza, hambre y sed. Padmasambava de Urgyan, te rogamos: ¡por favor, bendícenos para que nuestros deseos se cumplan sin esfuerzo!

ལས་ཅན་འགྲོ་བའི་དོན་དུ་གཏེར་འདོན་ན༔

LAE CHAN	DRO WE	DON DU	TER	DON	NA
afortunado (los que tienen el buen karma necesario para seguir el darma)	seres	por el bien de	tesoro (tercho, doctrinas, etc.)	revelar	cuando

Cuando los afortunados revelamos tesoros por el bien de los seres,

དམ་ཚིག་ཟོལ་ཟོག་མེད་པའི་དཔའ་གདེང་གིས༔

DAM TSHI	ZOL ZO	ME PE	PA	DENG	GI
votos tántricos	romper, engañar, hacer trampas	sin	energía	confianza (i.e. feliz y diligente)	por lo tanto

necesitamos la energía y la confianza de no haber engañado nunca en nuestros votos tántricos,

ཡིད་གཉིས་ཐེ་ཚོམ་མེད་པར་གསོལ་བ་ཐོབ༔

YI ÑI	THE TSHOM	ME PAR	SOL WA THO

¡debemos orar sin duda ni incertidumbre!

ཨུ་རྒྱན་ཡི་དམ་ལྷ་ཡི་ཚོགས་དང་བཅས༔

UR GYAN	YI DAM	LHA	YI	TSHO	DANG CHE
Padmasambava	deidades de práctica	de		multitudes	junto con

Entonces tú, Padmasambava, vendrás con tus multitudes de deidades de práctica y

ཕ་ནོར་བུ་ཡི་ལོན་པར་ཐེ་ཚོམ་མེད༔

PHA	NOR	BU	YI	LON PAR	THE TSHOM ME
padre (Gurú Padmasambava)	riqueza*	hijo, discípulos	por	obtener	indudablemente

*i.e las doctrinas tesoro

nosotros, tus discípulos, obtendremos con toda seguridad tu riqueza.

ཨུ་རྒྱན་པདྨ་འབྱུང་གནས་ལ་གསོལ་བ་འདེབས༔

UR GYAN	PE MA	YUNG NAE	LA	SOL WA DE

Padmasambava de Urgyan, te rogamos:

བསམ་པ་ལྷུན་གྱིས་གྲུབ་པར་བྱིན་གྱིས་རློབས༔

SAM PA	LHUN GYI	DRU PAR	YIN GYI LO

Cuando los afortunados revelamos tesoros por el bien de los seres, necesitamos la energía y la confianza de no haber engañado nunca en nuestros votos tántricos, ¡así que debemos rezar sin dudas ni incertidumbres! Entonces tú, Padmasambava, vendrás con tus multitudes de deidades de práctica y nosotros, tus discípulos, obtendremos con toda seguridad tu riqueza. Padmasambava de Urgyan, te rogamos: ¡por favor, bendícenos para que nuestros deseos se cumplan sin esfuerzo!

སྦས་ཡུལ་ནགས་རོང་དབེན་ས་སྒྲུག་པའི་ཚེ༔

BAE YUL	NAG RONG	WEN SA	ÑOG PE	TSHE
tierras secretas	*bosques*	*aislado, tranquilo*	*ir allí,*	*cuando*
(valles deshabitados, etc.)		*lugar para meditar*	*viajar allí*	

Cuando viajamos por tierras secretas y bosques para practicar en aislamiento,

ཁ་བ་བུ་ཡུག་འཚུབས་ཤིང་ལམ་འགགས་ན༔

KHA WA BU YU		TSHUB SHING	LAM	GAG	NA
nieve	*tormenta de nieve, ventisca*	*atrapado, asfixiado cegado*	*camino, carretera*	*bloqueada, cerrada*	*cuando, si*

si nuestro camino está bloqueado y nos vemos atrapados por la nieve y las ventiscas,

ཡིད་གཉིས་ཐེ་ཚོམ་མེད་པར་གསོལ་བ་ཐོབ༔

YI ÑI	THE TSHOM	ME PAR	SOL WA THO

¡debemos orar sin duda ni incertidumbre!

ཨུ་རྒྱན་གཞི་བདག་གཉན་པོའི་འཁོར་བཅས་ནས༔

UR GYAN	ZHI DA	ÑAN POI	KHOR	CHE	NE
Padmasambava	*dioses locales señores del lugar*	*importante poderoso*	*círculo*	*junto*	*entonces*
	(los dioses y espíritus patronos del lugar)				

Porque entonces tú, Padmasambava, vendrás con tu círculo de poderosos señores de la tierra y

ཆོས་མཛད་ལམ་སྣ་འདྲེན་པར་ཐེ་ཚོམ་མེད༔

CHO	DZAE	LAM	NA DREN PAR	THE TSHOM ME
darma	*practicantes*	*camino*	*líder, guía*	*indudablemente*

los seguidores del darma seremos guiados con toda seguridad por el camino correcto.

ཨུ་རྒྱན་པདྨ་འབྱུང་གནས་ལ་གསོལ་བ་འདེབས༔

UR GYAN	PE MA	YUNG NAE	LA	SOL WA DE

Padmasambava de Urgyan, te rogamos:

བསམ་པ་ལྷུན་གྱིས་གྲུབ་པར་བྱིན་གྱིས་རློབས༔

SAM PA	LHUN GYI	DRU PAR	YIN GYI LO

Cuando viajamos por tierras secretas y bosques para practicar en aislamiento, si nuestro camino está bloqueado y nos vemos atrapados por la nieve y las ventiscas, ¡debemos rezar sin dudas ni incertidumbres!

Porque entonces tú, Padmasambava, vendrás con tu círculo de poderosos señores de la tierra y los seguidores del Darma seremos guiados con toda seguridad por el camino correcto. Padmasambava de Urgyan, te rogamos: ¡por favor, bendícenos para que nuestros deseos se cumplan sin esfuerzo!

 སྟག་གཟིག་དོམ་དྲེད་དུག་སྦྲུལ་མཆེ་བ་ཅན༔

TA	ZI	DOM	DRE	DU DRUL	CHE WA CHAN
tigre	leopardo	oso	oso de las nieves	serpientes venenosas	animales con colmillos

Cuando tigres, leopardos, osos, osos de las nieves, serpientes venenosas y otros animales peligrosos nos rodean

འབྲོག་ཆེན་འཇིགས་པའི་འཕྲང་ལ་འགྲིམས་པའི་ཚེ༔

DRO	CHEN	YI PE	TRANG	LA	DRIM PE	TSHE
tierra salvaje, páramo	gran	aterrador	paso estrecho, camino difícil	en	viajar, atravesar	cuando

mientras viajamos por los grandes páramos y por senderos aterradores y peligrosos,

ཡིད་གཉིས་ཐེ་ཚོམ་མེད་པར་གསོལ་བ་ཐོབ༔

YI ÑI	THE TSHOM	ME PAR	SOL WA THO

¡debemos orar sin duda ni incertidumbre!

ཨུ་རྒྱན་དཔའ་བོ་གིང་དང་སྲུང་མར་བཅས༔

UR GYAN	PA WO	GING	DANG	SUNG MAR	CHE
Padmasambava	viras, héroes	agentes	y	guardianes del darma	con

Porque entonces tú, Padmasambava, vendrás con los *pawo*, los ging y los guardianes del darma

གདུག་པའི་སེམས་ཅན་སྐྲོད་པར་ཐེ་ཚོམ་མེད༔

DU PE	SEM CHAN	TROE PAR	THE TSHOM ME
maligno, dañino	seres	expulsar, ahuyentar	sin duda

y con toda seguridad ahuyentarás a todas las criaturas dañinas.

ཨུ་རྒྱན་པདྨ་འབྱུང་གནས་ལ་གསོལ་བ་འདེབས༔

UR GYAN	PE MA	YUNG NAE	LA	SOL WA DE

Padmasambava de Urgyan, te rogamos:

བསམ་པ་ལྷུན་གྱིས་འགྲུབ་པར་བྱིན་གྱིས་རློབས༔

SAM PA	LHUN GYI	DRU PAR	YIN GYI LO

¡por favor, bendícenos para que nuestros deseos se cumplan sin esfuerzo!

Cuando tigres, leopardos, osos, osos de las nieves, serpientes venenosas y otros animales peligrosos nos rodean mientras viajamos por los grandes páramos y por senderos aterradores y peligrosos, ¡¡debemos orar sin duda ni incertidumbre! Porque entonces tú, Padmasambava, vendrás con los pawo, los ging y los guardianes del Darma y con toda seguridad ahuyentarás a todas las criaturas dañinas. Padmasambava de Urgyan, te rogamos: ¡por favor, bendícenos para que nuestros deseos se cumplan sin esfuerzo!

ས་ཆུ་མེ་རླུང་འབྱུང་བའི་བར་ཆད་ཀྱིས༔

SA   CHU   ME   LUNG   YUNG WE   BAR CHAE   KYI
tierra   agua   fuego   viento   elementos   obstáculos, dificultades   por

Cuando los elementos, tierra, agua, fuego y aire, crean obstáculos

སྒྱུ་ལུས་ཉེན་ཞིང་འཇིག་པའི་དུས་བྱུང་ན༔

GYU LU   ÑEN ZHING   YI PE   DU   YUNG   NA
cuerpo pasajero   peligroso para   destruir   tiempo surgir   si, cuando

peligrosos para nuestros cuerpos insustanciales y amenazan con destruirlos,

ཡིད་གཉིས་ཐེ་ཚོམ་མེད་པར་གསོལ་བ་ཐོབ༔

YI NYI   THE TSHOM   ME PAR   SOL WA THO

¡debemos orar sin duda ni incertidumbre!

ཨུ་རྒྱན་དཔའ་བོ་གྱད་དང་ལྡན་པ་ཡིས༔

UR GYAN   PA WO   GYAE DANG DAN PA   YI
Padmasambava   viras, héroes   luchadores poderosos, campeones   por

Porque entonces tú, Padmasambava, con tus héroes campeones

འབྱུང་བ་རང་སར་ཞི་བར་ཐེ་ཚོམ་མེད༔

YUNG WA   RANG SAR   ZHI WAR   THE TSHOM ME
elementos   en su lugar   pacificado   indudablemente

harás con toda seguridad que los elementos se pacifiquen en donde estén.

ཨུ་རྒྱན་པདྨ་འབྱུང་གནས་ལ་གསོལ་བ་འདེབས༔

UR GYAN   PE MA   YUNG NAE   LA   SOL WA DE

Padmasambava de Urgyan, te rogamos:

བསམ་པ་ལྷུན་གྱིས་གྲུབ་པར་བྱིན་གྱིས་རློབས༔

SAM PA   LHUN GYI   DRU PAR   YIN GYI LO

¡por favor, bendícenos para que nuestros deseos se cumplan sin esfuerzo!

Cuando los elementos, tierra, agua, fuego y aire, crean obstáculos peligrosos para nuestros cuerpos insustanciales y amenazan con destruirlos, ¡debemos rezar sin dudas ni incertidumbres! Porque entonces tú, Padmasambava, con tus héroes campeones harás con toda seguridad que los elementos se pacifiquen en donde estén. Padmasambava de Urgyan, te rogamos: ¡por favor, bendícenos para que nuestros deseos se cumplan sin esfuerzo!

ལམ་སྲང་འཇིགས་པའི་འཕྲང་ལ་འགྲིམ་པའི་ཚེ༔

LAM SANG	YI PE	TRANG	LA	DRIM PE	TSHE
peligrosos	*aterrador*	*paso estrecho, desfiladero*	*en*	*viajar*	*cuando*

Cuando viajamos por caminos peligrosos y senderos llenos de peligros aterradores,

བསད་ཁྱེར་ཇག་པ་ཆོམས་པོས་ཉེན་པ་ན༔

SAE	KHYER	YAG PE	CHOM POE	ÑEN PA	NA
matar	*robar*	*bandido*	*atraco*	*preocupado por*	*si, cuando*

si estamos en peligro de asesinos, ladrones y asaltantes,

ཡི་དགཉིས་ཐེ་ཚོམ་མེད་པར་གསོལ་བ་ཐོབ༔

YI ÑI	THE TSHOM	ME PAR	SOL WA THO

¡debemos orar sin duda ni incertidumbre!

ཨུ་རྒྱན་ཕྱག་རྒྱ་བཞི་ཡི་དགོངས་པར་ལྡན༔

UR GYAN	CHA GYA	ZHI	YI		GONG PAR	DAN
Padmasambava	*mudras*	*cuatro*	*de*		*visión,*	*tener*
		(poner a los alborotadores bajo su poder)			*sabiduría*	

Porque entonces tú, Padmasambava, con la sabiduría de los cuatro mudras

ཙོ་ར་མི་རྒོད་ངམ་སེམས་བརླག་པར་བྱེད༔

TSO RA	MI GOE	NGAM SEM	LAG PAR	YE
ladrón	*yeti, salvajes*	*mente malvada, brutal*	*destruir*	*hacer*

destruirás a los ladrones, al yeti y a la gente de malas intenciones.

ཨུ་རྒྱན་པདྨ་འབྱུང་གནས་ལ་གསོལ་བ་འདེབས༔

UR GYAN	PE MA	YUNG NAE	LA	SOL WA DE

Padmasambava de Urgyan, te rogamos:

བསམ་པ་ལྷུན་གྱིས་གྲུབ་པར་བྱིན་གྱིས་རློབས༔

SAM PA	LHUN GYI	DRU PAR	YIN GYI LO

¡por favor, bendícenos para que nuestros deseos se cumplan sin esfuerzo!

Cuando viajamos por caminos peligrosos y senderos llenos de peligros aterra-dores, si estamos en peligro de asesinos, ladrones y asaltantes, ¡debemos rezar sin duda ni incertidumbre! Porque entonces tú, Padmasambava, destruirás a los ladrones, al yeti y a la gente de malas intenciones con la sabiduría de los cuatro mudras. Padmasambava de Urgyan, te rogamos: ¡por favor, bendícenos para que nuestros deseos se cumplan sin esfuerzo!

གང་ཞིག་གཤེད་མའི་དམག་གིས་མཐའ་བསྐོར་ནས༔

GANG ZHI **SHE ME** **MA** **GI** **THA KOR** **NE**
alguien, *matón, asesino* *ejércitos* *por* *rodeado* *entonces*
cualquiera *peligroso*

Si estamos rodeados de ejércitos de peligrosos asesinos y

མཚོན་ཆ་རྣོན་པོས་འདེབས་ཤིང་ཉེན་པ་ན༔

TSHON CHA **NON POE** **DE SHING** **ÑEN PA** **NA**
armas *afiladas* *pegar, golpear* *peligro* *si, cuando*

corremos el peligro de ser golpeados con armas afiladas,

ཡིད་གཉིས་ཐེ་ཚོམ་མེད་པར་གསོལ་བ་ཐོབ༔

YI ÑI **THE TSHOM** **ME PAR** **SOL WA THO**
¡debemos orar sin duda ni incertidumbre!

ཨུ་རྒྱན་རྡོ་རྗེའི་གུར་དང་ལྡན་པ་ཡིས༔

UR GYAN **DOR YEI** **GUR** **DANG DAN PA** **YI**
Padmasambava *vajra* *tienda* *tener* *por*

Porque entonces tú, Padmasambava, con tu tienda vajra,

གཤེད་མ་བྲེད་ཅིང་མཚོན་ཆ་འཐོར་པར་འགྱུར༔

SHE MA **DRE CHING** **TSHON CHA** **THOR PAR** **GYUR**
matones *asustado, alarmado,* *arma* *tirar,* *llegarán a*
abatido *abandonar*

asustarás a los matones y les harás arrojar sus armas.

ཨུ་རྒྱན་པདྨ་འབྱུང་གནས་ལ་གསོལ་བ་འདེབས༔

UR GYAN **PE MA** **YUNG NAE** **LA** **SOL WA DE**
Padmasambava de Urgyan, te rogamos:

བསམ་པ་ལྷུན་གྱིས་གྲུབ་པར་བྱིན་གྱིས་རློབས༔

SAM PA **LHUN GYI** **DRU PAR** **YIN GYI LO**
¡por favor, bendícenos para que nuestros deseos se cumplan sin esfuerzo!

Si estamos rodeados de peligrosos asesinos y corremos el peligro de ser golpeados con armas afiladas, ¡debemos rezar sin dudas ni incertidumbres! Porque entonces tú, Padmasambava, asustarás a los matones y les harás arrojar sus armas con tu tienda vajra. Padmasambava de Urgyan, te rogamos: ¡por favor, bendícenos para que nuestros deseos se cumplan sin esfuerzo!

ནམ་ཞིག་ཚེ་ཟད་འཆི་བའི་དུས་བྱུང་ཚེ༔

NAM ZHI   TSHE   ZAE   CHI WE   DU   YUNG   TSHE
cuando   vida   acabar morir   tiempo venir   cuando

Si, cuando nuestra vida está llegando a su fin y se acerca la hora de la muerte,

གནད་གཅོད་སྡུག་བསྔལ་དྲག་པོས་ཉེན་པ་ན༔

NAE CHO   DU NGAL   DRA POE   ÑEN PA   NA
enfermedad mortal   miseria   por terrible afligido si, cuando
(los médicos no pueden curarla)

nos sentimos afligidos por los terribles sufrimientos de una enfermedad mortal

ཡིད་གཉིས་ཐེ་ཚོམ་མེད་པར་གསོལ་བ་ཐོབ༔

YI ÑI   THE TSHOM   ME PAR   SOL WA THO

¡debemos orar sin duda ni incertidumbre!

ཨུ་རྒྱན་སྣང་བ་མཐའ་ཡས་སྤྲུལ་པ་སྟེ༔

UR GYAN   NANG WA THA YAE   TRUL PA   TE
Padmasambava   Amitaba   emanación así

Porque tú, Padmasambava, eres la emanación de Amitaba, por lo que

བདེ་བ་ཅན་གྱི་ཞིང་དུ་ངེས་པར་སྐྱེ༔

DE WA CHAN   GYI   ZHING   DU   NGE PAR   KYE
Sukavati, 'feliz' de   reino   en   ciertamente, seguro nacido

ciertamente naceremos en el reino de Dewachen.

ཨུ་རྒྱན་པདྨ་འབྱུང་གནས་ལ་གསོལ་བ་འདེབས༔

UR GYAN   PE MA   YUNG NAE   LA   SOL WA DE

Padmasambava de Urgyan, te rogamos:

བསམ་པ་ལྷུན་གྱིས་གྲུབ་པར་བྱིན་གྱིས་རློབས༔

SAM PA   LHUN GYI   DRU PAR   YIN GYI LO

¡por favor, bendícenos para que nuestros deseos se cumplan sin esfuerzo!

Si, cuando nuestra vida está llegando a su fin y se acerca la hora de la muerte, nos sentimos afligidos por los terribles sufrimientos de una enfermedad mortal, ¡debemos orar sin dudas ni incertidumbres! Porque tú, Padmasambava, eres la emanación de Amitaba, por lo que ciertamente naceremos en el reino de Dewachen. Padmasambava de Urgyan, te rogamos: ¡por favor, bendícenos para que nuestros deseos se cumplan sin esfuerzo!

སྐྱུ་ལུས་གཡར་པོ་ཞིག་པའི་བར་དོ་རུཿ

GYU LU	YAR PO	ZHIG PE	BAR DO		RU
cuerpo pasajero,	prestado	destruido	periodo intermedio		en
forma mortal	(por los 4 elementos)		entre la muerte y el siguiente nacimiento		

Si, al entrar en el bardo tras la destrucción de nuestra forma mortal prestada,

འཁྲུལ་སྣང་ཉིང་འཁྲུལ་ཆེན་པོས་ཉེན་པ་ནཿ

TRUL NANG	ÑING TRUL	CHEN PO	ÑEN PA	NA
apariencias	más engañosas,	por gran	perturbado	si, cuando
confusas, engañosas	muy desconcertante*			

*i.e. peor que cuando estamos vivos

nos sentimos perturbados por las formas más desconcertantes de las apariencias engañosas,

ཡི་གཉིས་ཐེ་ཚོམ་མེད་པར་གསོལ་བ་ཐོབཿ

YI ÑI	THE TSHOM	ME PAR	SOL WA THO

¡debemos orar sin duda ni incertidumbre!

ཨུ་རྒྱན་དུས་གསུམ་མཁྱེན་པའི་ཐུགས་རྗེ་ཡིསཿ

UR GYAN	DU	SUM	KHYEN PE	THU YE	YI
Padmasambava	tiempos	tres	conocer	compasión	por

Porque tú, Padmasambava omnisciente de los tres tiempos, con tu compasión

འཁྲུལ་སྣང་རང་སར་གྲོལ་བར་ཐེ་ཚོམ་མེདཿ

TRUL NANG	RANG	SAR	DROL WA	THE TSHOM ME
apariencias confusas	propio	lugar	liberar	indudablemente
(del bardo)				

harás que todas las apariencias confusas se liberen definitivamente en su propio lugar.

ཨུ་རྒྱན་པདྨ་འབྱུང་གནས་ལ་གསོལ་བ་འདེབསཿ

UR GYAN	PE MA	YUNG NAE	LA	SOL WA DE

Padmasambava de Urgyan, te rogamos:

བསམ་པ་ལྷུན་གྱིས་འགྲུབ་པར་བྱིན་གྱིས་རློབསཿ

SAM PA	LHUN GYI	DRU PAR	YIN GYI LO

¡por favor, bendícenos para que nuestros deseos se cumplan sin esfuerzo!

Si, al entrar en el bardo tras la destrucción de nuestra forma mortal prestada, nos sentimos perturbados por las formas más desconcertantes de las apariencias engañosas, ¡debemos orar sin duda ni incerti-

dumbre! Porque entonces tú, Padmasambava, omnisciente de los tres tiempos, con tu compasión harás que todas las apariencias confusas se liberen definitivamente en su propio lugar. Padmasambava de Urgyan, te rogamos: ¡por favor, bendícenos para que nuestros deseos se cumplan sin esfuerzo!

གཞན་ཡང་ལས་དང་རྐྱེན་གྱི་དབང་གྱུར་ཏེ༔

ZHAN YANG	LAE	DANG	KYEN	GYI	WANG	GYUR TE
además	acciones	y	situaciones, condiciones	de	poder	debido a, desarrollar

(que están bajo el poder del karma)

Además, si debido al poder del karma y las condiciones

འཁྲུལ་སྣང་དངོས་པོར་ཞེན་ཅིང་སྡུག་བསྔལ་ན༔

TRUL NANG		NGO POR	ZHEN CHING	DU NGAL	NA
apariencias confusas, las falsas experiencias de la ignorancia		como entidades	desear, querer aferramiento	miseria	si

sufrimos por considerar reales las apariencias confusas que proyectamos

ཡིད་གཉིས་ཐེ་ཚོམ་མེད་པར་གསོལ་བ་ཐོབ༔

YI ÑI THE TSHOM ME PAR SOL WA THO

¡debemos orar sin duda ni incertidumbre!

ཨུ་རྒྱན་བདེ་ཆེན་རྒྱལ་པོའི་ངོ་བོ་སྟེ༔

UR GYAN	DE CHEN	GYAL POI	NGO WO	TE
Padmasambava	muy feliz	rey	naturaleza	así, entonces

(está libre de toda la confusión ignorante que crea dolor)

Porque tú, Padmasambava, tienes la naturaleza del rey de la gran felicidad y

འཁྲུལ་སྣང་སྡུག་བསྔལ་རྩད་ནས་བཤིག་པར་བྱེད༔

TRUL	NANG	DU NGAL	TSAE	NE	SHIG PAR	YE
confusas	apariencias	miseria	raíz *(i.e. totalmente)*	de	destruir	hacer

destruirás totalmente la miseria de las apariencias confusas..

ཨུ་རྒྱན་པདྨ་འབྱུང་གནས་ལ་གསོལ་བ་འདེབས༔

UR GYAN PE MA YUNG NAE LA SOL WA DE

Padmasambava de Urgyan, te rogamos:

བསམ་པ་ལྷུན་གྱིས་གྲུབ་པར་བྱིན་གྱིས་རློབས༔

SAM PA LHUN GYI DRU PAR YIN GYI LO

¡por favor, bendícenos para que nuestros deseos se cumplan sin esfuerzo!

Además, si debido al poder del karma y las condiciones sufrimos por considerar reales las apariencias confusas que proyectamos, ¡debemos orar sin duda ni incertidumbre! Porque tú, Padmasambava, tienes la naturaleza del rey de la gran felicidad y destruirás totalmente la miseria de las apariencias confusas. Padmasambava de Urgyan, te rogamos: ¡por favor, bendícenos para que nuestros deseos se cumplan sin esfuerzo!

འགྲོ་དྲུག་སྡུག་བསྔལ་ཆེན་པོས་ཉེན་པ་དང་༔

DRO DRU   **DU NGAL**   **CHEN POE**   **ÑEN PA**   **DANG**
seres en los seis reinos   miseria   por gran   afligido   y

Cuando los seres de los seis reinos están afligidos por una gran miseria y

ཁྱད་པར་བོད་ཀྱི་རྗེ་འབངས་སྡུག་བསྔལ་ན༔

KHYE PAR   **BOE**   **KYI**   **YE**   **BANG**   **DU NGAL**   **NA**
especialmente   Tíbet   de   rey   súbditos   miseria   cuando

especialmente cuando el rey y el pueblo de Tíbet están sufriendo[5],

ཡིད་གཉིས་ཐེ་ཚོམ་མེད་པར་གསོལ་བ་འདེབས༔

YI ÑI   **THE TSHOM**   **ME PAR**   **SOL WA THO**

¡debemos orar sin duda ni incertidumbre!

དད་གུས་མོས་པས་གདུང་བས་གསོལ་འདེབས་ན༔

DAE   **GU**   **MOE PAE**   **DUNG WAE**   **SOL DE**   **NA**
fe   respeto   con devoción   con verdadero amor y sentimiento profundo   rezar   si, cuando

Porque si rezamos con auténtica fe y devoción amorosas,

ཨུ་རྒྱན་ཐུགས་རྗེས་འཕོ་འགྱུར་མེད་པར་གཟིགས༔

UR GYAN   **THU YE**   **PHO GYUR ME PAR**   **ZI**
Padmasambava   compasión   estable, constante   mira, ve y actúa

tú, Padmasambava, nos mirarás a todos con tu constante compasión.

ཨུ་རྒྱན་པདྨ་འབྱུང་གནས་ལ་གསོལ་བ་འདེབས༔

UR GYAN   **PE MA**   **YUNG NAE**   **LA**   **SOL WA DE**

Padmasambava de Urgyan, te rogamos:

བསམ་པ་ལྷུན་གྱིས་གྲུབ་པར་བྱིན་གྱིས་རློབས༔

SAM PA   **LHUN GYI**   **DRU PAR**   **YIN GYI LO**

¡por favor, bendícenos para que nuestros deseos se cumplan sin esfuerzo!

Cuando los seres de los seis reinos están afligidos por una gran miseria y especialmente cuando el rey y el pueblo de Tíbet están sufriendo, ¡debemos rezar sin dudas ni incertidumbres! Porque si rezamos con auténtica fe y devoción amorosas, tú, Padmasambava, nos mirarás a todos con tu constante compasión. Padmasambava de Urgyan, te rogamos: ¡por favor, bendícenos para que nuestros deseos se cumplan sin esfuerzo!

Notas

1. Lecturas alternativas para no tibetanos por C. R. Lama:

Página 113 verso 4

འཛམ་གླིང་འགྲོ་དྲུག་སེམས་ཅན་དོན་ལ་དགོངས༔

DZAM	LING	DRO	DRU	SEM CHAN	DON	LA	GONG
mundo		seres	seis (reinos)	seres sensibles	beneficio	para	pensamiento, consideración

a todos los seres de los seis reinos del mundo teniendo en cuenta su bienestar.

2. Página 114 versos 5 y 6

བོད་སོགས་ཆོས་སྤྱོད་ཡུལ་གྱི་གཉེན་གཅིག་པོ༔

BOE	SOE	CHO	CHO	YUL	GYI	ÑEN	CHI PO
Tíbet	etc.	darma	practicar	país	de	amigo	solo, único

por ti, el único amigo del Tíbet y de los demás países donde se practica el Darma.

ཡུལ་ཁམས་ཆོས་སྤྱོད་སྐྱོབ་པའི་ཐུགས་རྗེ་ཅན༔

YUL KHAM	CHO	CHO	KYO PE	THU YE CHAN
país	darma	hacer	proteger	el compasivo

Eres el compasivo que protege las tierras en las que se practica el Darma.

3. Página 115 verso 3

ཐུགས་རྗེས་འགྲོ་དྲུག་སེམས་ཅན་དོན་ལ་དགོངས༔

THU YE	DRO	DRU	SEM CHAN	DON	LA	GONG
con compasión	seres	seis reinos	seres	beneficio	a	tener en cuenta

pero con tu compasión te ocupas del bienestar de los todos los seres sensibles.

4.   Página 116 verso 4

ནང་རེ་དགོངས་རེ་དད་ལྡན་དོན་ལ་བྱོན༔

NANG	RE	GONG	RE	DAE DAN	DON	LA	YON
mañana	*cada*	*tarde*	*cada*	*con fe*	*beneficio*	*así*	*venir*

vienes cada mañana y cada tarde por el bien de los que tienen fe.

5.   Página 131 verso 2

ཁྱད་པར་བདག་སོགས་རྗེ་འབངས་སྡུག་བསྔལ་ན༔

KHYAE PAR	DA SO	YE	BANG	DU NGAL	NA
especialmente	*nosotros*	*rey*	*súbdito*	*miseria*	*si, cuando*

especialmente cuando nuestros gobernantes y el pueblo están sufriendo

གསོལ་འདེབས་བར་ཆད་ལམ་སེལ་ནི།

La oración que elimina los obstáculos del camino

ༀ་ཨཱཿ་ཧཱུྃཿ   བླ་མ་ལ་གསོལ་བ་འདེབས༔

OM	Aa	HUNG	LA MA	LA	SOL WA DE
cuerpo,	*palabra,*	*mente,*	*Gurú*	*a*	*rogar*
nirmanakaya	*sambogakaya*	*darmakaya*			

Om. Aa. Hung. Gurú, te rogamos.

བླ་མ་ཆོས་ཀྱི་སྐུ་ལ་གསོལ་བ་འདེབས༔

LA MA	CHO KYI KU	LA	SOL WA DE
Gurú	*darmakaya*	*a*	*rogar*

Gurú darmakaya, te rogamos.

བླ་མ་ལ་གསོལ་བ་འདེབས༔

LA MA	LA	SOL WA DE
Gurú	*a*	*rogar*

Gurú, te rogamos.

བླ་མ་ལོངས་སྤྱོད་རྫོགས་པའི་སྐུ་ལ་གསོལ་བ་འདེབས༔

LA MA	LONG CHO DZO PE KU	LA	SOL WA DE
Gurú	*sambogakaya*	*a*	*rogar*

Gurú sambogakaya, te rogamos.

བླ་མ་ལ་གསོལ་བ་འདེབས༔

LA MA	LA	SOL WA DE
Gurú	*a*	*rogar*

Gurú, te rogamos.

བླ་མ་སྤྲུལ་པའི་སྐུ་ལ་གསོལ་བ་འདེབས༔

LA MA	TRUL PE KU	LA	SOL WA DE
Gurú	*nirmanakaya*	*a*	*rogar*

Gurú nirmanakaya, te rogamos.

བླ་མ་ལ་གསོལ་བ་འདེབས༔

LA MA	LA	SOL WA DE
Gurú	*a*	*rogar*

Gurú, te rogamos.

མི་མཐུན་རྐྱེན་དང་བར་ཆད་སོལ༔

MI THUN	KYEN		DANG	BAR CHAE	SOL
difícil	*situaciones, circunstancias*		*y*	*obstáculos, interrupciones*	*barrer*

Por favor barre todos los obstáculos y circunstancias difíciles.

བླ་མ་ལ་གསོལ་བ་འདེབས༔

LA MA	LA	SOL WA DE
Gurú	*a*	*rogar*

Gurú, te rogamos.

མཆོག་ཐུན་མོང་གཉིས་ཀྱི་དངོས་གྲུབ་སྩལ་དུ་གསོལ༔

CHO	THUN MONG	ÑI	KYI	NGO DRU	TSAL	DU SOL
supremo	*general*	*ambos*	*de*	*logros*	*conceder*	*por favor*

Por favor, concédenos tanto el logro supremo como los generales.

Om. Aa. Hung. Gurú, te rogamos. Gurú darmakaya, te rogamos. Gurú, te rogamos. Gurú sambogakaya, te rogamos. Gurú, te rogamos. Gurú nirmanakaya, te rogamos. Gurú, te rogamos. Por favor barre todos los obstáculos y circunstancias difíciles. Gurú, te rogamos. Por favor, concédenos tanto el logro supremo como los generales.

བླ་མ་གསང་འདུས་ལས་སོ༎

(Estos primeros versos anteriores proceden del el Lama Sangdu).

ཨོཾ་ཨཱཿ་ཧཱུྃ༔

OM	Aa	HUNG
cuerpo,	*palabra,*	*mente,*
nirmanakaya	*sambogakaya*	*darmakaya*

Om. Aa. Hung.

ཆོས་སྐུ་སྣང་བ་མཐའ་ཡས་ལ་གསོལ་བ་འདེབས༔

CHO KU	NANG WA THA YAE	LA	SOL WA DE
darmakaya	*Amitaba, Luz Infinita*	*a*	*rogar*

Darmakaya Amitaba, te rogamos.

ལོངས་སྐུ་ཐུགས་རྗེ་ཆེན་པོ་ལ་གསོལ་བ་འདེབས༔

LONG KU	THU YE CHEN PO	LA	SOL WA DE
sambogakaya	*Avalokitésvara, Chenrezi, Gran Compasión*	*a*	*rogar*

Sambogakaya Avalokitésvara, te rogamos.

སྤྲུལ་སྐུ་པདྨ་འབྱུང་གནས་ལ་གསོལ་བ་འདེབས༔

TRUL KU   PAE MA   YUNG NAE   LA   SOL WA DE
nirmanakaya   Padmasambava   a   rogar

Nirmanakaya Padmasambava, te rogamos.

བདག་གི་བླ་མ་ངོ་མཚར་སྤྲུལ་པའི་སྐུ༔

DA GI   LA MA   NGO TSHAR   TRUL PE KU
mi   Gurú   maravilloso   nirmanakaya, emanación
(Padmasambava)

Tú, mi Gurú, eres la emanación maravillosa.

རྒྱ་གར་ཡུལ་དུ་སྐུ་འཁྲུངས་ཐོས་བསམ་མཛད༔

GYA GAR   YUL   DU   KU TRUNG   THO   SAM   DZAE
India   país   en   nacido   escuchar reflexionar hizo
(i.e. Oddiyana)   (i.e. estudió y practicó)

Nacido en la tierra de India, estudiaste y practicaste allí, luego

བོད་ཡུལ་དབུས་སུ་ཞལ་བྱོན་དྲེགས་པ་བཏུལ༔

BOE YUL   WU   SU   ZHAL YON   DRE PA   TUL
Tíbet   centro   en   vino   rudos dioses locales   someter

viniste al centro de Tíbet y sometiste a los arrogantes dioses locales.

ཨུ་རྒྱན་ཡུལ་དུ་སྐུ་བཞུགས་འགྲོ་དོན་མཛད༔

UR GYAN   YUL   DU   KU ZHU   DRO   DON   DZAE
Oddiyana   país   en   permanecido seres   beneficio hizo

Permaneciste en la tierra de Urgyan y actuaste por el bien de los seres.

Om. Aa. Hung. Darmakaya Amitaba, te rogamos. Sambogakaya Avalokitésvara, te rogamos. Nirmanakaya Padmasambava, te rogamos. Tú, mi Gurú, eres la emanación maravillosa. Nacido en la tierra de India, estudiaste y practicaste allí, luego viniste al centro de Tíbet y sometiste a los arrogantes dioses locales. Permaneciste en la tierra de Urgyan y actuaste por el bien de los seres.

སྐུ་ཡི་ངོ་མཚར་མཐོང་བའི་ཚེ༔

KU YI   NGO TSHAR   THONG WE   TSHE
cuerpo   maravilloso   ver   cuando

Cuando vemos tu maravillosa forma,

གཡས་པས་རལ་གྲིའི་ཕྱག་རྒྱ་མཛད༔

YAE PAE   RAL TRI   CHA GYA   DZAE
mano derecha espada   mudra   hacer

tu mano derecha muestra el mudra de la espada y

གཡོན་པས་འགུགས་པའི་ཕྱག་རྒྱ་མཛད༔

YON PA   **GUG PE**   **CHA GYA**   **DZAE**
izquierda   *invocación*   *mudra*   *hacer*

tu mano izquierda muestra el mudra de la invocación..

ཞལ་བགྲད་མཆེ་གཙིགས་གྱེན་ལ་གཟིགས༔

ZHAL   **DRE**   **CHE**   **TSI**   **GYEN**   **LA**   **ZI**
cara   *abierta*   *dientes*   *descubierto, mostrar*   *arriba*   *a*   *mirar (al cielo)*

Tu rostro sonriente muestra los dientes y miras hacia arriba,

རྒྱལ་བའི་གདུང་འཛིན་འགྲོ་བའི་མགོན༔

GYAL WE   **DUNG**   **DZIN**   **DRO WE**   **GON**
de los victoriosos   *linaje*   *sostenedor*   *seres*   *señor, benefactor*

tú, el benefactor de los seres que sostiene el linaje de los victoriosos.

Cuando vemos tu maravillosa forma, tu mano derecha muestra el mudra de la espada y tu mano izquierda el mudra de la invocación. Tu rostro sonriente muestra los dientes y miras hacia arriba, tú, el benefactor de los seres que sostiene el linaje de los victoriosos.

ཐུགས་རྗེས་བདག་ལ་བྱིན་གྱིས་རློབས༔

THU YE   **DA**   **LA**   **YIN GYI LO**
con compasión   *mí*   *a*   *bendecir!*

¡Bendícenos con tu compasión!

བརྩེ་བས་བདག་སོགས་ལམ་སྣ་དྲོངས༔

TSE WAE   **DA SO**   **LAM NA DRONG**
con amor y compasión   *nosotros*   *llevar fuera (del samsara)*

¡Dirígenos a la salvación con tu amoroso cuidado!

དགོངས་པས་བདག་ལ་དངོས་གྲུབ་སྩོལ༔

GONG PAE   **DA**   **LA**   **NGO DRUB**   **TSOL**
por tu agudeza, presencia   *mí*   *a*   *logros*   *conceder*

¡Concédenos los logros con tu presencia!

ནུས་པས་བདག་སོགས་བར་ཆད་སོལ༔

NU PAE   **DA SO**   **BAR CHE**   **SOL**
por tu poder   *nuestros*   *obstáculos*   *eliminar, disipar*

¡Elimina los obstáculos con tu poder!

ཕྱི་ཡི་བར་ཆད་ཕྱི་རུ་སོལ༔

CHI YI   BAR CHE   CHI RU   SOL
externo   obstáculos   fuera   limpiar

¡Resuelve los obstáculos externos donde estén!

ནང་གི་བར་ཆད་ནང་དུ་སོལ༔

NANG GI   BAR CHE   NANG DU   SOL
interno   obstáculos   dentro   limpiar

¡Resuelve los obstáculos internos donde estén!

གསང་བའི་བར་ཆད་དབྱིངས་སུ་སོལ༔

SANG WE   BAR CHE   YING   SU   SOL
secreto, sutil   obstáculos   espacio   en   limpiar

¡Resuelve los obstáculos sutiles en la vacuidad!

གུས་པས་ཕྱག་འཚལ་སྐྱབས་སུ་མཆི༔

GU PAE   CHA TSHAL   KYAB   SU   CHI
con devoción   postrar   refugio   a   ir

¡Nos postramos con devoción y nos refugiamos en ti!

ༀ་ཨཱཿཧཱུྂ་བཛྲ་གུ་རུ་པདྨ་སིདྡྷི་ཧཱུྂ༔

OM   Aa   HUNG   BEN ZA   GU RU   PE MA   SID DHI   HUNG
cuerpo palabra# mente+ vajra,   maestro   Padma   logros   dar*
                          indestructible   Sambava

*nirmanakaya #sambogakaya +darmakaya

Gurú Padmasambava con el cuerpo, la palabra y la mente indestructibles, por favor concédenos el logro de la budeidad.

¡Bendícenos con tu compasión! ¡Condúcenos a la salvación con tu amoroso cuidado! ¡Concédenos logros con tu presencia! ¡Elimina nuestros obstáculos con tu poder! ¡Resuelve los obstáculos externos donde estén! ¡Resuelve los obstáculos internos donde estén! ¡Resuelve los obstáculos sutiles en la vacuidad! Nos postramos con devoción y nos refugiamos en ti. Gurú Padmasambava con el cuerpo, la palabra y la mente indestructibles, por favor concédenos el logro de la budeidad.

དམ་ཆོས་རིན་ཆེན་གསན་པའི་ཚེ༔

DAM   CHO   RIN CHEN   SAN PE   TSHE
santo, sagrado   darma   precioso   escuchar, estudiar   cuando

Cuando estudiabas el darma santo y precioso,

ཀྱུ་གསལ་འོད་ཟེར་མདངས་དང་ལྡན༔

KU   SAL   WOE ZER   DANG   DANG DAN
cuerpo resplandeciente rayos de luz irradiar tener

tu cuerpo brillaba y resplandecía con rayos de luz.

ཕྱག་གཡས་སྡེ་སྣོད་གླེགས་བམ་བསྣམས༔

CHA   YAE   DE NOE   LEG BAM   NAM
mano derecha pitaka (chatur pitaka) volúmenes sostener

Tu mano derecha sostenía los volúmenes de las enseñanzas de Buda,

གཡོན་པས་ཕུར་པས་པུ་ཏི་བསྣམས༔

YON PAE   PHUR PAE   PU TI   NAM
izquierda   Vajrakila   libro   sostener

tu mano izquierda el texto de Vajrakila.

ཟབ་མོའི་ཆོས་རྣམས་ཐུགས་སུ་ཆུད༔

ZAB MOI   CHO NAM   THUG   SU   CHU
profundo   doctrinas   mente   en   poner

Comprendiste plenamente las doctrinas profundas,

ཡང་ལེ་ཤོད་ཀྱི་པཎྜི་ཏ༔

YANG LE SHO   KYI   PAN DI TA
nombre de una cueva en Nepal   de   pandita, erudito.

tú, el erudito de Yangle Sho.

Cuando estudiabas el darma santo y precioso, tu cuerpo brillaba y resplandecía con rayos de luz. Tu mano derecha sostenía los volúmenes de las enseñanzas de Buda y tu mano izquierda el texto de Vajrakila. Comprendiste plenamente las doctrinas profundas, tú, el erudito de Yangle Sho.

ཐུགས་རྗེས་བདག་ལ་བྱིན་གྱིས་རློབས༔

THU YE   DA   LA   YIN GYI LO

¡Bendícenos con tu compasión!

བརྩེ་བས་བདག་སོགས་ལམ་སྣ་དྲོངས༔

TSE WAE   DA SO   LAM NA DRONG

¡Dirígenos a la salvación con tu amoroso cuidado!

དགོངས་པས་བདག་ལ་དངོས་གྲུབ་སྩོལ༔

GONG PAE   DA LA   NGO DRUB   TSOL

¡Concédenos los logros con tu presencia!

ཉུས་པས་བདག་སོགས་བར་ཆད་སོལ༔

NU PAE DA SO BAR CHE SOL
¡Elimina los obstáculos con tu poder!

ཕྱི་ཡི་བར་ཆད་ཕྱི་རུ་སོལ༔

CHI YI BAR CHE CHI RU SOL
¡Resuelve los obstáculos externos donde estén!

ནང་གི་བར་ཆད་ནང་དུ་སོལ༔

NANG GI BAR CHE NANG DU SOL
¡Resuelve los obstáculos internos donde estén!

གསང་བའི་བར་ཆད་དབྱིངས་སུ་སོལ༔

SANG WE BAR CHE YING SU SOL
¡Resuelve los obstáculos sutiles en la vacuidad!

གུས་པས་ཕྱག་འཚལ་སྐྱབས་སུ་མཆི༔

GU PAE CHA TSHAL KYAB SU CHI
¡Nos postramos con devoción y nos refugiamos en ti!

ཨོ་ཨཱཿཧཱུྃ་བཛྲ་གུ་རུ་པདྨ་སིདྡྷི་ཧཱུྃ༔

OM Aa HUNG BEN ZA GU RU PE MA SID DHI HUNG
Guru Padmasambava con el cuerpo, la palabra y la mente indestructibles, por favor concédenos el logro de la budeidad.

¡Bendícenos con tu compasión! ¡Condúcenos a la salvación con tu amoroso cuidado! ¡Concédenos logros con tu presencia! ¡Elimina nuestros obstáculos con tu poder! ¡Resuelve los obstáculos externos donde estén! ¡Resuelve los obstáculos internos donde estén! ¡Resuelve los obstáculos sutiles en el vacío! Nos postramos con devoción y nos refugiamos en ti. Gurú Padmasambava con el cuerpo, la palabra y la mente indestructibles, por favor concédenos el logro de la budeidad.

དམ་ཅན་དམ་ལ་བཏགས་པའི་ཚེ༔

DAM CHAN DAM LA TAG PE TSHE
guardián de los votos votos en, bajo poner cuando
Cuando pusiste a los dioses locales bajo juramento,

ཏི་མེད་གནས་མཆོག་ཉམས་རེ་དགའཿ

DRI ME	NAE	CHO	ÑAM	RE GA
sin mancha	*lugar*	*santo, excelente*	*sentimiento*	*muy feliz*

te encontrabas en el lugar sagrado alegre y sin mancha

རྒྱ་གར་བོད་ཡུལ་ས་མཚམས་སུཿ

GYA GAR	BOE	YUL	SA TSHAM	SU
India	*Tíbet*	*país*	*frontera*	*en la*
			(i.e. Nepal)	

de la frontera entre India y Tíbet

བྱིན་གྱིས་བརླབས་ནས་བྱོན་པའི་ཚེཿ

YIN GYI LAB	NE	YON PE	TSHE
bendecir	*entonces*	*venir*	*cuando*
		(a Tíbet)	

que bendijiste antes de venir hacia el norte

Cuando pusiste a los dioses locales bajo juramento, te encontrabas en el lugar sagrado alegre y sin mancha de la frontera entre India y Tíbet que bendijiste antes de venir hacia el norte.

དྲི་བསུང་སྤོས་དད་ལྡན་པའི་རིཿ

DRI	SUNG	POE NGAE	DAN PE	RI
olor	*buena fragancia*	*aroma poderoso*	*tener*	*colina*

En esa colina perfumada con dulces aromas

མེ་ཏོག་པདྨ་དགུན་ཡང་སྐྱེཿ

ME TOG	PAE ME	GUN	YANG	KYE
flor	*loto*	*invierno*	*también*	*florecer*

florecen las flores de loto incluso en invierno,

ཆུ་མིག་བྱང་ཆུབ་བདུད་རྩིའི་ཆུཿ

CHU MI	CHANG CHU	DU TSI	CHU
primavera	*bodi, iluminación*	*amrita,*	*agua*
	(nombre de la primavera)	*elixir liberador*	

en la primavera con el agua elixir de la iluminación,

བདེ་ལྡན་དེ་ཡི་གནས་མཆོག་ཏུཿ

DE DAN	DE YI	NAE	CHO	TU
felicidad	*ese*	*lugar*	*excelente*	*en*

el más excelente lugar de felicidad.

En esa colina perfumada con dulces aromas florecen las flores de loto incluso en invierno, en la primavera con el agua elixir de la iluminación, el más excelente lugar de felicidad.

སྐྱེས་མཆོག་ཚུལ་བཟང་ཆོས་གོས་གསོལ༔

KYE CHO	TSHUL	ZANG	CHO	GO	SOL
ser superior,	*sistema*	*bueno*	*darma*	*túnica*	*vestir*
el elevado			*(i.e. vestido como un biksu)*		

Allí apareciste con el estilo puro de un superior vistiendo hábitos de monje.

ཕྱག་གཡས་རྡོ་རྗེ་རྩེ་དགུ་བསྣམས༔

CHA	YAE	DOR YE	TSE	GU	NAM
mano	*derecha*	*vajra*	*puntas*	*nueve*	*sostener*

En tu mano derecha sostenías un vajra de nueve puntas y

གཡོན་པས་རིན་ཆེན་ཟ་མ་ཏོག༔

YON PAE	RIN CHEN	ZA MA TO
izquierda	*joya, preciosa*	*cofre para implementos de darma*

en la izquierda un precioso cofre

རཀྟ་བདུད་རྩིས་ནང་དུ་གཏམས༔

RAK TA	DU TSI	NANG DU	TAM
sangre	*elixir liberador*	*dentro*	*sostener*

que contenía rakta y elixir liberador.

མཁའ་འགྲོ་དམ་ཅན་དམ་ལ་བཏགས༔

KHAN DRO	DAM CHAN		DAM	LA	TA
dakinis	*guardianes de los votos*		*votos*	*en*	*poner*
	(anteriores dioses locales salvajes)				

Pusiste a las dakinis y a los dioses locales bajo juramento y,

ཡི་དམ་ཞལ་གཟིགས་དངོས་གྲུབ་བརྙེས༔

YI DAM		ZHAL	ZI	NGO DRUB	ÑE
deidad del camino		*rostro*	*ver*	*logros*	*obtenido*

al ver el rostro de tu deidad del camino, obtuviste el logro.

Allí apareciste con el estilo puro de un superior vistiendo hábitos de monje. En tu mano derecha sostenías un vajra de nueve puntas y en la izquierda un precioso cofre que contenía rakta y elixir liberador. Pusiste a las dakinis y a los dioses locales bajo juramento y, al ver el rostro de tu deidad del camino, obtuviste el logro.

ཐུགས་རྗེས་བདག་ལ་བྱིན་གྱིས་རློབས༔

THU YE	DA	LA	YIN GYI LO

¡Bendícenos con tu compasión!

བརྩེ་བས་བདག་སོགས་ལམ་སྣ་དྲོངས༔

TSE WAE   DA SO   LAM NA DRONG

¡Dirígenos a la salvación con tu amoroso cuidado!

དགོངས་པས་བདག་ལ་དངོས་གྲུབ་སྩོལ༔

GONG PAE   DA LA   NGO DRUB   TSOL

¡Concédenos los logros con tu presencia!

ནུས་པས་བདག་སོགས་བར་ཆད་སོལ༔

NU PAE   DA SO   BAR CHE   SOL

¡Elimina los obstáculos con tu poder!

ཕྱི་ཡི་བར་ཆད་ཕྱི་རུ་སོལ༔

CHI YI   BAR CHE   CHI RU   SOL

¡Resuelve los obstáculos externos donde estén!

ནང་གི་བར་ཆད་ནང་དུ་སོལ༔

NANG GI   BAR CHE   NANG DU   SOL

¡Resuelve los obstáculos internos donde estén!

གསང་བའི་བར་ཆད་དབྱིངས་སུ་སོལ༔

SANG WE   BAR CHE   YING   SU   SOL

¡Resuelve los obstáculos sutiles en la vacuidad!

གུས་པས་ཕྱག་འཚལ་སྐྱབས་སུ་མཆི༔

GU PAE   CHA TSHAL   KYAB   SU   CHI

¡Nos postramos con devoción y nos refugiamos en ti!

ཨོཾ་ཨཱཿཧཱུྂ་བཛྲ་གུ་རུ་པདྨ་སིདྡྷི་ཧཱུྂ༔

OM   Aa   HUNG   BEN ZA   GU RU   PE MA   SID DHI   HUNG

Gurú Padmasambava con el cuerpo, la palabra y la mente indestructibles, por favor concédenos el logro de la budeidad.

¡Bendícenos con tu compasión! ¡Condúcenos a la salvación con tu amoroso cuidado! ¡Concédenos logros con tu presencia! ¡Elimina nuestros obstáculos con tu poder! ¡Resuelve los obstáculos externos donde estén! ¡Resuelve los obstáculos internos donde estén! ¡Resuelve los obstáculos sutiles en el vacío! Nos postramos con devoción y nos refugiamos en ti. Gurú Padmasambava con el cuerpo, la palabra y la mente indestructibles, por favor concédenos el logro de la budeidad.

རྒྱལ་བའི་བསྟན་པ་བཙུགས་པའི་ཚེ༔

GYAL WE   **TAN PA**   **TSUG PE**   **TSHE**
yina, victorioso   *doctrinas*   *establecer (en Tíbet)*   *tiempo*

Cuando establecías las doctrinas del Yina,

གཡའ་རིའི་ནགས་ལ་སྒྲུབ་པ་མཛད༔

YA RI   **NAG**   **LA**   **DRU PA**   **DZAE**
(Yama Long)   *bosque*   *en*   *práctica*   *hiciste*

realizabas prácticas en el bosque de Ya Ri y

བསྙེན་ཕུར་ནམ་མཁའི་མཐོངས་སུ་འཕངས༔

ÑEN   **PHUR**   **NAM KHE**   **THONG**   **SU**   **PHANG**
recitación   *kila, puñal*   *cielo*   *extensión*   *en*   *tirar*

lanzando el puñal de tu mantra a cielo abierto

རྡོ་རྗེའི་ཕྱག་རྒྱས་བླངས་ཤིང་བསྒྲིལ༔

DOR YEI   **CHA GYAE**   **LANG SHING**   **DRIL**
vajra   *mudra*   *volver a coger*   *deslizar entre las manos*

lo cogías con el mudra vajra y lo hacías rodar entre tus manos.

Cuando establecías las doctrinas del Yina, realizabas prácticas en el bosque de Ya Ri y lanzando el puñal de tu mantra a cielo abierto lo cogías con el mudra vajra y lo hacías rodar entre tus manos.

བསྒྲིལ་ཞིང་ཙན་དན་ནགས་སུ་འཕངས༔

DRIL ZHING   **TSAN DAN**   **NAG**   **SU**   **PHANG**
rodar   *un tipo de madera de sándalo rojo*   *bosque*   *en*   *tirar*

Hiciste rodar la purpa y la arrojaste al bosque de sándalo,

མེ་འབར་འཁྲུག་ཅིང་མཚོ་ཡང་སྐེམ༔

ME   **BAR**   **TRU CHING**   **TSHO**   **YANG**   **KEM**
fuego   *abrasador*   *incontrolado*   *lago*   *también*   *secó*

que ardió como un infierno, de modo que incluso el lago cercano se secó.

སྲིབས་ཀྱི་མུ་སྟེགས་ས་གང་བསྲེགས༔

SIB   **KYI**   **MU TEG**   **SA**   **GANG**   **SE**
sombra   *de*   *tirtikas,*   *lugares donde*   *completamente*   *ardieron*
                  anti-budistas   *moraban sus dioses*

Las moradas de los dioses tirtika en el lado oscuro de las montañas se quemaron por completo y

ཡ་ཀྲ་ནག་པོ་རྡུལ་དུ་བཟླག༔

YAK SHA NAG PO   **DUL DU LA**
jefe de las fuerzas contra el darma   aniquilado
Yaksha Nagpo fue aniquilado.

འགྲན་གྱི་དོ་མེད་བདུད་ཀྱི་གཤེད༔

DRAN GYI DO ME   **DU**   **KYI**   **SHE**
supremo, incomparable   demonios   de   destructor, controlador
Eres el destructor supremo de los demonios.

Hiciste rodar la purpa y la arrojaste al bosque de sándalo, que ardió como un infierno, de modo que incluso el lago cercano se secó. Las moradas de los dioses tirtika en el lado oscuro de las montañas se quemaron por completo y Yaksha Nagpo fue aniquilado. Eres el destructor supremo de los demonios.

ཐུགས་རྗེས་བདག་ལ་བྱིན་གྱིས་རློབས༔

THU YE   **DA**   **LA**   **YIN GYI LO**
¡Bendícenos con tu compasión!

བརྩེ་བས་བདག་སོགས་ལམ་སྣ་དྲོངས༔

TSE WAE   **DA SO**   **LAM NA DRONG**
¡Dirígenos a la salvación con tu amoroso cuidado!

དགོངས་པས་བདག་ལ་དངོས་གྲུབ་སྩོལ༔

GONG PAE   **DA LA**   **NGO DRUB**   **TSOL**
¡Concédenos los logros con tu presencia!

ནུས་པས་བདག་སོགས་བར་ཆད་སོལ༔

NU PAE   **DA SO**   **BAR CHE**   **SOL**
¡Elimina los obstáculos con tu poder!

ཕྱི་ཡི་བར་ཆད་ཕྱི་རུ་སོལ༔

CHI YI   **BAR CHE**   **CHI RU**   **SOL**
¡Resuelve los obstáculos externos donde estén!

ནང་གི་བར་ཆད་ནང་དུ་སོལ༔

NANG GI   **BAR CHE**   **NANG DU**   **SOL**
¡Resuelve los obstáculos internos donde estén!

གསང་བའི་བར་ཆད་དབྱིངས་སུ་སོལ༔

SANG WE   BAR CHE   YING   SU   SOL
¡Resuelve los obstáculos sutiles en la vacuidad!

གུས་པས་ཕྱག་འཚལ་སྐྱབས་སུ་མཆི༔

GU PAE   CHA TSHAL   KYAB   SU   CHI
¡Nos postramos con devoción y nos refugiamos en ti!

ཨོཾ་ཨཱཿ་ཧཱུྃ་བཛྲ་གུ་རུ་པདྨ་སིདྡྷི་ཧཱུྃ༔

OM   Aa   HUNG   BEN ZA   GU RU   PE MA   SID DHI   HUNG
Gurú Padmasambava con el cuerpo, la palabra y la mente indestructibles, por favor concédenos el logro de la budeidad.

¡Bendícenos con tu compasión! ¡Condúcenos a la salvación con tu amoroso cuidado! ¡Concédenos logros con tu presencia! ¡Elimina nuestros obstáculos con tu poder! ¡Resuelve los obstáculos externos donde estén! ¡Resuelve los obstáculos internos donde estén! ¡Resuelve los obstáculos sutiles en el vacío! Nos postramos con devoción y nos refugiamos en ti. Gurú Padmasambava con el cuerpo, la palabra y la mente indestructibles, por favor concédenos el logro de la budeidad.

སྲིན་པོའི་ཁ་གནོན་མཛད་པའི་ཚེ༔

SIN POI | **KHA NON** | **DZAE PE** | **TSE**
rakshasas, demonios caníbales *controlar, subyugar* *hacer* *cuando*
Cuando estabas sometiendo a los demonios caníbales

ཁྱེའུ་ཆུང་སྤྲུལ་སྐུའི་ཆ་ལུགས་ཅན༔

KHYEU CHUNG   TRUL KUI   CHA LU   CHAN
muchacho   emanación   forma, vestido, estilo   tener
apareciste bajo la forma de una emanación juvenil.

ཡ་མཚན་གཟུགས་བཟང་ཁ་དོག་ལེགས༔

YAM TSHAN   ZUG   ZANG   KHA DO   LE
maravilloso   forma, figura   bueno   color   bueno
Tu físico era absolutamente maravilloso, con un color excelente,

ཚེམས་འགྲིག་དབུ་སྐྲ་སེར་ལ་འཚེར༔

TSHEM   TRI   WU TRA   SER   LA TSHER
dientes   iguales   cabello en su cabeza   dorado   resplandeciente
una dentadura perfecta y un cabello brillante y dorado.

Cuando estabas sometiendo a los demonios caníbales apareciste bajo la forma de una emanación juvenil. Tu físico era absolutamente maravilloso, con un color excelente, una dentadura perfecta y un cabello brillante y dorado.

དགུང་ལོ་བཅུ་དྲུག་ལོན་པའི་ཚུལ༔

GUNG LO   CHU DRU   LON PE   TSHUL
edad   dieciséis   edad   forma

Apareciste como un joven de dieciséis años

རིན་ཆེན་རྒྱན་ཆ་སྣ་ཚོགས་གསོལ༔

RIN CHEN   GYAN CHA   NA TSHO   SOL
joya   ornamentos   varios   vestir

adornado con varias joyas.

ཕྱག་གཡས་འཁར་བའི་ཕུར་པ་བསྣམས༔

CHA   YAE   KHAR WE   PHUR PA   NAM
mano   derecha   campana de metal   kila, puñal   sostener

Tu mano derecha sostenía una purpa de metal de campana

བདུད་དང་སྲིན་པོའི་ཁ་གནོན་མཛད༔

DU   DANG   SIN POI   KHA NON   DZAE
mara, demonios y   rakshasas, demonios caníbales   subyugar   hiciste

con la que sometías a los maras y rakshasas.

Apareciste como un joven de dieciséis años adornado con varias joyas. Tu mano derecha sostenía una purpa de metal de campana con la que sometías a los maras y rakshasas.

གཡོན་པ་སེང་ལྡེང་ཕུར་པ་བསྣམས༔

YON PA   SENG DENG   PHUR PA   NAM
izquierda   madera de acacia roja   clavo   sostener

Tu mano izquierda sostenía una purpa de acacia roja

མོས་པའི་བུ་ལ་བསྲུང་སྐྱོབ་མཛད༔

MOE PE   BU   LA   SUNG   KYOB   DZAE
devoto   hijos, discípulos   a   guardar   proteger   hacer

con la que protegías a tus devotos discípulos.

མགུལ་ལ་ལྕགས་ཀྱི་ཕུར་པ་བསྣམས༔

GUL   LA   CHA KYI   PHUR PA   NAM
cuello   al   hierro   clavo   sostener, llevar

Llevabas una purpa de hierro al cuello,

ཡི་དམ་ལྷ་དང་གཉིས་སུ་མེད༔

YI DAM LHA   DANG   ÑI SU ME
deidad del camino y   no es diferente

tú que no eres diferente de la deidad del camino.

གཉིས་མེད་སྤྲུལ་སྐུ་འཛམ་གླིང་རྒྱན༔

ÑI ME   TRUL KU   DZAM LING   GYAN
no-dual   emanación   mundo   ornamento

Eres la emanación no-dual, el ornamento del mundo.

Tu mano izquierda sostenía una purpa de acacia roja con la que protegías a tus devotos discípulos. Llevabas una purpa de hierro al cuello, tú que no eres diferente de la deidad del camino. Eres la emanación no-dual, el ornamento del mundo.

ཐུགས་རྗེས་བདག་ལ་བྱིན་གྱིས་རློབས༔

THU YE   DA   LA   YIN GYI LO

¡Bendícenos con tu compasión!

བརྩེ་བས་བདག་སོགས་ལམ་སྣ་དྲོངས༔

TSE WAE   DA SO   LAM NA DRONG

¡Dirígenos a la salvación con tu amoroso cuidado!

དགོངས་པས་བདག་ལ་དངོས་གྲུབ་སྩོལ༔

GONG PAE   DA LA   NGO DRUB   TSOL

¡Concédenos los logros con tu presencia!

ནུས་པས་བདག་སོགས་བར་ཆད་སོལ༔

NU PAE   DA SO   BAR CHE   SOL

¡Elimina los obstáculos con tu poder!

ཕྱི་ཡི་བར་ཆད་ཕྱི་རུ་སོལ༔

CHI YI   BAR CHE   CHI RU   SOL

¡Resuelve los obstáculos externos donde estén!

ནང་གི་བར་ཆད་ནང་དུ་སོལ༔

NANG GI   BAR CHE   NANG DU   SOL

¡Resuelve los obstáculos internos donde estén!

གསང་བའི་བར་ཆད་དབྱིངས་སུ་སོལ༔

SANG WE   BAR CHE   YING   SU   SOL

¡Resuelve los obstáculos sutiles en la vacuidad!

གུས་པས་ཕྱག་འཚལ་སྐྱབས་སུ་མཆི༔

GU PAE   CHA TSHAL   KYAB   SU   CHI

¡Nos postramos con devoción y nos refugiamos en ti!

ༀ་ཨཱཿཧཱུྃ་བཛྲ་གུ་རུ་པདྨ་སིདྡྷི་ཧཱུྃ༔

OM   Aa   HUNG   BEN ZA   GU RU   PE MA   SID DHI   HUNG

Gurú Padmasambava con el cuerpo, la palabra y la mente indestructibles, por favor concédenos el logro de la budeidad.

¡Bendícenos con tu compasión! ¡Condúcenos a la salvación con tu amoroso cuidado! ¡Concédenos logros con tu presencia! ¡Elimina nuestros obstáculos con tu poder! ¡Resuelve los obstáculos externos donde estén! ¡Resuelve los obstáculos internos donde estén! ¡Resuelve los obstáculos sutiles en el vacío! Nos postramos con devoción y nos refugiamos en ti. Gurú Padmasambava con el cuerpo, la palabra y la mente indestructibles, por favor concédenos el logro de la budeidad.

འདྲེ་ཡི་ཡུལ་དུ་དགོངས་པའི་ཚེ༔

DRE YI   YUL DU   GONG PE   TSHE
espíritus malignos   país   a   considerar   cuando

Cuando dirigiste tu atención a la tierra de los espíritus malignos,

མེ་དཔུང་ཤོད་ཀྱི་ས་གཞི་ལ༔

ME   PUNG   SHO   KYI   SA ZHI   LA
fuego   masa   dentro   de   lugar   a

entraste en un lugar de fuego furioso.

མདའ་རྒྱང་གང་གི་མཚོ་ནང་ན༔

DA   GYANG   GANG   GI   TSHO   NANG NA
flecha   distancia   lleno   de   lago   dentro

Lo transformaste en un lago del vuelo de una flecha de ancho y

པདྨའི་སྟེང་ན་བསིལ་བསིལ་འདྲ༔

PAE ME   TENG NA   SIL SIL   DRA
loto   encima de   muy tranquilo   como

allí, encima de un loto, te sentaste muy tranquilamente

པདྨའི་ནང་ནས་དགོངས་པ་མཛད༔

PAE ME   NANG NE   GONG PA   DZAE
loto   centro   meditación hiciste

a practicar la meditación dentro del loto.

Cuando dirigiste tu atención a la tierra de los espíritus malignos, entraste en un lugar de fuego furioso. Lo transformaste en un lago del vuelo de una flecha de ancho y allí, encima de un loto, te sentaste muy tranquilamente a practicar la meditación dentro del loto.

མཚན་ཡང་པདྨ་འབྱུང་གནས་ཞེས༔

TSHAN   YANG   PE MA YUNG NAE   ZHE
nombre   también Padmasambava   llamado

Tu nombre entonces era Padma Yungnae y

རྫོགས་པའི་སངས་རྒྱས་དངོས་སུ་བྱོན༔

DZO PE   SANG GYE   NGO SU   YON
perfecto   Buda   verdadero ido a, ganado

y realmente alcanzaste la budeidad perfecta,

དེ་འདྲའི་སྤྲུལ་སྐུ་ཡ་མཚན་ཅན༔

DEN DRE   TRUL KU   YAM TSHAN CHAN
como esa   emanación   maravillosa

tú, la emanación maravillosa.

Tu nombre entonces era Padma Yungnae y realmente alcanzaste la budeidad perfecta, tú, la emanación maravillosa.

ཐུགས་རྗེས་བདག་ལ་བྱིན་གྱིས་རློབས༔

THU YE   DA   LA   YIN GYI LO

¡Bendícenos con tu compasión!

བརྩེ་བས་བདག་སོགས་ལམ་སྣ་དྲོངས༔

TSE WAE   DA SO   LAM NA DRONG

¡Dirígenos a la salvación con tu amoroso cuidado!

དགོངས་པས་བདག་ལ་དངོས་གྲུབ་སྩོལ༔

GONG PAE   DA LA   NGO DRUB   TSOL

¡Concédenos los logros con tu presencia!

ནུས་པས་བདག་སོགས་བར་ཆད་སོལ༔

NU PAE   DA SO   BAR CHE   SOL

¡Elimina los obstáculos con tu poder!

ཕྱི་ཡི་བར་ཆད་ཕྱི་རུ་སོལ༔

CHI YI BAR CHE CHI RU SOL

¡Resuelve los obstáculos externos donde estén!

ནང་གི་བར་ཆད་ནང་དུ་སོལ༔

NANG GI BAR CHE NANG DU SOL

¡Resuelve los obstáculos internos donde estén!

གསང་བའི་བར་ཆད་དབྱིངས་སུ་སོལ༔

SANG WE BAR CHE YING SU SOL

¡Resuelve los obstáculos sutiles en la vacuidad!

གུས་པས་ཕྱག་འཚལ་སྐྱབས་སུ་མཆི༔

GU PAE CHA TSHAL KYAB SU CHI

¡Nos postramos con devoción y nos refugiamos en ti!

ༀ་ཨཱཿཧཱུྂ་བཛྲ་གུ་རུ་པདྨ་སིདྡྷི་ཧཱུྂ༔

OM Aa HUNG BEN ZA GU RU PE MA SID DHI HUNG

Gurú Padmasambava con el cuerpo, la palabra y la mente indestructibles, por favor concédenos el logro de la budeidad.

¡Bendícenos con tu compasión! ¡Condúcenos a la salvación con tu amoroso cuidado! ¡Concédenos logros con tu presencia! ¡Elimina nuestros obstáculos con tu poder! ¡Resuelve los obstáculos externos donde estén! ¡Resuelve los obstáculos internos donde estén! ¡Resuelve los obstáculos sutiles en el vacío! Nos postramos con devoción y nos refugiamos en ti. Gurú Padmasambava con el cuerpo, la palabra y la mente indestructibles, por favor concédenos el logro de la budeidad.

བོད་ཀྱི་ཉི་མ་མཛད་པའི་ཚེ༔

BOE KYI ÑI MA DZAE PE TSHE
Tíbet de sol hacer cuando
(i.e. expandiendo la luz del darma por todas partes)

Cuando, como el sol, trajiste la luz a la tierra de Tíbet,

དད་ལྡན་འགྲོ་བ་འདྲེན་པའི་དཔལ༔

DAE DAN DRO WA DREN PE PAL
fiel seres guiar, dirigir a gloria, lo mejor

fuiste el guía supremo de los seres fieles y

གང་ལ་གང་འདུལ་སྐུར་བསྟན་ནས༔

GANG LA GANG   **DUL**   **KUR**   **TAN**   **NE**
de acuerdo con lo necesario   *domar*   *forma*   *mostrar*   *entonces*

mostraste la forma que fuera necesaria para domarlos y educarlos.

གཙང་ཁ་ལ་ཡི་ལ་ཐོག་ཏུ༔

TSANG KHA   **LA**   **YI LA THO TU**
(nombre de un lugar)   *paso*   *sobre el*

En el paso de Tsang Ka

དགྲ་ལྷའི་དགེ་བསྙེན་དམ་ལ་བཏགས༔

DRA LHAI GE ÑEN   **DAM**   **LA**   **TA**
nombre de un antiguo dios local de Tíbet   *votos*   *en*   *poner, fijar*

pusiste a Drala Geñen bajo juramento.

Cuando, como el sol, trajiste la luz a la tierra de Tíbet, fuiste el guía supremo de los seres fieles y mostraste la forma que fuera necesaria para domarlos y educarlos. En el paso de Tsang Ka pusiste a Drala Geñen bajo juramento.

ཡུལ་ནི་ཚ་བའི་ཚ་ཤོད་དུ༔

YUL NI   **TSHA WE TSHA SHO**   **DU**
país   *(una tierra en la frontera entre Tíbet y Nepal)*   *de,en*

En el país de Tshawe Tshashod

ལྷ་ཡི་དགེ་བསྙེན་དྲེགས་པ་ཅན༔

LHA YI GE ÑEN DRE PA CHAN
(nombre de algunos dioses locales)

pusiste a los veintiún

ཉི་ཤུ་རྩ་གཅིག་དམ་ལ་བཏགས༔

ÑI SHU TSA CHI   **DAM**   **LA**   **TA**
veintiuno   *votos*   *en*   *poner*

Layi Geñen Dregpachan bajo juramento.

མང་ཡུལ་དེ་ཡེ་བྱམས་སྤྲིན་དུ༔

MANG YUL   **DE**   **YE**   **YAM TRIN**   **DU**
(distrito)   *ese*   *de*   *(lugar)*   *en*

En Yamtrin de Mangyul

དགེ་སློང་བཞི་ལ་དངོས་གྲུབ་གནང༔

GE LONG ZHI   **LA**   **NGO DRU**   **NANG**
(cuatro dioses locales)   *a*   *samanasidhi, logros*   *diste*

diste logros generales al Gelong Zhi,

ཁྱད་པར་འཕགས་པའི་རིག་འཛིན་མཆོག༔

KHYAE PAR   **PHA PE**   **RIG DZIN**   **CHO**
especialmente   *arya, noble, santo*   *vidyadara*   *supremo*

tú el vidyadara supremo especialmente elevado.

En el país de Tshawe Tshashod pusiste bajo voto a los veintiún Layi Geñen Dregpachan. En Yamtrin de Mangyul diste logros generales al Gelong Zhi, tú el vidyadara supremo especialmente elevado.

ཐུགས་རྗེས་བདག་ལ་བྱིན་གྱིས་རློབས༔

THU YE   **DA**   **LA**   **YIN GYI LO**

¡Bendícenos con tu compasión!

བརྩེ་བས་བདག་སོགས་ལམ་སྣ་དྲོངས༔

TSE WAE   **DA SO**   **LAM NA DRONG**

¡Dirígenos a la salvación con tu amoroso cuidado!

དགོངས་པས་བདག་ལ་དངོས་གྲུབ་སྩོལ༔

GONG PAE   **DA LA**   **NGO DRUB**   **TSOL**

¡Concédenos los logros con tu presencia!

ནུས་པས་བདག་སོགས་བར་ཆད་སོལ༔

NU PAE   **DA SO**   **BAR CHE**   **SOL**

¡Elimina los obstáculos con tu poder!

ཕྱི་ཡི་བར་ཆད་ཕྱི་རུ་སོལ༔

CHI YI   **BAR CHE**   **CHI RU**   **SOL**

¡Resuelve los obstáculos externos donde estén!

ནང་གི་བར་ཆད་ནང་དུ་སོལ༔

NANG GI   **BAR CHE**   **NANG DU**   **SOL**

¡Resuelve los obstáculos internos donde estén!

གསང་བའི་བར་ཆད་དབྱིངས་སུ་སོལ༔

SANG WE   **BAR CHE**   **YING**   **SU**   **SOL**

¡Resuelve los obstáculos sutiles en la vacuidad!

གུས་པས་ཕྱག་འཚལ་སྐྱབས་སུ་མཆི༔

GU PAE   **CHA TSHAL**   **KYAB**   **SU**   **CHI**

¡Nos postramos con devoción y nos refugiamos en ti!

ཨོཾ་ཨ༔ཧཱུྃ་བཛྲ་གུ་རུ་པདྨ་སིདྡྷི་ཧཱུྃ༔

OM Aa HUNG BEN ZA GU RU PE MA SID DHI HUNG

Gurú Padmasambava con el cuerpo, la palabra y la mente indestructibles, por favor concédenos el logro de la budeidad.

¡Bendícenos con tu compasión! ¡Condúcenos a la salvación con tu amoroso cuidado! ¡Concédenos logros con tu presencia! ¡Elimina nuestros obstáculos con tu poder! ¡Resuelve los obstáculos externos donde estén! ¡Resuelve los obstáculos internos donde estén! ¡Resuelve los obstáculos sutiles en el vacío! Nos postramos con devoción y nos refugiamos en ti. Gurú Padmasambava con el cuerpo, la palabra y la mente indestructibles, por favor concédenos el logro de la budeidad.

དཔལ་མོ་ཐང་གི་དཔལ་ཐང་དུ༔

PA MO THANG GI PA THANG DU
(nombre) llanura de (pueblo) en

En la aldea de Palmo Tang, en la llanura de Palmo,

བརྟན་མ་བཅུ་གཉིས་དམ་ལ་བཏགས༔

TAN MA CHU ÑI DAM LA TA
(doce diosas locales) votos en poner

pusiste bajo juramento a Tanma Chuñi.

བོད་ཡུལ་ཁ་ལའི་ལ་ཐོག་ཏུ༔

BOE YUL KHA LE LA THOG TU
Tíbet (montaña) en

En la montaña de Kala en la tierra de Tíbet

གངས་དཀར་ཤ་མེད་དམ་ལ་བཏགས༔

GANG KAR SHA ME DAM LA TA
(demonio local) voto en poner

sometiste a Gangkar Shame bajo juramento.

འདམ་ཤོད་ལྷ་བུའི་སྙིང་དྲུང་དུ༔

DAM SHO LHA BUI ÑING DRUNG DU
(pueblo) (montaña) cerca de

En el pueblo de Damsho cerca del monte Labui Ñing

ཐང་ལྷ་ཡ་ཞུར་དམ་ལ་བཏགས༔

THANG LHA YA ZHUR DAM LA TA
(dios local de la montaña) votos en poner

sometiste a Tangla Yazur bajo juramento.

En la aldea de Palmo Tang, en la llanura de Palmo, pusiste bajo juramento a Tanma Chunyi. En la montaña de Kala en la tierra de Tíbet sometiste a Gangkar Shame bajo juramento. En el pueblo de Damsho cerca del monte Labui Ñing sometiste a Tangla Yazur bajo juramento.

ཆེ་བའི་ལྷ་འདྲེ་ཐམས་ཅད་ཀྱིས༔

CHE WE   LHA   DRE   THAM CHE   KYI
gran   dioses locales demonios todos   de

Entre todos los grandes dioses y demonios locales,

ལ་ལས་སྲོག་གི་སྙིང་པོ་ཕུལ༔

LA LAE   SO GI   ÑING PO   PHUL
por   alguna vida   esencia   ofrecido

algunos ofrecieron su esencia vital,

ལ་ལས་བསྟན་པ་བསྲུང་བར་བྱས༔

LA LAE   TAN PA   SUNG WAR   YAE
algunos   doctrina   guardar   hizo (i.e. lo prometió)

otros aceptaron custodiar la doctrina y

ལ་ལས་བྲན་དུ་ཁས་བླངས་བྱས༔

LA LAE   DRAN   DU   KHAE LANG   YAE
algunos   sirviente   como   prometer   hizo
(servir al Darma)

otros prometieron ser tus servidores,

མཐུ་དང་རྫུ་འཕྲུལ་སྟོབས་པོ་ཆེ༔

THU   DANG   DZUN TRUL   TO PO   CHE
poder, fuerza   y   milagros   fuerte   grande

pues tu poder y tus milagros son muy fuertes.

Entre todos los grandes dioses y demonios locales, algunos ofrecieron su esencia vital, otros aceptaron custodiar la doctrina y otros prometieron ser tus servidores, pues tu poder y tus milagros son muy fuertes.

ཐུགས་རྗེས་བདག་ལ་བྱིན་གྱིས་རློབས༔

THU YE   DA   LA   YIN GYI LO

¡Bendícenos con tu compasión!

བརྩེ་བས་བདག་སོགས་ལམ་སྣ་དྲོངས༔

TSE WAE   DA SO   LAM NA DRONG

¡Dirígenos a la salvación con tu amoroso cuidado!

དགོངས་པས་བདག་ལ་དངོས་གྲུབ་སྩོལ༔

GONG PAE DA LA NGO DRUB TSOL

¡Concédenos los logros con tu presencia!

ནུས་པས་བདག་སོགས་བར་ཆད་སོལ༔

NU PAE DA SO BAR CHE SOL

¡Elimina los obstáculos con tu poder!

ཕྱི་ཡི་བར་ཆད་ཕྱི་རུ་སོལ༔

CHI YI BAR CHE CHI RU SOL

¡Resuelve los obstáculos externos donde estén!

ནང་གི་བར་ཆད་ནང་དུ་སོལ༔

NANG GI BAR CHE NANG DU SOL

¡Resuelve los obstáculos internos donde estén!

གསང་བའི་བར་ཆད་དབྱིངས་སུ་སོལ༔

SANG WE BAR CHE YING SU SOL

¡Resuelve los obstáculos sutiles en la vacuidad!

གུས་པས་ཕྱག་འཚལ་སྐྱབས་སུ་མཆི༔

GU PAE CHA TSHAL KYAB SU CHI

¡Nos postramos con devoción y nos refugiamos en ti!

ཨོཾ་ཨཱཿཧཱུྃ་བཛྲ་གུ་རུ་པདྨ་སིདྡྷི་ཧཱུྃ༔

OM Aa HUNG BEN ZA GU RU PE MA SID DHI HUNG

Gurú Padmasambava con el cuerpo, la palabra y la mente indestructibles, por favor concédenos el logro de la budeidad.

¡Bendícenos con tu compasión! ¡Condúcenos a la salvación con tu amoroso cuidado! ¡Concédenos logros con tu presencia! ¡Elimina nuestros obstáculos con tu poder! ¡Resuelve los obstáculos externos donde estén! ¡Resuelve los obstáculos internos donde estén! ¡Resuelve los obstáculos sutiles en el vacío! Nos postramos con devoción y nos refugiamos en ti. Gurú Padmasambava con el cuerpo, la palabra y la mente indestructibles, por favor concédenos el logro de la budeidad.

དམ་པའི་ཆོས་ཀྱི་བསྟན་པ་ནི༔

DAM PE CHO KYI TAN PA NI

santo   darma   de   doctrinas

Cuando enarbolaste el estandarte de la victoria

རྒྱལ་མཚན་ལྟ་བུར་བཙུགས་པའི་ཚེ༔

GYAL TSHAN   **TA BUR**   **TSU PE**   **TSHE**
estandarte de la victoria como   *levantar*   *cuando*

e las doctrinas del santo darma

བསམ་ཡས་མ་བཞེངས་ལྷུན་གྱིས་གྲུབ༔

SAM YAE   **MA ZHENG**   **LHUN GYI DRU**
Monasterio de Samye *no construido*   *surgir sin esfuerzo*
                    (i.e. la construcción fue milagrosa)

hiciste que el Monasterio de Samyae surgiera sin laboriosa construcción y

རྒྱལ་པོའི་དགོངས་པ་མཐར་ཕྱིན་མཛད༔

GYAL POI   **GONG PA**   **THAR CHIN DZAE**
del rey (Trisong Deutsan)   *deseos, intenciones* *cumplidos*

cumpliste todos los deseos del rey.

*Cuando enarbolaste el estandarte de la victoria de las doctrinas del
santo darma hiciste que el Monasterio de Samye surgiera sin esfuerzo y
sin laboriosa construcción y cumpliste todos los deseos del rey.*

སྤྲུལ་མཆོག་གསུམ་གྱི་མཚན་ཡང་གསོལ༔

KYE CHO   **SUM**   **GYI**   **TSHAN**   **YANG**   **SOL**
ser superior   *tres*   *de*   *nombres*   *también*   *usado, tenido*

Se te conocía por los nombres de tus tres excelentes manifestaciones:

གཅིག་ནི་པདྨ་འབྱུང་གནས་ཞེས༔

CHI NI   **PAE MA YUNG NAE**   **ZHE**
uno   *Padmakara*   *llamado*

uno era Padma Yungnae,

གཅིག་ནི་པདྨ་སཾབྷ༔

CHI NI   **PAD MA SAM BHA VA**
uno   *Padmasambava*

uno era Padmasambava, y

གཅིག་ནི་མཚོ་སྐྱེས་རྡོ་རྗེ་ཞེས༔

CHI NI   **TSHO KYE DOR YE**   **ZHE**
uno   *Sororavajra*   *llamado*

uno era Tshokye Dorye.

གསང་མཚན་རྡོ་རྗེ་དྲག་པོ་རྩལ༔

SANG TSHAN   DOR YE DRAG PO TSAL
secreto   nombre   Vajrarudra

Tu nombre secreto era Dorye Dragpo Tsal.

Se te conocía por los nombres de tus tres excelentes manifestaciones: Padma Yungne, Padmasambava y Tshokye Dorye. Tu nombre secreto era Dorye Dragpo Tsal.

ཐུགས་རྗེས་བདག་ལ་བྱིན་གྱིས་རློབས༔

THU YE   DA   LA   YIN GYI LO

¡Bendícenos con tu compasión!

བརྩེ་བས་བདག་སོགས་ལམ་སྣ་དྲོངས༔

TSE WAE   DA SO   LAM NA DRONG

¡Dirígenos a la salvación con tu amoroso cuidado!

དགོངས་པས་བདག་ལ་དངོས་གྲུབ་སྩོལ༔

GONG PAE   DA LA   NGO DRUB   TSOL

¡Concédenos los logros con tu presencia!

ནུས་པས་བདག་སོགས་བར་ཆད་སོལ༔

NU PAE   DA SO   BAR CHE   SOL

¡Elimina los obstáculos con tu poder!

ཕྱི་ཡི་བར་ཆད་ཕྱི་རུ་སོལ༔

CHI YI   BAR CHE   CHI RU   SOL

¡Resuelve los obstáculos externos donde estén!

ནང་གི་བར་ཆད་ནང་དུ་སོལ༔

NANG GI   BAR CHE   NANG DU   SOL

¡Resuelve los obstáculos internos donde estén!

གསང་བའི་བར་ཆད་དབྱིངས་སུ་སོལ༔

SANG WE   BAR CHE   YING   SU   SOL

¡Resuelve los obstáculos sutiles en la vacuidad!

གུས་པས་ཕྱག་འཚལ་སྐྱབས་སུ་མཆི༔

GU PAE   CHA TSHAL   KYAB   SU   CHI

¡Nos postramos con devoción y nos refugiamos en ti!

ཨོཾ་ཨཱཿཧཱུྃ་བཛྲ་གུ་རུ་པདྨ་སིདྡྷི་ཧཱུྃ༔

OM   Aa   HUNG   BEN ZA   GU RU   PE MA   SID DHI   HUNG

Gurú Padmasambava con el cuerpo, la palabra y la mente indestructibles, por favor concédenos el logro de la budeidad.

¡Bendícenos con tu compasión! ¡Condúcenos a la salvación con tu amoroso cuidado! ¡Concédenos logros con tu presencia! ¡Elimina nuestros obstáculos con tu poder! ¡Resuelve los obstáculos externos donde estén! ¡Resuelve los obstáculos internos donde estén! ¡Resuelve los obstáculos sutiles en el vacío! Nos postramos con devoción y nos refugiamos en ti. Gurú Padmasambava con el cuerpo, la palabra y la mente indestructibles, por favor concédenos el logro de la budeidad.

བསམ་ཡས་མཆིམས་ཕུར་སྒྲུབ་པ་མཛད༔

SAM YAE CHIM PHUR   DRU PA   DZAE
en esta cueva cerca del Monasterio de Samye   práctica   hizo

Realizaste prácticas en Samye Chimpu y

ཀྱེན་ངན་བཟློག་ཅིང་དངོས་གྲུབ་གནང༔

KYEN   NGAN   DOG CHING   NGO DRU   NANG
circunstancias   mala   expulsar   logros   dar

expulsando las malas circunstancias otorgaste logros y

རྗེ་བློན་ཐར་པའི་ལམ་ལ་བཀོད༔

YE   LON   THAR PE   LAM   LA   KOE
rey   ministros   salvación   camino   en   poner

colocaste al rey y a los ministros en el camino de la liberación.

གདོན་གཟུགས་བོན་གྱི་བསྟན་པ་བསྣུབས༔

DON ZU   BON   GYI   TAN PA   NUB
sistemas malvados   religión Bon   de   doctrinas   acabada

Provocaste la desaparición de las doctrinas del demoníaco Bon y

ཆོས་སྐུ་དྲི་མེད་རིན་ཆེན་གཏེར༔

CHO KU   DRI ME   RIN CHEN   TER
darmakaya, realidad   sin mancha   joya, preciosa   tesoro

con el tesoro precioso del darmakaya inmaculado

སྐལ་ལྡན་སངས་རྒྱས་ས་ལ་བཀོད༔

KAL DAN   SANG GYE   SA   LA   KO
los afortunados   de buda   estadio   en   poner, establecer

estableciste a los afortunados en el estado de la budeidad.

Realizaste prácticas en Samye Chimpu y expulsando las malas circuns-
tancias otorgaste logros y colocaste al rey y a los ministros en el camino
de la liberación. Provocaste la desaparición de las doctrinas del demo-
níaco Bon y con el tesoro precioso del darmakaya inmaculado estable-
ciste a los afortunados en el estado de la budeidad.

ཐུགས་རྗེས་བདག་ལ་བྱིན་གྱིས་རློབས༔

THU YE   DA   LA   YIN GYI LO

¡Bendícenos con tu compasión!

བརྩེ་བས་བདག་སོགས་ལམ་སྣ་དྲོངས༔

TSE WAE   DA SO   LAM NA DRONG

¡Dirígenos a la salvación con tu amoroso cuidado!

དགོངས་པས་བདག་ལ་དངོས་གྲུབ་སྩོལ༔

GONG PAE   DA LA   NGO DRUB   TSOL

¡Concédenos los logros con tu presencia!

ནུས་པས་བདག་སོགས་བར་ཆད་སོལ༔

NU PAE   DA SO   BAR CHE   SOL

¡Elimina los obstáculos con tu poder!

ཕྱི་ཡི་བར་ཆད་ཕྱི་རུ་སོལ༔

CHI YI   BAR CHE   CHI RU   SOL

¡Resuelve los obstáculos externos donde estén!

ནང་གི་བར་ཆད་ནང་དུ་སོལ༔

NANG GI   BAR CHE   NANG DU   SOL

¡Resuelve los obstáculos internos donde estén!

གསང་བའི་བར་ཆད་དབྱིངས་སུ་སོལ༔

SANG WE   BAR CHE   YING   SU   SOL

¡Resuelve los obstáculos sutiles en la vacuidad!

གུས་པས་ཕྱག་འཚལ་སྐྱབས་སུ་མཆི༔

GU PAE   CHA TSHAL   KYAB   SU   CHI

¡Nos postramos con devoción y nos refugiamos en ti!

ཨོཾ་ཨཱཿཧཱུྃ་བཛྲ་གུ་རུ་པདྨ་སི་དྡྷི་ཧཱུྃ༔

OM   Aa   HUNG   BEN ZA   GU RU   PE MA   SID DHI   HUNG

Gurú Padmasambava con el cuerpo, la palabra y la mente indestructibles, por favor concédenos el logro de la budeidad.

¡Bendícenos con tu compasión! ¡Condúcenos a la salvación con tu amoroso cuidado! ¡Concédenos logros con tu presencia! ¡Elimina nuestros obstáculos con tu poder! ¡Resuelve los obstáculos externos donde estén! ¡Resuelve los obstáculos internos donde estén! ¡Resuelve los obstáculos sutiles en el vacío! Nos postramos con devoción y nos refugiamos en ti. Gurú Padmasambava con el cuerpo, la palabra y la mente indestructibles, por favor concédenos el logro de la budeidad.

དེ་ནས་ཨོ་རྒྱན་ཡུལ་དུ་བྱོན༔

DE NE   UR GYAN   YUL   DU   YON
luego   Oddiyana   país   a   fue

Luego fuiste a la tierra de Urgyan donde

དང་ཏ་སྲིན་པོའི་ཁ་གནོན་མཛད༔

DAN TA   SIN POI   KHA NON   DZAE
ahora   rakshasa, demonios caníbales   subyugar   a

ahora sometes a los demonios caníbales.

མི་རྣམས་ལྷག་གྱུར་ཡ་མཚན་ཆེ༔

MI NAM   LHA GYUR   YAM TSHAN   CHE
personas   supremamente   maravilloso   grande

Supremamente maravilloso para los seres,

སྤྱོད་པ་རྨད་བྱུང་ངོ་མཚར་ཅན༔

CHO PA   MAE YUNG   NGO TSHAR CHAN
conducta   asombroso   el   formidable

eres el maravilloso que realizas hechos asombrosos.

མཐུ་དང་རྫུ་འཕྲུལ་སྟོབས་པོ་ཆེ༔

THU   DANG   DZUN TRUL   TO PO   CHE
fuerza   y   milagros   fuerte   grande

Tu poder y milagros son muy fuertes.

Luego fuiste a la tierra de Urgyan donde ahora sometes a los demonios caníbales. Supremamente maravilloso para los seres, eres el maravilloso que realizas hechos asombrosos. Tu poder y milagros son muy fuertes.

ཕྱགས་རྗེས་བདག་ལ་བྱིན་གྱིས་རློབས༔

THU YE   DA   LA   YIN GYI LO

¡Bendícenos con tu compasión!

བརྩེ་བས་བདག་སོགས་ལམ་སྣ་དྲོངས༔

TSE WAE   DA SO   LAM NA DRONG

¡Dirígenos a la salvación con tu amoroso cuidado!

དགོངས་པས་བདག་ལ་དངོས་གྲུབ་སྩོལ༔

GONG PAE   DA LA   NGO DRUB   TSOL

¡Concédenos los logros con tu presencia!

ནུས་པས་བདག་སོགས་བར་ཆད་སོལ༔

NU PAE   DA SO   BAR CHE   SOL

¡Elimina los obstáculos con tu poder!

ཕྱི་ཡི་བར་ཆད་ཕྱི་རུ་སོལ༔

CHI YI   BAR CHE   CHI RU   SOL

¡Resuelve los obstáculos externos donde estén!

ནང་གི་བར་ཆད་ནང་དུ་སོལ༔

NANG GI   BAR CHE   NANG DU   SOL

¡Resuelve los obstáculos internos donde estén!

གསང་བའི་བར་ཆད་དབྱིངས་སུ་སོལ༔

SANG WE   BAR CHE   YING   SU   SOL

¡Resuelve los obstáculos sutiles en la vacuidad!

གུས་པས་ཕྱག་འཚལ་སྐྱབས་སུ་མཆི༔

GU PAE   CHA TSHAL   KYAB   SU   CHI

¡Nos postramos con devoción y nos refugiamos en ti!

ཨོཾ་ཨཱཿཧཱུྃ་བཛྲ་གུ་རུ་པདྨ་སིདྡྷི་ཧཱུྃ༔

OM Aa HUNG BEN ZA GU RU PE MA SID DHI HUNG

Gurú Padmasambava con el cuerpo, la palabra y la mente indestructibles, por favor concédenos el logro de la budeidad.

¡Bendícenos con tu compasión! ¡Condúcenos a la salvación con tu amoroso cuidado! ¡Concédenos logros con tu presencia! ¡Elimina nuestros obstáculos con tu poder! ¡Resuelve los obstáculos externos

donde estén! ¡Resuelve los obstáculos internos donde estén! ¡Resuelve los obstáculos sutiles en el vacío! Nos postramos con devoción y nos refugiamos en ti. Gurú Padmasambava con el cuerpo, la palabra y la mente indestructibles, por favor concédenos el logro de la budeidad.

སྐུ་གསུང་ཐུགས་ལྡན་འགྲོ་བ་འདྲེན་པའི་དཔལ༔

KU	SUNG	THU	DAN	DRO WA	DREN PE	PAL
cuerpo, nirmanakaya	palabra, sambogakaya	mente, darmakaya	tener	seres	guiar	gloria,

Posees los tres kayas y eres el guía supremo de los seres.

སྒྲིབ་པ་ཀུན་སྤངས་ཁམས་གསུམ་ས་ལེར་མཁྱེན༔

DRI PA	KUN	YANG	KHAM SUM	SA LER	KHYEN
oscurecimientos	todos	purificado	tres mundos*	claramente	conocer

*los mundos del deseo, de la forma y sin forma

Al haber purificado todos los oscurecimientos, conoces claramente los tres mundos tal como son.

དངོས་གྲུབ་མཆོག་བརྙེས་བདེ་ཆེན་མཆོག་གི་སྐུ༔

NGO DRU	CHO	ÑE	DE CHEN	CHO	GI	KU
sidhi, logro	supremo	obtener	gozoso	supremo, excelente	de	cuerpo, forma

Al haber obtenido el logro supremo, tienes el cuerpo de la felicidad suprema.

Posees los tres kayas y eres el guía supremo de los seres. Al haber purificado todos los oscurecimientos, conoces claramente los tres mundos tal como son. Al haber obtenido el logro supremo, tienes el cuerpo de la felicidad suprema.

ཐུགས་རྗེས་བདག་ལ་བྱིན་གྱིས་རློབས༔

THU YE   DA   LA   YIN GYI LO

¡Bendícenos con tu compasión!

བརྩེ་བས་བདག་སོགས་ལམ་སྣ་དྲོངས༔

TSE WAE   DA SO   LAM NA DRONG

¡Dirígenos a la salvación con tu amoroso cuidado!

དགོངས་པས་བདག་ལ་དངོས་གྲུབ་སྩོལ༔

GONG PAE   DA LA   NGO DRUB   TSOL

¡Concédenos los logros con tu presencia!

ནུས་པས་བདག་སོགས་བར་ཆད་སོལཿ

NU PAE   DA SO   BAR CHE   SOL
¡Elimina los obstáculos con tu poder!

ཕྱི་ཡི་བར་ཆད་ཕྱི་རུ་སོལཿ

CHI YI   BAR CHE   CHI RU   SOL
¡Resuelve los obstáculos externos donde estén!

ནང་གི་བར་ཆད་ནང་དུ་སོལཿ

NANG GI   BAR CHE   NANG DU   SOL
¡Resuelve los obstáculos internos donde estén!

གསང་བའི་བར་ཆད་དབྱིངས་སུ་སོལཿ

SANG WE   BAR CHE   YING   SU   SOL
¡Resuelve los obstáculos sutiles en la vacuidad!

གུས་པས་ཕྱག་འཚལ་སྐྱབས་སུ་མཆིཿ

GU PAE   CHA TSHAL   KYAB   SU   CHI
¡Nos postramos con devoción y nos refugiamos en ti!

ཨོཾ་ཨཱཿཧཱུྃ་བཛྲ་གུ་རུ་པདྨ་སིདྡྷི་ཧཱུྃཿ

OM   Aa   HUNG   BEN ZA   GU RU   PE MA   SID DHI   HUNG
Gurú Padmasambava con el cuerpo, la palabra y la mente indestructibles, por favor concédenos el logro de la budeidad.

¡Bendícenos con tu compasión! ¡Condúcenos a la salvación con tu amoroso cuidado! ¡Concédenos logros con tu presencia! ¡Elimina nuestros obstáculos con tu poder! ¡Resuelve los obstáculos externos donde estén! ¡Resuelve los obstáculos internos donde estén! ¡Resuelve los obstáculos sutiles en el vacío! Nos postramos con devoción y nos refugiamos en ti. Gurú Padmasambava con el cuerpo, la palabra y la mente indestructibles, por favor concédenos el logro de la budeidad.

རང་གི་སྣུབ་པ་རང་གིས་མཛདཿ རྗེས་འཇུག་ཇོ་མོ་མཚོ་རྒྱལ་གྱིསཿ ཕྱི་རབས་གང་
ཟག་བརྒྱུད་འཛིན་གྱིཿབར་ཆད་སེལ་ཕྱིར་ཞུས་པ་ཡིནཿརྗེས་འཇུག་གང་ཟག་བརྒྱུད་འཛིན་
རྣམསཿ ཉམས་སུ་ལོང་ལ་གསོལ་བ་ཐོབཿ གསོལ་བ་ཚར་གཅིག་བཏབ་པས་ཀྱངཿ ཉིན་
ཞག་གཅིག་གི་བར་ཆད་སེལཿ ཚེ་བསམས་འགྲུབ་པར་ཐེ་ཚོམ་མེདཿ བརྒྱུད་འཛིན་དད་ལྡན་
ཅིག་དང་འཕྲད་པར་ཤོགཿ སྐལ་སྐྲུབ་མཁལ་སྐྲུག་པོའི་གཏེར་མའིཿ
ས་མ་ཡཿ རྒྱ་རྒྱ་རྒྱཿ

Padmasambava escribió sus prácticas por sí mismo. Yo, su seguidora Yomo Yeshe Tsogyal pedí esta oración para disipar los obstáculos de los sostenedores del linaje que vendrán después. Los seguidores de los sostenedores del linaje deben practicar y rezar. Rezar esta oración una sola vez eliminará todos los obstáculos durante veinticuatro horas. Todo lo que desees se alcanzará sin duda. Que este texto sea encontrado por un fiel sostenedor del linaje.

Este es el tesoro terma de Bakal Mugpo (Zangpo Drakpa).

Votos. Sello. Sello. Sello.

El Barché Lamsel, La oración que elimina los obstáculos del camino

གསོལ་འདེབས་བསམ་པ་མྱུར་འགྲུབ་བཞུགས་སོ།།

La oración que cumple rápidamente nuestros deseos

ཨེ་མ་ཧོཿ   མཚོ་དབུས་གེ་སར་པདྨའི་སྡོང་པོ་ལ།

E MA HO	TSHO WU	GE SAR	PE ME	DONG PO	LA
¡Maravilloso!	*centro del lago**	*estambre*	*loto*	*tallo*	*en*

* Lago Dhanakosa, símbolo de sunyata

¡Maravilloso! En el centro del lago, sobre el tallo y los estambres de un loto,

སྐུ་ལྔ་ཡེ་ཤེས་ལྷུན་གྱིས་གྲུབ་པའི་ལྷ།

KU	NGA	YE SHE	LHUN GYI DRU PE	LHA
kaya,modo*	*cinco*	*jnana,*	*# surgimiento espontáneo*	*dios*
		sabiduría		*(i.e. no es un cuerpo de carne)*

* Los budas de las cinco familias, y darmakaya, sambogakaya, nirmanakaya, svabavikakaya y darmadatu jnanakaya, es decir; el modo intrínseco, el modo de gozo, el modo de aparición, el modo de integración y el modo de hospitalidad de la presencia.

jnana darmadatu, jnana adarsha, samantajnana, jnana pratika, jnana amogasidhi, i.e. sabiduría de la hospitalidad infinita, sabiduría del espejo, sabiduría de la igualdad, sabiduría del discernimiento, sabiduría de la realización

estás tú, la deidad con los cinco modos y las cinco sabidurías surgiendo sin esfuerzo,

རང་བྱུང་ཆེན་པོ་པདྨ་ཡབ་ཡུམ་ནི།

RANG YUNG	CHEN PO	PE MA	YAB YUM	NI
no creado	*grande*	*Padmasambava*	*con su consorte*	
			Yeshe Tsogyal	

gran Padmasambava espontáneo y consorte con

མཁའ་འགྲོ་སྤྲིན་ཕུང་འཐིབས་ལ་གསོལ་བ་འདེབས།

KHAN DRO	TRIN	PHUNG	TRIG	LA	SOL WA DE
dakinis	*nubes*	*muchas, una muchedumbre*	*reunir*	*a*	*rezar*
		(i.e. un número enorme)			

vastas nubes de dakinis reunidas a tu alrededor. Te rogamos.

བསམ་པ་མྱུར་དུ་འགྲུབ་པར་བྱིན་གྱིས་རློབས།

SAM PA	ÑUR DU	DRU PAR	YIN GYI LO
deseos, pensamientos*	*rápidamente*	*lograr,*	*bendecir deseos*
		cumplir	

* de acuerdo al Darma

Bendícenos con el rápido cumplimiento de nuestros deseos.

¡Maravilloso! En el centro del lago, sobre el tallo y los estambres de un loto, estás tú, la deidad con los cinco modos y las cinco sabidurías surgiendo sin esfuerzo, gran Padmasambava espontáneo y consorte con vastas nubes de dakinis reunidas a tu alrededor. Te rogamos. Bendícenos con el rápido cumplimiento de nuestros deseos.

ལས་ངན་སྤྱད་པའི་སྨིན་མཐུས་བསྐྱེད་པའི།

LAE	NGAN	CHAE PE	NAM MIN	THU	KYE PE
acciones, actividad kármica	*malo*	*hecho*	*maduración**	*poder*	*surgir, desarrollar, generar*

* madurar hasta el punto de producir un resultado

El poder de maduración de las malas acciones kármicas que hemos realizado da lugar a

ནད་གདོན་བར་གཅོད་དམག་འཁྲུག་མུ་གེའི་ཚོགས།

NAE	DON	BAR CHOE	MAG	TRU	MU GEI	TSHO
enfermedades	*demonios*	*obstáculos, obstrucciones*	*guerra*	*luchas, como guerra civil*	*hambre*	*(plural)*

enfermedades, demonios, obstáculos, guerras, luchas y hambrunas.

ཁྱོད་ཞལ་དྲན་པའི་མོད་ལ་ཟད་བྱེད་པའི།

KHYO	ZHAL	DREN PE	MOE LA	ZAE	YE PE
tu	*rostro*	*recordar*	*inmediatamente*	*acabar (cualquier problema)*	*hacer*

Tú prometiste que cuando trajéramos tu rostro a la mente estos problemas terminarían inmediatamente.

ཞལ་བཞེས་སྙིང་ནས་གསོལ་ལོ་ཨོ་རྒྱན་རྗེ།

ZHAL ZHE	ÑING	NAE	KUL LO	OR GYEN YE
prometer *	*corazón*	*de*	*exhortar, animar*	*Padmasambava*

* la promesa de Padmasambava de ayudar a los que tengan fe en él

Padmasambava, desde nuestros corazones te invocamos ahora, por favor ayúdanos.

བསམ་པ་མྱུར་དུ་འགྲུབ་པར་བྱིན་གྱིས་རློབས།

SAM PA	ÑUR DU	DRU PAR	YIN GYI LO

Bendícenos con el rápido cumplimiento de nuestros deseos.

El poder de maduración de las malas acciones kármicas que hemos realizado da lugar a enfermedades, demonios, obstáculos, guerras, luchas y hambrunas. Tú prometiste que cuando trajéramos tu rostro a la mente estos problemas terminarían inmediatamente. Padmasambava, desde nuestros corazones te invocamos ahora, por favor ayúdanos. Bendícenos con el rápido cumplimiento de nuestros deseos.

 དད་དང་ཚུལ་ཁྲིམས་གཏོང་ལ་གོམས་པ་དང་།

DAE DANG TSHUL TRIM TONG LA GOM PA DANG
fe y moralidad generosidad a, en meditación, práctica

Practicar la fe, la moralidad y la generosidad, y

ཐོས་པས་རྒྱུད་གྲོལ་ཁྲེལ་ཡོད་ངོ་ཚ་ཤེས།

THOE PAE GYU DROL TREL YOE NGO TSHA SHE
escuchando mentes libre (de miedo a las vergüenza conocer
(el darma) las aflicciones) malas opiniones (tener un sentido
de otros claro de lo bueno
y lo malo)

liberar nuestras mentes escuchando el Darma, teniendo modestia, vergüenza y

ཤེས་རབ་ཕུན་སུམ་ཚོགས་པའི་ནོར་བདུན་པོ།

SHE RAB PHUN SUM TSHO PE NOR DUN PO
prajna, todo lo bueno, cosas valiosas riqueza, siete sabidurías
abundancia

sabiduría: éstas son las siete riquezas que tienen verdadero valor.

སེམས་ཅན་ཀུན་གྱི་རྒྱུད་ལ་རབ་ཞུགས་ནས།

SEM CHEN KUN GYI GYU LA RAB ZHU NAE
seres sensibles todos de mente a entrar por completo entonces

Que sean plenamente absorbidas por las mentes de todos los seres sensibles y

འཇིག་རྟེན་བདེ་སྐྱིད་ལྡན་པར་དབུགས་འབྱིན་མཛོད།

YIG TEN DE KYI DEN PAR WUG YIN DZOE
mundo felicidad, tener dar confianza, producir
alegría elevar y producir y liberar

les aporten la confianza de disfrutar de felicidad y alegría en el mundo.

བསམ་པ་མྱུར་དུ་འགྲུབ་པར་བྱིན་གྱིས་རློབས།

SAM PA ÑUR DU DRU PAR YIN GYI LO
Bendícenos con el rápido cumplimiento de nuestros deseos.

Practicar la fe, la moralidad y la generosidad, y liberar nuestras mentes escuchando el Darma, teniendo modestia, vergüenza y sabiduría: éstas son las siete riquezas que tienen verdadero valor. Que sean plenamente absorbidas por las mentes de todos los seres sensibles y les aporten la confianza de disfrutar de felicidad y alegría en el mundo. Bendícenos con el rápido cumplimiento de nuestros deseos.

 གང་ལ་ནད་དང་སྡུག་བསྔལ་མི་འདོད་རྐྱེན།

GANG	LA	NAE	DANG	DU NGAL	MI DOE	KYEN
alguien, cualquiera (con esas dificultades)	a	enfermedad	y	pena,	dificultad indeseable	razones, situaciones

Para nosotros que experimentamos enfermedades, penas, situaciones indeseables,

འབྱུང་པོའི་གདོན་དང་རྒྱལ་པོའི་ཆད་པ་དང་།

YUNG POI	DON	DANG	GYAL POI	CHAE PA	DANG
espíritus elementales	demonios	y	gobierno del rey	problemas	y

formas demoníacas de los elementos, problemas del estado,

མེ་ཆུ་གཅན་གཟན་ལམ་ཕྲང་འཇིགས་ལ་སོགས།

ME	CHU	CHEN ZAN	LAM TRANG	YI	LA SO
fuego	agua	animales peligrosos	caminos difíciles	miedos, amenazas	y demás

fuego, agua, animales peligrosos, caminos difíciles, acontecimientos temibles y

ཚེ་ཡི་ཕ་མཐར་ཕྱུག་པའི་གནས་སྐབས་ཀུན།

TSHE YI	PHA THAR	THU PE	NAE KAB	KUN
vida	fin, límite	en ese momento	ocasiones	todas

todas las ocasiones que pueden provocar el fin de nuestra vida,

སྐྱབས་དང་རེ་ས་གཞན་ན་མ་མཆིས་པ།

KYAB	DANG	RE SA	ZHAN	NA	MA CHI PA
refugio	y	esperanza	otro	si miro para	no hay

tú eres nuestra única esperanza y refugio.

ཐུགས་རྗེས་གཟིགས་ཤིག་གུ་རུ་ཨོ་རྒྱན་རྗེ།

THU YE	ZI	SHI	GU RU	OR GYEN JE
con tu compasión	mira	hazlo por favor	gurú	Padmasambava

¡Por favor, míranos con compasión, Gurú Padmasambava!

བསམ་པ་མྱུར་དུ་འགྲུབ་པར་བྱིན་གྱིས་རློབས།

SAM PA	ÑUR DU	DRU PAR	YIN GYI LO

Bendícenos con el rápido cumplimiento de nuestros deseos.

Para nosotros que experimentamos enfermedades, penas, situaciones indeseables, formas demoníacas de los elementos, problemas del estado, y fuego, agua, animales peligrosos, caminos difíciles, acontecimientos temibles y todas las ocasiones que pueden provocar el fin de nuestra vida, tú eres nuestra única esperanza y refugio. Por favor, míranos con compasión, Gurú Padmasambava. Bendícenos con el rápido cumplimiento de nuestros deseos.

མཁན་སློབ་ཆོས་གསུམ་རིང་ལུགས་ཆེ།

KHEN	LOB	CHO	SUM	RING LU	CHE
Shantarakshita	*Padmasambava*	*rey Trisong Deutsan*	*tres*	*sistemas*	*gran*

Con la gran tradición de Shantarakshita, Padmasambava y el rey Trisong Deutsan

འཛམ་གླིངས་གསུམ་ཁྱབ་པར་འཕེལ།

DZAM LING	SA SUM	KHYAE PAR	PHEL
mundo	*tres lugares**	*omnipresente*	*extender e incrementar*

*por debajo, por encima y sobre la tierra

extendiéndose por los tres niveles del mundo,

འགྲོ་རྒྱུད་མཆོག་གསུམ་སྣང་པ་དང་།

DRO	GYU	CHO SUM	NANG PA	DANG
seres	*mentes*	*las tres joyas*	*ideas y luz*	*y*

sin que las mentes de todos los seres se separaren nunca de la iluminación de las Tres Joyas,

མི་འབྲལ་དུས་གསུམ་དགེ་ལེགས་ཤོག།

MI	DRAL	DU SUM	GE LE	SHO
no	*separado*	*tres tiempos*	*buena suerte, felicidad*	*debe ser*

¡debe haber buena suerte y felicidad en el pasado, el presente y el futuro!

Con la gran tradición de Shantarakshita, Padmasambava y el Rey Trisong Deutsan extendiéndose por los tres niveles del mundo, sin que las mentes de todos los seres se separaren nunca de la iluminación de las Tres Joyas, ¡debe haber buena suerte y felicidad en el pasado, el presente y el futuro!

བདུད་འཛོམས་པས་སོ།། །།

Por Dudyom Rinpoché

འདས་པའི་སངས་རྒྱས་ཀུན་གྱི་ཡུམ་ཆེན་མོ།

DAE PE	SANG GYE	KUN	GYI	YUM	CHEN MO
pasado	*budas*	*todos*	*de*	*madre* *Prajnaparamita*	*grande*

Gran Madre de todos los budas del pasado,

ད་ལྟར་སངས་རྒྱས་བསྐྱེད་ཅིང་རིག་པ་འཛིན།

DAN TAR	SANG GYE	KYE CHING	RIG PA DZIN
presente	*budas*	*dar lugar a*	*sede de la presencia intrínseca* *Vidyadari*

Vidyadari que das lugar a los budas del presente,

མ་འོངས་སངས་རྒྱས་བསྐྱེད་མཛད་དབང་མོ་ཆེ།

MA ONG	SANG GYE	KYE	DZAE	WONG MO	CHE
futuro	*budas*	*desarrollar,* *generar**	*hacer*	*poderosa señora* *Maha Karma* *Indrani*	*grande*

* provocan que alcancen la iluminación

Maha Karma Indrani, que generas los buddhas del futuro:

དུས་གསུམ་རྒྱལ་བའི་ཡུམ་ལ་གསོལ་བ་འདེབས།

DU SUM	GYAL WE	YUM	LA	SOL WA DE
tres tiempos (pasado *presente y futuro)*	*de los yinas,* *de los budas*	*madre*	*a*	*rezar*

rezamos a la madre de los budas de los tres tiempos.

Gran Madre de todos los budas del pasado, Vidyadari que das lugar a los budas del presente, Maha Karma Indrani, que generas los budas del futuro: rezamos a la madre de los budas de los tres tiempos.

ཞེ་དྲུ་རྩ་རསྣ།

Por Vidyadara

གསོལ་འདེབས་རྣམ་ཐར་དྲི་མེད་ནི།

La oración de la biografía intachable

ཨེ་མ་ཧོ། རྣམ་ཐར་དྲི་མེད་ཡོན་ཏན་ཀུན་རྫོགས་ཤིང་།

E MA HO   **NAM THAR**   **DRI ME**   **YON TAN**   **KUN DZO SHING**

maravilloso   *biografía*   *intachable*   *buenas cualidades*   *completa*

Maravilloso. Tu intachable historia vital, repleta de buenas cualidades sin falta,

ཡིད་བཞིན་ནོར་བུ་དབང་གི་རྒྱལ་པོ་ལྟར།

YI ZHIN NOR BU   **WANG GI GYAL PO**   **TAR**

gema que concede los deseos   *(nombre del más elevado, poder real)*   *como*

es como la gema cumplidora de deseos de Wangi Gyalpo.

བྱིན་རླབས་དངོས་གྲུབ་ཐམས་ཅད་འབྱུང་བའི་གནས།

YIN LAB   **NGO DRU**   **THAM CHE**   **YUNG WE NAE**

bendecir   *logros*   *todo*   *fuente*

La fuente de todas las bendiciones y logros,

རྗེ་བཙུན་པདྨ་བདག་གིས་དུས་འདིར་དྲན།

YE TSUN   **PAE MA**   **DA**   **GI**   **DU**   **DIR**   **DRAN**

santo, perfecto   *Padmasambava*   *yo*   *por*   *tiempo*   *en este*   *recordar*

pensamos en ti ahora, santo Padmasambava.

གསོལ་བ་འདེབས་སོ་ཨོ་རྒྱན་རིན་པོ་ཆེ།

SOL WA DE SO   **OR GYAN**   **RIN PO CHE**

rezar   *Oddiyana*   *el precioso*

Precioso de Orgyan, te rogamos.

བདག་སོགས་འགྲོ་ལ་དབང་བསྐུར་བྱིན་གྱིས་རློབས།

DA SO   **DRO**   **LA**   **WANG KUR**   **YIN GYI LO**

nosotros   *seres*   *a*   *iniciación*   *bendice!*

Por favor, ¡concede la iniciación y la bendición a todos los seres!

Maravilloso. Tu intachable historia vital, repleta de buenas cualidades sin falta, es como la gema cumplidora de deseos de Wangi Gyalpo. La fuente de todas las bendiciones y logros, pensamos en ti ahora, santo Padmasambava. Precioso de Orgyan, te rogamos. Por favor, ¡concede la iniciación y la bendición a todos los seres!

ཐུབ་དབང་རྒྱལ་པོ་ཤྭཀྱའི་བསྟན་པ་ལ།

THUB WANG   **GYAL PO**   **SHA KYE**   **TAN PA**   **LA**
munindra, sabio poderoso   *rey, el mejor*   *Sakiamuni*   *doctrinas*   *a*

Las doctrinas de Buda Sakiamuni, el más grande de todos los sabios poderosos,

མཐའ་ཡས་སྤྲུལ་སྐུ་འགྲོ་བའི་དཔལ་དུ་ཤར།

THA YAE   **TRUL KU**   **DRO WE**   **PAL DU**   **SHAR**
sin límite   *emanaciones*   *seres*   *benefactor*   *surgir, llegar*

fueron difundidas por tus innumerables emanaciones que actúan por el bien de los seres.

རྨད་བྱུང་ངོ་མཚར་མཚན་མཆོག་བརྒྱད་དང་ལྡན།

MAE YUNG   **NGO TSHAR**   **TSHAN**   **CHO**   **GYAE**   **DANG DAN**
asombroso   *maravilloso*   *identidades,*   *excelente*   *ocho*   *tener*
                                        formas

Tú, que muestras las maravillosas y asombrosas ocho formas excelentes,

ཨོ་རྒྱན་པདྨ་བདག་གིས་དུས་འདིར་དྲན།

OR GYAN   **PAE MA**   **DA**   **GI**   **DU**   **DIR**   **DRAN**
Oddiyana   *Padmasambava*   *yo*   *por*   *tiempo*   *en este*   *recordar*

Padmasambava de Orgyan, en ti pensamos ahora.

གསོལ་བ་འདེབས་སོ་ཨོ་རྒྱན་རིན་པོ་ཆེ།

SOL WA DE SO   **OR GYAN**   **RIN PO CHE**
rezar   *Oddiyana*   *el precioso*

Precioso de Orgyan, te rogamos.

བདག་སོགས་འགྲོ་ལ་དབང་བསྐུར་བྱིན་གྱིས་རློབས།

DA SO   **DRO**   **LA**   **WANG KUR**   **YIN GYI LO**
nosotros   *seres*   *a*   *iniciación*   *bendice!*

Por favor, ¡concede la iniciación y la bendición a todos los seres!

Las doctrinas de Buda Sakiamuni, el más grande de todos los sabios poderosos, fueron difundidas por tus innumerables emanaciones que actúan por el bien de los seres. Tú, que muestras las maravillosas y asombrosas ocho formas excelentes, Padmasambava de Orgyan, en ti pensamos ahora. Precioso de Orgyan, te rogamos. Por favor, ¡concede la iniciación y la bendición a todos los seres!

པྲུལ་སྐུའི་འབྱུང་གནས་རྒྱ་གར་ནུབ་ཕྱོགས་སུ།

TRUL KUI	YUNG NAE	GYA GAR	NUB	CHO	SU
nirmanakaya,	*fuente,*	*India*	*oeste*	*lado*	*en el*
i.e. Padmasambava	*i.e. donde surge*				

Al oeste de la India se encuentra el lugar donde surgió tu manifestación,

ཨོ་རྒྱན་རྫི་མེད་ཀོ་ཤའི་མཚོ་གླིང་དུ།

OR GYAN	DRI ME	KO SHE	TSHO	LING DU
Oddiyana	*intachable*	*Danakosha*	*lago*	*en*

el lago intachable de Danakosha en la tierra de Orgyan.

མདངས་ལྡན་པདྨའི་སྙིང་པོར་རྫུས་ཏེ་འཁྲུངས།

DANG DAN	PAE ME	ÑING POR	DZU TE	TRUNG
resplandeciente	*loto*	*en el centro*	*milagrosamente*	*nacido*

Allí naciste milagrosamente en el centro de un loto resplandeciente.

སྐྱེ་གནས་ཁྱད་འཕགས་ཨོ་རྒྱན་དུས་འདིར་དྲན།

KYE	NAE	KHYAE	PHA	OR GYAN	DU	DIR	DRAN
nacimiento	*lugar*	*especialmente*	*noble,* *elevado*	*Padmasambava*	*tiempo*	*en este*	*recordar*

Recordamos ahora tu elevado lugar de nacimiento en Orgyan.

གསོལ་བ་འདེབས་སོ་ཨོ་རྒྱན་རིན་པོ་ཆེ།

SOL WA DE SO	OR GYAN	RIN PO CHE
rezar	*Oddiyana*	*el precioso*

Precioso de Orgyan, te rogamos.

བདག་སོགས་འགྲོ་ལ་དབང་བསྐུར་བྱིན་གྱིས་རློབས།

DA SO	DRO	LA	WANG KUR	YIN GYI LO
nosotros	*seres*	*a*	*iniciación*	*bendice!*

Por favor, ¡concede la iniciación y la bendición a todos los seres!

Al oeste de la India se encuentra el lugar donde surgió tu manifes-
tación, el lago intachable de Danakosha en la tierra de Orgyan. Allí
naciste milagrosamente en el centro de un loto resplandeciente. Recor-
damos ahora tu elevado lugar de nacimiento en Orgyan. Precioso de
Orgyan, te rogamos. Por favor, ¡concede la iniciación y la bendición a
todos los seres!

ཞིང་ཁམས་ཁྱད་འཕགས་ཨོ་རྒྱན་ཕོ་བྲང་དུ།

ZHING KHAM	KHYAE	PHA	OR GYAN	PHO DRANG	DU
reino	*especialmente*	*noble, elevado*	*Oddiyana*	*palacio*	*en*

En el palacio del reino más elevado de Orgyan

ཨིནྡྲ་བོ་དྷི་སྲས་ཀྱི་སྐལ་བ་མཛད།

IN DRA BO DHI SAE KYI KAL WA DZAE
(rey de Oddiyana) hijo de afortunado hizo (según las necesidades del rey)

actuaste compasivamente como hijo del rey Indrabodi y

མངའ་རིས་ཐམས་ཅད་བྱུང་ཆུབ་ལམ་ལ་བཀོད།

NGA RI THAM CHE YANG CHU LAM LA KOE
súbditos todos bodi, iluminación camino en el poner

pusiste a todos los súbditos en el camino de la iluminación.

ཆོས་ཀྱི་རྒྱལ་པོ་ཨོ་རྒྱན་རིན་པོ་ཆེ།

CHO KYI GYAL PO   OR GYAN RIN PO CHE
Dharmaraja, rey que acoge e darma   Oddiyana   el precioso

Precioso de Orgyan, tú eres el rey del Darma.

གསོལ་བ་འདེབས་སོ་ཨོ་རྒྱན་རིན་པོ་ཆེ།

SOL WA DE SO OR GYAN RIN PO CHE
rezar   Oddiyana   el precioso

Precioso de Orgyan, te rogamos.

བདག་སོགས་འགྲོ་ལ་དབང་བསྐུར་བྱིན་གྱིས་རློབས།

DA SO DRO LA WANG KUR YIN GYI LO
nosotros seres a iniciación bendice!

En el palacio del reino más elevado de Orgyan actuaste compasiva-
mente como hijo del rey Indrabodi y pusiste a todos los súbditos en el
camino de la iluminación. Precioso de Orgyan, tú eres el rey del Darma.
Precioso de Orgyan, te rogamos. Por favor, ¡concede la iniciación y la
bendición a todos los seres!

རྒྱལ་སྲིད་སྤངས་ནས་དུར་ཁྲོད་གནས་སུ་གཤེགས།

GYAL SI PANG NE DUR TRO NAE SU SHE
reino abandonar entonces cementerio lugar a fuiste

Abandonaste tu reino y fuiste a los cementerios,

ཞིང་སྐྱོང་མཁའ་འགྲོའི་ཚོགས་རྣམས་དབང་དུ་བསྡུས།

ZHING KYONG KHAN DROI TSHO NAM WANG DU DU
espíritus locales dakinis multitudes poder bajo atraer, poner

donde pusiste bajo tu poder a las huestes de espíritus locales y dakinis y

ཏ་ན་ག་ཅེའི་སྐྱོར་སྐྱོལ་སྐྱོད་པ་མཛད།

TA NA   **GA NE**   **YOR**   **DROL**   **CHO PA**   **DZAE**
unión   *liberación*   *unión*   *liberación*   *práctica, actos*   *hiciste*

llevaste a cabo los actos de unión y liberación.

བཙལ་ཞུགས་རྨད་དབྱུང་ཨོ་རྒྱན་རིན་པོ་ཆེ།

TUL ZHU   **MAE YUNG**   **OR GYAN**   **RIN PO CHE**
práctica decidida   *maravilloso*   *Oddiyana*   *el precioso*

Precioso de Orgyan, eres asombroso en tu ardua práctica.

གསོལ་བ་འདེབས་སོ་ཨོ་རྒྱན་རིན་པོ་ཆེ།

SOL WA DE SO   **OR GYAN**   **RIN PO CHE**
rezar   *Oddiyana*   *el precioso*

Precioso de Orgyan, te rogamos.

བདག་སོགས་འགྲོ་ལ་དབང་བསྐུར་བྱིན་གྱིས་རློབས།

DA SO   **DRO**   **LA**   **WANG KUR**   **YIN GYI LO**
nosotros   *seres*   *a*   *iniciación*   *bendice!*

Por favor, ¡concede la iniciación y la bendición a todos los seres!

Abandonaste tu reino y fuiste a los cementerios, donde pusiste bajo tu poder a las huestes de espíritus locales y dakinis y llevaste a cabo los actos de unión y liberación. Precioso de Orgyan, eres asombroso en tu ardua práctica. Preciosa de Orgyan, te rogamos. Por favor, ¡concede la iniciación y la bendición a todos los seres!

ཟ་ཧོར་ཡུལ་ཡོན་ཤཱཀྱའི་དགེ་སློང་མཛད།

ZA HOR   **YUL YON**   **SHA KYE**   **GE LONG**   **DZAE**
Zahor   *país   ido a*   *de Sakiamuni*   *biksu*   *hiciste*

Como biksu seguidor de Sakiamuni fuiste a la tierra de Zahor.

ཚུལ་ཁྲིམས་རྣམ་དག་བསླབ་གསུམ་རྒྱན་གྱིས་མཛེས།

TSHUL TRIM   **NAM DA**   **LAB**   **SUM**   **GYAN**   **GYI**   **DZE**
moralidad   *muy pura*   *entrenamientos   tres*   *ornamentos*   *con*   *bello*
                          (moralidad, meditación, sabiduría)

Manteniendo una moralidad muy pura te embelleciste con los ornamentos de los tres entrenamientos, tú que

ཕ་རོལ་ཕྱིན་པ་བཅུ་ཡི་དོན་དང་ལྡན།

PHA ROL CHIN PA   **CHU**   **YI**   **DON**   **DANG DAN**
paramitas   *diez*   *de*   *significado y método*   *tener*

poseías la realización de las diez paramitas.

ཐར་པའི་ལམ་སྟོན་ཨོ་རྒྱན་རིན་པོ་ཆེ།

THAR PE LAM TON OR GYAN RIN PO CHE
liberación camino mostrar Oddiyana el precioso
Precioso de Orgyan, mostraste el camino de la liberación.

གསོལ་བ་འདེབས་སོ་ཨོ་རྒྱན་རིན་པོ་ཆེ།

SOL WA DE SO OR GYAN RIN PO CHE
rezar Oddiyana el precioso
Precioso de Orgyan, te rogamos.

བདག་སོགས་འགྲོ་ལ་དབང་བསྐུར་བྱིན་གྱིས་རློབས།

DA SO DRO LA WANG KUR YIN GYI LO
nosotros seres a iniciación bendice!
Por favor, ¡concede la iniciación y la bendición a todos los seres!

Como biksu seguidor de Sakiamuni fuiste a la tierra de Zahor. Mantenieniendo una moralidad muy pura te embelleciste con los ornamentos de los tres entrenamientos, tú que poseías la realización de las diez paramitas. Precioso de Orgyan, mostraste el camino de la liberación. Precioso de Orgyan, te rogamos. Por favor, ¡concede la iniciación y la bendición a todos los seres!

འཇམ་དཔལ་བཤེས་གཉེན་ལ་སོགས་བླ་མ་ཡི།

YAM PAL SHE ÑE LA SO LA MA YI
Manyusrimitra y demás gurú de
Fuiste a ver a Manyusrimitra y a tus otros gurús y así

སྤྱན་སྔར་བྱོན་ནས་སྟེ་འདོགས་མ་ལུས་བཅད།

CHEN NGAR YON NE DRO DO MA LU CHAE
cara a cara fuiste entonces dudas todas destruida
destruiste todas tus dudas.

ཐུགས་དམ་ཞལ་གཟིགས་མཁྱེན་གཉིས་མངོན་དུ་གྱུར།

THUG DAM ZHAL ZI KHYEN ÑI NGON DU GYUR
deidad transformadora rostro viste comprensiones* dos manifestarse
*ngoengyur, evidente y kokgyur, oculto
Entonces viste el rostro de tu deidad transformadora y las dos comprensiones se te clarificaron.

ཤེས་རབ་བློ་ལྡན་ཨོ་རྒྱན་རིན་པོ་ཆེ།

SHE RAB LO DAN OR GYAN RIN PO CHE
conocimiento supremo inteligente Oddiyana el precioso
Precioso de Orgyan, posees una gran inteligencia y un conocimiento supremo.

གསོལ་བ་འདེབས་སོ་ཨོ་རྒྱན་རིན་པོ་ཆེ།

SOL WA DE SO   OR GYAN   RIN PO CHE
rezar   Oddiyana   el precioso

Precioso de Orgyan, te rogamos.

བདག་སོགས་འགྲོ་ལ་དབང་བསྐུར་བྱིན་གྱིས་རློབས།

DA SO   DRO   LA   WANG KUR   YIN GYI LO
nosotros seres a   iniciación   bendice!

Por favor, ¡concede la iniciación y la bendición a todos los seres!

*Fuiste a ver a Manyusrimitra y a tus otros gurús y así destruiste todas
tus dudas. Entonces viste el rostro de tu deidad transformadora y las
dos comprensiones se te clarificaron. Precioso de Orgyan, posees una
gran inteligencia y un conocimiento supremo. Precioso de Orgyan, te
rogamos. Por favor, ¡concede la iniciación y la bendición a todos los seres!*

ཡེ་ཤེས་མཁའ་འགྲོ་དགེ་སློང་ཀུན་དགའ་མོས།

YE SHE   KHAN DRO   GE LONG   KUN GA MOE
cognición prístina dakini   biksuni   Sarvananda

La jnana dakini biksuni Sarvananda

ཞལ་དུ་གསོལ་ནས་གསང་བའི་པདྨོར་བཏོན།

ZHAL   DU   SOL   NE   SANG WE   PAE MOR   TON
boca   en   tragar   entonces secreto   loto   salió

te tragó y te emanó desde su loto secreto y

ཕྱི་ནང་གསང་བའི་དབང་རྣམས་རྫོགས་པར་བསྐུར།

CHI   NANG   SANG WE   WANG NAM   DZO PAR   KUR
externo interno secreto   iniciaciones   completamente dadas

así obtuviste al completo las iniciaciones externa, interna y secreta.

སྨིན་གྲོལ་མཐར་ཕྱིན་ཨོ་རྒྱན་རིན་པོ་ཆེ།

MIN   DROL   THAR CHIN   OR GYAN   RIN PO CHE
maduración liberar   cumplida, completada Oddiyana   el precioso
(iniciación) (doctrinas)

Precioso de Orgyan, has completado las etapas de maduración y liberación.

གསོལ་བ་འདེབས་སོ་ཨོ་རྒྱན་རིན་པོ་ཆེ།

SOL WA DE SO   OR GYAN   RIN PO CHE
rezar   Oddiyana   el precioso

Precioso de Orgyan, te rogamos.

བདག་སོགས་འགྲོ་ལ་དབང་བསྐུར་བྱིན་གྱིས་རློབས།

DA SO   DRO   LA   WANG KUR   YIN GYI LO
nosotros   seres   a   iniciación   bendice!

Por favor, ¡concede la iniciación y la bendición a todos los seres!

La jnana dakini biksuni Sarvananda te tragó y te emanó desde su loto secreto y así obtuviste al completo las iniciaciones externa, interna y secreta. Precioso de Orgyan, has completado las etapas de maduración y liberación. Precioso de Orgyan, te rogamos. Por favor, ¡concede iniciaciones y bendiciones a todos los seres!

བླ་མས་ལུང་བསྟན་ཨོ་རྒྱན་ལ་སོགས་པའི།

LA MAE   LUNG TAN   OR GYAN   LA SO PAI
por el gurú   predicción   Oddiyana   y demás

De acuerdo con las predicciones de tu gurú

དུར་ཁྲོད་གནས་སུ་མཁའ་འགྲོ་བྱིན་བརླབས་ནས།

DUR TRO   NAE   SU   KHAN DROE   YIN LAB   NE
cementerio   lugar   en   por dakinis   bendecido   entonces

fuiste bendecido por dakinis en los cementerios de Orgyan y demás, y

དངོས་གྲུབ་མཆོག་ཐོབ་དགོངས་པ་མངོན་དུ་གྱུར།

NGO DRU   CHO   THO   GONG PA   NGON DU GYUR
logro   supremo   obtenido   sabiduría   manifiesta con claridad

al obtener el logro supremo tu sabiduría fue evidente.

མཁའ་འགྲོའི་དབང་ཕྱུག་ཨོ་རྒྱན་རིན་པོ་ཆེ།

KHAN DROI   WANG CHU   OR GYAN   RIN PO CHE
dakinis   señor   Oddiyana   el precioso

Precioso de Orgyan, eres el señor de las dakinis.

གསོལ་བ་འདེབས་སོ་ཨོ་རྒྱན་རིན་པོ་ཆེ།

SOL WA DE SO   OR GYAN   RIN PO CHE
rezar   Oddiyana   el precioso

Precioso de Orgyan, te rogamos.

བདག་སོགས་འགྲོ་ལ་དབང་བསྐུར་བྱིན་གྱིས་རློབས།

DA SO   DRO   LA   WANG KUR   YIN GYI LO
nosotros   seres   a   iniciación   bendice!

Por favor, ¡concede la iniciación y la bendición a todos los seres!

De acuerdo con las predicciones de tu gurú fuiste bendecido por dakinis en los cementerios de Orgyan y demás, y al obtener el logro supremo tu sabiduría fue evidente. Precioso de Orgyan, eres el señor de las dakinis. Precioso de Orgyan, te rezamos. Por favor, ¡concede la iniciación y la bendición a todos los seres!

ཤར་ཕྱོགས་མ་ར་ཏི་ཀའི་གནས་མཆོག་ཏུ།

SHAR **CHO** **MA RA TI KE** **NAE** **CHO** **TU**
este *dirección* *(en Nepal)* *lugar* *excelente, sagrado* *en, en el*
En el lugar sagrado de Maratika, situado al este,

ལྷ་ལྕམ་མནྡྷ་ར་བ་ཡུམ་དང་བཅས།

LHA CHAM **MAN DHA RA WA** **YUM** **DANG CHE**
princesa *Mandarava* *consorte* *junto*
practicaste la unión no dual con tu consorte,

ཡབ་ཡུམ་གཉིས་མེད་ཚེ་ཡི་དངོས་གྲུབ་ཐོབ།

YAB YUM ÑI ME **TSHE** **YI** **NGO DRU** **THO**
Padmasambava y Mandarava *vida larga* *de* *logro* *obtenido*
la princesa Mandarava, y obtuviste el logro de una larga vida.

སྐྱེ་འཆི་གཉིས་སྤངས་ཨོ་རྒྱན་རིན་པོ་ཆེ།

KYE **CHI** **ÑI** **PANG** **OR GYAN** **RIN PO CHE**
nacimiento muerte ambos *descartar* *Oddiyana* *el precioso*
liberar de su compulsión
Precioso de Orgyan, te liberaste tanto del nacimiento como de la muerte.

གསོལ་བ་འདེབས་སོ་ཨོ་རྒྱན་རིན་པོ་ཆེ།

SOL WA DE SO **OR GYAN** **RIN PO CHE**
rezar *Oddiyana* *el precioso*
Precioso de Orgyan, te rogamos.

བདག་སོགས་འགྲོ་ལ་དབང་བསྐུར་བྱིན་གྱིས་རློབས།

DA SO **DRO** **LA** **WANG KUR** **YIN GYI LO**
nosotros *seres* *a* *iniciación* *bendice!*
Por favor, ¡concede la iniciación y la bendición a todos los seres!

En el lugar sagrado de Maratika, situado al este, practicaste la unión no dual con tu consorte, la princesa Mandarava, y obtuviste el logro de una larga vida. Precioso de Orgyan, te liberaste tanto del nacimiento como de la muerte. Precioso de Orgyan, te rezamos. Por favor, ¡concede la iniciación y la bendición a todos los seres!

ཀྱུལ་པོའི་ཆད་པས་མེ་ལ་བསྲེགས་པའི་ཚེ།

GYAL POI   **CHAE PAE**   **ME**   **LA**   **SE PE**   **TSHE**
del rey   *castigo*   *fuego*   *en*   *quemado*   *cuando*

Cuando sufriste el castigo del rey de ser quemado en un fuego,

མཚོ་ཆེན་པདྨས་བརྒྱན་པའི་དབུས་ཉིད་དུ།

TSHO   **CHEN**   **PAD MAE**   **GYAN PE**   **WU ÑI**   **DU**
lago   *grande*   *loto*   *adornar*   *centro*   *en*

lo transformaste en un gran lago y te sentaste como un adorno en el centro de un loto,

དངོས་སུ་བཞུགས་པས་ཐམས་ཅད་ངོ་མཚར་སྐྱེས།

NGO SU   **ZHU PAE**   **THAM CHE**   **NGO TSHAR**   **KYE**
de verdad   *sentar*   *todos*   *asombro*   *surgir*

de modo que todos se llenaron de asombro.

 རླུང་སེམས་དབང་ཐོབ་ཨོ་རྒྱན་རིན་པོ་ཆེ།

LUNG   **SEM**   **WANG**   **THOB**   **OR GYAN**   **RIN PO CHE**
viento   *mente*   *poder*   *obtener*   *Oddiyana*   *el precioso*

Precioso de Orgyan, obtuviste el poder de la mente del viento.

གསོལ་བ་འདེབས་སོ་ཨོ་རྒྱན་རིན་པོ་ཆེ།

SOL WA DE SO   **OR GYAN**   **RIN PO CHE**
rezar   *Oddiyana*   *el precioso*

Precioso de Orgyan, te rogamos.

བདག་སོགས་འགྲོ་ལ་དབང་བསྐུར་བྱིན་གྱིས་རློབས།

DA SO   **DRO**   **LA**   **WANG KUR**   **YIN GYI LO**
nosotros   *seres*   *a*   *iniciación*   *bendice!*

Por favor, ¡concede la iniciación y la bendición a todos los seres!

Cuando sufriste el castigo del rey de ser quemado en un fuego, lo transformaste en un gran lago y te sentaste como un adorno en el centro de un loto, de modo que todos se llenaron de asombro. Precioso de Orgyan, obtuviste el poder de la mente del viento. Precioso de Orgyan, te rezamos. Por favor, ¡concede la iniciación y la bendición a todos los seres!

ཨོ་རྒྱན་མཁའ་འགྲོའི་གླིང་དུ་སྤྱོད་པ་མཛད།

OR GYAN   **KHAN DROI**   **LING**   **DU**   **CHOE PA**   **DZAE**
Oddiyana   *dakini*   *lugar*   *en*   *práctica*   *hiciste*

Realizaste prácticas en la tierra de la dakini de Orgyan.

ཆུ་བོ་གྱེན་ལྡོག་ཉིམ་སྟོད་ལ་མནན།

CHU WO **GYEN DOE** **ÑI MA** **TOE** **LA** **NAN**
río *invertir* *sol* *lo alto del cielo* *en* *parar*

Invirtiendo la corriente de un río, fijaste el sol en lo alto de los cielos y,

རྫུ་འཕྲུལ་སྟག་ལ་བཅིབས་ནས་ནམ་མཁར་གཤེགས།

DZUN TRUL TAG **LA** **CHIB** **NE** **NAM KHAR** **SHE**
milagroso *tigre* *en* *cabalgar* *entonces* *en el cielo* *fuiste*

montado en un tigre milagroso, cabalgaste por el cielo.

གྲུབ་ཐོབ་རྒྱལ་པོ་ཨོ་རྒྱན་རིན་པོ་ཆེ།

DRU THOB **GYAL PO** **OR GYAN** **RIN PO CHE**
sidhas, eruditos *rey, el mejor* *Oddiyana* *el precioso*

Precioso de Orgyan, eres el erudito supremo.

གསོལ་བ་འདེབས་སོ་ཨོ་རྒྱན་རིན་པོ་ཆེ།

SOL WA DE SO **OR GYAN** **RIN PO CHE**
rezar *Oddiyana* *el precioso*

Precioso de Orgyan, te rogamos.

བདག་སོགས་འགྲོ་ལ་དབང་བསྐུར་བྱིན་གྱིས་རློབས།

DA SO **DRO** **LA** **WANG KUR** **YIN GYI LO**
nosotros *seres* *a* *iniciación* *bendice!*

Por favor, ¡concede la iniciación y la bendición a todos los seres!

Realizaste prácticas en la tierra de la dakini de Orgyan. Invirtiendo la corriente de un río, fijaste el sol en lo alto de los cielos y, montado en un tigre milagroso, cabalgaste por el cielo. Precioso de Orgyan, eres el erudito supremo. Precioso de Orgyan, te rezamos. Por favor, ¡concede la iniciación y la bendición a todos los seres!

བསིལ་བ་ཚལ་དུ་བཏུལ་ཞུགས་མཛད་པའི་ཚེ།

SIL WA TSHAL **DU** **TUL ZHU** **DZAE PE** **TSHE**
cementerio de Sitavana *en* *práctica decidida* *hiciste* *cuando*

Cuando realizaste una práctica decidida en Silwa Tsal

ཕྱི་ནང་བཀའ་སྲུང་ཐམས་ཅད་དམ་ལ་བཏགས།

CHI **NANG** **KA SUNG** **THAM CHE** **DAM** **LA** **TA**
externo *interno* *guardianes de la doctrina todos* *voto* *bajo* *poner*

pusiste a todos los guardianes de la doctrina externa e interna bajo juramento y

འཇིག་རྟེན་དྲེགས་པ་ཀུན་གྱིས་སྲོག་སྙིང་ཕུལ།

YIG TEN **DREG PA** **KUN** **GYI** **SO** **ÑING** **PHUL**
mundo *espíritus orgullosos* *todos* *por* *vital* *esencia* *ofrecer*

forzaste a todos los arrogantes espíritus mundanos a ofrecer su esencia vital.

མ་རུངས་འདུལ་མཛད་ཨོ་རྒྱན་རིན་པོ་ཆེ།

MA RUNG **DUL** **DZAE** **OR GYAN** **RIN PO CHE**
rudos, seres intratables *domar* *hiciste* *Oddiyana* *el precioso*

Precioso de Orgyan, domaste a los seres rudos.

གསོལ་བ་འདེབས་སོ་ཨོ་རྒྱན་རིན་པོ་ཆེ།

SOL WA DE SO **OR GYAN** **RIN PO CHE**
rezar *Oddiyana* *el precioso*

Precioso de Orgyan, te rogamos.

བདག་སོགས་འགྲོ་ལ་དབང་བསྐུར་བྱིན་གྱིས་རློབས།

DA SO **DRO** **LA** **WANG KUR** **YIN GYI LO**
nosotros *seres* *a* *iniciación* *bendice!*

Por favor, ¡concede la iniciación y la bendición a todos los seres!

Cuando realizaste una práctica decidida en Silwa Tsal pusiste a todos los guardianes de la doctrina externa e interna bajo juramento y forzaste a todos los arrogantes espíritus mundanos a ofrecer su esencia vital. Precioso de Orgyan, domaste a los seres rudos. Precioso de Orgyan, te rezamos. Por favor, ¡concede la iniciación y la bendición a todos los seres!

ནཱ་ལནྡྲ་ཆོས་ཀྱི་འཁོར་ལོ་བསྐོར།

NA LAN DA **DU** **CHO** **KYI** **KHOR LO** **KOR**
universidad de Nalanda *en la* *darma* *de* *chakra* *girar (i.e. enseñar)*

Tú enseñaste el Darma en Nalanda y,

བདུད་དང་མུ་ཏེ་སྟེགས་ཐམས་ཅད་ཚར་བཅད་ནས།

DU **DANG MU TE** **THAM CHE** **TSHAR CHAE** **NE**
mara, demonios y *antibudistas* *todos* *destruir* *entonces*
(i.e. hacer ineficaces)

destruyendo a todos los demonios y antibudistas,

ཞི་བདེའི་ལམ་ལ་བཀོད་ནས་ཤཀྱ་ཡི།

ZHI **DEI** **LAM** **LA** **KOE** **NE** **SHA KYA** **YI**
paz *felicidad* *camino* *en* *poner* *entonces* *Buda Sakiamuni* *de*

pusiste a todos los seres en el camino de la felicidad.

 བསྟན་པ་རྒྱས་མཛད་ཨོ་རྒྱན་རིན་པོ་ཆེ།

TAN PA   GYE   DZAE   OR GYAN   RIN PO CHE
doctrina extender hacer Oddiyana el precioso

Precioso de Orgyan, difundiste las doctrinas de Sakiamuni.

གསོལ་བ་འདེབས་སོ་ཨོ་རྒྱན་རིན་པོ་ཆེ།

SOL WA DE SO   OR GYAN   RIN PO CHE
rezar   Oddiyana el precioso

Precioso de Orgyan, te rogamos.

བདག་སོགས་འགྲོ་ལ་དབང་བསྐུར་བྱིན་གྱིས་རློབས།

DA SO   DRO   LA   WANG KUR   YIN GYI LO
nosotros seres a   iniciación bendice!

Por favor, ¡concede la iniciación y la bendición a todos los seres!

*Tú enseñaste el Darma en Nalanda y, destruyendo a todos los demonios
y antibudistas, pusiste a todos los seres en el camino de la felicidad.
Precioso de Orgyan, difundiste las doctrinas de Sakiamuni. Precioso de
Orgyan, te rogamos Por favor, ¡concede la iniciación y la bendición a
todos los seres!*

ཡང་ལེ་ཤོད་དུ་བདེ་གཤེགས་འདུས་པ་ཡི།

YANG LE SHO   DU   DE SHE DU PA   YI
(en Nepal)   en   (ciclo kagye) de

En Yanglesho, cuando dispusiste el mandala del

དཀྱིལ་འཁོར་བཞེངས་ནས་སྒྲུབ་པ་མཛད་པའི་ཚེ།

KYIL KHOR   ZHENG   NE   DRU PA   DZAE PE   TSHE
mandala   disponer entonces práctica hiciste   cuando

Desheg Drupa e hiciste esa práctica,

རྒྱལ་བ་ཞི་ཁྲོའི་ལྷ་ཚོགས་ཞལ་གཟིགས་ནས།

GYAL WA   ZHI   KHROI   LHA   TSHO   ZHAL   ZI   NE
yinas   pacíficos airados dioses todos rostro viste entonces

viste los rostros de todas las formas búdicas divinas pacíficas y airadas.

དངོས་གྲུབ་མཆོག་ཐོབ་ཨོ་རྒྱན་རིན་པོ་ཆེ།

NGO DRUB   CHO   THO   OR GYAN   RIN PO CHE
logro   supremo obtenido Oddiyana el precioso

Precioso de Orgyan, obtuviste el logro supremo.

གསོལ་བ་འདེབས་སོ་ཨོ་རྒྱན་རིན་པོ་ཆེ།

SOL WA DE SO   OR GYAN   RIN PO CHE
rezar   Oddiyana   el precioso

Precioso de Orgyan, te rogamos.

བདག་སོགས་འགྲོ་ལ་དབང་བསྐུར་བྱིན་གྱིས་རློབས།

DA SO   DRO   LA   WANG KUR   YIN GYI LO
nosotros   seres   a   iniciación   bendice!

Por favor, ¡concede la iniciación y la bendición a todos los seres!

En Yanglesho, cuando dispusiste el mandala del Desheg Dupa e hiciste esa práctica, viste los rostros de todas las formas búdicas divinas pacíficas y airadas. Precioso de Orgyan, obtuviste el logro supremo. Precioso de Orgyan, te rezamos. Por favor, ¡concede la iniciación y la bendición a todos los seres!

མངའ་བདག་རྒྱལ་པོས་བོད་དུ་སྤྱན་དྲངས་ཚེ།

NGA DA GYAL POE   BOE   DU   CHAN DRAN   TSHE
poderoso rey, por (Trisong Deutsan) Tíbet a invitado cuando

Cuando fuiste invitado al Tíbet por este rey poderoso

འཇིག་རྟེན་དྲེགས་པ་བཏུལ་ནས་བསམ་ཡས་བཞེངས།

YIG TEN   DREG PA   DUL   NE   SAM YE   ZHENG
mundo   espíritus arrogantes domados entonces monasterio de Samye erigir
*   y demonios*

domaste a los arrogantes espíritus mundanos y erigiendo el monasterio de Samye

རྒྱུ་འབྲས་ཐེག་ཆེན་ཆོས་ཀྱི་སྒྲོན་མེ་སྤར།

GYU   DRAE   THEG CHEN   CHO   KYI   DRON ME   PAR
sutra   tantra   mahayana   darma   de   lámpara   encender

encendiste la lámpara del darma mahayana del sutra y el tantra.

བོད་ཁམས་མུན་སེལ་ཨོ་རྒྱན་རིན་པོ་ཆེ།

BOE   KHAM MUN   SEL   OR GYAN   RIN PO CHE
Tíbet   país   oscuridad   disipar   Oddiyana   el precioso

Precioso de Orgyan, disipaste toda oscuridad en la tierra de Tíbet.

གསོལ་བ་འདེབས་སོ་ཨོ་རྒྱན་རིན་པོ་ཆེ།

SOL WA DE SO   OR GYAN   RIN PO CHE
rezar   Oddiyana   el precioso

Precioso de Orgyan, te rogamos.

 བདག་སོགས་འགྲོ་ལ་དབང་བསྐུར་བྱིན་གྱིས་རློབས།

DA SO DRO LA WANG KUR YIN GYI LO
nosotros seres a iniciación bendice!

Por favor, ¡concede la iniciación y la bendición a todos los seres!

*Cuando fuiste invitado al Tíbet por este rey poderoso domaste a los arro-
gantes espíritus mundanos y erigiendo el monasterio de Samye encendiste
la lámpara del darma mahayana del sutra y el tantra. Precioso de Orgyan,
disipaste toda oscuridad en la tierra de Tíbet. Precioso de Orgyan, te
rezamos. Por favor, ¡concede la iniciación y la bendición a todos los seres!*

ཏི་སྒྲོ་སྒྲགས་དང་མཆིམས་ཕུ་ལ་སོགས་པར།

TI DRO DRA DANG CHIM PHU LA SO PAR
(lugar de Tíbet) y (lugar de Tíbet) y otros lugares

En Tridro Drag, Chimpu y lugares semejantes,

མཚོ་རྒྱལ་ཡུམ་དང་གསང་སྤྱོད་མཛད་པའི་ཚེ།

TSHO GYAL YUM DANG SANG CHO DZAE PE CHE
*Yeshe Tsogyal consorte y conducta secreta, practicar cuando
guyacharya*

cuando practicabas la actividad secreta con tu consorte Yeshe Tsogyal,

སྙན་བརྒྱུད་སྐུ་གསུང་ཐུགས་ཀྱི་གསང་སྒོ་ཕྱེ།

ÑAN GYU KU SUNG THU KYI SANG GO CHE
*enseñanza directa cuerpo palabra mente de secreta puerta abierta
(ella la obtuvo de él)*

impartías las enseñanzas que revelan los secretos del cuerpo, la palabra
y la mente.

གདུལ་བྱ་སྨིན་གྲོལ་ཨོ་རྒྱན་རིན་པོ་ཆེ།

DUL YA MIN DROL OR GYAN RIN PO CHE
*discípulo iniciación doctrina Oddiyana el precioso
maduradora liberadora*

Precioso de Orgyan, maduras y liberas a tus discípulos.

གསོལ་བ་འདེབས་སོ་ཨོ་རྒྱན་རིན་པོ་ཆེ།

SOL WA DE SO OR GYAN RIN PO CHE
rezar Oddiyana el precioso

Precioso de Orgyan, te rogamos.

བདག་སོགས་འགྲོ་ལ་དབང་བསྐུར་བྱིན་གྱིས་རློབས།

DA SO DRO LA WANG KUR YIN GYI LO
nosotros seres a iniciación bendice!

Por favor, ¡concede la iniciación y la bendición a todos los seres!

En Tridro Drag, Chimpu y lugares semejantes, cuando practicabas la actividad secreta con tu consorte Yeshe Tsogyal, impartías las enseñanzas que revelan los secretos del cuerpo, la palabra y la mente. Precioso de Orgyan, maduras y liberas a tus discípulos. Precioso de Orgyan, te rogamos. Por favor, ¡concede la iniciación y la bendición a todos los seres!

བོད་ཡུལ་སྒྲུབ་གནས་གཙུག་ལག་ཁང་རྣམས་སུ།

BOE	YUL	DRUB	NAE	TSU LA KHANG	NAM	SU
Tíbet	*país*	*práctica*	*lugares*	*templos*	*muchos*	*en*

En los templos y los lugares de práctica de Tíbet

དགོངས་པ་མཛད་ནས་དམ་ཆོས་གཏེར་དུ་སྦས།

GONG PA	DZAE	NE	DAM	CHO	TER	DU	BAE
pensar en lo que iba a ser apropiado	*hiciste*	*entonces*	*santo*	*darma*	*tesoro*	*como*	*ocultar*

consideraste las necesidades futuras y luego escondiste el santo darma como un tesoro

སྙིགས་མ་ལྔ་བོད་གདུལ་བྱ་སྐྱོང་བར་མཛད།

ÑIG MA	NGA	BOE	DUL YA	KYONG WAR	DZAE
degeneraciones	*cinco*	*tibetanos*	*discípulos*	*proteger*	*hacer*

para proteger a tus discípulos tibetanos en la era de las cinco degeneraciones.

མ་འོངས་དོན་མཛད་ཨོ་རྒྱན་རིན་པོ་ཆེ།

MA ONG	DON	DZAE	OR GYAN	RIN PO CHE
futuro	*beneficio*	*hacer*	*Oddiyana*	*el precioso*

Precioso de Orgyan, actuaste en beneficio de los seres futuros.

གསོལ་བ་འདེབས་སོ་ཨོ་རྒྱན་རིན་པོ་ཆེ།

SOL WA DE SO	OR GYAN	RIN PO CHE
rezar	*Oddiyana*	*el precioso*

Precioso de Orgyan, te rogamos.

བདག་སོགས་འགྲོ་ལ་དབང་བསྐུར་བྱིན་གྱིས་རློབས།

DA SO	DRO	LA	WANG KUR	YIN GYI LO
nosotros	*seres*	*a*	*iniciación*	*bendice!*

Por favor, ¡concede la iniciación y la bendición a todos los seres!

En los templos y los lugares de práctica de Tíbet consideraste las necesidades futuras y luego escondiste el santo darma como un tesoro para proteger a tus discípulos tibetanos en la era de las cinco degeneraciones. Precioso de Orgyan, actuaste en beneficio de los seres futuros. Precioso de Orgyan, te rezamos. Por favor, ¡concede la iniciación y la bendición a todos los seres!

ཀླུ་བཅུའི་དུས་སུ་ཁྱེད་ཀྱི་གཏེར་ཆོས་དང་།

NGAB GYE DU SU KHYE KYI TER CHO DANG
quinientos periodo en tu tesoro darma y

A aquellos seres afortunados que más tarde se encontraron

འཕྲད་པའི་སྐྱེས་བུ་གང་ཟག་ལས་ཅན་ལ།

TRAE PE KYE BU GANG ZA LAE CHAN LA
encontrar personas personas afortunadas a

con tu tesoro de darma al final del periodo de quinientos años,

དབང་བསྐུར་ལུང་བསྟན་བྱིན་གྱིས་བརླབ་མཛད་པའི།

WANG KUR LUNG TAN YIN GYI LAB DZAE PE
iniciaciones predicciones bendiciones hacer

les diste iniciaciones, predicciones y bendiciones.

དངོས་གྲུབ་མཆོག་སྩོལ་ཨོ་རྒྱན་རིན་པོ་ཆེ།

NGO DRU CHO TSOL OR GYAN RIN PO CHE
logro supremo otorgar Oddiyana el precioso

Precioso de Orgyan, tú concedes el logro supremo.

གསོལ་བ་འདེབས་སོ་ཨོ་རྒྱན་རིན་པོ་ཆེ།

SOL WA DE SO OR GYAN RIN PO CHE
rezar Oddiyana el precioso

Precioso de Orgyan, te rogamos.

བདག་སོགས་འགྲོ་ལ་དབང་བསྐུར་བྱིན་གྱིས་རློབས།

DA SO DRO LA WANG KUR YIN GYI LO
nosotros seres a iniciación bendice!

Por favor, ¡concede la iniciación y la bendición a todos los seres!

A aquellos seres afortunados que más tarde se encontraron con tu tesoro de darma al final del periodo de quinientos años, les diste iniciaciones, predicciones y bendiciones. Precioso de Orgyan, tú concedes el logro supremo. Precioso de Orgyan, te rogamos. Por favor, ¡concede la iniciación y la bendición a todos los seres!

ཁ་བ་ཅན་དུ་བསྟན་པ་རྒྱས་པར་མཛད།

KHA WA CHAN DU TAN PA GYAE PAR DZAE
tierra de las nieves en doctrina difundir hiciste

Difundiste la doctrina en el País de las Nieves y luego fuiste

ཕྱོ་ནུབ་རྔ་ཡབ་གླིང་ཕྲན་ཡུལ་དུ་བྱོན།

LHO NUB　NGA YAB　　LING　TRAN　YUL　DU　YON
suroeste　Chamara, espantamoscas　isla　pequeño　país　a　ido

a la pequeña isla con forma de espantamoscas situada al suroeste,

ཞེ་སྡང་གདོང་དམར་སྲིན་པོའི་ཁ་གནོན་མཛད།

ZHE DANG DONG MAR SIN POI　　　KHA NON　　DZAE
rabia　　rostro　rojo　rakshasa, demonios caníbales　controlar, subyugar hiciste

donde domaste a los furiosos demonios caníbales de cara roja.

འགྲོ་བའི་དཔལ་མགོན་ཨོ་རྒྱན་རིན་པོ་ཆེ།

DRO WE　PAL　GON　OR GYAN　RIN PO CHE
seres　　gloria　señor　Oddiyana　el precioso

Precioso de Orgyan, eres el señor y la gloria de todos los seres.

གསོལ་བ་འདེབས་སོ་ཨོ་རྒྱན་རིན་པོ་ཆེ།

SOL WA DE SO　OR GYAN　RIN PO CHE
rezar　　　　Oddiyana　el precioso

Precioso de Orgyan, te rogamos.

བདག་སོགས་འགྲོ་ལ་དབང་བསྐུར་བྱིན་གྱིས་རློབས།

DA SO　DRO　LA　WANG KUR　YIN GYI LO
nosotros　seres　a　iniciación　bendice!

Por favor, ¡concede la iniciación y la bendición a todos los seres!

Difundiste la doctrina en el País de las Nieves y luego fuiste a la pequeña isla con forma de espantamoscas situada al suroeste, donde domaste a los furiosos demonios caníbales de cara roja. Precioso de Orgyan, eres el señor y la gloria de todos los seres. Precioso de Orgyan, te rogamos. Por favor, ¡concede la iniciación y la bendición a todos los seres!

གདུལ་བྱ་སྨིན་གྲོལ་མཛད་ནས་མཁའ་སྤྱོད་དུ།

DUL YA　MIN　　DROL　DZAE　NE　KHA CHO　DU
discípulos　madurar　liberar　hiciste　entonces　Kacera　a
(iniciación)　(doctrina)　　　(i.e. Zangdopalri o cualquiera de los reinos elevados que ha visitado)

Maduraste y liberaste a tus discípulos y luego fuiste a Kacera

གནས་གསུམ་མཁའ་འགྲོའི་སྤྲིན་གྱི་ཚོགས་དབུས་སུ།

NAE　SUM　　KHAN DROI　TRIN　GYI　TSHO　WU　SU
lugares　tres　　dakinis　nubes　de　multitud centro　en
(cuerpo, palabra y mente)　　(i.e. muchísimas)

donde en el centro de una multitud de dakinis de los tres lugares

གསང་སྔགས་དཀྱིལ་འཁོར་ཀུན་གྱི་གཙོ་བོར་བཞུགས།

SANG NGA   **KYIL KHOR KUN GYI TSO WOR**   **ZHU**
guhyamantra, tántrico mandala   *todo de señor*   *sentar, establecer*

fuiste el señor de todos los mandalas tántricos..

ཧེ་རུ་ཀ་དཔལ་ཨོ་རྒྱན་རིན་པོ་ཆེ།

HE RU KA   **PAL**   **OR GYAN**   **RIN PO CHE**
Heruka   *glorioso*   *Oddiyana*   *el precioso*

Precioso de Orgyan, eres el glorioso Heruka.

གསོལ་བ་འདེབས་སོ་ཨོ་རྒྱན་རིན་པོ་ཆེ།

SOL WA DE SO   **OR GYAN**   **RIN PO CHE**
rezar   *Oddiyana*   *el precioso*

Precioso de Orgyan, te rogamos.

བདག་སོགས་འགྲོ་ལ་དབང་བསྐུར་བྱིན་གྱིས་རློབས།

DA SO   **DRO LA**   **WANG KUR**   **YIN GYI LO**
nosotros   *seres a*   *iniciación*   *bendice!*

Por favor, ¡concede la iniciación y la bendición a todos los seres!

Maduraste y liberaste a tus discípulos y luego fuiste a Kacera donde en el centro de una multitud de dakinis de los tres lugares fuiste el jefe de todos los mandalas tántricos. Precioso de Orgyan, eres el glorioso Heruka. Precioso de Orgyan, te rogamos. Por favor, ¡concede la iniciación y la bendición a todos los seres!

དབང་ཆེན་སྤྲེའུ་ལོ་སྤྲེལ་ཟླའི་ཚེས་བཅུ་དང་།

WANG   **CHEN**   **TREU**   **LO**   **TREL**   **DE**   **TSHE CHU**   **DANG**
poderoso   *grande*   *mono*   *año*   *mono*   *mes*   *décimo día*   *y*
                                                  (sexto)   *(lunar)*

En el muy poderoso décimo día del mes del mono en el año del mono y,

དུས་ཀྱི་རྒྱལ་པོ་ཚེས་བཅུ་ཐམས་ཅད་ལ།

DU   **KYI**   **GYAL PO**   **TSHE CHU**   **THAM CHE**   **LA**
tiempo   *de*   *rey (el más importante)*   *décimo día*   *todos*   *en*

en todos los décimos días lunares, en estos "reyes del tiempo",

སྐུ་གསུང་ཐུགས་ཀྱི་སྤྲུལ་པ་སྣ་ཚོགས་འགྱེད།

KU   **SUNG**   **THU**   **KYI**   **TRUL PA**   **NA TSHO**   **GYE**
cuerpo palabra mente de   *emanación*   *varias diferentes*   *enviar*

envías innumerables y variadas emanaciones de tu cuerpo, palabra y mente.

སྐལ་ལྡན་སྐྱོང་མཛད་ཨོ་རྒྱན་རིན་པོ་ཆེ།

KAL DAN   KYONG   DZAE   OR GYAN   RIN PO CHE
los afortunados   proteger   hacer   Oddiyana   el precioso

Precioso de Orgyan, proteges a los afortunados.

གསོལ་བ་འདེབས་སོ་ཨོ་རྒྱན་རིན་པོ་ཆེ།

SOL WA DE SO   OR GYAN   RIN PO CHE
rezar   Oddiyana   el precioso

Precioso de Orgyan, te rogamos.

བདག་སོགས་འགྲོ་ལ་དབང་བསྐུར་བྱིན་གྱིས་རློབས།

DA SO   DRO   LA   WANG KUR   YIN GYI LO
nosotros   seres   a   iniciación   bendice!

Por favor, ¡concede la iniciación y la bendición a todos los seres!

En el muy poderoso décimo día del mes del mono en el año del mono y en todos los décimos días lunares, en estos «reyes del tiempo», envías innumerables y variadas emanaciones de tu cuerpo, palabra y mente. Precioso de Orgyan, proteges a los afortunados. Precioso de Orgyan, te rogamos. Por favor, ¡concede iniciaciones y bendiciones a todos los seres!

འགྲོ་མགོན་ཁྱེད་ཀྱི་མཚན་མཆོག་རིན་པོ་ཆེ།

DRO   GON   KYE KYI   TSHAN   CHO   RIN PO CHE
seres,   señor, benefactor   tu   nombre   excelente   precioso

Benefactor de los seres, tu excelente nombre es precioso.

འགྲོ་བ་གང་གིས་མཐོང་ཐོས་དྲན་གྱུར་ཀྱང་།

DRO WA   GANG   GI   THONG   THO   DRAN   GYUR   KYANG
seres   cualquiera por   ver   oír   recordar   hacer   solo

Quienquiera que lo vea, lo oiga o lo recuerde, sólo por eso,

མི་མཐུན་རྐྱེན་དང་བར་ཆད་ཀུན་ཞི་ནས།

MI THUN   KYEN   DANG BAR CHAE   KUN   ZHI   NE
difícil   circunstancias y   obstáculos   todos   pacificar entonces,así

verá pacificados todos los obstáculos y circunstancias difíciles.

དགོས་འདོད་རེ་སྐོང་ཨོ་རྒྱན་རིན་པོ་ཆེ།

GOE   DOE   RE   KONG   OR GYAN   RIN PO CHE
necesidades deseos esperanzas cumplir   Oddiyana   el precioso

Precioso de Orgyan, satisfaces todas las necesidades, deseos y esperanzas.

 གསོལ་བ་འདེབས་སོ་ཨོ་རྒྱན་རིན་པོ་ཆེ།

SOL WA DE SO   OR GYAN   RIN PO CHE
rezar   Oddiyana   el precioso

Precioso de Orgyan, te rogamos.

བདག་སོགས་འགྲོ་ལ་དབང་བསྐུར་བྱིན་གྱིས་རློབས།

DA SO   DRO   LA   WANG KUR   YIN GYI LO
nosotros seres   a   iniciación   bendice!

Por favor, ¡concede la iniciación y la bendición a todos los seres!

Benefactor de los seres, tu excelente nombre es precioso. Quienquiera que lo vea, lo oiga o lo recuerde, sólo por eso verá pacificados todos los obstáculos y circunstancias difíciles. Precioso de Orgyan, satisfaces todas las necesidades, deseos y esperanzas. Precioso de Orgyan, te rogamos. Por favor, ¡concede la iniciación y la bendición a todos los seres!

འཛམ་གླིང་བྱེ་བ་ཕྲག་བརྒྱའི་ཞིང་ཁམས་སུ།

DZAM LING   YE WA TRA GYE   ZHING KHAM   SU
mundo   mil millones   reinos   en

En los mil millones de reinos

ཨོ་རྒྱན་པདྨ་བྱེ་བ་ཕྲག་བརྒྱའི་སྐུ།

OR GYAN   PE MA   YE WA TRA GYE   KU
Padmasambava   mil millones   cuerpos, formas

hay mil millones de formas de Orgyan Padma

གང་ལ་གང་འདུལ་དེ་ལ་དེར་སྟོན་པའི།

GANG   LA   GANG DUL   DE   LA   DER   TON PE
quienquiera a lo que es necesario eso a con eso enseñar, mostrar

que enseñan lo necesario para adiestrar a cada ser individual.

འགྲོ་དོན་རྒྱས་མཛད་ཨོ་རྒྱན་རིན་པོ་ཆེ།

DRO   DON   GYE   DZAE   OR GYAN   RIN PO CHE
seres beneficio vasto hacer Oddiyana el precioso

Precioso de Orgyan, tus acciones por el bien de los seres son inmensas.

གསོལ་བ་འདེབས་སོ་ཨོ་རྒྱན་རིན་པོ་ཆེ།

SOL WA DE SO   OR GYAN   RIN PO CHE
rezar   Oddiyana   el precioso

Precioso de Orgyan, te rogamos.

བདག་སོགས་འགྲོ་ལ་དབང་བསྐུར་བྱིན་གྱིས་རློབས།

DA SO   DRO   LA   WANG KUR   YIN GYI LO
nosotros   seres   a   iniciación   bendice!

Por favor, ¡concede la iniciación y la bendición a todos los seres!

En los mil millones de reinos del mundo hay mil millones de formas de Orgyan Padma que enseñan lo necesario para adiestrar a cada ser individual. Precioso de Orgyan, tus acciones por el bien de los seres son inmensas. Precioso de Orgyan, te rogamos. Por favor, ¡concede la iniciación y la bendición a todos los seres!

ཨོ་རྒྱན་པདྨ་བླ་མའི་སྐུ་གཅིག་ལ།

OR GYAN PE MA   LA ME   KU   CHI   LA
Padmasambava   del gurú   forma   una   en

En tu única forma del gurú de Orgyan Padma,

དུས་གསུམ་སངས་རྒྱས་ཀུན་གྱི་བཀོད་པ་རྫོགས།

DU   SUM   SANG GYE   KUN   GYI   KOE PA   DZO
tiempos tres   budas   todos   de   presentar, poner   completamente

los budas de los tres tiempos están presentes y completos,

རྡོ་རྗེ་འཆང་ཆེན་ངོ་བོ་ཉིད་ཀྱི་སྐུ།

DOR YE CHANG CHEN   NGO WO ÑI KYI KU
Mahavajradara (el nivel más alto)   Svabavikakaya (integración de los tres kayas)

ya que tú eres Mahavajradara Svabavikakaya.

རྒྱལ་སྲས་མཆོག་གཙོ་ཨོ་རྒྱན་རིན་པོ་ཆེ།

GYAL   SAE   CHO   TSO   OR GYAN   RIN PO CHE
de los yinas   hijo   excelente   guía   Oddiyana   el precioso

Precioso de Orgyan, tú eres el guía de todos los hijos excelentes del Victorioso.

གསོལ་བ་འདེབས་སོ་ཨོ་རྒྱན་རིན་པོ་ཆེ།

SOL WA DE SO   OR GYAN   RIN PO CHE
rezar   Oddiyana   el precioso

Precioso de Orgyan, te rogamos.

བདག་སོགས་འགྲོ་ལ་དབང་བསྐུར་བྱིན་གྱིས་རློབས།

DA SO   DRO   LA   WANG KUR   YIN GYI LO
nosotros   seres   a   iniciación   bendice!

Por favor, ¡concede la iniciación y la bendición a todos los seres!

En tu única forma del gurú Orgyan Padma, los budas de los tres tiempos están presentes y completos, ya que tú eres Mahavajradara Svabavikakaya. Precioso de Orgyan, tú eres el guía de todos los hijos excelentes del Victorioso. Precioso de Orgyan, te rogamos. Por favor, ¡concede la iniciación y la bendición a todos los seres!

མཛད་དུ་གསོལ་རྒྱུད་བསྐུལ་བའི་ཕྱིར་བཛྲ་གུ་རུའི་བཟླས་པ་ཅི་ནུས་བྱས་མཐར།

Después de esto, para conmover sus mentes, recita el mantra Bendza Guru tanto como puedas.

(Según el sistema de Mindrolling)

ཨོཾ་ཨཱཿཧཱུྃ་བཛྲ་གུ་རུ་པདྨ་སིདྡྷི་ཧཱུྃཿ

OM	Aa	HUNG	BEN ZA	GU RU	PE MA	SID DHI	HUNG
cuerpo	*palabra*	*mente*	*vajra, indestructible*	*maestro*	*Padma- sambava*	*logros*	*danos!*

Gurú Padmasambava con el cuerpo, la palabra y la mente indestructibles, por favor concédenos el logro de la budeidad.

བླ་མའི་གནས་གསུམ་འབྲུ་གསུམ་ལས༔

LA ME	NAE	SUM	DRU	SUM	LAE
del gurú	*lugares*	*tres*	*sílabas*	*tres*	*desde*

(los centros de su cuerpo, su palabra y su mente con la Om (ཨོཾ) blanca en la coronilla, la Aa (ཨཱཿ)roja en la garganta y la Hung (ཧཱུྃ)azul en el corazón)

De las tres letras en los tres centros del gurú

འོད་ཟེར་རིམ་དང་ཅིག་ཆར་འཕྲོས༔

WOE	ZER	RIM	DANG	CHI CHAR	TRO
luz	*rayos*	*consecutivamente (empezando por Om)*	*y*	*a la vez*	*irradiar*

irradian rayos de luz consecutiva y simultáneamente.

བདག་གི་གནས་གསུམ་ཐིམ་པ་ཡིས༔

DA	GI	NAE	SUM	THIM PA	YI
mi		*lugar (coronilla, garganta, corazón)*	*tres*	*fundir en*	*por*

se funden en mis tres centros y de esta forma

དབང་བཞི་ཐོབ་ཅིང་སྒྲིབ་བཞི་དག༔

WANG	ZHI	THOB CHING	DRIB	ZHI	DA
iniciaciones	*cuatro#*	*obtener*	*obscurecimientos**	*cuatro*	*purificar*

del vaso, secreta, prajna-jnana y simbólica
*debidos al karma, a las aflicciones, a las cogniciones dualistas y sus trazas

obtengo las cuatro iniciaciones, se purifican mis cuatro oscurecimientos y

ལམ་བཞི་བསྒོམ་པའི་སྣོད་དུ་གྱུརཿ

LAM **ZHI** **GOM PE**   **NOE**   **DU**   **GYUR**
camino *cuatro* *meditar, practicar*   *recipiente* *como* *convertirse*
(Kyerim, Dzogrim, Lankye, Dzogchen)

lo que me capacita para practicar los cuatro caminos.

མཐར་ནི་རང་ཐིམ་དབྱེར་མེད་ངངཿ

THAR NI **RANG** **THIM** **YER ME**   **NGANG**
al final, entonces *en mí* *se disuelve* *inseparable, no diferente* *naturaleza*

Entonces el gurú se disuelve en mí y me fundo inseparablemente en su naturaleza

བློ་འདས་ཆོས་སྐུའི་རང་ཞལ་བལྟཿ

LO   **DAE**   **CHO KUI**   **RANG ZHAL**   **TA**
intelectual *más allá* *darmakaya* *propio rostro, naturaleza original* *ver*
conceptualización

donde veo mi verdadero rostro, el darmakaya más allá de toda conceptualización.

De las tres letras en los tres centros del gurú irradian rayos de luz consecutiva y simultáneamente, se funden en mis tres centros de esta forma obtengo las cuatro iniciaciones, se purifican mis cuatro oscurecimientos lo que me capacita para practicar los cuatro caminos. Entonces el Gurú se disuelve en mí y me fundo inseparablemente en su naturaleza donde veo mi verdadero rostro, el darmakaya más allá de toda conceptualización.

Loto blanco puro
La vida del Nacido del loto de Oddiyana

Del Tesoro secreto de la Dakini de la verdad de los fenómenos
revelado por Sera Kandro

CAPÍTULO 1.

¡Qué maravilla!

Emanado de los corazones de la Luz Ilimitada y
el Sabio de los Sakias,
tú, el Nacido del loto[1] , nuestro segundo Buda,
te has manifestado de la siguiente manera
para beneficiar a aquellos que necesitan dirección.

Debido a la ignorancia[2]
los seres sensibles vagan por los seis reinos[3] de la existencia.
En estos tiempos degenerados todo lo que hacen
es impregnarse de los cinco venenos[4].
Para educar a estos seres que se resisten a cualquier disciplina[5]
naciste sobre un loto en el lago
como un aparición[6] maravillosa con las marcas y los signos de
perfección.

Dakinis[7] de las cinco clases junto con héroes y heroínas
cantaron y bailaron esparciendo flores auspiciosas de bienvenida
como nubes de los cinco colores del arcoíris que llenaban el aire.
Dioses, nagas y todo tipo de seres se alegraron,
inclinándose, rogando en sus plegarias cantadas.

Al escuchar todo esto, el rey de Oddiyana
fue a darle la bienvenida, al joven niño.
Ofreció esta alabanza a la aparición:

«Bodisatva aparición de los budas de los tres tiempos,
al llegar a Oddiyana naciste en el lago.
Sin ser manchado por los engaños apareciste en el corazón de un loto.
Tu presencia radiante está dotada por completo
con las marcas y los signos de la perfección.
Te alabamos, rey Loto, tú que mereces ser contemplado.»

Después de esa alabanza el rey te llevó a su palacio y
te sentó en un trono enjoyado[8] con finos cojines de seda.
Te ofreció muchos regalos que agradan a los sentidos,
te presentó un inmenso banquete de diversos platos, tanto dulces
como cremosos.
las ocho diosas[9] te presentaron muchos regalos como,
canto, baile y teatro,
te cantaron infinitas alabanzas, a ti, la aparición.

Te casaste con la diosa Iluminada[10] y gobernaste el reino.
Una y otra vez viste los sufrimientos[11]
del nacimiento, de la vejez, de la enfermedad y de la muerte.
Por este motivo fuiste renunciando gradualmente al trono.
Por último marchaste a India
donde triunfaste en el estudio de todas las ramas del conocimiento[12].

Esto completa el capítulo uno de LOTO BLANCO PURO. LA VIDA DEL NACIDO
DEL LOTO DE ODDIYANA que cuenta cómo vino a este mundo y fue educado.

OM AA HUNG BENZA GURU PEMA SIDDHI HUNG

CAPÍTULO 2.

¡Qué maravilla!

Fuiste a encontrarte con Ananda[13],
el asistente principal de Buda Sakiamuni.
Recibiste la ordenación monástica completa de él
vistiéndote con los hábitos de un monje.

En presencia del maestro Prabahasti
estudiaste y practicaste los yogas Maha, Anu y Ati[14].

de Garab Dorye, Budaguya,
Sri Singa, Manyushrimitra,
Humkara, Vimalamitra,
Danasanskrita y Nagaryuna[15]
recibiste las transmisiones,
prácticas, iniciaciones e instrucciones[16]
de la Esencia del corazón de la Gran Perfección[17],
el tantra de la Esencia secreta[18], el tantra del Gran Heruka supremo[19],
el tantra del Cuerpo de Manyushri, el tantra de la Palabra del loto,
el tantra de la Mente más pura, el tantra de la Cualidad de la amrita,
el tantra del Clavo de la actividad, el tantra de la Alabanza y ofrecimiento, y
el tantra del Mantra airado que subyuga.

De muchos otros maestros realizados
solicitaste la transmisión de los tres tantras externos[20],
los tres tantras internos[21], así como
todas las instrucciones de los tantras externos e internos.
Maduraste por completo todas las cualidades del entrenamiento
y llegaste a la verdadera realización.

Esto completa el capítulo dos de Loto blanco puro. La vida del Nacido del loto de Oddiyana que cuenta cómo confió en gurús, solicitó enseñanzas y terminó con las dudas.

Om Aa Hung Benza Guru Pema Siddhi Hung

CAPÍTULO 3.

¡Qué maravilla!

Después te marchaste a los ocho vertederos de cadáveres[22] en India.
Gracias a tu práctica contemplaste a las deidades y
te concedieron sus profecías.
Al cumplir tu práctica,
mostraste varios signos de logro.
Erradicaste a todos los demonios, triunfaste sobre los no budistas.

Viajaste a Zahor donde trajiste a la Princesa Mandarava
a la puerta de entrada al Darma[23].
El Rey te castigó con quemarte en una pira.
La pira se transformó en un lago y tú hiciste muchos milagros.
Como habías logrado el cuerpo vajra indestructible,
nada podía dañarte.
El rey se quedó asombrado y repleto de fe y devoción,
se arrepintió profundamente y confesó su error.
Todo el reino de Zahor quedó establecido en el Darma.

Después en Maratika[24] comenzaste la práctica de la inmortalidad.
Terminaste la práctica de la longevidad,
te encontraste con el buda Vida Infinita.
El nacimiento y la muerte no pudieron tocar tu cuerpo indestructible maduro.

Viajaste a Despliegue Denso[25] y las demás tierras puras
de los budas de las cinco familias
en donde consultaste con el Felizmente Ido[26] que dijo:
«*No existe Buda aparte de tu propia mente.*»

Practicaste Mahamudra en Yanglesho[27] y declaraste
«*He obtenido el logro supremo del Mahamudra.[28]*»

Cuando te involucrabas en la práctica en Yarigong,
ocurrió un conflicto con no budistas
en el Asiento vajra en Bodgaya.
Las dakinis[29] aconsejaron a los quinientos eruditos que estaban allí
pedir que fueras con tu séquito al Asiento vajra.
Subyugaste a los no budistas con tu poder de hacer milagros.
Estableciste el Darma verdadero en India y
preservaste las doctrinas del mantra secreto en el Asiento vajra.

Esto completa el capítulo tres de LOTO BLANCO PURO. LA VIDA DEL NACIDO
DEL LOTO DE ODDIYANA que cuenta la preservación de las doctrinas del
Darma en India y el establecimiento de esa tierra en el Darma.

OM AA HUNG BENZA GURU PEMA SIDDHI HUNG

CAPÍTULO 4.

¡Qué maravilla!

Debido a la fuerza e intensidad de sus aspiraciones anteriores,
cuando el rey del Darma Trisong Deutsen[30]
fue incapaz de domar la tierra en la que construía su templo
el gran erudito bodisatva Shantaraksita[31] predijo
los beneficios de invitarte a venir de la India a Tíbet.
Se enviaron mensajeros con oro e invitaciones exquisitamente redactadas.
Cuando llegaron, debatiste su petición,
considerando que había legado el momento de decidir decidiste ir a Tíbet
y enviaste a tres mensajeros con antelación.

Cuando llegaste a Nepal los dioses y los demonios locales
provocaron muchas molestias, apariencias engañosas y obstáculos[32].
Cuando llegaste a Mangyul ocurrieron grandes problemas.
Entonces durante siete días hiciste la práctica de Vitotama de forma que
todos los obstáculos se resolvieron naturalmente.
Sometiste a todos los dioses locales y espíritus caníbales
de Tíbet bajo juramento:
Algunos confesaron y rogaron, algunos te ofrecieron su esencia vital,
algunos hicieron promesas, algunos rindieron respeto,
algunos asumieron el deber de proteger la doctrina,
algunos revelaron su forma corporal, y otros mantuvieron sus votos[33].

Cuando llegaste a Tsang-rong te saludaron dioses y hombres.
En Todlung todos te dieron la bienvenida.
Mostraste milagros y
el agua que se usó en la práctica se convirtió en amrita[34].
La fe y la devoción surgían en todos con los que te encontrabas.

Te encontraste con el rey en la Cueva del tamarisco real.
Aunque el rey era una emanación de Manjushri[35]
no hizo ninguna reverencia debido a su arrogancia altiva.
Le cantaste sobre tu propio poder y grandeza y
llevaste a cabo maravillas[36] de forma que la fe creció en el rey.

Se postró ante ti, te rezó y
te invitó a sentarte en su trono dorado.
Te regaló tesoros y todas las delicias de los sentidos.
Todos los dioses y humanos en Tíbet te hicieron ofrendas.
Funcionarios que apoyaban a los demonios[37]
provocaron muchos obstáculos
mientras que los funcionarios que apoyaban al Darma
ofrecían colaboración y condiciones armoniosas.

Esto completa el capítulo cuatro de Loto blanco puro. La vida del Nacido del loto de Oddiyana que cuenta la invitación del rey de Tíbet y el sometimiento de dioses y demonios bajo juramento.

Om Aa Hung Benza Guru Pema Siddhi Hung

CAPÍTULO 5.

¡Qué maravilla!

Entonces tú, el maestro Nacido del loto,
manifestado en la forma del Heruka airado muy poderoso[38]
declamando «¡Hung! ¡Hung!»,
reuniste a todos los dioses y demonios.
Los subyugaste con órdenes, signos y acciones,
los pusiste bajo juramento.
Bendijiste el emplazamiento para la construcción del templo de Samye.
Los cuatro grandes reyes quedaron a cargo del trabajo.
Los humanos construían de día, los dioses y demonios lo hacían de noche.
Era como si Samye no se hubiera construido, sino que simplemente
hubiera crecido.
Diseñado como el monte Meru
con los cuatro grandes continentes y los ocho menores,
Samye tenía inconcebibles cualidades excelentes.

Se mostraron imágenes de deidades pacíficas y airadas
en los tres niveles del templo.
Cayeron del cielo flores[39] auspiciosas durante la consagración,
La imágenes de las deidades hablaron y cayó una lluvia de medicina
La estela de piedra ardió en fuego y los perros de cobre ladraron[40].

Maravillosos signos auspiciosos aparecieron por todas partes.
El rey, sus ministros, sus súbditos y séquito
estaban llenos de alegría.
Tíbet se convirtió en la tierra de la buena fortuna, de la virtud y la plenitud.
Las cualidades beneficiosas de Samye son inconcebibles.

Esto completa el capítulo cinco de Loto blanco puro. La vida del Nacido del loto de Oddiyana que cuenta la construcción del templo de Samye y su consagración y lluvia de flores.

Om Aa Hung Benza Guru Pema Siddhi Hung

CAPÍTULO 6.

¡Qué maravilla!

En discusión con el erudito Shantarakshita ambos acordasteis:

«El Tíbet es como una tierra de demonios caníbales.
Las personas son como animales al no saber
cómo adoptar la virtud y rechazar el vicio.
Los ministros que apoyan a los demonios
son intensamente celosos y crean muchos obstáculos,
así que es hora de que nos preparemos para regresar a nuestros países de origen.»

Cuando el Rey se enteró, se le rompió el corazón y lloró.
Ofreció innumerables mandalas maravillosos de oro y
se postró con tal determinación que se le cayó la corona.
Llorando con una devoción de dolorosa intensidad, gritó:

«¡Ay! ¡Ay! ¡Amable aparición!
Erudito y Maestro, ambos tan amables, ¡por favor prestadme atención!
Yo, Trisong Deutsen tengo una enorme y virtuosa intención[41]*, sin embargo este país de Tíbet es como una tierra de caníbales bárbaros.*
Desprovistos de darma y virtud vagamos sin fin en el samsara.
Erudito y Maestro, no nos abandonéis, por favor, pensad en nosotros con amor.
Vosotros, las apariciones de los Budas, habéis llegado a un lugar sin virtud.
Por favor, cuidad de nosotros con vuestras compasivas mentes iluminadas.»

Los dos Maestros consideraron esta petición.
Indicaron que los niños tibetanos capaces
que predijo el Nacido del loto
deberían enviarse a India para solicitar ser instruidos en el Darma[42].
Más tarde volvieron a Tíbet
trayendo todas las enseñanzas del tantra del mantra secreto.
Al escuchar, explicar y meditar[43]
se consolidaron las doctrinas plenamente.
Así los deseos de Trisong Deutsen se cumplieron por completo.
Hizo ofrecimientos y agradeció
a los maestros, traductores y eruditos
reconociendo su amabilidad y alabando la grandeza del Darma.

Las doctrinas de Buda se difundieron en la oscura tierra de Tíbet.
Los traductores y eruditos regresaron a sus países de origen.
Las doctrinas del Darma surgieron como el sol.

Esto completa el capítulo seis de LOTO BLANCO PURO. LA VIDA DEL NACIDO DEL LOTO DE ODDIYANA que trata sobre los traductores y eruditos y la traducción de los sutras y tantras al tibetano.

OM AA HUNG BENZA GURU PEMA SIDDHI HUNG

CAPÍTULO 7.

¡Qué maravilla!

Luego te fuiste a meditar a Chimpu[44].
El Rey y los otros discípulos cercanos[45]
te ofrecieron un mandala de oro y turquesa pidiéndote
instrucciones fáciles de realizar pero ricas en bendiciones.
Revelaste el mandala de meditación
de la asamblea de los Felizmente Idos.
Durante la iniciación, cada discípulo arrojó una flor
para identificar su práctica específica[46].
Luego se fueron a meditar a solas.
Cada uno vio a su deidad, el signo del verdadero logro.

Además, cuando reveló los mandalas de meditación de
la asamblea de la palabra,
la asamblea de visiones del gurú,
la asamblea de las visiones de la deidad,
la asamblea de las visiones de las dakinis y
la asamblea de las visiones de los protectores,
se revelaron todos estos mandalas infinitos
mediante la maduración de los poderes y la instrucción liberadora.
El Rey y los discípulos cercanos
se dirigieron por separado a su propio lugar para practicar.
De este modo, las instrucciones sobre la práctica de la meditación
se extendieron por todo el Tíbet.

> Esto completa el capítulo siete de LOTO BLANCO PURO. LA VIDA DEL NACIDO DEL LOTO DE ODDIYANA que trata de cómo el rey y los discípulos recibieron iniciaciones e instrucciones y mostraron signos de logro.

OM AA HUNG BENZA GURU PEMA SIDDHI HUNG

CAPÍTULO 8.

¡Qué maravilla!

Entonces tú, el Nacido del loto, reflexionaste:

> *«Aquí en el Tíbet he difundido todo el darma del sutra y del tantra, incluyendo el vajrayana exterior e interior.*
> *Respecto a las profundas enseñanzas esenciales,*
> *he traducido todas las instrucciones clave*
> *de las lenguas indias al tibetano.*
> *He hecho que las enseñanzas relativas al estudio y la meditación florezcan plenamente.*[47]
>
> *Ahora todos vosotros, el Rey y mis otros discípulos cercanos debéis escribir todo lo que os he enseñado en letras mágicas terma*[48] *y esconderlos en muchos lugares secretos diferentes, tanto mayores como menores.*

Yo⁴⁹ he predicho quién de vosotros
recuperará qué tesoros en el futuro.
He escrito listas describiendo claramente los contenidos por sus títulos.
Los he sellado con mantras».

A continuación, cada discípulo hizo la aspiración
de cumplir en el futuro la predicción del Gurú.

«En⁵⁰ los tiempos futuros degenerados,
cuando la vida empiece a desvanecerse a los veinte años,
te daré instrucciones específicas cuando encuentres estos tesoros.
Estas enseñanzas secretas dadas por mí son mi legado.
Al acercarte por primera vez a un tesoro
ocurrirán visiones aterradoras y eventos desafiantes.
No reacciones a ellos; simplemente descansa en la apertura venga lo que
venga⁵¹.
Las dakinis y los protectores del Darma te ayudarán y
te concederán logros.
No hables de lo que ha ocurrido.
Mantenlo oculto dentro de tu corazón.

Mantén activamente la moralidad
mediante los votos de la renuncia, del altruismo y el tantra.
El sufrimiento es inherente a toda actividad mundana.
No desperdicies esta preciosa vida de Darma: ¡practica la virtud!
Reza a tu gurú y al Buda, al Darma y a la Sanga.
Ten cuidado de no equivocarte
al adoptar la virtud y abandonar la no-virtud.

Recita los mantras esenciales OM MANI PEME HUNG y
OM AA HUNG BENZA GURU PEMA SIDDHI HUNGg
Ruégame durante los seis períodos del día y de la noche.
Cada mañana y cada noche vendré a ti tal como soy⁵².
Deja que tu mente se relaje y se libere. Libre de artificios
te encontrarás conmigo en la luz clara y abierta de la presencia.
Como resultado despertarás a los tres modos de iluminación presentes
en ti.

Para cualquier⁵³ solicitud que me hagas
seré como la verdadera gema que cumple los deseos.
En esta vida, en el estado intermedio y
en la siguiente, mi protección es segura:
gentes del Tíbet, no lo dudéis ni estéis inseguros.
Mantened vuestra fe y vuestra visión pura e imparcial.

Construid soportes[54] para el cuerpo, la palabra y la mente de Buda.
Rescatad a aquellos que estén a punto de ser asesinados.
El décimo día durante la luna creciente,
el vigésimo quinto día durante la luna menguante
haced ofrendas, encended lámparas de mantequilla y dad limosna.
Con la intención pura de apreciar a los demás más que a uno mismo,
cuidad de todos los seres sensibles de los seis reinos
con la mente despierta.
Tú,[55] el Rey, y vosotros, mis otros discípulos cercanos aquí presentes,
por la pureza de las intenciones de vuestros corazones, os manifestaréis
en tiempos futuros
como los cien reveladores de tesoros a cargo de las doctrinas.
En cada valle habrá un revelador del tesoro,
una meditación sobre mí y un lugar del tesoro.
En cada región cada familia tendrá
un monje digno en residencia y habrá
un meditador consumado, un maestro tántrico, un monje completa-
mente ordenado,
un subyugador tántrico de demonios y un iniciado.
Todos y cada uno de ellos serán mi emanación[56].
Aquellos que me sigan en el futuro deberán desarrollar una visión
pura[57]».

Esto completa el capítulo ocho de Loto blanco puro. La vida del Nacido del loto de Oddiyana que trata de los tesoros escondidos, la ofrenda de consejos finales, y la profecía relativa a los reveladores de tesoros.

Om Aa Hung Benza Guru Pema Siddhi Hung

CAPÍTULO 9.

¡Qué maravilla!

Entonces tú, el maestro Nacido del loto, volviste a hablar:[58]

« *Aunque he sido muy amable con Tíbet*
  no se ha apreciado.
  Mi trabajo de guiar a Tíbet a través de mi manifestación corporal se ha
  terminado.

Ahora me marcharé e iré a domar a los demonios caníbales.
Si no someto a todos esos caníbales no hay
nadie más profetizado que tenga los medios para domarlos.
Reuniré a los caníbales conmigo y les aseguraré su felicidad.[59]».

Al oír esto, el Rey[60] se abatió.
Con el corazón atribulado lloró y se lamentó[61]
en un esfuerzo por posponer tu partida.
Yeshe Tsogyal intentó seguirte y suplicó:

«*¡Ay! ¡Ay! ¡Precioso gurú!*
Siendo una mujer, ¿qué gurú me aceptará?
¡Nos dejas a todos, al Rey y a tus discípulos!
¿En quién confiaremos? ¿A quién podremos pedir instrucciones?
¿Quién nos protegerá y dará cobijo? ¿En quién podremos depositar
nuestras esperanzas?
¿Quién disipará nuestro karma negativo y el consiguiente
sufrimiento del pueblo de Tíbet?
¿Quién puede disolver nuestras dudas respecto a la visión, la medi-
tación y la conducta?
¿A quién puedo plantear mis preguntas íntimas
sobre las experiencias de meditación?
¿Quién comprenderá los grados de calor[62]
que surgen con las experiencias y el despertar?
¡Ay! Oh gurú, ¡sujétanos con tu compasión!
¡No abandones a tus tibetanos! Protégenos con tu amor».

Lamentándose fuertemente, le pidió entre lágrimas que se quedara.
En respuesta, el Maestro dijo:

«*Digna seguidora[63], nunca estarás separada de mí.*
Imagíname siempre en la coronilla de tu cabeza o en lo profundo de tu
corazón y
en el futuro me encontrarás en la Luz de loto.
Por[64] tu bien, el del Rey, y por el de mis discípulos cercanos actuales, y
por el de todos los seres sensibles del futuro
os dejo profecías como representantes de mi cuerpo junto con
tesoros ocultos como representantes de mi palabra.
Mi mente sostendrá a mis afortunados seguidores futuros.
Los seres sensibles del futuro que, aún no habiéndome conocido,
lean y copien la historia de mi vida y
la memoricen correctamente, venerándola,
nacerán más tarde en mi tierra pura».

Con estas palabras, aliviaste las mentes atribuladas
del Rey y de tus discípulos.
Entonces el rey Mutig Tsenpo, Yeshe Tsogyal y
los discípulos discutieron entre ellos.
Ofreciendo un mandala de oro y turquesa y un vasto festín de Darma[65]
hicieron todos juntos su petición con esta oración:

> «*Te pedimos una oración de aspiración que nos recuerde tus bellas cualidades*
> *usando pocas palabras pero conteniendo*
> *la esencia de instrucciones profundas,*
> *una que apacigüe los problemas en esta vida y*
> *nos conduzca a tu tierra pura en la próxima vida*
> *donde vivamos como maestro y discípulos*».

Esto te agradó y diste esta oración de aspiración
diciendo: «*¡Acuérdate de mí*[66] *mientras rezas así!*»

> *¡Qué maravilla!*

> *Supremo regente de todos los budas del pasado,*
> *gran fuente de todos los budas del futuro,*
> *suprema manifestación de todos los budas del presente,*
> *aparición nacida del loto, el buda de los tres tiempos:*

> > *Te ruego que me bendigas.*
> > *Apacigua todos los obstáculos externos, internos y secretos*[67].
> > *Con tu compasión, mantenme inseparablemente contigo*
> > *en esta vida, en la intermedia y en la otra.*
> > OM AA HUNG BENZA GURU PEMA SIDDHI HUNG

> *Tu claro conocimiento de todo es omnipresente como el cielo,*
> *Tu amorosa compasión protege a todos los seres como si fueran tus hijos,*
> *Tu poder y fuerza son ilimitados, precioso Gurú de Oddiyana.*

> > *Te ruego que me bendigas.*
> > *Apacigua todos los obstáculos externos, internos y secretos.*
> > *Con tu compasión, mantenme inseparablemente contigo*
> > *en esta vida, en la intermedia y en la otra.*
> > OM AA HUNG BENZA GURU PEMA SIDDHI HUNG

Las Tres Joyas: Buda, Enseñanzas y Comunidad;
Las Tres Raíces: Gurú, Deidad y Dakini;
La Presencia suprema: Esencia, Inmediatez y Potencial[68];
Refugio supremo, Buda perfecto de Oddiyana

Te ruego que me bendigas.
Apacigua todos los obstáculos externos, internos y secretos.
Con tu compasión, mantenme inseparablemente contigo
en esta vida, en la intermedia y en la otra.
OM AA HUNG BENZA GURU PEMA SIDDHI HUNG

Al disipar la oscuridad de la ignorancia,
mantienes la savia de la doctrina.
Tu brillantez desautoriza a las hordas demoníacas de
experiencias que surgen del dualismo de sujeto y objeto.
Al establecer los cimientos del darma del mantra secreto
eres el protector de los seres.
Oddiyana, eres la bondad misma, el verdadero Segundo buda.

Te ruego que me bendigas.
Apacigua todos los obstáculos externos, internos y secretos.
Con tu compasión, mantenme inseparablemente contigo
en esta vida, en la intermedia y en la otra.
OM AA HUNG BENZA GURU PEMA SIDDHI HUNG

Compendio del cuerpo de los Budas, tú eres Yampal Heruka
Compendio de la palabra de los Budas, tú eres Padma Heruka
Compendio de la mente de los Budas, tú eres Yangdag Heruka
Compendio de las cualidades de los Budas, tú eres Chemchog Heruka
Compendio de la actividad de los Budas, eres el cuerpo de Dorye Zhonu:
Tú eres el muy poderoso Thod Treng Tsal,
la esencia que los incluye a todos.

Te ruego que me bendigas.
Apacigua todos los obstáculos externos, internos y secretos.
Con tu compasión, mantenme inseparablemente contigo
en esta vida, en la intermedia y en la otra.
OM AA HUNG BENZA GURU PEMA SIDDHI HUNG

Los representantes de tu cuerpo,
tus numerosas manifestaciones, surgirán.
Los representantes de tu palabra
son los numerosos tesoros que has escondido.
Confiaste las visiones de tu mente[69] *a tus fieles hijos.*
Con gran amor vigilas a todo el pueblo de Tíbet.
Con bondad incomparable eres el Gurú Precioso.

Te ruego que me bendigas.
Apacigua todos los obstáculos externos, internos y secretos.
Con tu compasión, mantenme inseparablemente contigo
en esta vida, en la intermedia y en la otra.
Om Aa Hung Benza Guru Pema Siddhi Hung

Te rogamos, gurú de nuestros deseos
por todos nosotros, tus futuros discípulos devotos.
Gracias al poder de nuestras oraciones dirigidas a ti
por favor, concede a nuestro cuerpo la bendición de tu cuerpo inmutable.
Por favor, concede a nuestra palabra la bendición de tu palabra ininte-
rrumpida.
Por favor, concede a nuestra mente la bendición de tu mente sin engaño.
Que la experiencia de la meditación y el despertar se manifiesten.
Que todos alcancemos la iluminación en esta vida.
Om Aa Hung Benza Guru Pema Siddhi Hung.»

«*No debes olvidar recitar esta oración.*
No dudes de que me conocerás en persona.»

Esto completa el capítulo nueve de Loto blanco puro. La vida del
Nacido del loto de Oddiyana que cuenta la intención de domar a los
demonios caníbales, la petición de Yeshe Tsogyal, y el regalo de la plegaria
de aspiración.

Om Aa Hung Benza Guru Pema Siddhi Hung

CAPÍTULO 10.

¡Qué maravilla!

Luego te dirigiste con tus discípulos a Mangyul Gungtang,
donde todos os reunisteis para disfrutar de las fiestas en asamblea.
Te ofrecieron innumerables mandalas de oro y turquesa.
Corregiste cualquier error en la práctica de cada uno de tus alumnos y
disipaste todas sus dudas.
Les diste consejos, instrucciones especiales entretejidas[70] con enseñanzas clave.

Entonces tú, Maestro, les dijiste:

> *«Pueblo fiel de Tíbet*
> *en el futuro aparecerán falsas enseñanzas parecidas a tesoros descu-*
> *biertos.*
> *Las personas que afirmen ser mi emanación actuarán sin virtud.*
> *Engañándose a sí mismos y engañando a los demás,*
> *su comportamiento traerá el caos.*
> *Destruyendo la diferencia entre causa y efecto,*
> *dirán descaradamente que todo está vacío.*
> *Sin embargo, aquellos con discernimiento y buenas cualidades verán la*
> *verdad.»*

Hiciste muchas profecías sobre el futuro.
Dakinis de las cuatro clases aparecieron para saludarte.
Montaste en el milagroso caballo supremo.
Te volviste hacia el suroeste, fijaste tu mirada y partiste.
Yeshe Tsogyal, el Rey y los discípulos se entristecieron al regresar
cada uno a su morada.

Esto completa el capítulo diez de LOTO BLANCO PURO. LA VIDA DEL NACIDO
DEL LOTO DE ODDIYANA que cuenta las profecías y la partida para domar a los
demonios caníbales.

OM AA HUNG BENZA GURU PEMA SIDDHI HUNG

COLOFÓN

Este relato de la vida del Maestro fue escrito más tarde por Dorye Tsho y luego escondido como un tesoro. Que en el futuro pueda ser descubierto por alguien con el buen karma para hacerlo. Una vez encontrado, que traiga inconmensurables beneficios a los seres sensibles. Las huestes de altivos guardianes de las doctrinas protegen este profundo texto. No dejéis que caiga en manos de los quebrantadores de votos.

SAMAYA! GYA GYA GYA! GUHYA DHATIM

En su momento, el del nombre terton Sukha Vajra copió esto de EL TESORO SECRETO DE LAS DAKINIS, LA REALIDAD DE LOS FENÓMENOS, cuando tenía veintiocho años.

¡Que esto sea virtuoso! ¡virtuoso! ¡virtuoso!

Traducido en 1974 por James Low con la ayuda de Tsewang Dongyal (ahora Khenpo Rinpoché) en el templo de Chatral Rinpoché en Jorebungalow.

Notas

1. Tras la perfecta iluminación final de Buda Sakiamuni, el sabio de los Sakias, el sufrimiento se extendió por todo el mundo de Jambudvipa. En Oddiyana había hambruna y el Rey, Indrabuti, había perdido su fe en el karma y el darma debido a la muerte de su hijo y a que se había quedado ciego. Al ver esto, Chenrezi pidió ayuda a Amitaba, el buda de la Luz Ilimitada. El buda Amitaba hizo aparecer milagrosamente un loto udumbara de cinco colores (blanco, rojo, azul, amarillo y verde) en el lago Danakosha. Luego, desde su corazón, envió un vajra de cinco puntas con su sílaba semilla, la letra HRI (ཧྲཱིཿ) al centro del loto. De este modo, el Nacido del loto apareció instantáneamente en forma de un niño de ocho años de tez rosada y personalidad encantadora.

2. Ignorando la pureza intrínseca del todo, del que son un aspecto, los seres sensibles surgen de la creencia cosificadora de que son seres

autónomos reales. Ciegos a lo real, creen en la dualidad de la existencia separada de todo lo que encuentran, y actuando con deseo y aversión generan hábitos y tendencias que son formativos de su experiencia futura.

3. Estos son los reinos de los dioses, de los dioses celosos, de los humanos, de los animales, de los fantasmas hambrientos y de los que experimentan los infiernos.

4. La raíz del veneno es una combinación de torpeza mental, suposición y falta de perspicacia. Esto da lugar al deseo, la aversión, el orgullo y los celos.

5. Creyendo que lo irreal es real, los seres engañados experimentan esperanzas y temores, y esta agitación les hace distraerse fácilmente y ser impulsivos. Necesitan aprender la disciplina básica de la atención centrada y la no distracción si quieren llegar a ser verdaderamente útiles para sí mismos y para los demás.

6. El Nacido del loto es una aparición mágica que surge de la compasión de Buda. No es una persona con un cuerpo de carne y hueso. Es un cuerpo de luz que puede verse y que, sin embargo, nunca sufre daño alguno. Al estar libre de la ilusión de que es una entidad fija, puede manifestarse de muchas formas diferentes, tanto pacíficas como iracundas, según las necesidades de los seres. Su cuerpo tiene las treinta y dos marcas mayores y las ochenta menores que son el signo de un buda perfecto.

7. Las dakinis son diosas que habitan en el cielo y se manifiestan como la energía de la mente del Nacido del loto. Surgen con diferentes colores según a cuál de las cinco familias de buda pertenezcan: buda, blanco; loto, rojo; vajra, azul; joya, amarillo; karma, verde. Los héroes y heroínas son espíritus poderosos que actúan en favor del Darma.

8. Con esto el rey Indrabhuti señala que entregará el control del reino al Nacido del loto.

9. Las diosas de la belleza, de las guirnaldas, del canto, de la danza, de las flores, del incienso, de la luz y del perfume.

10. La diosa Portadora de Luz, O Chang Lamo, es la esposa del Nacido del loto cuando se manifiesta como Rey del loto, Padma Gyalpo, el gobernante de Oddiyana.

11. Estos cuatro sufrimientos surgen con el nacimiento como humano.

Cuando uno ve que cada sufrimiento es un aspecto inevitable de esta forma de vida en el samsara, puede llegar a apreciar por qué el sufrimiento es la primera Noble Verdad, el hecho impactante que puede volvernos hacia el Darma.

12. Cuando Nacido del loto alcanzó la Sede indestructible de la iluminación en Bodgaya la gente le preguntó quién era su gurú. Cuando les dijo que era el Buda Swayambhu autoexistente y por lo tanto sin padres ni maestro, pensaron que debía ser una persona peligrosa. Así que para disipar las dudas de la gente, y para mostrar a sus propios discípulos la importancia de la línea de sucesión de los maestros decidió que buscaría gurús.

13. En la Cueva de los Asura en la colina sobre el santuario de Dakshinkali cerca de Parping en Nepal.

14. Progresó del Mahayoga, donde el mandala se desarrolla por etapas, al Anuyoga donde surge instantáneamente, y al Atiyoga donde lo intrínseco lo es todo.

15. Estos son los ocho gurús principales del Nacido del loto.

16. Para cada práctica recibió la transmisión de energía (Lung), el texto de la práctica sadana (Drub), el empoderamiento (Wang) y la instrucción oral (Mengag). Esto le daba plena autoridad para despertar el potencial de la práctica.

17. Esto introduce directamente la no dualidad de la mente y la experiencia e ilumina la oscuridad del engaño de la dualidad de sujeto y objeto.

18. El Tantra de Guyagarba establece la estructura de la práctica del Mahayoga.

19. El Gran tantra de Heruka supremo y los siete tantras siguientes forman las Ocho grandes prácticas que aseguran la completa disolución de la base del samsara y liberan energía iluminada para actuar en beneficio de los seres.

20. Kriya, Charya y Upaya.

21. Maha, Anu y Ati.

22. Estos eran lugares salvajes y peligrosos donde los cuerpos se dejaban pudrir o eran devorados por animales salvajes. Muchas

dakinis habitaban en ellos y podían aparecer de modo terrorífico a los indignos o como otorgadoras de bendiciones y logros a los yoguis devotos.

23. La princesa Mandarava vivía como monja en un convento budista cerrado. El Nacido del loto entró mágicamente en el convento y ella se convirtió en su consorte tántrica. Cuando el rey se enteró, pensó que aquel extraño había obligado a su hija a romper sus votos, por lo que ordenó construir una enorme pira y ató al Nacido del loto encima. Sin embargo, al cabo de siete días seguía saliendo humo y, cuando el rey fue a investigar, descubrió que se había formado un lago y que el Nacido del loto estaba sentado sonriendo sobre un loto en medio de él. El lago aún puede visitarse en Rewalsar, en Himachal Pradesh, India.

24. Maratika es una cueva profunda en el este de Nepal.

25. Este es un nombre para el reino más alto de Buda Akanista. Cada buda tiene su propio reino donde se manifiestan sus cualidades particulares para promover la iluminación. Buda Vairocana está en Akanista Ganavyuha, Amitaba está en Sukavati, Ratnasambava está en Shrimat, Akshobya está en Abirati, Amoghasidhi está en Prakuta.

26. Felizmente Ido, *sugata* en sánscrito, es un epíteto de buda, aquellos que feliz y fácilmente han ido a, o entrado en, la iluminación. Debido a esto están plenamente disponibles para ayudar a todos los seres sensibles.

27. Cueva de Yanglesho, cerca de Parping, en Nepal.

28. Mahamudra es permanecer en la no-dualidad libre de elaboración conceptual.

29. Las dakinis enseñaron a los eruditos la siguiente oración de Siete versos. Esta poderosa evocación del Nacido del Loto le aseguró llegar a la sede indestructible y derrotar los puntos de vista erróneos propuestos por los no budistas.

> En la Tierra de Orgyen donde el norte y el oeste se encuentran,
>
> En la corola del loto y en el tallo,
>
> obtuviste el maravilloso logro supremo:
>
> "Nacido del loto" [es] tu nombre famoso.
>
> Como tu círculo, multitudes dakini te rodean.
>
> Tus seguidores, ¡nosotros practicamos!

¡Bendiciones, con el fin de otorgar, por favor ven aquí!

Guru Padma Siddhi Hung.

[Traducción siguiendo el orden de las palabras]

30. El rey Trisong Detsen deseaba establecer con seguridad el darma de Buda. Este deseo surgió en él debido al poder de la oración que había hecho en una vida anterior en la gran estupa de Swayambu en Katmandú. En aquella época era un mozo de cuadra, el hijo mayor de Samvara. Ahora, en Tíbet, tenía que tratar con aquellos de sus ministros que estaban apegados a sus tradiciones Bonpo. Así que les dijo que podían elegir. Tenían que hacer una de estas cuatro opciones: 1) construir una estupa de cristal en lo alto de una colina para que pudiera ser vista desde China; 2) cubrir el río Tsangpo con cobre; 3) cubrir una pequeña provincia con polvo de oro, o 4) construir un templo budista. Eligieron la cuarta opción por parecer la más fácil.

31. Shantarakshita ya estaba en el Tíbet y dirigía la construcción del templo. Pero aunque los obreros levantaban los muros durante el día, por la noche los dioses locales pertenecientes al panteón Bon los derribaban.

32. El Nacido del loto fue a la estupa de Swayambu, al oeste de Katmandú. Allí conoció a Sakya Devi, la hija del rey Sukadara, gobernante de Nepal. Ella poseía los treinta y dos signos mayores y los ochenta menores de un buda perfecto. Fueron a Yanglesho y meditaron en el mandala Shri Vishudha. El Nacido del Loto fue apresado tres veces por espíritus locales, por lo que envió a sus discípulos Jila Jisa y Kunla Kunsa a la India para reunirse con Sri Prabahasti y pedirle ayuda. Él les confió el Tantra Kilaya Vitotama y ellos se lo entregaron al Nacido del loto. Mediante esta práctica todos los dioses locales y espíritus alborotadores fueron sometidos y obligados por juramento a proteger el Darma.

33. Los dioses y espíritus locales están preocupados por su propio territorio. Su visión es pequeña porque están preocupados por controlar sus posesiones. Fuertemente parcializados, atacan a quienes no apoyan sus estrechos intereses, y en este sentido son como el ego individual. Sin embargo, el darma de Buda se preocupa por el beneficio de todos. Usando el poder de Vajrakilaya, el Nacido del loto acabó con sus tendencias egoístas y dirigió su actividad energética hacia la protección del Darma para el beneficio de todos.

34. Amrita, *dutsi*, es la esencia de los demonios. Esta esencia es la vacuidad. El poder del demonio surge de ignorar la vacuidad. Cuando se revela la vacuidad, las falacias del demonio que son sus cinco venenos, se transforman en las cinco sabidurías. Lo dañino se ha convertido en útil. En este milagro en Tod Lung el Nacido del loto hizo que el agua oculta en la roca se convirtiera en amrita y fluyera de la roca.

35. Manyushri es famoso por su aguda inteligencia y sabiduría. Al ser su emanación, el rey debería haber sido capaz de ver las cualidades superiores del Nacido del loto. Sin embargo, su mente había sido embotada por la adulación que había recibido por ser el rey.

36. El Nacido del loto juntó las manos en señal de saludo y de ellas salió disparado fuego que quemó las ropas del rey.

37. Aunque el Nacido del loto, el Gurú Precioso, tenía tal poder y bendición, aquellos que se apartaban activamente de él y no estaban disponibles para trabajar por el bien común podían aún causar muchas dificultades. Aunque los budas trabajan incansablemente en beneficio de todos, para que esa corriente de bendiciones sea absorbida tiene que haber colaboración. Nadie puede hacer que otro se ilumine. Tiene que haber intención, maduración y apertura.

   Los ministros del gobierno que se oponían al Nacido del loto estaban liderados por Mashyang, pero éste fue engañado por Gogen, el jefe de los ministros del darma, quien dijo que era un año astrológicamente peligroso para el rey, por lo que el ministro principal debía pasar tres meses en un pozo bajo tierra para desviar el peligro. Mashyang reclamó este honor de ser ministro principal del rey pero cuando estaba en la fosa, los ministros a favor del darma llenaron la fosa de espinas y tierra y rocas y así derrotaron y dispersaron a la oposición.

38. Las múltiples manifestaciones del Nacido del loto surgen de su fuente abierta y vacía, de su claridad que revela los contornos reales de cada situación, y de su bondad, su energía conectiva de ilusión que adopta las formas que sean necesarias para beneficiar a los seres. En este caso muestra la forma de un buda iracundo, un heruka, una fuerza sin obstáculos que disuelve la resistencia de todas las fuerzas negativas.

39. Muchas dakinis se reunieron en el cielo y esparcieron flores.

40. Había pilares con pedestales de piedra en cada una de las cuatro esquinas. Cada una estaba coronada por la estatua de cobre de una perra.

41. La intención de hacer traducir todas las escrituras del Darma.

42. Antes de partir hacia la India, el Nacido del loto les enseñó sánscrito. Regresaron a Tíbet después de veinticinco años de intenso estudio.

43. La gente escuchó, los traductores explicaron y luego todos realizaron la meditación requerida.

44. Chimpu es un complejo de cuevas utilizadas para el retiro situado en la montaña por encima de Samye. El Nacido del loto habitó allí durante un tiempo en una cueva conocida como Drakmar Keutsang.

45. El Nacido del loto tenía veinticinco discípulos cercanos, incluido el rey. Todos ellos escucharon la mayoría de las enseñanzas. Había un grupo interno de cinco, incluyendo al rey, y ellos escucharon todas las enseñanzas y tuvieron muchas emanaciones que posteriormente se manifestaron como reveladores de tesoros.

46. Las cinco secciones del mandala son los lugares de transformación de los cinco venenos en las cinco sabidurías o aspectos del conocimiento original. A medida que cada discípulo, con los ojos vendados, arrojaba su flor, el lugar donde caía indicaba el aspecto de la práctica particularmente importante para ese discípulo. El darma profundo no es un conjunto de prácticas estándar a seguir, sino una invitación a una relación más profunda con la base de la propia presencia. Hay muchos caminos, todos útiles, pero cada uno debe encontrar el suyo.

47. En estas cuatro líneas, el Nacido del Loto reflexiona en privado sobre lo que ha hecho. En los párrafos siguientes se dirige a sus seguidores.

48. Sabiendo cómo la transmisión puede declinar sutilmente de generación en generación a medida que el pensamiento humano se filtra mezclándose con la revelación pura, el Nacido del loto dio muchas enseñanzas que fueron escritas en una escritura especial y escondidas como tesoros para ser descubiertos en diferentes momentos

previstos en el futuro. También se ocultaron estatuas, utensilios rituales y otros objetos bendecidos por el propio Nacido del loto. El descubrimiento de estos tesoros trae nueva inspiración al mundo y refuerza la claridad y el compromiso de quienes tienen la suerte de conectar con estos portadores de la sonrisa del gurú. Esta breve biografía es uno de esos tesoros.

49. Estas tres líneas son la reflexión del Gurú Precioso sobre lo que ha hecho.

50. Ahora el gurú habla directamente a sus discípulos.

51. Si el revelador del tesoro reacciona con esperanza o miedo, cada una de estas emociones nublará la claridad necesaria para la transmisión de la capacidad de revelar. Al igual que con las instrucciones para los períodos intermedios del bardo después de la muerte, el requisito clave es recordar el Darma y permanecer confiado en la vacuidad abierta y no dejarse engañar por los patrones de lo que esté ocurriendo. Las visiones que surgen al acercarse a un tesoro son producidas por los protectores del Darma que custodian el tesoro. Ellos se asegurarán de que sólo una emanación digna de los discípulos cercanos sea capaz de encontrar y revelar el tesoro.

52. Aunque ésta es una biografía, el Nacido del loto se manifiesta de muchas maneras y en muchos niveles. No es otro que tu propia mente, pero está velado por tu adicción a tus propios pensamientos. Relájate y deja de identificarte con lo que está ocurriendo. En esta apertura está la luz clara, el potencial sin obstrucciones de la conciencia. Esta es la libertad intrínseca inasible, la integridad de la apertura, la inmediatez y la expresión.

53. Habiéndose dirigido al Rey y a los discípulos cercanos, el Nacido del loto se dirige ahora a todos los pueblos de Tíbet (y del mundo).

54. Estatuas y pinturas para apoyar la presencia del cuerpo de Buda. Preparar e imprimir libros para apoyar la presencia del discurso de Buda. Hacer estupas para apoyar la presencia de la mente de Buda.

55. Esta última sección se dirige una vez más al Rey y a los discípulos cercanos.

56. En verdad, todo lo que aparece es una emanación del Nacido del loto. Todo el samsara, de arriba abajo, no es otra cosa que su mandala.

57. La actual era degenerada está marcada por estímulos cada vez mayores para los sentidos. La agitación, la distracción y la impulsividad aumentan el sentido engañoso de las existencias reales. Por lo tanto, la visión pura de la no dualidad de la apariencia y la vacuidad debe mantenerse si se quieren revelar los tesoros ocultos.

58. Después de la muerte del rey Trisong Detsen, el Precioso Gurú gobernó Tíbet durante trece años, mientras el hijo menor del difunto rey, el príncipe Mutig Tsanpo, era todavía un niño. Llevó al Príncipe, que pensaba que el Nacido del loto era su padre, a la colina Hepori, cerca del templo Samye, y pronunció estas líneas.

59. El Nacido del loto estaba indicando que cuando dejara Tíbet llegaría instantáneamente a la isla conocida como Espantamoscas, al sudeste del continente de Jambudvipa. Allí, la primera noche, sin ser visto, se fundió en el cuerpo del rey de los caníbales rakshasa y expulsó su corriente mental hacia un renacimiento puro. Por la mañana nadie notó la diferencia y la vida continuó como de costumbre. Sin embargo, poco a poco el Nacido del Loto, en su nueva forma de rey, suavizó su comportamiento y así gradualmente sus súbditos siguieron su ejemplo. De este modo, todos sus súbditos se volvieron gradualmente hacia la virtud.

60. El rey Mutig Tsenpo era todavía un hombre joven. Su hermano mayor Mune Tsenpo fue asesinado por el hijo de un ministro Bon cuando Trisong Detsen aún vivía. El segundo hijo, Murup Tsenpo, sólo gobernó durante unos meses.

61. Habían invitado al Nacido del loto que fuera a Tíbet para someter a los espíritus y poder construir el templo Samye. Cada vez habían pedido más y él había cumplido los deseos de los fieles. Pero ahora tenía que marcharse, pues había otros que le necesitaban más. La pena que sintió por su partida fue un doloroso recordatorio de la verdad de la impermanencia.

62. A medida que la mente congelada por la ignorancia, el apego y todas las aflicciones se derrite debido al sol naciente de la presencia, el calor se extiende por el cuerpo y la mente y se vuelven flexibles y creativos.

63. Nacido del loto dice estas tres líneas específicamente a Yeshe Tsogyal. Luz de loto, Zangdopalri, es la tierra pura del Nacido del loto.

64. Las siguientes líneas son sus instrucciones para todos.

65. Una fiesta de darma o ganachakra es la reunión ritual en la que los yoguis practican juntos, hacen ofrendas comunes y disfrutan juntos de esas ofrendas bendecidas.

66. El Nacido del loto se refiere a sí mismo como *Ngañid*: «como soy en realidad». Nos anima a que le veamos como es, una aparición de luz y sonido, y no como nuestras ilusiones dualistas creen que es.

67. Los obstáculos exteriores son la guerra, el hambre, el robo, la enfermedad, etc. Los obstáculos internos son la duda, el orgullo, la ansiedad, la distracción, etc. Los obstáculos secretos son la cosificación, la objetivación y la dualización.

68. La esencia o apertura es la impenetrabilidad de la propia mente. La inmediatez es que su presencia se muestra como el campo no-dual indiviso. El potencial o la expresión es la energía no dual de la mente libre para revelar la conexión intrínseca de todo lo que surge con la base.

69. Estas son las visiones que guiarán a los reveladores de tesoros hacia donde están escondidos estos.

70. Estas son instrucciones especiales escritas en pequeños trozos de papel y envueltas en tela para mantenerlas seguras y secretas.

༄༅། རྒྱལ་བ་ལྤ་པས་མཛད་པའི་པའི་ཨོ་རྒྱན་ཆེན་པོའི་གསོལ་འདེབས་ཕྲིན་རླབས་སྤྲིན་ཕུང་མ་ནི།

La gran nube de bendiciones
Una plegaria a Padmasambava

por el
Quinto Dalai Lama

ནུབ་ཕྱོགས་བདེ་བ་ཅན་ན་འོད་དཔག་མེད།

NUB **CHO** **DE WA CHEN** **NA** **OE PA ME**
oeste *dirección* *sukavati, el reino* *en* *Amitaba*
de la gran felicidad *(darmakaya)*

Amitaba en Dewachen al oeste,

གྲུ་འཛིན་པོ་ན་འཕགས་མཆོག་འཇིག་རྟེན་དབང་།

DRU DZIN PO **NA** **PHA** **CHO** **YI TEN WONG**
palacio del Potala *en* *arya,* *excelente* *Lokésvara, Chenrezi*
noble *(sambogakaya)*

el más excelente, el noble Chenrezi en el Potala,

སིན་དྷུ་རྒྱ་མཚོར་མཚོ་སྐྱེས་རྡོ་རྗེའི་དཔལ།

SIN DHU **GYAM TSHO** **TSHO KYE** **DOR YE** **PAL**
Sindhu *océano, en* *lago nacido* *vajra* *sri, gloria*
*(Padmasambava)** *(nirmanakaya)*

* Padmasambava no es de naturaleza diferente de Amitaba y Chenrezi.

Glorioso Tsokye Dorye en el océano Sindhu,

ཨོ་རྒྱན་ཡུལ་དུ་རྒྱལ་པོ་ཐོར་ཚུག་ཅན།

UR GYEN **YUL** **DU** **GYAL PO** **THOR CHO CHEN**
oddiyana *país* *de* *rey* *Ushnadara*
(Padmasambava en forma de un joven)

rey Thorchochan en la tierra de Urgyan:

གསོལ་བ་འདེབས་སོ་སྤྲུལ་སྐུ་པདྨ་འབྱུང་།

SOL WA DEB SO **TRUL KU** **PAE MA YUNG**
rogamos *nirmanakaya,* *Padmasambava*
aparición

Rogamos a la aparición Padmasambava.

ཕྱིན་གྱིས་རློབས་ཤིག་འཆི་མེད་རིག་འཛིན་རྗེ།

YIN GYI LO   SHI   CHI ME RIG DZIN   YE
bendecir   dar   Amar Vidyadara   (honorífico)*
* sostenedor inmortal de la presencia intrínseca, un nombre de Padmasambava

¡Concédenos tus bendiciones, Chime Rigdzin!

ཐུགས་རྗེས་གཟིགས་ཤིག་གངས་ཅན་ལྷ་ཅིག་པུ།

THU YE   ZI SHI   GANG CHEN   LHA   CHI PU
por compasión   mira   Tíbet   dios   solo, único

Míranos con compasión, tú que eres la única deidad de Tíbet.

འདི་ཕྱིའི་བསམ་དོན་འགྲུབ་པར་བྱིན་གྱིས་རློབས།

DI   CHI   SAM DON   DRU PAR   YIN GYI LO
esta   siguiente   lo que queremos   lograr   bendecir
(vida) (vida)

Bendícenos con el logro de nuestras aspiraciones en ésta y en todas nuestras vidas futuras.

Amitabha en Dewachen al oeste, el más excelente, el noble Chenrezi en el Potala, el glorioso Tsokye Dorye en el océano Sindu, el rey Thorchogchan en la tierra de Urgyan: rogamos a la aparición Padmasambava. ¡Concédenos tus bendiciones, Chime Rigdzin! Míranos con compasión, tú que eres la única deidad de Tíbet. Bendícenos con el logro de nuestras aspiraciones en ésta y en todas nuestras vidas futuras.

ཡོར་སྒྲོལ་སྒྲུབ་པ་ཤནྟ་རཀྵི་ཏ།

YOR   DROL   CHO PA   SHAN TA RAK SHI TA
reunir   destruir   práctica,   (una forma de Padmasambava)
lo separado   la separación   conducta

Shantarakshita, practicante de la unión y la eliminación;

ལྷ་སྲིན་བྲན་འཁོལ་རྡོར་རྗེ་དྲག་པོ་རྩལ།

LHA   SIN   DRAN KHOL   DOR YE DRAG PO TSAL
dioses   demonios   hacer sirvientes de   Vajrarudra, una forma de Padmasambava
locales

Dorye Dragpo Tsal que subyuga a los dioses y demonios locales;

ཞི་ཁྲོ་ཀུན་གཟིགས་ཤཱཀྱ་སེང་གེའི་ཞབས།

ZHI   TRO   KUN   ZI   SHA KYA SENG GEI   ZHA
pacífico   airado   todos   mirar   Shakasimha   pies

Shakia Senge que ve a todas las deidades pacíficas e iracundas;

ཤེས་བྱ་ཀུན་མཁྱེན་བློ་ལྡན་མཆོག་སྲེད་དཔལ།

SHE YA KUN KHYEN LO DEN CHO SE PAL
lo que se todo conocido Matiman Vararuci sri, gloria
puede conocer (una forma de Padmasambava)

glorioso Loden Chogse que conoce todo lo que se puede conocer:

གསོལ་བ་འདེབས་སོ་སྤྲུལ་སྐུ་པདྨ་འབྱུང་།

SOL WA DE SO TRUL KU PAE MA YUNG

rogamos a la aparición Padmasambava.

བྱིན་གྱིས་རློབས་ཤིག་འཆི་མེད་རིག་འཛིན་རྗེ།

YIN GYI LOB SHI CHI ME RIG DZIN YE

¡Concédenos tus bendiciones, Chime Rigdzin!

ཐུགས་རྗེས་གཟིགས་ཤིག་གངས་ཅན་ལྷ་ཅིག་པུ།

THU JE ZI SHI GANG CHEN LHA CHI PU

Míranos con compasión, tú que eres la única deidad de Tíbet.

འདི་ཕྱིའི་བསམ་དོན་འགྲུབ་པར་བྱིན་གྱིས་རློབས།

DI CHI SAM DON DRU PAR YIN GYI LO

Bendícenos con el logro de nuestras aspiraciones en ésta y en todas nuestras vidas futuras.

Shantarakshita, practicante de la unión y la eliminación; Dorye Dragpo Tsal que subyuga a los dioses y demonios locales; Shakia Senge que ve a todas las deidades pacíficas e iracundas; glorioso Loden Chogse que conoce todo lo que se puede conocer: rogamos a la aparición Padmasambava. ¡Concédenos tus bendiciones, Chime Rigdzin! Míranos con compasión, tú que eres la única deidad de Tíbet. Bendícenos con el logro de nuestras aspiraciones en ésta y en todas nuestras vidas futuras.

འཆི་མེད་སྐུ་བརྙེས་ཚེ་དབང་རིག་འཛིན་རྗེ།

CHI ME KU ÑE TSHE WONG RIG DZIN YE
inmortal cuerpo obtener Ayush Indra Vidyadara (honorífico)
(un título Padmasambava)

Tshewong Rigdzin que obtuvo el cuerpo de la inmortalidad;

ཟ་ཧོར་ཡུལ་དུ་པདྨ་སམྦྷ་ཝ།

ZA HOR YUL DU PAD MA SAM BHA VA
Zahor país en Padmasambava, Gurú Rinpoché

Padmasambava en el país de Zahor,

ཨེ་དཔུང་མཚོ་རུ་བསྒྱུར་པའི་པདྨ་རྒྱལ།

ME PUNG TSHO RU GYUR PE PE MA GYAL
fuego pira lago a cambiado Padma Raja
(en el que estaba siendo quemado) (un nombre de Padmasambava)

Padma Gyalpo que convirtió una pira ardiente en un lago;

མུ་སྟེགས་འདུལ་མཛད་སེ་ངྒེའི་སྒྲ་སྒྲོགས་པ།

MU TE DUL DZAE SENG GEI DRA DRO PA
Tirtikas, disciplinar, Simharavana
con visiones erróneas controlar (un título de Padmasambava)

Senge Dradog que disciplinó a los que tenían opiniones erróneas:

གསོལ་བ་འདེབས་སོ་སྤྲུལ་སྐུ་པདྨ་འབྱུང་།

SOL WA DE SO TRUL KU PAE MA YUNG

rogamos a la aparición Padmasambava.

བྱིན་གྱིས་རློབས་ཤིག་འཆི་མེད་རིག་འཛིན་རྗེ།

YIN GYI LOB SHI CHI ME RIG DZIN YE

¡Concédenos tus bendiciones, Chime Rigdzin!

ཐུགས་རྗེས་གཟིགས་ཤིག་གངས་ཅན་ལྷ་ཅིག་པུ།

THU YE ZI SHI GANG CHEN LHA CHI PU

Míranos con compasión, tú que eres la única deidad de Tíbet.

འདི་ཕྱིའི་བསམ་དོན་འགྲུབ་པར་བྱིན་གྱིས་རློབས།

DI CHI SAM DON DRU PAR YIN GYI LO

Bendícenos con el logro de nuestras aspiraciones en ésta y en todas nuestras vidas futuras.

Tshewong Rigdzin que obtuvo el cuerpo de la inmortalidad; Padmasambava en el país de Zahor; Padma Gyalpo que convirtió una pira ardiente en un lago; Senge Dradog que disciplinó a los que tenían opiniones erróneas: rogamos a la aparición Padmasambava. ¡Concédenos tus bendiciones, Chime Rigdzin! Míranos con compasión, tú que eres la única deidad de Tíbet. Bendícenos con el logro de nuestras aspiraciones en ésta y en todas nuestras vidas futuras.

དངོས་གྲུབ་མཆོག་བརྙེས་རྡོ་རྗེ་ཐོད་འཕྲེང་རྩལ།

NGO DRU CHO ÑE DOR YE THO TRENG TSAL
sidhi, verdadero supremo obtener Vajra Kapalamalin
logro (iluminación) (un nombre para Padmasambava)

Dorye Tho Treng Tsal que obtuvo el logro supremo;

ཁྲི་སྲོང་བཞེད་པ་ཡོངས་སྐོང་པད་འབྱུང་།

TRI SONG	ZHE PA	YONG KONG	PE MA JUNG
rey Trisong Deutsan	*necesidades y deseos*	*cumplir*	*Padmasambava*

Padmasambava que cumplió los deseos y anhelos del rey Trisong Deut-san

བདུད་དང་དམ་སྲི་འདུལ་མཛད་གྲོ་བོ་ལོད།

DUE	DANG DAM SI	DUL DZAE	TRO WO LO
maras, y demonios	*infractores de votos**	*disciplinar,educar controlar permanentemente*	*Dore Drolo, Vajrakroda (forma de Padmasambava)*

*una clase de demonios que causan problemas a los que mantienen los votos

Dorye Drolo que disciplinó a los demonios e infractores de votos;

ཟངས་མདོག་དཔལ་རི་ཀརྨ་དྲག་པོ་རྩལ།

ZANG DO PAL RI   KAR MA DRAG PO TSAL
Zangdopalri*   *(un título de Padmasambava en la forma de el rey de los rakshasas)*
*la colina de la isla de Ngayab, al suroeste, donde Padmasambava se encuentra actualmente, enseñando el Darma a los rakshasa.

Karma Dragpo Tsal que reside en Zangdopalri:

གསོལ་བ་འདེབས་སོ་སྤྲུལ་སྐུ་པད་འབྱུང་།

SOL WA DE SO   TRUL KU   PAE MA YUNG
rogamos a la aparición Padmasambava.

བྱིན་གྱིས་རློབས་ཤིག་འཆི་མེད་རིག་འཛིན་རྗེ།

YIN GYI LOB   SHI   CHI ME RIG DZIN YE
¡Concédenos tus bendiciones, Chime Rigdzin!

ཐུགས་རྗེས་གཟིགས་ཤིག་གངས་ཅན་ལྷ་ཅིག་པུ།

THU JE   ZI SHI   GANG CHEN   LHA   CHI PU
Míranos con compasión, tú que eres la única deidad de Tíbet.

འདི་ཕྱིའི་བསམ་དོན་འགྲུབ་པར་བྱིན་གྱིས་རློབས།

DI   CHI   SAM DON   DRU PAR   YIN GYI LO
Bendícenos con el logro de nuestras aspiraciones en ésta y en todas nuestras vidas futuras.

Dorye Tho Treng Tsal que obtuvo el logro supremo; Padmasambava que cumplió los deseos y anhelos del rey Trisong Deutsan; Dorye Drolo que disciplinó a los demonios e infractores de votos; Karma Dragpo Tsal que reside en Zangdopalri: rogamos a la aparición Padmasambava. ¡Concéde-

nos tus bendiciones, Chime Rigdzin! Míranos con compasión, tú que eres la única deidad de Tíbet. Bendícenos con el logro de nuestras aspiraciones en ésta y en todas nuestras vidas futuras.

ཨ་མགོན་ཁྱོད་འགྲོ་བ་ཀུན་གྱི་སྐྱབས་གྱུར་ཀྱང་།

GON	KHYO	DRO WA	KUN	GYI	KYAB	GYUR	KYANG
protector, benefactor	*tú*	*seres, los que vagan en samsara*	*todos*	*de*	*refugio*	*ser*	*aunque*

Protector, aunque eres el refugio de todos los seres

བོད་ཡུལ་བསྟན་པ་ཉི་འོད་ལྟ་བུར་གསལ།

BOE YUL	TEN PA	ÑI	OE	TA BUR	SAL
Tíbet	*doctrinas de Buda*	*sol*	*luz*	*como*	*brillar, iluminar*

en la tierra de Tíbet hiciste que las doctrinas de Buda brillaran como la luz del sol.

རི་བྲག་མཚོ་སོགས་གནས་ཀུན་བྱིན་གྱིས་བརླབས།

RI	DRA	TSHO	SO	NAE	KUN	YIN GYI LA
colina	*roca*	*lago*	*y demás*	*lugares*	*todos*	*bendijiste*

Bendijiste todas las colinas, las rocas, los lagos y todos y cada uno de los lugares,

ཟབ་གཏེར་གྲངས་མེད་རྒྱས་བཏབ་བཀའ་དྲིན་ཅན།

ZAB	TER	DRANG ME	GYE TAB	KA DRIN CHEN
profundo	*terma, tesoros**	*innumerables*	*guardar, lejos*	*muy amable, el más atento con nosotros*

*doctrinas ocultas en beneficio de futuras disciplinas

tú, el más bondadoso que escondiste innumerables tesoros profundos:

གསོལ་བ་འདེབས་སོ་སྤྲུལ་སྐུ་པདྨ་འབྱུང་།

SOL WA DE SO	TRUL KU	PAE MA YUNG

rogamos a la aparición Padmasambava.

བྱིན་གྱིས་རློབས་ཤིག་འཆི་མེད་རིག་འཛིན་རྗེ།

YIN GYI LOB	SHI	CHI ME RIG DZIN JE

¡Concédenos tus bendiciones, Chime Rigdzin!

ཐུགས་རྗེས་གཟིགས་ཤིག་གངས་ཅན་ལྷ་ཅིག་པུ།

THU YE	ZI SHI	GANG CHEN	LHA	CHI PU

Míranos con compasión, tú que eres la única deidad de Tíbet.

འདི་ཕྱིའི་བསམ་དོན་འགྲུབ་པར་བྱིན་གྱིས་རློབས།

DI   CHI   SAM DON   DRU PAR   YIN GYI LO

Bendícenos con el logro de nuestras aspiraciones en ésta y en todas nuestras vidas futuras.

Protector, aunque eres el refugio de todos los seres en la tierra de Tíbet hiciste que las doctrinas de Buda brillaran como la luz del sol. Bendijiste todas las colinas, las rocas, los lagos y todos y cada uno de los lugares, tú, el más bondadoso que escondiste innumerables tesoros profundos: rogamos a la aparición Padmasambava. ¡Concédenos tus bendiciones, Chime Rigdzin! Míranos con compasión, tú que eres la única deidad de Tíbet. Bendícenos con el logro de nuestras aspiraciones en ésta y en todas nuestras vidas futuras.

འཕྲིན་ལས་གཞུང་བསྒྲངས་མཆོད་བསྟོད་གསོལ་འདེབས་ཤིང་།

TRIN LAE	ZHUNG	SANG	CHOE	TOE	SON DEB SHING
meditación ritual	*texto*	*leer*	*ofrendas*	*alabanza,*	*rezar*

Recitando textos de meditación ritual, haciendo ofrendas y recitando alabanzas y oraciones

མི་ཕྱེད་གུས་པས་ཐུགས་དམ་རྒྱུད་བསྐུལ་ན།

MI	CHE	GUE PAE	THUG DAM	GYU	KUL	NA
no	*mitad, dividido*	*fe, con devoción*	*votos, integridad*	*mente*	*exhortar, invocar*	*si, entonces*
			(le recordamos sus votos de ayudarnos)			

con plena devoción te exhortamos invocando tus votos.

དུས་ཀྱི་རྒྱལ་པོ་ཚེས་བཅུ་ནམ་ཤར་ལ།

DU	KYI	GYAL PO	TSHE CHU	NAM	SHAR	LA
tiempo de (i.e. muy importante)		*rey*	*décimo día del mes lunar*	*cuando*	*venir*	*entonces*

Entonces, cuando llegue el décimo día, el rey del tiempo,

འབྱོན་པར་ཞལ་གྱི་བཞེས་པ་རྡོ་རྗེའི་གསུང་།

YON PAR	ZHAL GYI ZHE PA	DOR YEI	SUNG
venir	*prometiste*	*vajra, indestructible*	*palabra*
		(nunca se retracta una vez pronunciada)	

vendrás como has prometido con tus palabras inmutables.

Recitando textos de meditación ritual, haciendo ofrendas y recitando alabanzas y oraciones con plena devoción te exhortamos invocando tus votos. Entonces, cuando llegue el décimo día, el rey del tiempo, vendrás como has prometido con tus palabras inmutables.

བསླུ་མེད་བདེ་པའི་འབྲས་བུ་ཡུལ་མེད་དུ།

LU ME   **DEN PE**   **DRAE BU**   **YOL ME DU**
infalible,   *verdad*   *resultado*   *no tarde, en su momento*
nunca decepciona

Que el resultado de tu infalible verdad sea oportuno

ལེགས་པར་སྩོལ་ཞིག་ཨོ་རྒྱན་སྤྲུལ་པའི་སྐུ།

LEG PAR   **TSOL ZHI**   **OR GYAN**   **TRUL PE KU**
bien   *te pedimos*   *Oddiyana*   *nirmanakaya*
(esperamos que hagas lo que te pedimos) Padmasambava

para traernos beneficios. Tú eres la aparición llamada Orgyan.

རེ་བ་སྐོངས་ཤིག་བསམ་འཕེལ་དབང་གི་རྒྱལ།

RE WA   **KONG SHI**   **SAM PEL**   **WONG GI GYAL**
esperanzas   *cumplir*   *deseos, satisfacer*   *poder de rey*
                                (el rey de los objetos que conceden deseos, el Chintamani)

¡Rey de todos los poderes que cumplen deseos, satisface nuestras esperanzas!

གསོལ་བཏབ་འབྲས་བུ་སྩོལ་ཞིག་པད་འབྱུང་།

SOL TAB   **DRAE BU**   **TSOL ZHI**   **PAE MA YUNG**
oración   *resultado*   *concédenos, por favor*   *Padmasambava*

Padmasambava, por favor, concédenos los resultados que te pedimos.

Tú eres la aparición llamada Orgyan. Que el resultado de tu infalible verdad sea oportuno para traernos beneficios. ¡Rey de todos los poderes que cumplen deseos, satisface nuestras esperanzas! Padmasambava, por favor, concédenos los resultados que te pedimos.

སྙིང་ནས་གདུང་ཤུགས་དྲག་པོའི་དད་པ་དང་།

ÑING   **NAE**   **DUNG SHU**   **DRAG POI**   **DAE PA**   **DANG**
corazón   *desde*   *devoción, anhelar*   *intenso, fuerte*   *fe*   *y*
            sinceramente *bendiciones*
(de forma que estemos temblando y llorando)

¡Cuando, con intensa fe y devoción en nuestros corazones

ངག་ནས་ལྷང་ལྷང་དབྱངས་ཀྱིས་གསོལ་འདེབས་ན།

NGA   **NE**   **LHANG LHANG**   **YANG**   **KYI**   **SON DEB**   **NA**
palabra   *con*   *muy altas*   *sonido*   *por*   *rezar*   *entonces, cuando*
                                                                (usando esta oración)

nuestras voces sean fuertes y fervientes con esta oración,

ཟངས་མདོག་དཔལ་གྱི་རི་ནས་པད་འབྱུང་།

ZANG   **DO**   **PAL**   **GYI**   **RI**   **NAE**   **PAE MA YUNG**
cobre   *color*   *glorioso* *de*   *montaña*   *desde*   *Padmasambava*
(La gloriosa montaña de color cobre donde Padmasambava se encuentra actualmente)

desde Zangdo Palri, tú, Padmasambava,

 དཔའ་བོ་མཁའ་འགྲོའི་ཚོགས་བཅས་འདིར་གཤེགས་ལ།

PA WO   **KHAN DRO**   **TSHO CHE**   **DIR**   **SHE**   **LA**
viras   *dakinis*   *multitud*   *aquí*   *vienes*   *como, con*
                                                              (¡ahora está aquí!)

con tus multitudes de viras y dakinis vendrás aquí!

¡Cuando, con intensa fe y devoción en nuestros corazones, nuestras voces sean fuertes y fervientes con esta oración, tú, Padmasambava, con tus multitudes de viras y dakinis vendrás aquí desde Zangdo Palri!

གསལ་གསལ་སྐུ་ཡི་སྣང་བ་མིག་ལ་སྟོན།

SAL SAL   **KU YI**   **NANG WA**   **MIG**   **LA**   **TON**
muy claro   *del cuerpo*   *apariencia*   *nuestros ojos*   *a*   *mostrar*

¡Muestra la apariencia de tu cuerpo claro y brillante a nuestros ojos!

སྙན་སྙན་གསུང་གི་ཆོས་སྒྲ་རྣ་བར་སྒྲོགས།

ÑAN ÑAN   **SUNG**   **GI**   **CHO**   **DRA**   **NA WAR**   **DRO**
muy dulce   *palabra*   *de*   *darma*   *sonido*   *nuestros oídos*   *sonar*

¡Envía el sonido dármico de tu dulce voz a nuestros oídos!

ལྷོད་ལྷོད་ཐུགས་ཀྱི་བྱིན་རླབས་སྙིང་ལ་སྟིམས།

LHO LHO   **THU**   **KYI**   **YIN LAB**   **ÑING**   **LA TIM**
suave, relajado   *mente*   *de*   *bendiciones*   *nuestro corazón*   *a fundir, ser absorbido en*

¡Deja que la bendición de tu mente relajada y amable se funda en nuestros corazones!

བྱིན་ཆེན་ཕོབ་ལ་དབང་བཞི་བསྐུར་དུ་གསོལ།

YIN   **CHEN**   **PHOB**   **LA**   **WONG**   **ZHI**   **KUR DU**   **SOL**
bendecir   *gran*   *nos toque*   *con esta*   *iniciación, consagración*   *cuatro**   *te pedimos, te exhortamos*   *rezar*

* de su cuerpo, su palabra, su mente y las tres juntas

¡Tócanos con tu gran bendición! ¡Por favor, concédenos las cuatro iniciaciones!

¡Muestra la apariencia de tu cuerpo claro y brillante a nuestros ojos! ¡Envía el sonido dármico de tu dulce voz a nuestros oídos! ¡Deja que la bendición de tu mente relajada y amable se funda en nuestros corazones! ¡Tócanos con tu gran bendición! ¡Por favor, concédenos las cuatro iniciaciones!

སྔོན་ལས་ལྷ་སྲིན་འཁྲུགས་པའི་འཕྲལ་རྐྱེན་གྱིས།

NGON   **LAE**   **LHA**   **SIN**   **TRUG PE**   **TRAL**   **KYEN**   **GYI**
anteriores vidas   *acciones, hechos kármicos*   *dios local*   *demonios*   *problemas, dificultades*   *emergencia, venir fácilmente*   *razones, causas, circunstancias*   *por*

Debido a nuestras acciones en vidas anteriores, los dioses y demonios locales causan problemas y desastres repentinos,

ཨི་ཕྱུགས་ནད་རིམས་སད་སེར་དབུལ་ཞིང་འཕོང་།

MI	CHU	NAE RIM	SAE	SER	UL ZHING PHONG
no	*riqueza, ganado, posesiones*	*enfermedad, trastornos*	*cosechas heladas*	*tormentas de granizo*	*muy pobre*

como falta de animales, enfermedades, destrucción de cosechas por las heladas y el granizo, y una gran pobreza.

ཕྱོགས་བཞིའི་དམག་འཁྲུག་མཚོན་ཆའི་བསྐལ་པ་སོགས།

CHO	ZHI	MA TRU	TSHON CHE	KAL PA SO
dirección	*cuatro*	*luchar, guerras y conflictos*	*de las armas*	*tiempo*

Ahora es el tiempo de las armas, con guerras y conflictos en las cuatro direcciones.

མ་ལུས་ཞི་ཞིང་བརློག་པར་བྱིན་གྱིས་རློབས།

MA LU	ZHI ZHING	DO PAR	YIN GYI LO
sin excepción	*pacificar, dejar sin efecto*	*devolver*	*bendecir a todos los seres*

Por favor, bendícenos rechazando estos males y pacificándolos a todos sin excepción.

Debido a nuestras acciones en vidas anteriores, los dioses y demonios locales causan problemas y desastres repentinos, como falta de animales, enfermedades, destrucción de cosechas por las heladas y el granizo, y una gran pobreza. Ahora es el tiempo de las armas, con guerras y conflictos en las cuatro direcciones. Por favor, bendícenos rechazando estos males y pacificándolos a todos sin excepción.

ཆར་ཆུ་དུས་བབས་ལོ་ཕྱུགས་རྟག་ཏུ་ལེགས།

CHAR CHU	DU BAB	LO	CHUG	TAG TU	LE
lluvia	*oportuna*	*cosecha*	*ganado*	*siempre*	*bueno*

Que las cosechas y los rebaños sean siempre abundantes y las lluvias oportunas.

ཚེ་རིང་ནད་མེད་ལུས་ངག་ཡིད་གསུམ་བདེ།

TSHE	RING	NAE	ME	LU	NGA	YI	SUM	DE
vida	*larga*	*enfermedad*	*sin*	*cuerpo*	*palabra*	*mente*	*tres*	*feliz*

Que tengamos una larga vida, libre de enfermedades, que haya felicidad en el cuerpo, la palabra y la mente.

མཐའ་བཞིའི་འབྱོར་བའི་ལས་སྒོ་རྣམ་པར་ཕྱེ།

THA ZHI	YOR WE	LAE	GO	NAM PAR	CHE
catro confines*	*riqueza (todos los bienes)*	*desde*	*puerta*	*lleno (i.e. obtenemos todo)*	*abierta*

* los confines de las cuatro direcciones, i.e. por todas partes

Al abrir de par en par la puerta a la riqueza desde los cuatro confines del universo,

ཚོགས་ལྡན་དགའ་སྟོན་རྒྱས་པར་བྱིན་གྱིས་རློབས།

DZOE DEN	**GA TON**	**GYE PAR**	**YIN GYI LO**
edad dorada, yuga*	*felicidad*	*extenderse*	*otorga esta bendición*

* cuando todo va bien y no hay dificultades

por favor bendícenos con la difusión de la felicidad de la Edad de Oro.

Que las cosechas y los rebaños sean siempre abundantes y las lluvias oportunas. Que tengamos una larga vida, libre de enfermedades, que haya felicidad en el cuerpo, la palabra y la mente. Al abrir de par en par la puerta a la riqueza desde los cuatro confines del universo, por favor bendícenos con la difusión de la felicidad de la Edad de Oro.

ཁྱོད་འབངས་ནམ་ཡང་ཡལ་བར་མི་འདོར་ཞེས།

KHYO	**BANG**	**NAM YANG**	**YAL WAR**	**MI**	**DOR**	**ZHE**
tu	*súbdito*	*siempre*	*tu recuerdo*	*no*	*rechazar, olvidar*	*dijiste*

Nunca abandonarás ni olvidarás a tu pueblo:

མངའ་བདག་ཡབ་སྲས་འབངས་ལ་ཞལ་འཆེས་པའི།

NGA DA YAB	**SE**	**BANG**	**LA**	**ZHAL CHE PE**
rey Trisong Deutsan	*sy hijo, Mutig Tsenpo*	*súbditos (especialmente los discípulos internos)*	*a*	*prometido*

hiciste esta promesa al rey Trisong Deutsan, a su hijo y a sus súbditos

འགྱུར་མེད་རྡོ་རྗེའི་གསུང་གི་དོན་གྱི་འབྲས།

GYUR ME	**DOR YEI**	**SUNG**	**GI**	**DON**	**GYI**	**DRE**
inmutable	*vajra, indestructible*	*palabra*	*de*	*significado*	*de*	*resultado*

con tu inmutable palabra vajra. Que se haga realidad

མངོན་སུམ་སྩོལ་བའི་དགའ་སྟོན་དུས་ལ་བབས།

NGON SUM	**TSOL WE**	**GA TON**	**DU LA BAB**
muy claro, manifiesto	*dar*	*felicidad, festival*	*ahora, sin retraso*

con la inmediata concesión manifiesta de un gran festival de felicidad.

Nunca abandonarás ni olvidarás a tu pueblo: hiciste esta promesa con tu palabra inmutable al rey Trisong Deutsan, a su hijo y a sus súbditos. Que se haga realidad con la inmediata concesión manifiesta de un gran festival de felicidad.

མདོར་ན་དེང་ནས་ལྷུན་གྲུབ་ཀུན་ཏུ་བཟང་།

DOR NA	DENG NAE	LHUN DRU	KUN TU ZANG
brevemente	*de ahora en adelante*	*surgir sin esfuerzo, vibusidhi*	*Samantabadra (iluminación)*

En resumen, de ahora en adelante, mientras el [estado de] Samantabadra que surge sin esfuerzo

མ་ཐོབ་དེ་སྲིད་མགོན་པོ་ཁྱོད་ཉིད་ཀྱིས།

MA THOB	DE SI	GON PO	KHYO ÑI	KYI
no	*obtener hasta*	*protector, benefactor*	*tú*	*por*

no se alcance, Protector,

རྗེས་སུ་བཟུང་ནས་མཆོག་དང་ཐུན་མོང་གི།

YE SU	ZUNG	NAE	CHO	DANG THUN MONG	GI
después	*sostener*		*suprema (iluminación)*	*y general, común*	*de*
(sostener y cuidar como discípulos, velar por nuestro bienestar espiritual)					

debes tenernos como tus discípulos y satisfacernos con

དངོས་གྲུབ་བདུད་རྩིའི་བཅུད་ཀྱིས་ཚིམས་པར་མཛོད།

NGO DRU	DU TSI	CHU	KYI	TSHIM PAR	DZO
sidhis, logro verdadero	*amrita, elixir liberador*	*esencia*	*por*	*satisfacer*	*debemos obtener*

la esencia del elixir de los logros supremos y generales.

En resumen, de ahora en adelante, mientras no se alcance el [estado de] Samantabadra que surge sin esfuerzo, Protector, debes tenernos como tus discípulos y satisfacernos con la esencia del elixir de los logros supremos y generales.

ཅེས་སློབ་དཔོན་ཆེན་པོ་པདྨ་འབྱུང་གནས་ལ་གསོལ་བ་འདེབས་པ་བྱིན་རླབས་སྤྲིན་ཕུང་མ་ཞེས་པ་འདི་ནི་འཕུལ་ལུང་ཚེས་བཅུ་བ་རྣམས་ཀྱི་ཉམས་ལེན་ལ་ཕན་པའི་ཆེད་དུ་ཡུང་སྒྲིང་བསམ་འགྲུབ་རྒྱལ་པོས་བསྐུལ་ངོར་ཟ་ཧོར་གྱི་བནྡེ་(རྒྱལ་བ་ལྔ་ཆེན་པོས་)སྒྲ་བདོ།། ॥

Esta oración a Maha Acharya Padmasambava, que es una gran nube de bendiciones, fue compuesta por Zahor Gyi Bande (el V Dalai Lama) a petición de Yang Ling Samdrub Gyalpo para ayudar a la práctica de la sadana en el 10° día lunar en el momento del «Trulnang» (festival en Lhasa).

Traducida por C.R. Lama y James Low en Bodha, Kathmandú, Nepal en el tshe chu, el décimo día, en diciembre de 1977.

བསྐྱེད་པ་   ORACIÓN

ཧཱུྃ༔   མ་བཅོས་སྤྲོས་བྲལ་བླ་མ་ཆོས་ཀྱི་སྐུ༔

HUNG	MA CHOE	TOE DRAL	LA MA	CHOE KYI KU
hung	*no artificial*	*sin elaboración*	*gurú*	*darmakaya,* *modo intrínseco*

Hung. El gurú libre de artificios y elaboración es el modo intrínseco.

བདེ་ཆེན་ལོངས་སྤྱོད་བླ་མ་ཆོས་ཀྱི་རྗེ།

DE	CHEN	LONG CHOE	LA MA	CHOE	KYI	YE
gozo	*gran*	*sambogakaya,* *disfrute*	*gurú*	*darma*	*de*	*señor*

El gurú de la gran felicidad, maestro del Darma, es la modalidad del disfrute.

པད་སྡོང་ལས་འཁྲུངས་བླ་མ་སྤྲུལ་པའི་སྐུ༔

PAE	DONG	LAE	THRUNG	LA MA	TRUL PE KU
loto	*tallo*	*del*	*nacido*	*gurú*	*nirmanakaya, modo de aparición*

El gurú nacido de un tallo de loto es la modalidad de aparición.

སྐུ་གསུམ་རྡོ་རྗེ་འཆང་ལ་ཕྱག་འཚལ་བསྟོད༔

KU	SUM	DOR YE CHANG	LA	CHA TSAL	TOE
cuerpo	*tres*	*Vajradara, el* *buda primordial*	*a*	*postrar*	*alabar*

Saludamos y alabamos a Vajradara que posee estos tres modos.

Hung. El gurú libre de artificios y elaboración es el modo intrínseco. El gurú de la gran felicidad, maestro del Darma, es la modalidad del disfrute. El gurú nacido de un tallo de loto es la modalidad de aparición. Saludamos y alabamos a Vajradara que posee estos tres modos.

Súplica a Padmasambava

INVOCACIÓN

བསྐུལ་མེད་གཏན་གྱི་སྐྱབས་གཅིག་འཁོར་ལོའི་མགོན།

LU ME	TEN GYI	KYAB CHI	KHOR LOI GON
constante, fiel	permanente	protector	Chakranath, * señor de la rueda del darma

*Samantabadra, darmakaya, Vajradara, Sunyata o darmata

Protector constante e inquebrantable, señor de la rueda del darma,

སངས་རྒྱས་ཀུན་དངོས་ཨོ་རྒྱན་རྡོ་རྗེ་འཆང་།

SANG GYE	KUN	NGO	OR GYEN DOR YE CHANG
budas	todos	original, verdadera naturaleza	Padmasambava (te ruego)

realidad de todos los budas, Orgyen Dorye Chang,

ཉམ་ཐག་བདག་ལ་རེ་ས་ཁྱེད་ལས་མེད།

ÑAM THAB	DA	LA	RE SA	KHYE	LAE	ME
muy difícil, muy triste, muchos problema s	de mi (y de los ser sensibles)	a	esperanza, algo en lo que confiar	tu	otro	sin

¡tú eres la única esperanza a mis numerosos problemas!

ཐུགས་རྗེ་གློག་ལྟར་མྱུར་བས་དུས་འདིར་དགོངས།

THU YE	LO	TAR	ÑUR WAE	DU	DIR	GONG
compasión	rayo	como	rápido	tiempo (ahora)	aquí	piensa en mí

Por favor, piensa en mí ahora con tu compasión rápida como el rayo.

Protector constante e inquebrantable, señor de la rueda del darma, realidad de todos los budas, Orgyen Dorye Chang, ¡tú eres la única esperanza a mis numerosos problemas! Por favor, piensa en mí ahora con tu compasión rápida como el rayo.

RECORDANDO LA BONDAD DE PADMASAMBAVA

དེ་ནི་དུས་ངན་སྙིགས་མའི་མཐར་ལ་ཐུག

DA NI	DU NGAN	ÑIG ME	THA	LA THU
ahora	tiempos malos	periodo degenerado	fin	alcanzar

Ahora ha llegado el tiempo maligno del final del periodo degenerado,

ৠৢৢৢৢৢ৾ঀৢৢৢৢৢৢৢৢৢৢৢৢৢৢৢৢৢৢৢৢ

MON	LO	DAM SI		PUN GU	KHA DAR	NAE
aspiración falsa,		*demonios perturbadores*		*nueve*	*se extiende y*	*entonces*
	equivocada	*para los que*		*hermanos*	*crece fuerte*	
		mantienen los votos				

las intenciones equivocadas de los Nueve Hermanos destructores de votos se extienden y se fortalecen y

ৢৢৢৢৢৢৢৢৢৢৢৢৢৢৢৢৢৢৢৢৢৢ

MI NAM	PHAL CHER	SHE GYU	GONG POE	LAM
seres humanos	*comunes*	*mentes*	*demonio*	*influenciar*

las mentes de los seres humanos están influenciadas por los demonios Gongpo.

ৢৢৢৢৢৢৢৢৢৢৢৢৢৢৢৢৢৢৢৢৢৢৢৢ

KHYO BANG		THU YE	NAM YANG MI	DOR WE
tu pueblo, súbditos		*compasión*	*nunca*	*olvida, abandona*
(todos los seres del samsara)			*(Padmasambava dijo que ayudaría)*	

Con una compasión que nunca olvida a tu pueblo,

ৢৢৢৢৢৢৢৢৢৢৢৢৢৢৢৢৢৢৢৢৢ

TSE WE	KU	DRIN CHEN	DE	KHYE	LA	KYANG
de la compasión	*cuerpo,*	*muy amable*	*ese*	*tú*	*eres*	*sin embargo*
	uno					

eres la manifestación más amable de la preocupación amorosa.

Ahora ha llegado el tiempo maligno del final del periodo degenerado, las intenciones equivocadas de los Nueve Hermanos destructores de votos se extienden y se fortalecen y las mentes de los seres humanos están influenciadas por los demonios Gongpo. Con una compasión que nunca olvida a tu pueblo, eres la manifestación más amable de la preocupación amorosa.

EL MAL QUE HACEN LOS SERES

ৢৢৢৢৢৢৢৢৢৢৢৢৢৢৢৢৢৢৢৢৢৢৢ

TREL ME PO NAM	LAE NGAN	KHA MA GANG
desvergonzados	*malas acciones*	*aún no se han completado**

*i.e. no tienen suficiente negatividad para ir al infierno

Los desvergonzados siguen realizando malas acciones.

ৢৢৢৢৢৢৢৢৢৢৢৢৢৢৢৢৢৢৢ

GU RU ÑI	DANG	KHYE KYI	TEN PA	DANG
Padmasambava	*y*	*tu*	*doctrinas*	*y*

Tú, Padmasambava, tus doctrinas y

ཁྱེད་ཀྱི་རྗེས་འཇུག་རྣམས་ལ་ཐན་དུ་བལྟ།

KHYE KYI	YE YU NAM	LA	THEN DU		TA
tus	*seguidores*	*a*	*malo, fatídico, mala señal*		*mirar*
			como un río que fluye en sentido contrario		

tus seguidores son vistos como malos y dañinos.

བཀའ་དྲིན་ཁྱད་གསོད་ལོག་ལྟའི་འབར་ཤ་སྒྱུར།

KA DRIN	KHYE SOE		LOG TE	BAR SHA DIR
bondad	*ignorar, no sentir*		*visiones erróneas*	*decir y hacer*
	ninguna obligación de devolver			*muchas cosas malas*

La bondad se paga con daño, y con puntos de vista erróneos, la gente
dice y hace muchas cosas malas.

མ་རུང་འགོང་པོར་རྒྱབ་བརྟེན་བློ་གཏད་འཆར།

MA RUNG	GONG POR		GYAB TEN	LO TAE CHA
muy malo	*demonios obstructores**		*confiar en ellos*	*creer lo que esos demonios*
			para respaldar a uno	*dicen y hacen*

*pueden mostrar forma humana

Se confía y se cree en demonios Gongpo muy malos.

ཕྱི་ནང་དབྱེན་སྦྱོར་ཕུང་ཀྲུགས་བྱར་སྐུ་འདྲེན།

CHI	NANG	WEN YOR		PHUNG TRU	YUR NA DREN
externo	*interno*	*provocan problemas**		*cuentan cuentos sobre#*	*dirigen en una*
					dirección equivocada+

*con malas palabras   #gente que provoca problemas   +e.g doctrinas materialistas

Las malas palabras causan problemas internos y externos, se propaga
la discordia y se conduce a la gente por caminos falsos.

*Los desvergonzados siguen realizando malas acciones. Tú, Padma-
sambava, tus doctrinas y tus seguidores son vistos como malos y
dañinos. La bondad se paga con daño, y con puntos de vista erróneos, la
gente dice y hace muchas cosas malas. Se confía y se cree en demonios
Gongpo muy malos. Las malas palabras causan problemas internos y
externos, se propaga la discordia y se conduce a la gente por caminos
falsos.*

YO TAMBIÉN ME HE EQUIVOCADO Y AHORA TENGO PROBLEMAS

དམན་ས་བཟུང་ཡང་ཕྱོགས་ལྷུང་ཕྲག་དོག་ལྡང་།

MAN SA	ZUNG	YANG		CHO LHUNG	TRA DO	DANG
lugar bajo*	*mantener*	*aún, incluso si*		*parcial, sesgado*	*celoso*	*crecer*

* sin egoísmo, humilde

Permanezco humildemente en un lugar bajo, y sin embargo surgen actitudes tendenciosas y celos hacia mi persona.

དྲང་པོར་གནས་ཀྱང་གཡོ་སྒྱུས་ནག་ཉེས་འགེལ།

DRANG POR	NAE	KYANG	YO GYUE	NA ÑE GEL
recto	*permanecer*	*aunque*	*engañar*	*tener problemas*
(no hacer cosas malas)				

Actúo con rectitud, y sin embargo me molestan los que engañan y estafan.

མ་ཉེས་ཁ་ཡོག་ཀྱེན་ངན་རླུང་ལྟར་འཚུགས།

MA ÑE	KHA YO	KYEN NGAN	LUNG	TAR	TSHU
No he hecho	*acusado en*	*situaciones*	*tormenta*	*como*	*llegar con fuerza*
nada malo	*falso*	*malas y difíciles*			

No actúo mal, y sin embargo me acusan falsamente y las situaciones difíciles arrecian como una tormenta.

སྤྱོད་ངན་རང་གིས་སྤྱད་ནས་དུས་ངན་ཟེར།

CHOE NGAN	RANG	GI	CHAE	NAE	DU	NGAN	ZER
malas acciones	*yo (seres*	*por*	*hecho*	*entonces*	*tiempos*	*malos*	*decir*
	sensibles)				*(kali yuga)*		

Yo mismo he realizado malas acciones y, sin embargo, digo que estos tiempos son malos.

Permanezco humildemente en un lugar bajo, y sin embargo se desarrollan hacia mí actitudes tendenciosas y celos. Actúo con rectitud, y sin embargo me molestan los que engañan y estafan. No actúo mal, y sin embargo me acusan falsamente y las situaciones difíciles arrecian como una tormenta. Yo mismo he realizado malas acciones y, sin embargo, digo que estos tiempos son malos.

PETICIÓN DE AYUDA

ཅི་ལ་བསམ་ཡང་སྙིང་རླུང་སྟོད་དུ་འཚང་།

CHI LA SAM	YANG	ÑING	LUNG	TOE DU TSANG
todo lo que pienso	*también*	*corazón*	*viento*	*subir*
todo lo que veo		*(i.e. suspirar de tristeza)*		

Cualquier cosa en la que pienso me pone muy triste.

གཏིང་ནས་ཡིད་ཆད་སྐྱོ་བའི་གདུང་ཡུས་ཀྱིས།

TING	NAE	YI CHAE	KYO WE	DUNG YU	KYI
interior	*desde*	*corazón roto,*	*muy triste*	*llorando y gimoteando*	*con*
profundo		*sin esperanza*		*como un niño*	

Con el corazón completamente roto, con un triste gemido,

སྨྲེ་སྔགས་འོ་དོད་འབོད་དགོས་དུས་བྱུང་ངོ་།

ME NGA	O DOE	BOE GO	DU YUNG NGO
palabras	*¡sálvame!*	*es necesario*	*el momento ha llegado*
compungidas	*pedir ayuda a gritos*	*decir*	

pido ayuda con las palabras compungidas que hay que decir.

Cualquier cosa en la que pienso me pone muy triste. Con el corazón completamente roto, con un triste gemido, pido ayuda con las palabras compungidas que hay que decir.

PETICIÓN DE AYUDA A PADMASAMBAVA PARA ALEJAR LOS PROBLEMAS

ཕ་གཅིག་ཁྱེད་ལ་མི་འབོད་སུ་ལ་འབོད།

PHA CHI	KHYE LA	MI BOE	SU	LA	BOE
mi único padre, Padmasambava	*tú a*	*no pedir*	*quién*	*a*	*pedir (ayuda)*

Mi único padre, si no clamo a ti, ¿a quién más puedo pedir?

བརྩེ་ཆེན་ཁྱེད་ཀྱིས་མི་གཟིགས་སུ་ཡིས་གཟིགས།

TSE	CHEN	KHYE KYI	MI	ZI	SU	YI	ZI
compasión	*grande*	*tu por*	*no*	*ver*	*quién*	*por*	*mirar (a mí y a todos los seres sensibles)*

Si tú, que tienes una gran compasión, no me miras, ¿quién lo hará?

ཐུགས་དམ་གནད་ནས་བསྐུལ་ལོ་ཐོད་ཕྲེང་རྩལ།

THU DAM	NAE NE	KUL LO	THOE TRENG TSAL
de tu mente	*muy fuerte, imperativamente*	*invocar, despertar*	*voto de Padmasambava*

Thod Treng Tsal, invoco firmemente tu vínculo con nosotros.

དབྱིངས་ནས་དགོངས་པ་བསྐྱེད་ཅིག་གྲོ་བོ་ལོད།

YING	NAE	GONG PA	KYOE CHI	DRO WO LO
dentro (darmadatu)	*del*	*conexión, intención*	*mover (i.e. llegar a ser activo)*	*Dorye Trolo*

Dorye Trolo, manifiesta tu conexión instantánea en la amplitud sin obstáculos.

མཐུ་སྟོབས་ནུས་པའི་རྩལ་ཤུགས་ཆུང་རེ་རན།

THU	TOB	NU PE	TSAL SHU	CHUNG RE RAN
poder efectivo y filado	*poder, fuerza*	*forzar*	*energía, fuerza*	*debes hacer todo lo posible, utilizar todos tus poderes*

Debes hacer todo lo posible utilizando la energía de tu agudo y efectivo poder.

མི་འདོད་ཀྱེན་ངན་འདི་ལས་མྱུར་དུ་སྒྲོལ།

MI DOE	KYE NGAN	DI LAE	ÑUR DU	DROL
*sin deseo**	*malas circunstancias*	*para esto*	*rápidamente*	*salvar*

*sin aferrarnos a nuestra situación actual

Sálvame rápidamente de estas malas circunstancias que no deseo y

བར་ཆད་བདུད་ཀྱི་དམག་དཔུང་ཕྱིར་ལ་ཟློག །

BAR CHAE   DUE   KYI   MA PUNG   CHIR LA DO
obstrucciones   maras   de   ejército, horda   retroceder, rechazar*
*demonios que alejan a la mente de la iluminación

haz retroceder a las huestes beligerantes de demonios obstructores.

Mi único padre, si no clamo a ti, ¿a quién más puedo pedir? Si tú, que tienes una gran compasión, no me miras, ¿quién lo hará? Thod Treng Tsal, invoco firmemente tu vínculo con nosotros. Dorye Trolo, manifiesta tu conexión instantánea en la amplitud sin obstáculos. Debes hacer todo lo posible utilizando la energía de tu agudo y efectivo poder. Sálvame rápidamente de estas malas circunstancias que no deseo y haz retroceder a las huestes beligerantes de demonios obstructores.

SOLICITUD DE BENEFICIOS A PADMASAMBAVA

གདུག་ཅན་རྩུང་སེམས་སྲུང་བ་དབང་དུ་བསྡུས། །

DU CHEN   LUNG   SEM   NANG WA   WONG DU DUE
muy malas, personas   volátil   mente   pensamiento,   pon bajo tu poder
peligrosas, perturbadores   ideas

Por favor, pon bajo tu poder a todos los seres peligrosos, impulsos e ideas erróneas.

སྐྱེ་འགྲོའི་བློ་ཡིད་ཕན་གྲོགས་དགེ་ལ་བསྒྱུར། །

KYE DROI   LO YI   PHEN   DRO   GE   LA   GYUR
seres   mente,   ayuda   amistad   virtud   a   llegar a ser, ir
sensibles   intelecto

Dirige las mentes de los seres sensibles hacia la ayuda, la amistad y la virtud.

མདོར་ན་བདག་སོགས་ཁྱེད་ཀྱི་གདུལ་བྱ་རྣམས། །

DOR NA   DA SO   KHYE KYI   DUL YA NAM
en resumen   nosotros (potencialmente   tu   seguidores, los que están abiertos a
todos los seres en samsara)   tu influencia, lo que desean ser educados

En resumen, para mí y para todos tus seguidores,

ལས་རྐྱེན་ངན་པའི་དབང་དུ་མ་བཏང་བར། །

LAE   KYEN   NGAN PE   WONG   DU   MA   TANG WAR
*acciones   causas,   malas   poder   bajo   no   enviar**
razones
*i.e. dejarnos llevar por nuestros propios impulsos erróneos

no nos envíes bajo el poder de las malas acciones y circunstancias,

ཕྱི་ནང་མི་འདོད་ཉེས་ཚོགས་དབྱིངས་སུ་སོལ།

CHI	NANG	MI DOE	ÑE TSHO	YING SU SOL
externo	interno	desagradable	cosas malas	haz que se vacíen en el cielo, se disuelvan en la expansión abierta de la vacuidad

sino disuelve todos los problemas y tendencias desagradables externas e internas en la infinidad de la espaciosidad.

Por favor, pon bajo tu poder a todos los seres peligrosos, impulsos e ideas erróneas. Dirige las mentes de los seres sensibles hacia la ayuda, la amistad y la virtud. En resumen, para mí y para todos tus seguidores, no nos envíes bajo el poder de las malas acciones y circunstancias, sino disuelve todos los problemas y tendencias desagradables externas e internas en la infinidad de la espaciosidad.

REZAR POR LA BUDEIDAD Y LA DIFUSIÓN DEL DARMA

འདོད་དོན་བསམ་རྒུ་འབད་མེད་ཡིད་བཞིན་སྒྲུབས།

DOE DON	SAM GU	BAE ME	YI ZHIN	DRU
lo que queremos	lo que pensamos de, placer	sin intentar	como deseamos	lograrse

Concédenos lo que queremos, lo que pensamos, sin esfuerzo, tal como lo deseamos.

གང་གི་རིང་ལུགས་འཛམ་གླིང་ཁྱབ་པར་སྤེལ།

GANG GI	RING LU	DZAM LING	KHYAE PAR PEL
Padmasambava, el segundo buda	sistema del darma	Jambudvipa*	difundir y llenar

*aquí queire decir el mundo entero

Que el sistema del darma de Padmasambava se extienda y llene el mundo entero y,

དོན་གཉིས་ལྷུན་གྲུབ་ཕྱོགས་ལས་རྣམ་པར་རྒྱལ།

DON	ÑI	LHUN DRU	CHO LAE	NAM PAR GYAL
beneficio (budeidad)	dos (para mí y los demás)	sin esfuerzo	por todas partes	victorioso por completo*

*la verdad del Darma debe superar todos los puntos de vista erróneos

al lograr sin esfuerzo el bienestar mío y de todos los demás, sea completamente victorioso en todas partes.

གུ་རུ་ཁྱེད་དང་མཉམ་པ་ཉིད་གྱུར་ནས།

GU RU	KHYE	DANG	ÑAM PA ÑI	GYUR	NAE
Padmasambava	tú	y	igual	llegar a ser*	entonces

* todos los seres del samsara deben alcanzar este estado

Padmasambava, bendícenos para que podamos llegar a ser iguales a ti, y así

འཁོར་བ་དོང་སྤྲུགས་ནུས་པར་བྱིན་གྱིས་རློབས།

KHOR WA   **DONG TRU**   **NU PAR**   **YIN GYI LO**
samsara   *volcar y vaciar*   *poder*   *bendecir*

obtener el poder de dar un vuelco y vaciar el samsara.

Concédenos lo que queremos, lo que pensamos, sin esfuerzo, tal como lo deseamos. Que el sistema del darma de Padmasambava se extienda y llene el mundo entero y , al lograr sin esfuerzo el bienestar mío y de todos los demás, sea completamente victorioso en todas partes. Padmasambava, bendícenos para que podamos llegar a ser iguales a ti, y así obtener el poder de dar un vuelco y vaciar el samsara.

ཞེས་པ་འདི་ཕྱི་ནང་གི་རྐྱེན་དུ་མས་ཡིད་སྐྱོངས་ཏེ་སེམས་སྐྱོ་བའི་གནས་སྐབས་ཤིག་ན་གདུང་
འབོད་ཀྱི་ཨོ་དོད་བརྫོལ་ཐབས་སུ་ཐལ་ཏེ་འཇིགས་བྲལ་ཡེ་ཤེས་རྡོ་རྗེས་སོ།།   །།

Debido a muchas causas internas y externas, algunos problemas surgieron en mi mente en una triste ocasión. Entonces, sin intentarlo, este ferviente grito de ayuda surgió por sí mismo en mi mente.

Yigtral Yeshe Dorye.

ཨོཾ་རྒྱན་རིན་པོ་ཆེའི་རྗེན་བསྐྱེད་དང་ཐུགས་བསྒྲུབ་བྱ་ནི༎

El Gurú Precioso de Oddiyana

སྐྱབས་འགྲོ༎ REFUGIO

ན་མོ༔   བླ་མ་བདེ་གཤེགས་འདུས་པའི་སྐུ༔

NA MO **LA MA** **DE SHE** **DU PE** **KU**
saludo *Gurú como Padmasambava* *Budas, Felizmente Ido* *abarcar* *cuerpo (Nirmanakaya)*

Saludo. Gurú, eres la presencia de los cuerpos de todos los budas

དཀོན་མཆོག་གསུམ་གྱི་རང་བཞིན་ལ༔

KON CHO **SUM GYI** **RANG ZHIN** **LA**
joyas *tres de* *naturaleza* *a*

* Buda, Darma, Sanga; Gurú, Deidad del camino, Dakini; Darmakaya, Sambogakaya, Nirmanakaya

que son idénticos en naturaleza a las Tres Joyas.

བདག་ཉིད་བྱང་ཆུབ་མ་ཐོབ་བར༔

DA ÑI **CHANG CHU** **MA** **THO** **BAR**
yo (y todos los seres) *iluminación* *no* *obtener* *hasta*

Hasta que alcance la iluminación

སྒོ་གསུམ་གུས་པས་སྐྱབས་སུ་མཆི༔

GO **SUM** **GU PAE** **KYAB** **SU** **CHI**
puertas *tres* *con reverencia, devoción* *refugio* *por* *ir*

me refugio en ti con devoción de mi cuerpo, mi palabra y mi mente.

Saludo. Gurú, eres la presencia de los cuerpos de todos los budas que son idénticos en naturaleza a las Tres Joyas. Hasta que alcance la iluminación me refugio en ti con devoción de mi cuerpo, mi palabra y mi mente.

ན་མོ༔   བླ་མ་བདེ་གཤེགས་འདུས་པའི་གསུང༔

NA MO **LA MA** **DE SHE** **DU PE** **SUNG**
saludo *Gurú como Padmasambava* *Budas, Felizmente Ido* *abarcar* *palabra (Sambogakaya)*

Saludo. Gurú, eres la presencia de la palabra de todos los budas

དཀོན་མཆོག་གསུམ་གྱི་རང་བཞིན་ལ༔

KON CHO   SUM GYI   RANG ZHIN   LA
joyas   tres de   naturaleza   a

que son idénticos en naturaleza a las Tres Joyas.

བདག་ཉིད་བྱང་ཆུབ་མ་ཐོབ་བར༔

DA ÑI   CHANG CHU   MA   THO   BAR
yo (y todos los seres)   iluminación   no   obtener hasta

Hasta que alcance la iluminación

སྒོ་གསུམ་གུས་པས་སྐྱབས་སུ་མཆི༔

GO   SUM   GU PAE   KYAB   SU   CHI
puertas tres   con reverencia,   refugio   por   ir
*   devoción*

me refugio en ti con devoción de mi cuerpo, mi palabra y mi mente.

Saludo. Gurú, eres la presencia de la palabra de todos los budas que son idénticos en naturaleza a las Tres Joyas. Hasta que alcance la iluminación me refugio en ti con devoción de mi cuerpo, mi palabra y mi mente.

ན་མོ༔   བླ་མ་བདེ་གཤེགས་འདུས་པའི་ཐུགས༔

NA MO   LA MA   DE SHE   DU PE   THU
saludo   Gurú como   Budas,   abarcar   mente
*   Padmasambava   Felizmente Ido   (Darmakaya)*

Saludo. Gurú, eres la presencia de las mentes de todos los budas

དཀོན་མཆོག་གསུམ་གྱི་རང་བཞིན་ལ༔

KON CHO   SUM GYI   RANG ZHIN   LA
joyas   tres de   naturaleza   a

que son idénticos en naturaleza a las Tres Joyas.

བདག་ཉིད་བྱང་ཆུབ་མ་ཐོབ་བར༔

DA ÑI   CHANG CHU   MA   THO   BAR
yo (y todos los seres)   iluminación   no   obtener hasta

Hasta que alcance la iluminación

སྒོ་གསུམ་གུས་པས་སྐྱབས་སུ་མཆི༔

GO   SUM   GU PAE   KYAB   SU   CHI
puertas tres   con reverencia,   refugio   por   ir
*   devoción*

me refugio en ti con devoción de mi cuerpo, mi palabra y mi mente.

Saludo. Gurú, eres la presencia de las mentes de todos los budas que son idénticos en naturaleza a las Tres Joyas. Hasta que alcance la iluminación me refugio en ti con devoción de mi cuerpo, mi palabra y mi mente.

སེམས་བསྐྱེད་ནི། DESARROLLAR LA MENTE DE LA ILUMINACIÓN

སེམས་བསྐྱེད་འགྲོ་བ་ཀུན་དོན་དུ༔

SEM	**KYE**	**DRO WA**	**KUN**	**DON DU**
mente de la iluminación	*desarrollar*	*seres*	*todos*	*por el bien*

Para desarrollar la mente de la iluminación por el bien de todos los seres

བླ་མ་སངས་རྒྱས་བསྒྲུབ་ནས་ནི༔

LA MA	**SANG GYE**	**DRUB**	**NAE**	**NI**
Gurú como Padmasambava	*Buda*	*práctica hasta la iluminación*		*luego*

haré la práctica de mi Gurú Buda.

གང་ལ་གང་འདུལ་འཕྲིན་ལས་ཀྱིས༔

GANG LA GANG	**DUL**	**TRIN LAE**	**KYI**
según las necesidades	*educar*	*hechos*	*por*

Luego, con la actividad de educar según las necesidades,

འགྲོ་བ་འདུལ་བར་སེམས་བསྐྱེད་དོ༔

DRO WA	**DUL WAR**	**SEM**	**KYE DO**
seres	*educar*	*mente*	*desarrollar*

haré madurar a los seres. Esta es mi aspiración altruista.

Haré la práctica de mi Gurú Buda con el fin de desarrollar la mente de la iluminación en beneficio de todos los seres. Luego, haré madurar a los seres educándolos según sus necesidades. Esta es mi aspiración altruista.

[Dilo tres veces.]

Según el sistema de Mindrolling se debe recitar del modo siguiente:

ཚོགས་བསགས་ནི། ACUMULACIÓN DE MÉRITO

བླ་མ་ཡི་དམ་མཁའ་འགྲོ་གཤེགས༔

LA MA   YI DAM   KHAN DRO   SHE
Gurú   deidad del camino dakini   venid, por favor

Gurús, deidades y dakinis, venid aquí, por favor, y

ཉི་ཟླ་པདྨའི་གདན་ལ་བཞུགས༔

ÑI   DA   PAE ME   DEN   LA   ZHU
sol luna   loto   cojín sobre sentar

sentaos sobre estos cojines de loto, sol y luna.

ལུས་ངག་ཡིད་གསུམ་གུས་ཕྱག་འཚལ༔

LU   NGA   YI   SUM   GUE   CHA TSHAL
cuerpo palabra mente tres devoción postrarse

Nos postramos ante vosotros con la devoción de nuestro cuerpo, palabra y mente, y

ཕྱི་ནང་གསང་བའི་མཆོད་པ་འབུལ༔

CHI   NANG   SANG WE   CHO PA   BUL
externo interno secreto   ofrenda   presentar

os presentamos las ofrendas externas, internas y secretas.

Gurús, deidades del camino y dakinis, por favor, venid aquí y sentaos sobre estos cojines de loto, sol y luna. Nos postramos ante vosotros con la devoción de nuestro cuerpo, palabra y mente, y os presentamos las ofrendas externas, internas y secretas.

ཉམས་ཆག་སྡིག་སྒྲིབ་མཐོལ་ཞིང་བཤགས༔

ÑAM   CHA   DIG   DRIB   THOL ZHING   SHA
faltas infracciones pecados oscurecimientos con las manos en confesar,
                                                                                    el corazón   pedir perdón

Con las manos en el corazón confesamos nuestras faltas, infracciones, pecados y oscurecimientos.

གསང་སྔགས་བསྒྲུབས་ལ་རྗེས་ཡི་རང༔

SANG   NGA   DRU   LA   YE YI RANG
secreto   mantra práctica a   alegrarse de
(tantra)

Nos alegramos de la virtud de quienes practican el tantra.

ཕྱིན་གྲོལ་གསང་སྔགས་ཆོས་འཁོར་བསྐོར༔

MIN   **DROL**   **SANG NGA**   **CHO**   **KHOR**   **KOR**
maduración liberación   *tántrico*   *darma*   *rueda*   *girar*
iniciación   *doctrinas*

Os pedimos que difundáis las doctrinas tántricas de la maduración y la liberación y

མྱ་ངན་མི་འདའ་བཞུགས་སུ་གསོལ༔

ÑA NGAN   **MI**   **DA**   **ZHU**   **SU SOL**
pena   *no*   *pasar*   *permanecer*   *por favor*
(no morir, no entrar en el nirvana)

que permanezcáis con nosotros y no fallezcáis.

སྙིང་པོ་སེམས་ཅན་དོན་དུ་བསྔོ༔

ÑING PO   **SEM CHEN**   **DON**   **DU**   **NGO**
esencia*   *seres sensibles*   *beneficio*   *para*   *dedicar, dar*
* de nuestro mérito y sabiduría y de nuestra naturaleza pura

Dedicamos nuestra esencia en beneficio de los seres sensibles.

ཡང་དག་རྡོ་རྗེའི་དོན་རྟོགས་ཤོག༔

YANG   **DA**   **DOR YEI**   **DON**   **TO**   **SHO**
muy   *puro*   *vajra, sunyata*   *naturaleza*   *despertar a*   *todos podamos*

Que todos podamos despertar a nuestra naturaleza pura e indestructible.

Con las manos en el corazón confesamos nuestras faltas, infracciones, pecados y oscurecimientos. Nos alegramos de la virtud de quienes practican el tantra. Les pedimos que difundan las doctrinas tántricas de la maduración y la liberación y les pedimos que permanezcan con nosotros y no fallezcan. Dedicamos nuestra esencia en beneficio de los seres sensibles. Que todos podamos despertar a nuestra naturaleza pura e indestructible.

བལྟས་པ་ཙམ་གྱིས་འགྲོ་རྣམས་དབང་དུ་སྡུད།

TAE PA   **TSAM**   **GYI**   **DRO**   **NAM**   **WANG**   **DU**   **DUE**
mirada   *simple*   *por*   *seres*   *todos*   *poder*   *bajo*   *controlar, dominar*

Por tu simple mirada todos los seres se reúnen bajo tu poder.

ཕྱག་པ་ཙམ་གྱིས་སྡེ་བརྒྱད་བྲན་དུ་བཀོལ།

DIG PA   **TSAM**   **GYI**   **DE**   **GYE**   **TRAN**   **DU**   **KOL**
orden, gesto   *simple*   *por*   *grupos*   *ocho*   *sirviente*   *como*   *hacer*

Por tu simple orden las ocho clases de espíritus te asisten como sirvientes.

བསམ་པ་ཙམ་གྱིས་དགོས་འདོད་ཆར་ལྟར་འབེབས།

SAM PA		TSAM	GYI	GOE	DOE	CHAR	TAR	BE
pensamiento, intención		*simple*	*por*	*necesitar*	*desear*	*lluvia*	*como*	*caer*

Por tu mero pensamiento todo lo que necesitamos y deseamos cae como la lluvia.

ཨོ་རྒྱན་རིན་པོ་ཆེ་ལ་གསོལ་བ་འདེབས།

OR GYEN	RIN PO CHE	LA	SOL WA DE
Oddiyana	*el precioso*	*a*	*rogar*

Padmasambava, te rogamos.

Por tu simple mirada todos los seres se reúnen bajo tu poder. Por tu simple orden las ocho clases de espíritus te asisten como sirvientes. Por tu mero pensamiento todo lo que necesitamos y deseamos cae como la lluvia. Padmasambava, te rogamos.

ཧཱུྃ༔ ཨོ་རྒྱན་ཡུལ་གྱི་ནུབ་བྱང་མཚམས༔

HUNG		UR GYEN YUL	GYI	NUB JANG	TSHAM
vocativo, sílaba semilla de Padmasambava		*Oddiyana, la tierra de las dakinis*	*de*	*noroeste*	*frontera, esquina*

Hung. En la frontera noroeste de la tierra de Urgyen,

པདྨ་གེ་སར་སྡོང་པོ་ལ༔

PE MA	GE SAR	DONG PO	LA
loto	*estambres*	*tallo*	*sobre*

sobre el tallo y los estambres de un loto,

ཡ་མཚན་མཆོག་གི་དངོས་གྲུབ་བརྙེས༔

YAM TSHEN	CHO GI	NGO DRU	ÑE
maravilloso, prodigioso	*supremo (i.e. budeidad)*	*sidhis, logros*	*tiene*

con los logros maravillosos y supremos,

པདྨ་འབྱུང་གནས་ཞེས་སུ་གྲགས༔

PE MA YUNG NE		ZHE SU	DRA
Padmasambava, Gurú Rinpoché		*conocido como*	*famoso (afamado como)*

tu afamado nombre es Nacido del loto.

འཁོར་དུ་མཁའ་འགྲོ་མང་པོས་བསྐོར༔

KHOR	DU	KHAN DRO		MANG	POE	KOR
séquito	*como*	*dakinis, diosas del espacio (quiere decir que son entidades que viajan por el cielo)*		*muchas*	*por*	*rodeando*

Estás rodeado por un séquito de muchas dakinis.

ཁྱེད་ཀྱི་རྗེས་སུ་བདག་སྒྲུབ་ཀྱིས༔

KHYE   KYI YE SU   DA   DRU   KYI
tú   siguiéndote,   yo   practico   por eso
        emulándote

Siguiéndote y confiando en ti hacemos tu práctica. Por lo tanto,

བྱིན་གྱིས་བརླབ་ཕྱིར་གཤེགས་སུ་གསོལ༔

YIN GYI LAB   CHIR   SHE SU SOL
bendiciones   para   ven, por favor

ven aquí, por favor, para concedernos tus bendiciones.

གུ་རུ་པདྨ་སིདྡྷི་ཧཱུྂ༔

GU RU   PE MA   SID DHI   HUNG
gurú, maestro Padmasambava logro verdadero ¡dame!

¡Gurú Padmasambava concédenos el logro de la budeidad!

Hung. En la frontera noroeste de la tierra de Urgyen sobre el tallo y los estambres de un loto, con los logros maravillosos y supremos, tu afamado nombre es Nacido del loto. Estás rodeado por un séquito de muchas dakinis. Siguiéndote y confiando en ti hacemos tu práctica, por lo tanto, ven aquí, por favor, para concedernos tus bendiciones. ¡Gurú Padmasambava concédenos el logro de la budeidad!

ཞེས་ཅི་ནུས་དང་།

[Recita esto tantas veces como puedas con verdadera devoción de corazón.]

རྟགས་བསྟོད་བྱ་བ་ནི༔ DESCRIPCIÓN DE PADMASAMBAVA. ALABANZA DE
                    TODO LO QUE ÉL SIGNIFICA

ཧཱུྂ༔   སྐུ་གསུང་ཐུགས་རྟོགས་པདྨ་འབྱུང་གནས་ནི༔

HUNG   KU   SUNG   THU   DZO   PAE MA YUNG NAE   NI
cinco   cuerpo palabra# mente+ completo loto   nacido   mirar*
sabidurías
nirmanakaya #sambogakaya +darmakaya

Hung. Padmasambava, tu cuerpo, palabra y mente son la presencia de los tres aspectos de la iluminación.

རྒྱལ་བའི་གདུང་འཚོབ་འཁོར་བའི་གཡུལ་ངོ་བཟློག༔

GYAL WE   DUNG TSO   KHOR WE   YUL NGO   DO
de los yinas,   representante del samsara, problemas, parar, expulsar
de los victoriosos, de los budas   del mundo   problemas

Eres el representante de todos los Budas, el que repele los problemas del samsara.

ཐུགས་རྗེ་ཆེན་པོས་འགྲོ་བ་འདྲེན་མཛད་པའི༔

THU YE	CHEN POE	DRO WA	DREN	DZAE PAI
compasión, bondad	gran, no-dual con la vacuidad	errantes, seres sensibles	dirigir	hacer

Con gran compasión conduces a todos los seres a la liberación.

སྤྲུལ་སྐུ་འགྲོ་བ་འདྲེན་ལ་ཕྱག་འཚལ་བསྟོད༔

TRUL KU	DRO WA	DREN	LA	CHA TSAL	TOE
aparición, nirmanakaya	seres sensibles	guiar	a	inclinar, postrar	alabar

Saludo y alabanza a la aparición que guía a todos los seres.

Hung. Padmasambava, tu cuerpo, palabra y mente son la presencia de los tres aspectos de la iluminación. Eres el representante de todos los Budas, el que repele los problemas del samsara. Con gran compasión conduces a todos los seres a la liberación. Saludo y alabanza a la aparición que guía a todos los seres.

ཉེ་ཀྱི་ཙེ་ཕྱེམ་དབུ་ལ་བཙུགས་པ་ནི༔

GOE	KYI	TSE DEM	U	LA	TSU PA	NI
buitre	de	pluma	cabeza, sombrero	en	poner	así

Llevas una pluma de buitre en la parte superior del sombrero,

སྒྲུབ་པ་མཐར་ཕྱིན་ཡེ་ཤེས་རྒྱས་པའི་རྟགས༔

DRU PA	THAR CHIN	YE SHE	GYE PE	TA
práctica	completada	conocimiento original	difundir	signo

el signo de la vasta difusión del conocimiento original que surge de la realización de la práctica de la meditación.

དཔལ་ཆེན་ཞྭ་བའི་དབྱིབས་ཞུ་གསོལ་བ་ནི༔

PAL	CHEN	SHA WE	YIB	ZHU SOL WA	NI
esplendor	gran	sombrero	forma	vestir	así

Llevas un sombrero muy poderoso y espléndido,

ཐེག་ཆེན་ལྟ་བའི་དོན་དང་ལྡན་པའི་རྟགས༔

THEG CHEN	TA WE	DON	DANG	DEN PE	TA
mahayana	visión	significado	y	tener	signo

señal de que encarnas el significado de la visión mahayana.

དབུ་སྐྲའི་ཐོར་ཚུགས་གྱེན་དུ་བཅིངས་པ་ནི༔

U	TRE	TOR TSU	GYEN	DU	CHING PA	NI
cabeza	cabello	recogido	arriba	como	atado	así

El pelo de tu cabeza está recogido en un moño,

དུས་གསུམ་སངས་རྒྱས་ཐམས་ཅད་འདུས་པའི་རྟགས༔

DU	SUM	SANG GYE	THAM CHE	DU PE	TA
tiempos	tres	budas	todos	abarcar	signo

señal de que tu presencia abarca a los budas de los tres tiempos.

Llevas una pluma de buitre en la parte superior del sombrero, señal de la vasta difusión del conocimiento original que surge de la realización de la práctica de la meditación. Llevas un sombrero muy poderoso y espléndido, señal de que encarnas el significado de la visión mahayana. El pelo de tu cabeza está recogido en un moño, señal de que tu presencia abarca a los budas de los tres tiempos.

སྤྱན་གསུམ་དྲག་པོས་འགྲོ་ལ་གཟིགས་པ་ནི༔

CHEN	SUM	DRA POE	DRO	LA	ZI PA	NI
ojos	tres	fieros	seres sensibles	a	mirar a	así

Ves a todos los que vagan por el samsara con tus tres ojos indómitos alertas,

ཐུགས་རྗེ་ཆེན་པོས་འགྲོ་བ་འདྲེན་པའི་རྟགས༔

THU YE	CHEN PO	DRO WA	DREN PE	TA
compasión (no-dual)	grande	ser sensible	guía	signo

señal de que guías a todos los seres con una gran compasión.

འཛུམ་པའི་ཞལ་རས་མདངས་དང་ལྡན་པ་ནི༔

DZUM PE	ZHAL RAE	DANG	DANG	DEN PA	NI
sonriente	expresión, cara	radiante	y	tener	así

Tu rostro sonriente es brillante y radiante,

བྱམས་དང་སྙིང་རྗེས་འགྲོ་བ་འདྲེན་པའི་རྟགས༔

YAM	DANG	ÑING YE	DRO WA	DREN PE	TA
amor	y	compasión	ser sensible	guía	signo

señal de que guías a todos los seres sensibles con amor y compasión.

Ves a todos los que vagan por el samsara con tus tres ojos indómitos alertas, señal de que guías a todos los seres con una gran compasión. Tu rostro sonriente es brillante y radiante, señal de que guías a todos los seres sensibles con amor y compasión.

ཟ་འོག་བེར་ཆེན་སྐུ་ལ་གསོལ་བ་ནི༔

ZA OG	BER	CHEN	KU	LA	SOL WA	NI
brocado de seda	manto (azul)	grande	cuerpo	sobre	vestir	así

Llevas puesto un gran manto de lujoso brocado,

སྒྲུབ་པ་བཀའ་བརྒྱད་སྐུ་ལ་རྫོགས་པའི་རྟགས༔

DRU PA   KAB GYAE   KU   LA   DZO PE   TA
práctica   ocho herukas   cuerpo   en   completo   signo

señal de que todas las deidades de las Ocho prácticas están plenamente presentes en tu cuerpo.

ལེ་བརྒན་དམར་པོའི་ཆོས་གོས་གསོལ་བ་ནི༔

LE GEN   MAR POI   CHO   GO   SOL WA   NI
rojo amapola   rojo   darma   túnicas   vestir   así

Llevas puesta una túnica de darma muy roja,

ཚུལ་ཁྲིམས་རྣམ་དག་སྡོམ་དང་ལྡན་པའི་རྟགས༔

TSUL TRIM   NAM   DA   DOM   DANG   DEN PE   TA
moralidad   muy   puro   votos   y   tener   signo

señal de tus votos y de tu moralidad pura.

བརྗིད་པའི་བེར་ཆེན་སྐུ་ལ་གསོལ་བ་ནི༔

YI PE   BER   CHEN   KU   LA   SOL WA   NI
resplandeciente, impresionante   manto   grande   cuerpo sobre   vestir   así

Llevas puesto un manto muy espléndido e imponente,

སྲིད་གསུམ་འགྲོ་བ་ཟིལ་གྱིས་གནོན་པའི་རྟགས༔

SI   SUM   DRO WA   ZIL   GYI   NON PE   TA
mundos   tres   ser sensible   esplendor   por   dominar   signo*
*dioses, nagas y humanos

señal de que controlas fácilmente a todos los seres de los tres mundos.

Llevas puesto un gran manto de lujoso brocado, señal de que todas las deidades de las Ocho prácticas están plenamente presentes en tu cuerpo. Llevas puesta una túnica de darma muy roja, señal de tus votos y de tu moralidad pura. Llevas puesto un manto muy espléndido e imponente, señal de que controlas fácilmente a todos los seres de los tres mundos.

ཕྱག་གཡས་གསེར་གྱི་རྡོ་རྗེ་བསྣམས་པ་ནི༔

CHA   YAE   SER GYI   DOR YE   NAM PA   NI
mano   derecha   dorado   vajra   sostener   así

En tu mano derecha sostienes un vajra dorado,

ཡེ་ཤེས་ལྔ་ལྡན་ལོག་འདྲེན་འཇོམས་པའི་རྟགས༔

YE SHE   NGA   DEN   LOG   DREN   YOM PE   TA
conocimiento original   cinco   tener   camino erróneo   dirigir   engañar   signo

señal de que con tus cinco conocimientos originales destruyes a los que descarrían a los demás.

ཕྱག་གཡོན་བདུད་རྩིའི་ཐོད་པ་བསྣམས་པ་ནི༔

CHA   YON   DU TSI   THOE PA   NAM PA   NI
mano   izquierda amrita   copa de cráneo sostener   así*
*la esencia pura de los demonios, liberada cuando se liberan de la ignorancia.

En tu mano izquierda sostienes una copa de cráneo llena de amrita,

སྒྲུབ་པ་པོ་ལ་དངོས་གྲུབ་སྟེར་བའི་རྟགས༔

DRUB PA PO   LA   NGO DRUB   TER PE   TA
meditadores   a   logro   dar   signo

señal de que otorgas verdaderos logros a los practicantes.

ཁ་ཊྭཾ་རྩེ་གསུམ་སྐུ་ལ་བརྟེན་པ་ནི༔

KA TVAM   TSE   SUM   KU   LA   TEN PA   NI
tridente   puntos tres   cuerpo en el sostener   así

Sostienes una katvanga de tres puntas contra tu cuerpo,

ཐབས་དང་ཤེས་རབ་འདུ་འབྲལ་མེད་པའི་རྟགས༔

THAB   DANG   SHE RAB   DU   TRAL   ME PE   TA
*método,   y   discernimiento, unir separar   sin   signo
compasión   vacuidad*

señal de que el método y el discernimiento están siempre unidos en ti.

En tu mano derecha sostienes un vajra dorado, señal de que con tus cinco conocimientos originales destruyes a los que descarrían a los demás. En tu mano izquierda sostienes una copa de cráneo llena de amrita, señal de que otorgas verdaderos logros a los practicantes. Sostienes una katvanga de tres puntas contra tu cuerpo, señal de que el método y el discernimiento están siempre unidos en ti.

མི་འགྱུར་ཞབས་གཉིས་སྐྱིལ་ཀྲུང་མཛད་པ་ནི༔

MI   GYUR   ZHAB   ÑI   KYIL TRUNG   DZAE PA   NI
no   cambiar pies   dos   postura cruzados hacer   así

Tus dos pies están dispuestos en la postura inmutable,

ཆོས་ཀྱི་སྐུ་ལ་འདུ་འབྲལ་མེད་པའི་རྟགས༔

CHO KYI KU   LA   DU   TRAL   ME PE   TA
darmakaya   en   unir separar sin   signo

señal de que siempre estás unido al Darmakaya.

ཉི་ཟླ་པདྨའི་གདན་ལ་བཞུགས་པ་ནི༔

ÑI   DA   PAE ME   DEN   LA   ZHU PA   NI
sol   luna loto   cojín   sobre sentar   así

Te sientas sobre cojines de loto, sol y luna,

འཁོར་བའི་ཉོན་མོངས་གཡུལ་དོབ་བཟློག་པའི་རྟགས༔

KHOR WE	ÑON MONG	YUL NGO	DOG PE	TA
del samsara	*aflicciones**	*problemas*	*expulsar*	*signo*

*torpeza mental, deseo, aversión, orgullo y celos

señal de que pones fin a los problemas que las aflicciones causan en el samsara.

དྲག་པོའི་ཧཱུྃ་རིང་ཧཱུྃ་ཐུང་སྒྲོག་པ་ནི༔

DRA POI	HUNG	RING	HUNG	THUNG	DRO PA	NI
feroz	*sonido de Hung*	*largo*	*Hung*	*corto*	*hacer, producir*	*así*

Haces el sonido feroz de Hung, tanto largo como abrupto,

མ་མོ་མཁའ་འགྲོ་དབང་དུ་སྡུད་པའི་རྟགས༔

MA MO	KHAN DRO	WANG	DU	DUE PE	TA
diosa madre	*dakinis*	*poder*	*bajo*	*control*	*signo*

señal de que pones a las mamo y las dakinis bajo tu poder.

Tus dos pies están dispuestos en la postura inmutable, señal de que siempre estás unido al Darmakaya. Te sientas sobre cojines de loto, sol y luna, señal de que pones fin a los problemas que las aflicciones causan en el samsara. Haces el sonido feroz de Hung, tanto largo como abrupto, señal de que pones a las mamo y las dakinis bajo tu poder.

འཇའ་ཡི་གུར་ཕུབ་འོད་ཟེར་འཕྲོ་བ་ནི༔

YA	YI	GUR PHU	OE	ZER	TRO WA	NI
arcoiris	*de*	*tienda*	*luz*	*rayos*	*irradiar*	*así*

Un dosel de arco iris te rodea irradiando rayos de luz,

ཐུགས་རྗེ་ཐབས་ཀྱིས་འགྲོ་བ་འདྲེན་པའི་རྟགས༔

THU YE	THAB	KYI	DRO WA	DREN PE	TA
compasión	*método*	*por*	*seres*	*guía*	*signo*

señal de que guías a los seres sensibles por medio de la compasión.

སངས་རྒྱས་འདུས་པའི་རྒྱལ་སྲས་པདྨ་འབྱུང༔

SANG GYE	DU PE	GYAL	SAE	PAE MA YUNG
buda	*abarcar*	*Buda Amitaba*	*hijo*	*Nacido del Loto*

Padmasambava, hijo de Amitaba, tú abarcas a todos los budas y

སྣ་ཚོགས་ཐབས་ཀྱིས་འགྲོ་བ་འདྲེན་མཛད་པའི༔

NA TSO	THAB	KYI	DRO WA	DREN	DZAE PE
diversos	*métodos*	*por*	*seres*	*guiar*	*hacer*

guías a todos los seres según sus diversas necesidades.

པདྨ་འབྱུང་གནས་སྐུ་ལ་ཕྱག་འཚལ་བསྟོད༔

PAE MA   **YUNG NE**   **KU**   **LA**   **CHA TSAL**   **TOE**
loto   *fuente*   *cuerpo a*   *postrar*   *alabanza*

Padmasambava, rendimos homenaje y alabanza a tu presencia encarnada.

Un dosel de arco iris te rodea irradiando rayos de luz, señal de que guías a los seres sensibles por medio de la compasión. Padmasambava, hijo de Amitaba, tú abarcas a todos los budas y guías a todos los seres según sus diversas necesidades. Padmasambava, rendimos homenaje y alabanza a tu presencia encarnada.

བསྟོད་པ་ ALABANZA

ཧཱུྃ༔ མ་བཅོས་སྤྲོས་བྲལ་བླ་མ་ཆོས་ཀྱི་སྐུ༔

HUNG   **MA CHOE**   **TOE DRAL**   **LA MA**   **CHOE KYI KU**
Hung   *no artificial*   *sin elaboración*   *gurú*   *darmakaya, modo intrínseco*

Hung. El gurú sin artificios ni elaboración es el modo intrínseco.

བདེ་ཆེན་ལོངས་སྤྱོད་བླ་མ་ཆོས་ཀྱི་ཡེ༔

DE   **CHEN**   **LONG CHO**   **LA MA**   **CHOE**   **KYI**   **YE**
gozo   *gran*   *sambogakaya,*   *gurú*   *darma*   *de*   *señor*
           disfrute

El gurú de la gran felicidad, maestro del darma, es el modo del disfrute.

པད་སྡོང་ལས་འཁྲུངས་བླ་མ་སྤྲུལ་པའི་སྐུ༔

PAE   **DONG**   **LAE**   **THRUNG**   **LA MA**   **TRUL PE KU**
loto   *tallo*   *del*   *nacido*   *gurú*   *nirmanakaya, modo de aparición*

El gurú nacido del loto es el modo de aparición.

སྐུ་གསུམ་རྡོ་རྗེ་འཆང་ལ་ཕྱག་འཚལ་བསྟོད༔

KU   **SUM**   **DOR YE CHANG**   **LA**   **CHA TSAL**   **TOE**
cuerpo   *tres*   *Vajradara*   *a*   *postrar*   *alabanza*

Te saludamos y alabamos, el Vajradara que posee estos tres modos.

Hung. El gurú sin artificios ni elaboración es el modo intrínseco. El gurú de la gran felicidad, maestro del darma, es el modo del disfrute. El gurú nacido del loto es el modo de aparición. Te saludamos y alabamos, el Vajradara que posee estos tres modos.

Traducido por CR Lama y James Low

Práctica de la Fuente del loto

 སྐྱབས་གསོལ། SOLICITUD INICIAL

སྐྱབས་གནས་བསྡུ་མེད་དཀོན་མཆོག་རིན་པོ་ཆེ།

KYAB	**NAE**	**LU ME**		**KON CHO**	**RIN PO CHE**
refugio, protector	lugar,	infalible, nunca engaña		joya	preciosa

Preciosa joya, nuestro refugio infalible,

ཐུགས་རྗེ་མངའ་བའི་ཨུ་རྒྱན་པདྨ་ལ།

THU YE	**NGA WE**	**UR GYEN**	**PAE MA**	**LA**
compasión	dueño	Oddiyana	loto	a

amable Pema de Oddiyana,

བདག་གི་ཇི་ལྟར་གསོལ་བ་བཏབས་པ་བཞིན།

DA GI	**YI TAR**	**SOL WA**	**TA PA**	**ZHIN**
a mi	como qué, cómo es	rogar, solicitar	hecho	como eso, de acuerdo con

precisamente de aquello por lo que rezamos

མྱུར་དུ་འགྲུབ་པར་བྱིན་གྱིས་བརླབས་དུ་གསོལ།

ÑUR DU	**DRU PAR**	**YIN GYI LAB**	**DU SOL**
rápidamente	lograr	bendecir	rogar, solicitar

por favor bendícenos con su rápido cumplimiento.

Preciosa joya, nuestro refugio infalible, amable Pema de Oddiyana, por favor bendícenos con el rápido cumplimiento precisamente de aquello por lo que rezamos.

ཚིག་བདུན་གསོལ་འདེབས། ORACIÓN EN SIETE VERSOS

ཧཱུྃ༔ ཨོ་རྒྱན་ཡུལ་གྱི་ནུབ་བྱང་མཚམས༔

HUNG	UR GYEN	YUL	GYI	NUB	YANG	TSHAM
sílaba semilla	*Oddiyana*	*país*	*de*	*norte*	*oeste*	*frontera, esquina*
Fuente del Loto						

Hung. Donde el norte y el oeste se encuentran en la tierra de Oddiyana,

པདྨ་གེ་སར་སྡོང་པོ་ལ༔

PAE MA	GE SAR	DONG PO	LA
loto	*estambres*	*tallo*	*sobre*

sobre el tallo y los estambres de un loto,

ཡ་མཚན་མཆོག་གི་དངོས་གྲུབ་བརྙེས༔

YAM TSHEN	CHO	GI	NGO DRU	ÑE
maravilloso,	*supremo*	*de*	*logro*	, *tiene, obtiene*
prodigioso			*sidhi*	

eres el que tiene el logro maravilloso y supremo,

པདྨ་འབྱུང་གནས་ཞེས་སུ་གྲགས༔

PAE MA	YUNG NAE	ZHE SU	DRA
loto	*fuente*	*famoso*	*como*

Fuente del Loto de gran renombre.

འཁོར་དུ་མཁའ་འགྲོ་མང་པོས་བསྐོར༔

KHOR	DU	KHAN DRO	MANG POE	KOR
séquito	*como*	*dakinis**	*muchas por*	*rodeado*

*diosas del cielo, deidades inseparables del espacio

Con un séquito de muchas dakinis a tu alrededor,

ཁྱེད་ཀྱི་རྗེས་སུ་བདག་སྒྲུབ་ཀྱིས༔

KHYE	KYI	YE SU	DA	DRU	KYI
tú	*de*	*seguir detrás*	*yo*	*práctica*	*por eso*

practicamos siguiéndote y confiando en ti, por lo tanto,

བྱིན་གྱིས་བརླབ་ཕྱིར་གཤེགས་སུ་གསོལ༔

YIN GYI LAB	CHIR	SHE SU SOL
bendecir	*para*	*ven, por favor*

¡por favor, ven aquí para concedernos tus bendiciones!

གུ་རུ་པདྨ་སིདྡྷི་ཧཱུྃ༔

GU RU   **PAE MA**   **SID DHI**   **HUNG**
gurú, maestro Padmasambava verdadero logro   dame!

¡Gurú Fuente del loto concédenos el logro!

Donde el norte y el oeste se encuentran en la tierra de Oddiyana, sobre el tallo y los estambres de un loto, eres el que tiene el logro maravilloso y supremo, Fuente del loto de gran renombre. Con un séquito de muchas dakinis a tu alrededor, practicamos siguiéndote y confiando en ti, por lo tanto, ¡por favor, ven aquí para concedernos tus bendiciones! ¡Gurú Fuente del loto concédenos el logro!

ཞེས་ཅི་ནུས་དང་།

[Recita esto tres veces]

ক্সুন্ম'ৰ্ম্লী TOMAR REFUGIO

ৰ্'ষ্ক'স্কুনম'নানম'শ্কুৰ'ন্দুম'স্ন'ম'ব্লুঃ

NA MO   **KYAB**   **NAE**   **KUN**   **DUE**   **LA MA**   **YE**
homenaje   *refugio*   *lugar*   *todos*   *reunidos*   *gurú*   *honorífico*
                                              juntos

¡Saludos! Tú eres mi noble gurú que abarca todos los lugares de refugio.

ৰিন্'ৰ্ইৰ'ন্ল'ম্বি'ন্কুম'ৰ্মিম্ম'ন্দুঃ

RIG DZIN   **LA ME**   **KYIL KHOR**   **DU**
vidyadara,   *del gurú*   *mandala*   *en, al*
consciente

Gurú consciente, en tu mandala

নন্ম'ম্ঝ্যাম'ৰ্ম্ব্র'দ্ভ্ৰাম'ম্মিম্ম'ৰ্ব'ব্লমম্বঃ

DA SO   **DRO**   **DRU**   **SEM CHEN**   **NAM**
yo y todos   *ir*   *seis*   *seres sensibles*   *(plural)*

yo y todos los seres sensibles que vagamos por los seis reinos del samsara

ম্ভ্ৰ্ক্ভুন'নম্ব্'ৰ্স্ন্ভুনম'মু'ম্ক্লীঃ

CHANG CHU   **BAR DU**   **KYAB**   **SU**   **CHI**
bodi,   *hasta*   *refugio*   *para*   *ir*
iluminación

nos refugiamos desde ahora y hasta que se alcance la iluminación.

¡Saludos! Tú eres mi noble gurú que abarca todos los lugares de refugio.
Desde ahora y hasta que se alcance la iluminación, yo y todos los seres
sensibles que vagan por los seis reinos del samsara nos refugiamos en el
mandala de nuestro gurú consciente.

ম্মৰ'নম্যুম'ব্লীম্ব্ঃ

[Recita esto tres veces]

 མེམས་བསྐྱེད། DESARROLLAR UN ALTRUISMO INFINITO

ཧོཿ   བདག་གིས་འགྲོ་བ་ཀུན་དོན་དུཿ

HO   **DA**   **GI**   **DRO WA**   **KUN**   **DON**   **DU**
Ho!   *yo*   *por*   *seres sensibles*   *todos*   *beneficio*   *para*

¡Ho! Para beneficiar a todos los seres sensibles,

བླ་མ་རིག་འཛིན་ཁྱེད་བསྒྲུབ་ནསཿ

LA MA   **RIG DZIN**   **KYE**   **DRU**   **NAE**
gurú   *vidyadara,*   *tu*   *práctica*   *y entonces*
         consciente

gurú consciente, realizaré tu práctica y,

འགྲོ་དྲུག་སྡུག་བསྔལ་བསལ་བྱ་ཞིངཿ

DRO   **DRU**   **DU NGAL**   **SAL**   **YA ZHING**
seres   *seis*   *sufrimiento*   *eliminar*   *hacer*

eliminando los sufrimientos de todos los seres de los seis reinos,

རིག་འཛིན་བླ་མའི་སར་འགོད་བྱཿ

RIG DZIN   **LA ME**   **SAR**   **GOE YA**
vidyadara   *del gurú*   *en lugar*   *establecer*

los estableceré en el nivel del gurú consciente.

¡Ho! Para beneficiar a todos los seres sensibles, gurú consciente, realizaré tu práctica y, eliminando los sufrimientos de todos los seres de los seis reinos, los estableceré en el nivel del gurú consciente.

ལན་གསུམ་རྗེསཿ
[Recita esto tres veces]

PRÁCTICA DE LAS SIETE RAMAS

ཕྱག་འཚལ་བ་དང་མཆོད་ཅིང་བཤགས་པ་དང་།

CHA TSAL WA   **DANG**   **CHO CHING**   **SHA PA**   **DANG**
homenaje   *y*   *ofrendas*   *confesión*   *y*

Mediante el homenaje, las ofrendas y la confesión, y

རྗེས་སུ་ཡི་རང་བསྐུལ་ཞིང་གསོལ་བ་ཡི།

YE SU YI RANG   **KUL ZHING**   **SOL WA**   **YI**
alegrarse del   *solicitar*   *rogar, solicitar*   *de*
mérito de otros   *enseñanzas de darma*   *a los budas que permanezcan*

alegrándome por el mérito de los demás, implorando la enseñanza del
Darma y solicitando a los budas que no se marchen,

དགེ་བ་ཆུང་ཟད་བདག་གིས་ཅི་བསགས་པ།

GE WA   **CHUNG ZAE**   **DA**   **GI**   **CHI**   **SA PA**
virtud   *pequeña cantidad*   *yo*   *por*   *cualquiera*   *acumulada*

cualquier pequeña cantidad de virtud que haya reunido al hacer esto,

ཐམས་ཅད་བདག་གིས་བྱང་ཆུབ་ཕྱིར་བསྔོ་ོ།།

THAM CHE   **DA**   **GI**   **CHANG CHU**   **CHIR**   **NGO O**
toda   *yo*   *por*   *iluminación,*   *para beneficiar*   *dedicar*
     bodi   *(a todos los seres)*

la dedico para la iluminación de todos los seres.

*Mediante el homenaje, las ofrendas y la confesión, y alegrándome por el
mérito de los demás, implorando la enseñanza del Darma y solicitando
a los budas que no se marchen, cualquier pequeña cantidad de virtud
que haya reunido al hacer esto, la dedico para la iluminación de todos
los seres.*

ཀྲྀ༔ ཟབ་དོན་རྡོ་རྗེ་སྙིང་པོ་ལས༔ ཡང་གསང་རིག་འཛིན་ཡོངས་རྫོགས་ཀྱི་བླ་མ་གུ་རུ་མཚན་བརྒྱད་ཀྱི་སྒྲུབ་
དུ་སྒྲུབ་པ་ཡེ་ཤེས་བདུད་རྩིའི་སྦྲང་ཆར་བཞུགས༔

DULCE LLUVIA DEL ELIXIR TRANSFORMADOR DE LA SABIDURÍA

que es la práctica especial de las ocho formas de la Fuente del loto, en la sección de El gurú completo que sostiene la consciencia muy secreta de **El profundo significado del corazón indestructible**.

ཀྲྀ༔   ཀ ཉ ཇ ༣ སྲ

བླ་མ་མཁའ་འགྲོའི་ཚོགས་ལ་འདུད༔ བདག་འདུ་ལུ་རྒྱན་བོད་འཕེང་རས༔ རྒྱ་བལ་ཀུན་
གྱི་ས་རྣམས་འགྲིམས༔ པཎ་གྲུབ་དུ་མ་བརྟེན་ནས་ནི༔ གསང་སྔགས་དཀྱིལ་འཁོར་དུ་མ་
བསྐོར༔ དབང་དང་གདམས་པ་མ་ལུས་རྫོགས༔ ཕྱོགས་དུས་རྒྱལ་བ་རྒྱལ་སྲས་ཀྱི༔
སྐུ་གསུང་ཐུགས་ཡོན་ཕྲིན་རྫོགས་ནས༔ མ་ཆགས་སྤྱོན་གྱིས་མ་གོས་པ༔ མཚོ་ཆེན་པད་
མའི་སྦུབས་སུ་འཁྲུངས༔ སྲས་ཀྱང་འགྲན་དུ་མི་བཏུབ་སྤྲུལ༔ ཆོ་འཕྲུལ་བཀོད་པ་དུ་མ་
བསྟན༔ དུར་ཁྲོད་བརྒྱད་དུ་སྤྱོད་པ་མཛད༔ སྤྲུལ་པ་བརྒྱད་དུ་འགྱེད་པའི་ཚེ༔ གུ་རུ་མཚན་
བརྒྱད་ཞེས་སུ་གྲགས༔ དེ་ལ་སྦྱོར་དངོས་རྗེས་གསུམ་ལས༔ སྦྱོར་བ་དབེན་པར་ཡོ་བྱད་
བསགས༔ སྤྱབས་འགྲོ་སེམས་བསྐྱེད་སྤྱོད་སྡོང༔ མདུན་མཁར་གུ་རུ་གསལ་བཏབས་ལ༔
གསོལ་བ་གདབ་པ་འདི་ལ་འབད༔

¡Saludo al gurú y a las dakinis reunidas!

Soy el de la guirnalda de calaveras de la tierra de Oddiyana que ha visitado todos los lugares sagrados de la India y Nepal y, habiéndome comprometido con muchos eruditos y adeptos, he entrado en muchos mandalas tántricos. He recibido todos los poderes e instrucciones necesarios. Todos los aspectos de todos los budas y bodisatvas de todos los tiempos y lugares están completos en mí y estoy libre de deseo y de cualquier falta. Nací sobre un loto en el gran océano como la aparición sin igual. He mostrado muchas formas mágicas y he estado activo en los ocho grandes cementerios. Cuando emané mis ocho manifestaciones llegué a ser conocido como el gurú de los ocho nombres.

[Esta práctica consta de tres partes: los preparativos, la parte principal y la parte final. En primer lugar, como preparación, debes ir a un lugar aislado y disponer todos los elementos necesarios para la práctica. Una vez completada la toma de refugio y desarrollada la intención altruista, debes imaginar la Fuente del loto en el cielo justo delante y encima de ti y recitar con fervor la siguiente oración.]

བདུན་བསྐྱེད་ནི༔ VISUALIZACIÓN DE LA DEIDAD

རང་མདུན་པད་ཉི་ཟླ་བའི་སྟེང་༔

RANG DUN PAD MA ÑI DE TENG
de mí enfrente de loto sol luna sobre

Frente a mí, sobre un loto, el sol y la luna,

རིག་འཛིན་པད་འབྱུང་གསལ་བཏབས་ལ༔

RIG DZIN PAE YUNG SAL TAB LA
vidyadara Padmasambava visualizar

Imagino al Consciente Fuente del Loto.

Frente a mí, sobre un loto, el sol y la luna, imagino al Consciente Fuente del loto.

གསོལ་འདེབས། ORACIÓN

ཀྱེཿ   རྗེ་བཙུན་གུ་རུ་རིན་པོ་ཆེཿ

KYE   **YE TSUN**   **GU RU**   **RIN PO CHE**
Ah!   *venerable*   *maestro,*   *precioso*
                      Fuente del Loto

Ah! Digno maestro, tan raro y precioso,

རྒྱལ་བའི་སྐུ་གསུང་ཐུགས་ཡོན་རྫོགསཿ

GYAL WE   **KU**   **SUNG**   **THU**   **YON**   **DZO**
de buda   *cuerpo*   *palabra*   *mente*   *virtudes*   *completo*

el cuerpo, la palabra, la mente y las cualidades de todos los budas están plenamente presentes en ti.

གསོལ་འདེབས་བུ་ལ་བྱིན་གྱིས་རློབསཿ

SON DE   **BU**   **LA**   **YIN GYI LO**
rezar   *seguidor, niño*   *a*   *bendecir*

Por favor, bendice a tu hija (hijo) que te reza y

བསམ་པ་ལྷུན་གྱིས་འགྲུབ་པར་ཤོགཿ

SAM PA   **LHUN GYI**   **DRU PAR**   **SHO**
deseo   *inmediatamente*   *cumplir*   *hacer*

cumple rápidamente mis deseos.

Ah! Digno maestro, tan raro y precioso, el cuerpo, la palabra, la mente y las cualidades de todos los budas están plenamente presentes en ti. Por favor, bendice a tu hija (hijo) que te reza y cumple mis deseos.

[Recita esto tres veces]

སྔགས། MANTRA

ཨོཾ་ཨཱཿཧཱུྃ་བཛྲ་གུ་རུ་པདྨ་སིདྡྷི་ཧཱུྃཿ

OM Aa HUNG BENDZA GURU PAE MA SIDDHI HUNG

¡Indestructible gurú en tres modos, Fuente del loto, concédenos el logro!

བརྒྱ་སྟོང་ཁྲི་འབུམ་བཟླས་པར་བྱུཿ

[Este mantra debe recitarse 100, o 1000, o 10.000 o 100.000 veces.]

[Aquí también se puede recitar varias veces la Oración en siete versos.]

དེ་ནས་དབང་བཞི་བླང་བ་ནི༔ RECIBIR LAS CUATRO INICIACIONES

བླ་མའི་གནས་གསུམ་ལས་འོད་འཕྲོས༔

LA ME   NAE SUM   LAE   OE   THROE
del gurú   tres lugares   desde   luz   salir*
* frente, garganta, corazón

En la frente, la garganta y el corazón del gurú se manifiesta la luz

ༀ་ཨཱ༔ཧཱུྃ་ཡི་གེའི་རྣམ་པ༔

OM   **Aa**   **HUNG**   **YI GE**   **NAM PA**
sílaba   *sílaba*   *sílaba*   *letra*   *forma*
semilla del   *semilla de*   *semilla de*
color blanco   *de color rojo*   *color azul*
en la frente   *en la garganta*   *en el corazón*

en forma de letras OM ༀ, Aa ཨཱ༔, HUNG ཧཱུྃ que

རང་ཐིམ་དབང་བཞི་རྫོགས་སྒྲིབ་དག༔

RANG   **THIM**   **WANG**   **ZHI**   **DZO**   **DRIB**   **DA**
en mí   *absorber*   *iniciaciones*   *cuatro*   *completar,*   *oscurecimientos*   *purificar*
          dentro   *obtener plenamente*

*se funden una a una en mi frente, garganta y corazón y luego todas juntas. Esto nos da las cuatro iniciaciones que nos unen con nuestro potencial para despertar como budas.

penetran en mí. Recibo las cuatro iniciaciones, mis oscurecimientos se purifican y

སྐུ་དང་ཡེ་ཤེས་ལྔ་མངོན་གྱུར༔

KU   **DANG**   **YE SHE**   **NGA**   **NGON GYUR**
cuerpos,   *y*   *conocimiento*   *cinco*   *se manifiesta con claridad*
modos   *original*

los cinco kayas y los cinco conocimientos originales se manifiestan en mí.

བླ་མ་རིན་པོ་ཆེ་མཁྱེན་ནོ༔

LA MA   **RIN PO CHE**   **KHYEN NO**
gurú   *precioso*   *¡escúchame y dame estas iniciaciones!*

¡Precioso gurú, escúchame, por favor!

En la frente, la garganta y el corazón del gurú se manifiesta la luz en forma de letras OM ༀ, Aa ཨཱ༔, HUNG ཧཱུྃ que penetran en mí. Recibo las cuatro iniciaciones, mis oscurecimientos se purifican y los cinco kayas y los cinco conocimientos originales se manifiestan en mí. ¡Precioso gurú, escúchame, por favor!

[A: Si tienes tiempo, practica como sigue, y luego ve a la primera línea del texto de la página siguiente: «*En un instante de recogimiento me convierto en...*».

A continuación, imagina que la Fuente del loto te sonríe radiante. Se acerca a la parte superior de tu cabeza y desde los pies hacia arriba y la cabeza hacia abajo se disuelve gradualmente (o instantáneamente, lo que te resulte más fácil) en una esfera de luz que se absorbe a través de la coronilla de tu cabeza y desciende hasta tu corazón. Tu cuerpo, que ahora es un cuerpo de luz, se funde en la esfera de luz de modo que tu cuerpo, habla y mente se funden inseparablemente en el Cuerpo, Habla y Mente del gurú, como el agua vertida en el agua. Ahora la esfera de luz, tu unión, que es tu único foco de atención, se hace cada vez más pequeña hasta que desaparece. Ahora sólo existe la simple apertura infinita. Permanece en ese estado sin hacer nada en absoluto, en paz, en calma y en relajación. Luego permite que la apariencia se produzca gradualmente sin adoptarla ni rechazarla y entonces: «*En un instante de recogimiento me convierto en...*»

B. Si dispones de menos tiempo, no sigas el párrafo anterior, sino ve directamente a la línea siguiente: «*La Fuente de loto se funde en mi corazón*».]

[གུ་རུ་རང་གི་སྙིང་དབུས་བསྟིམས༔

GU RU RANG GI ÑING UE TIM
gurú propio de corazón centro fundir
La Fuente de loto se funde en mi corazón.

རང་རིག་ཧྲི་ཡིག་ཡོངས་གྱུར་ལས༔

RANG RIG HRI YI YONG GYUR LAE
mi mente HRI letra totalmente cambiar desde
(Los rayos de luz se extienden desde el HRI como ofrendas a todos los budas y luego se reúnen de nuevo en él. Entonces me convierto en la Fuente del Loto)
Mi consciencia se convierte en la letra HRI.

La Fuente de loto se funde en mi corazón. Mi consciencia se convierte en la letra HRI.]

དེ་ནས་རྡོ་རྗེ་གཞི་བསྐོམ་པ་ལ༔ བདག་བསྐྱེད་ནི༔

LA PRÁCTICA PRINCIPAL: VISUALIZARSE A UNO MISMO

རང་ཉིད་སྐད་ཅིག་དྲན་རྫོགས་སུ༔

RANG ÑI   KAE CHI   DRAN   DZO   SU
uno mismo   instante   recogimiento   completo   en

En un instante de recogimiento me convierto

པད་འབྱུང་དཀར་དམར་ཞི་མ་ཁྲོ༔

PAE YUNG   KAR   MAR   ZHI MA   THRO
loto nacido   blanco   rojo   pacífico   airado

de color rosa y con una expresión a la vez pacífica y airada.

རྡོ་རྗེ་ཐོད་འཛིན་མཉེན་ཞུ་གསོལ༔

DOR YE   THOE   DZIN   ÑEN ZHU   SOL
vajra   calavera   sostener   sombrero en forma de loto   vestir

Sosteniendo un vajra y una copa de calavera, llevo un sombrero de loto.

ཕོད་ཁ་ཆོས་གོས་ཟ་བེར་མནབས༔

PHO KHA   CHOE   GOE   ZA BER   NAB
túnica   darma   hábitos   manto   vestido

Vestido con un túnica, un hábito de darma rojo y un manto,

མཚོ་སྐྱེས་པད་ཟླའི་གདན་ལ་བཞུགས༔

TSHO   KYE   PAE   DE   DAN   LA   ZHU
lago   nacido   loto   luna, de   cojín   en   sentar

me siento en un loto con un cojín lunar.

དམ་ཡེ་དབྱེར་མེད་ལྷུན་གྲུབ་རྫོགས༔

DAM   YE   YER ME   LHUN DRUB   DZO
forma   forma   inseparable   espontánea   completa
visualizada   de sabiduría

La forma que imagino y la forma real son instantáneamente inseparables.

ཨྰོཾ་ཨཱཿཧཱུྃ་བཛྲ་གུ་རུ་པདྨ་སིདྡྷི་ཧཱུྃ༔

OM Aa HUNG BENDZA GURU PAE MA SIDDHI HUNG

¡Indestructible gurú en tres modos, Fuente del Loto, concédenos el logro!

En un instante de recogimiento me convierto en la Fuente del Loto, de color rosa y con una expresión a la vez pacífica y airada. Sosteniendo un vajra y una copa de calavera, llevo un sombrero de loto. Vestido con una túnica, un hábito de darma rojo y un manto, me siento en un loto con un cojín lunar. La forma que imagino y la forma real son instantáneamente inseparables.

OM Aa HUNG BENDZA GURU PAE MA SIDDHI HUNG

[Recita el mantra muchas veces]

[Aquí también se puede recitar varias veces la Oración en siete versos.]

ཞེས་བཟླས་བླ་མ་རིག་འཛིན་འགྲུབ༔ དམིགས་མེད་ཁྱབ་བརྡལ་དང་གིས་སྦྱོང༔

Con esto concluye la recitación del mantra del gurú que sostiene la consciencia. La práctica y tú estáis protegidos dentro de la presencia infinita más allá de la objetivación.

བཙས་མ་ཡྰུ༔ རྒྱ་རྒྱ་རྒྱ༔ གཏེར་རྒྱ༔ སྦས་རྒྱ༔ ཟབ་རྒྱ༔ གསང་རྒྱ༔ མནྟྲ༔ ྅ ཨྀཐི༔ ྆

Votos vajra. Triple sello. Sello del tesoro. Sello oculto. Sello profundo. Sello secreto. Mantra. Es así.

ষার্ক্সন্'য়| OFRENDAS

জুঁ'নই'জ্ড্রাঁ'যু'ই'যুই'ক্কুন'ষ্ণ'জ্ম'য়য়'য়'য়্কুই'ই'ব্ব'য়'যব্ব'জ্ব'ষ্ট্রা

OM BENDZA ARGHAM PADYAM PUSHPE DHUPE ALOKE GENDHE NEWIDYE SHABDA A HUNG

Ofrecemos las formas del vacío: agua potable, agua para lavarse los pies, flores, incienso, lámparas, agua perfumada, comida, sonido.

নম্ভ্র্ন'ম ALABANZA

ষ্ট্রাঃ য়'নর্ক্সম'র্ম্রম'য়ুন'ন্ন'য়'র্ক্সম'ন্ত্রী'ষ্ট্রাঃ

HUNG	**MA CHOE**	**TOE DRAL**	**LA MA**	**CHOE KYI KU**
Hung	*no artificial*	*sin elaboración*	*gurú*	*darmakaya, modo intrínseco*

Hung. El gurú sin artificios ni elaboración es el modo intrínseco.

নই'ক্ষক'র্ম্র্ন্ম'র্ম্রন্ন্ন'য়'র্ক্সম'ন্ত্রী'ইঃ

DE	**CHEN**	**LONG CHO**	**LA MA**	**CHOE**	**KYI**	**YE**
gozo	*gran*	*sambogakaya, disfrute*	*gurú*	*darma*	*de*	*señor*

El gurú de la gran felicidad, maestro del darma, es el modo del disfrute.

যন'র্ম্লুন'ম্রম'র্নুন্রম'ন্ন'য়'র্ম্লুম'যরি'ষ্ট্রাঃ

PAE	**DONG**	**LAE**	**THRUNG**	**LA MA**	**TRUL PE KU**
loto	*tallo*	*del*	*nacido*	*gurú*	*nirmanakaya, modo de aparición*

El gurú Nacido del loto es el modo de aparición.

ষ্ণু'য়ুম'ই'ই'ন্ক্ষন'য়'য়ুয়'নর্ক্সম'নর্ক্ষন্ঃ

KU	**SUM**	**DOR YE CHANG**	**LA**	**CHA TSAL**	**TOE**
cuerpo	*tres*	*Vajradara*	*a*	*postrar*	*alabanza*

Te saludamos y alabamos, el Vajradara que posee estos tres modos.

Hung. El gurú sin artificios ni elaboración es el modo intrínseco. El gurú de la gran felicidad, maestro del Darma, es el modo del disfrute. El gurú Nacido del loto es el modo de aparición. Te saludamos y alabamos, el Vajradara que posee estos tres modos.

ཧཱུྃ༔ དེ་ལྟར་ཟབ་གསང་སྙིང་པོ་ཡི༔ ཡང་ཟབ་རིག་འཛིན་ཡོངས་རྫོགས་ཀྱི༔ སྒྲུབ་པའི་ཆ་རྐྱེན་མང་དུ་བསྟན༔ འདིར་གུ་རུ་མཚན་བརྒྱད་ཀྱི༔ སྤྱི་དང་བྱེ་བྲག་སྒྲུབ་པ་ལས༔ ལམ་འདིར་མོས་པའི་དོན་དུ་བསྟན༔ སྔོན་དངོས་དེ་ལྟར་ཤེས་པར་བྱུ༔

Muchos aspectos dentro del dominio de la práctica han sido enseñados para la serie del *El gurú completo que sostiene la consciencia muy secreta* perteneciente a *El profundo corazón secreto*. Aquí, desde las prácticas generales y específicas de las Ocho formas del gurú, he mostrado este camino con el fin de beneficiar a los fieles. Aprende los preparativos y la parte principal como he mostrado.

གསུམ་པ་རྗེས་ཀྱི་རིམ་པ་ནི༔ རྗེས་ཤེས་སྣང་གྲགས་ཐམས་ཅད་ཀུན༔ བླ་མའི་སྐུ་གསུང་ཐུགས་སུ་གོ༔ མོས་གུས་རྩེ་གཅིག་འབལ་མེད་དུ༔ ཡིན་དན་བདེ་སྟོང་སྤྱན་གྱིས་གྲུབ༔ ཕྲིན་ལས་གང་བ་རྩལ་འགྲོ་བ་འདྲེན༔ ཨེ་ཤེས་མཐའ་རྒྱས་ཀློང་དུ་གྲོལ༔ ཨུ་རྒྱན་ཡུལ་དུ་མཁའ་ལ་སྤྱོད༔ ཡར་གྱི་རེ་ཀ་ནས་དག༔ མར་གྱི་དར་སོ་དོགས་པ་བྲལ༔ འདི་འདྲེད་ཆོས་ཀྱི་དབྱིངས༔ དབྱིངས་དང་ཡེ་ཤེས་སྦྱུན་གྱིས་གྲུབ༔ བཙས་མ་ཡུས༔ རྒྱ་རྒྱ་རྒྱ༔ གཏེར་རྒྱ༔ ཟབ་རྒྱ༔ སྦས་རྒྱ༔ གསང་རྒྱ༔ ཨི་ཐི༔

La tercera parte comprende las etapas posteriores. Después de la práctica anterior, uno debe experimentar que todo lo que ve, oye y surge en la mente es el cuerpo, la palabra y la mente del gurú. Con fe y devoción, permanece en ello con un enfoque unívoco e inquebrantable. La cualidad de vacío y felicidad surgirá sin esfuerzo. Cualquier actividad que inicies conducirá a todo tipo de seres a la liberación en la infinidad ilimitada del conocimiento original. Estarás en casa en el cielo sobre la tierra de Oddiyana. Se cumplirán tus esperanzas de ascender y se acabarán tus temores de descender a los estados de infortunio. Cada acción y cada intención están dentro de la infinidad de la hospitalidad infinita ya que la apertura y el conocimiento original son siempre inseparables. Votos indestructibles. Sello Sello Sello. Sello trascendente. Sello profundo. Sello oculto. Sello secreto. Todo en el infinito.

ཞེས་པ་འདི་ཡང་བདག་འདུ་འགྲོ་ཕན་གླིང་པ་གྲོ་ལོད་རྩལ་གྱིས་བདེ་མཆོག་རྡོ་རྗེས་འཆང་མགུལ་ནས་གདན་དྲངས་པའོ༔

Yo, Nuden Dorye Dropan Lingpa Drolo Tsal, encontró este texto tesoro en el pueblo de Tsoe, en la montaña Demchog Dorye Shug Chang.

དེ་ལས་ལྡང་བར་བརྩམས༔

[Cuando empiezas a salir de ese estado:]

འདི་ལྟར་མིག་གི་ཡུལ་དུ་སྣང་བ་ཡི༔

DI TAR	MI	GI	YUL	DU	NANG WA	YI
así	*ojo,*	*de*	*objetos,*	*como, de*	*apariencias,*	*de*
de esta forma	*visual*		*campo*		*experiencia visual*	

En cuanto a los objetos de nuestra visión, las apariencias

ཕྱི་ནང་སྣོད་བཅུད་དངོས་པོ་ཐམས་ཅད་ཀུན༔

CHI	NANG	NOE	CHU	NGOE WO	THAM CHE	KUN
externo	*interno*	*contenedor*	*contenidos*	*entidades, cosas*	*todo*	*todo*
		i.e. universo	*i.e. seres*	*captadas como reales*		

de absolutamente todas las entidades externas e internas que constituyen el universo y sus habitantes,

སྣང་ཡང་བདག་འཛིན་མེད་པའི་ངང་ལ་ཞོག༔

NANG	YANG	DAG DZIN	ME PE	NGANG	LA	ZHO
aparecer, surgir	*pero,*	*aferramiento y*	*sin*	*estado,*	*en*	*permanecer,*
dentro de la esfera	*también*	*creencia en*		*naturaleza*		*mantener*
de la consciencia		*realidad o naturaleza*				
		propia e individual				

mantenemos el estado en el que aparecen pero sin ser captadas como algo inherentemente real,

གཟུང་འཛིན་དག་པ་གསལ་སྟོང་ལྷ་ཡི་སྐུ༔

ZUNG	DZIN	DA PA	SAL	TONG	LHA	YI	KU
objeto	*mente*	*luminosidad*	*claridad,*	*vacuidad,*	*dios*	*de*	*cuerpo*
asible	*aferrada*	*purificada*	*profundidad*		*(forma divina o*		
					expresión,nirmanakaya)		

pues de hecho son las formas divinas de la claridad y la vacuidad, puras e inherentemente no contaminadas por las falsas nociones de los objetos asibles y la mente que se aferra.

འདོད་ཆགས་རང་གྲོལ་གྱི་བླ་མ་ལ་གསོལ་བ་འདེབས༔

DOE CHAG	RANG DROL	GYI	LA MA	LA	SOL WA DE
deseo	*autoliberarse,*	*de*	*gurú*	*a*	*rezar*
	liberarse por sí mismos				

(La apertura de este juego divino de la no-dualidad de las apariencias y la vacuidad no proporciona ninguna base para la tensión sujeto/objeto o la cosificación de las experiencias de los seis reinos.)

Rezamos al gurú que autolibera el deseo.

ཨུ་རྒྱན་པདྨ་འབྱུང་གནས་ལ་གསོལ་བ་འདེབས༔

UR GYAN	PAE MA	YUNG NAE LA	SOL WA DE
Oddiyana (Padmasambava)	loto	fuente a	rezar

Rezamos a la Fuente del loto de Oddiyana.

En cuanto a los objetos de nuestra visión, que son las apariencias de absolutamente todas las entidades externas e internas que constituyen el universo y sus habitantes, mantenemos el estado en el que aparecen pero sin ser captadas como algo inherentemente real, pues de hecho son las formas divinas de la claridad y la vacuidad, puras e inherentemente no contaminadas por las falsas nociones de los objetos asibles y la mente que se aferra. Rezamos al gurú que autolibera el deseo. Rezamos a la Fuente del loto de Oddiyana.

འདི་ལྟར་རྣ་བའི་ཡུལ་དུ་གྲགས་པ་ཡི༔

DI TAR	NA WE	YUL	DU	DRA PA	YI
de esta forma	audición, la escucha el poder del oído	objetos	de, como	sonido, tal como se oye	de

En cuanto a los objetos de la audición, los sucesos audibles

སྙན་དང་མི་སྙན་འཛིན་པའི་སྒྲ་རྣམས་ཀུན༔

ÑAN	DANG	MI ÑAN	DZIN PE	DRA	NAM	KUN
dulce, agradable	y	amargo, desagradable	aferrado a	sonido	(plural)	todos

que comprenden todos los sonidos que captamos como agradables y desagradables,

གྲགས་སྟོང་བསམ་མནོ་བྲལ་བའི་ངང་ལ་ཞོག༔

DRA	TONG	SAM NO	DRAL WE	NGANG	LA	ZHO
sonido	vacuidad	pensamiento, raciocinio	sin	estado	en	permanecer, mantener

(dejar el sonido como energía inmediata y no cubrirlo con una capa de interpretación)

permanecemos en el estado de sonido y vacío que está libre de toda interpretación conceptual,,

གྲགས་སྟོང་སྐྱེ་འགགས་མེད་པ་རྒྱལ་བའི་གསུང༔

DRA	TONG	KYE	GA	ME PA	GYAL WE	SUNG
sonido	vacuidad	principio	interrupción	sin	del yina, del Buda (Sambogakaya)	palabra

porque de hecho son sonido y vacío, el discurso no nacido e ininterrumpido del Buda.

གྲགས་སྟོང་རྒྱལ་བའི་གསུང་ལ་གསོལ་བ་འདེབས༔

DRA   TONG   GYAL WE   SUNG   LA   SOL WA DE
sonido   vacuidad   del yina, del Buda   palabra   a   rezar
(como mantra)
(Este punto de vista debe aplicarse a todos los demás sentidos, órganos sensoriales y sus objetos.)

Oramos a la palabra de sonido y vacío del Buda.

ཨུ་རྒྱན་པདྨ་འབྱུང་གནས་ལ་གསོལ་བ་འདེབས༔

UR GYAN   PAE MA   YUNG NAE   LA   SOL WA DE

Rezamos a la Fuente del loto de Oddiyana.

En cuanto a los objetos de la audición, los sucesos audibles que comprenden todos los sonidos que captamos como agradables y desagradables, permanecemos en el estado de sonido y vacío que está libre de toda interpretación conceptual, porque de hecho son sonido y vacío, el discurso no nacido e ininterrumpido del Buda. Oramos a la palabra de sonido y vacío del Buda. Rezamos a la Fuente del loto de Oddiyana.

འདི་ལྟར་ཡིད་ཀྱི་ཡུལ་དུ་འགྱུ་བ་ཡི༔

DI TAR   YI   KYI   YUL   DU   GYU WA YI
de esta forma   consciencia mental,   de   objeto   como   movimiento, inquietud,
*   actividad mental   temblor**
*i.e. pensamientos y sensaciones que van y vienen causando agitación

En cuanto a los objetos de nuestra actividad mental, estos movimientos inquietos de

ཉོན་མོངས་དུག་ལྔའི་རྟོག་པ་ཅི་ཤར་ཡང་༔

ÑON MONG   DU   NGE   TO PA   CHI   SHAR   YANG
aflicciones*   venenos**   cinco   pensamientos,   cualquiera   pueda surgir aún
*   sentimientos*
* la fuente de todos los problemas   ** opacidad mental, aversión, orgullo, deseo, celos

pensamientos impregnados de los cinco venenos, no importa lo que ocurra,

སྔོན་བསུས་རྗེས་དཔྱོད་བློ་ཡིས་བཅོས་མི་གཞུག༔

NGON SUE   JE CHOE   LO   YI   CHO   MI   ZHU
esperar expectante   analizar, seguir   intelecto   por   artificio,   no   hacer
antes de que ocurra* los pensamientos pasados**   fabricación   entrar
* i.e. buscando algo   **como un perro que sigue huellas

no entramos en el artificio del intelecto de esperar pensamientos futuros y seguir pensamientos pasados.

འགྱུ་བ་རང་སར་བཞག་པས་ཆོས་སྐུར་གྲོལ༔

GYU WA	RANG SAR	ZHA PAE	CHO KUR	DROL
inquietud, flaqueza	en su propio lugar (dejarlo solo)	mantener	darmakaya modo intrínseco	liberado, libre*

* Sujeto y objeto se liberan por sí mismos dejando la conciencia sin obstáculos.

Dejando el movimiento inquieto en su propio lugar nos liberamos en el modo intrínseco.

རིག་པ་རང་གྲོལ་གྱི་བླ་མ་ལ་གསོལ་བ་འདེབས༔

RIG PA		RANG DROL	GYI	LA MA	LA	SOL WA DE
presencia intrínseca		autoliberadora	de	gurú	a	rezar

Rezamos al gurú de la conciencia autoliberadora

ཨུ་རྒྱན་པདྨ་འབྱུང་གནས་ལ་གསོལ་བ་འདེབས༔

UR GYAN	PAE MA	YUNG NAE	LA	SOL WA DE

Rezamos a la Fuente de loto de Oddiyana.

En cuanto a los objetos de nuestra actividad mental, estos movimientos inquietos de pensamientos impregnados de los cinco venenos, no importa lo que ocurra, no entramos en el artificio del intelecto de esperar pensamientos futuros y seguir pensamientos pasados. Dejando el movimiento inquieto en su propio lugar nos liberamos en el modo intrínseco. Rezamos al gurú de la conciencia autoliberadora. Rezamos a la Fuente de loto de Oddiyana.

ཕྱི་ལྟར་གཟུང་བའི་ཡུལ་སྣང་དག་པ་དང་༔

CHI	TAR	ZUNG WE	YUL	NANG	DA PA	DANG
exterior, externo	como	aferrable	objetos	imágenes, apariencias	purificada	y

Con la purificación de todo lo que aparece como objetos externos a los que aferrarse y

ནང་ལྟར་འཛིན་པའི་སེམས་ཉིད་གྲོལ་བ་དང་༔

NANG	TAR	DZIN PE	SEM ÑI	DROL WA	DANG
interior	como	apegar	mente	liberar	y

la liberación de la mente interior apegada,

བར་དུ་འོད་གསལ་རང་ངོ་ཤེས་པ་རུ༔

BAR DU	OE SEL	RANG NGO	SHE PA	RU
en ese momento, cuando el sentido de lo externo e interno se disuelve	claridad, lucidez, luminosidad	propio rostro	despertar a	con, a

despertamos a nuestro propio rostro intrínseco de clara iluminación.

དུས་གསུམ་བདེ་གཤེགས་རྣམས་ཀྱི་ཐུགས་རྗེ་ཡིས༔

DU	SUM	DE SHE NAM	KYI	THU YE	YI
tiempos	tres	sugatas, budas	de	compasión	por, con
(pasado, presente,				(Su bondad resplandece a través de	
futuro)				nuestros oscurecimientos desvelando	
				nuestra verdadera presencia.)	

Por la bondad de los budas de los tres tiempos,

བདག་འདྲའི་རང་རྒྱུད་གྲོལ་བར་བྱིན་གྱིས་རློབས༔

DA	DRE	RANG GYU	DROL WAR	YIN GYI LO
yo	como*	nuestro sentido	liberar	bendecir
		de continuidad personal		
		como alguien		

*todos los seres que como yo vagan en el samsara pero tienen la naturaleza de buda

que yo y todos los seres seamos bendecidos con la liberación de nuestro sentido del yo.

Con la purificación de todo lo que aparece como objetos externos a los que aferrarse y la liberación de la mente interior apegada, despertamos a nuestro propio rostro intrínseco de clara iluminación. Por la bondad de los budas de los tres tiempos, que yo y todos los seres seamos bendecidos con la liberación de nuestro sentido del yo.

ཨི་རྟག་རྟུད་བསྐུལ་ནེ | DESPERTAR A LA IMPERMANENCIA

ༀ་ཨཱཿཧཱུྃ་མ་ཧཱ་གུ་རུ་སརྦ་སི་དྡྷི་ཧཱུྃ༔

OM	Aa	HUNG	MAHA	GURU	SARVA	SIDDHI	HUNG
Cuerpo	*Palabra*	*Mente*	*gran*	*maestro*	*todos*	*verdad*	*haz real*

¡Cuerpo, Palabra, Mente. Gran Gurú, haz realidad todos los logros!

འཇིག་རྟེན་སྣང་བ་སྒྱུ་མར་གོ་ལགས་ཀྱང་༔

YIG TEN	NANG WA	GYU MAR	GO LA		KYANG
mundos (todos los del samsara)	*apariencias, ideas*	*ilusorias, mágicas*	*conocimiento, comprensión intelectual*		*también*

Aunque sé que las apariencias mundanas son ilusorias,

འཁྲུལ་སྣང་འདི་ལ་ད་དུང་བདག་འཛིན་སྐྱེས༔

THRUL	NANG	DI	LA	DA DUNG	DA	DZIN	KYE
desconcertantes, ideas confusas	*apariencias*	*estas*	*a*	*hasta ahora*	*auto-existentes*	*apegar*	*surgir*

sigo aferrándome a estas desconcertantes apariencias como si tuvieran existencia real.

བདག་གི་ཉོན་མོངས་བག་ཆགས་མ་སྟོང་བར༔

DA GI	ÑON MONG		BAG CHA	MA TONG WAR
mis	*venenos, aflicciones**		*huellas***	*sin acabar, sin experimentar como claridad vacía*

*opacidad mental, ira, deseo, orgullo, celos   ** las trazas sutiles de estas aflicciones

Mis aflicciones y sus rastros sutiles aún no se han acabado.

ཆགས་ཞེན་རྩད་ནས་ཆོད་པར་བྱིན་གྱིས་རློབས༔

CHA	ZHEN	TSAE	NAE	CHO PAR	YIN GYI LO
deseo, aferramiento	*esperanzas, expectativas*	*raíz (totalmente)*	*desde*	*cortar*	*bendiciones*

¡Despierto a la propia erradicación de la esperanza y el deseo!

¡Cuerpo, Palabra, Mente. Gran Gurú, ¡haz realidad todos los logros! Aunque sé que las apariencias mundanas son ilusorias, sigo aferrándome a estas desconcertantes apariencias como si tuvieran existencia real. Mis aflicciones y sus rastros sutiles aún no se han acabado. ¡Despierto a la propia erradicación de la esperanza y el deseo!

ༀ་ཨཱཿཧཱུྃ་མ་ཧཱ་གུ་རུ་སརྦ་སི་དྡྷི་ཧཱུྃ༔

OM Aa HUNG MAHA GURU SARVA SIDDHI HUNG

¡Cuerpo, Palabra, Mente. Gran Gurú, haz realidad todos los logros!

སྐྱིགས་མའི་ལས་ངན་མི་རྟག་རང་གཟུགས་ལ༔

ÑIG ME   LAE   NGEN   MI TA   RANG ZU   LA
periodo degradado acciones malas   impermanentes propia forma,   a
de egoísmo intenso   este mundo en el que vivo

Hacia las manifestaciones impermanentes de las malas acciones de este período degradado

རེས་འབྱུང་སྐྱེས་ནས་ཆགས་ཞེན་ཡུལ་བོར་ཡང༔

NGE YUNG   KYE   NAE   CHA ZHEN   YUL   BOR   YANG
renuncia   surge,   entonces deseos esperanzas, objetos desechar, pero
*   ha nacido   aferramientos   tirar*

surge la renuncia y el rechazo de los objetos de mis esperanzas y deseos.

ཕྱིས་ནས་རང་བདེའི་ཡུལ་འདོད་དུ་ཁས་མནར༔

CHI NAE RANG DEI   YUL DOE   DU KHAE   NAR
más tarde mi   felicidad objetos deseo* sufrimiento, por con dolor, con problemas
*cosas que me gustan y uso, como la casa, los libros, las estatuas del darma, la ropa, los amigos, etc.

Sin embargo, más tarde me turba el sufrimiento que surge del deseo por las cosas que me hacen feliz.

འདོད་སྲེད་རྩད་ནས་ཆོད་པར་བྱིན་གྱིས་རློབས༔

DOE   SE   TSAE NAE   CHO   PAR   YIN GYI LO
deseo   ansia raíz, totalidad cortar, destruir como   bendecir

¡Despierto a la propia erradicación del deseo y del ansia!

¡Cuerpo, Palabra, Mente. Gran Gurú, haz realidad todos los logros! Hacia las manifestaciones impermanentes de las malas acciones de este período degradado surge la renuncia y el rechazo de los objetos de mis esperanzas y deseos. Sin embargo, más tarde me turba el sufrimiento que surge del deseo por las cosas que me hacen feliz. ¡Despierto a la propia erradicación del deseo y del ansia!

ༀ་ཨཱཿཧཱུྃ་མ་ཧཱ་གུ་རུ་སརྦ་སིདྡྷི་ཧཱུྃ༔

OM Aa HUNG MAHA GURU SARVA SIDDHI HUNG

¡Cuerpo, Palabra, Mente. Gran Gurú, haz realidad todos los logros!

དུག་གསུམ་ཉོན་མོངས་སེལ་བའི་ཐབས་ཆེན་པོ༔

DU   SUM   ÑON MONG SEL WE   THAB   CHEN PO
venenos tres*   aflicciones   limpiar** método, medios grandes
* opacidad mental, ira, deseo **mostrando su vacío

Grandes métodos para aclarar la naturaleza de los tres venenos aflictivos

ক্রুঅ্যাবিষ্যান্ত্রুপ্রন্ম্যন্ত্রাপ্রাপ্রুন্ত্রান্ম্যান্ত্রুন্ত্

GYAL   WAE   LUNG TEN   MANG PO   SUNG   LA   KYANG
*Yina ***   *por*   *enseñanzas, libros   muchos*   *habló*   *hizo*   *también*
*Buda, el que vence todas las limitaciones

han sido enseñados por los budas en muchas instrucciones

ন্ত্রুন্ত্রান্ত্রান্ত্রান্ত্রান্ত্রান্ত্রান্ত্রান্ত্রান্ত্রান্ত্রান্ত্র

PONG   KE   BA CHA   WANG DU   SHAE CHER   SHOR
abandonar, difícil   trazas sutiles   bajo el poder de   muy intenso   *caer*
desechar

sin embargo, caigo impotente bajo el poder de las sutiles huellas kármicas que son tan difíciles de abandonar.

ন্ত্রুন্ত্রান্ত্রান্ত্রান্ত্রান্ত্রান্ত্রান্ত্রান্ত্রান্ত্রান্ত্রান্ত্র

LAE   NGEN   TSAE NAE   CHO   PAR   YIN GYI LO
actividad, acciones   malas   raíz   desde   cortar   como*   *bendecir*
*las malas acciones que nos mantienen errantes y sufriendo en el samsara

¡Despierto a la propia erradicación de las malas acciones!

¡Cuerpo, Palabra, Mente. Gran Gurú, haz realidad todos los logros!
Los budas han enseñado en muchas instrucciones grandes métodos
para aclarar la naturaleza de los tres venenos aflictivos y, sin embargo,
caigo impotente bajo el poder de las sutiles huellas kármicas que son tan
difíciles de abandonar. ¡Despierto a la propia erradicación de las malas
acciones!

ওঁ ওঃ হুঁ মা হ্যু গু রু সর্ব সি দ্ধি হুঁঃ

OM Aa HUNG   MAHA GURU SARVA SIDDHI HUNG

¡Cuerpo, Palabra, Mente. Gran Gurú, haz realidad todos los logros!

ন্ত্রুন্ত্রান্ত্রান্ত্রান্ত্রান্ত্রান্ত্রান্ত্রান্ত্রান্ত্র

CHI   KYEN   NANG   KYEN   DE MA THA PE   KYEN
externos   razón,   sujeto interno**   razón,   surgir de repente,#   razón,*
(objetos)   situación   (conciencias)   situación   ocurrir inmediatamente   situación
*escalar una montaña   **distracción de la atención
#debido a los dos primeros, caer de la montaña y morir.

Las situaciones externas, las situaciones internas y las situaciones que
ocurren de repente,,

ন্ত্রুন্ত্রান্ত্রান্ত্রান্ত্রান্ত্রান্ত্রান্ত্রান্ত্র

THAM CHE   KYAE PE   TSA WE   ÑI   DZIN   TU
todas   *surgir, desarrollar*   *raíz*   *dualidad   creer en*   *como*

todas surgen de la creencia en la dualidad que es su raíz.

དགབོད་གོ་ཡང་མདུད་པའི་རྩལ་མ་གྲོལ༔

DA ZOE   GO   YANG   DU PE   TSAL   MA   DROL
ahora   conocimiento pero   de Mara   energía, no libre de
         intelectual   *del demonio** *onda*
*las formas activas de la ignorancia que son su energía desconcertante
Ahora lo sé, pero no estoy libre del poder de Mara.

རང་སེམས་གཅེར་བུར་འཆར་བར་བྱིན་གྱིས་རློབས༔

RANG   SEM   CHER BUR   CHAR WAR   YIN GYI LO
mi   mente   desnuda,   surgir   bendecir
             no impedida

¡Despierto al surgimiento de mi conciencia desnuda!

¡Cuerpo, Palabra, Mente. Gran Gurú, haz realidad todos los logros! Las situaciones externas, las situaciones internas y las situaciones que ocurren de repente, todas surgen de la creencia en la dualidad que es su raíz. Ahora lo sé, pero no estoy libre del poder de Mara. ¡Despierto al surgimiento de mi conciencia desnuda!

ཨོཾ་ཨཱཿཧཱུྃ་མ་ཧཱ་གུ་རུ་སརྦ་སིདྡྷི་ཧཱུྃ༔

OM Aa HUNG   MAHA GURU SARVA SIDDHI HUNG
¡Cuerpo, Palabra, Mente. Gran Gurú, haz realidad todos los logros!

གཉིས་འཛིན་སྒྲོགས་ལས་གྲོལ་བར་བྱིན་གྱིས་རློབས༔

ÑI   DZIN   DRO LAE   DROL WAR   YIN GYI LO
dualidad creer grillete de libre   bendecir

Despierto a la libertad de la atadura de la creencia en la dualidad.

ཤེས་པ་གཟོ་མེད་རང་ལུགས་ལྷུག་པ་ལ༔

SHE PA   ZO ME   RANG LU   LHU PA   LA
mente en sí misma, no fabricada propia forma* relajado, cómodo, así
presencia   no construida propio modo   espontáneo
*no nacido, surge por sí mismo sin estímulo

Mi mente, tal como es, no está fabricada, está tranquila en todos los sentidos.

མཁས་ཀྱང་ལེགས་པའི་རང་བཟོ་མ་བྱས་ཤིང༔

KHAE   KYANG   LE PE   RANG ZO   MA   YAE SHING
sabio, también buenas cualidades propio trabajo no   hacer
Buda   *(del nirvana)*   *esfuerzo*

No está creada por las buenas acciones y cualidades de Buda y

བྱིང་འཐིབས་གཡེང་བའི་བཙོན་རར་མ་བཅིངས་པར༔

YING   THIB   YENG WE   TSON RAR   MA   CHING PAR
desazón bruma   vacilación,   prisión   no   atar
                 inestabilidad   (samsara)

no está atada a la prisión de la desazón, la bruma y la vacilación.

TRAG DANG RANG OE TSER WE RIG PA DI
brillante radiante propia, luz, resplandeciente presencia, esta
inherente claridad consciencia

Con mi conciencia resplandeciente con su luz brillante, radiante e intrínseca,

CHOE ÑI YANG PE MA DANG BU THRAE NAE
darmata, inmensa madre* y hijo** encontrarse por lo tanto
realidad
*sunyata en sí misma ** la experiencia de sunyata desarrollada en la práctica

la inmensa madre de la realidad y su hijo se encontrarán.

LE LO KYEN GYI DRO CHIR MA THOM PAR
vago razones, de amigos debido a no quedar embotado,
situaciones quedar atontado

Así, sin ser embotado por los falsos amigos que fomentan la complacencia,

LE PE KHANG BUR CHE PE ÑER YAE TE
buena casa cariñoso, relación, hacer así
(sunyata) íntimo amigo (deber practicar así)

seré el amigo amoroso de la buena casa de sunyata..

ÑUR DU CHOE ÑI MA DANG BU THRAE NAE
rápidamente darmata madre y hijo encontrarse* entonces
*mi mente se fundirá permanentemente en la clara comprensión de sunyata

Así, esta realidad madre y su hijo se encontrarán rápidamente.

CHIN CHAE DRO DON TOB CHEN YE PAR SHO
desde ese momento seres en beneficio fuerza grande hacer, actuar enfático
samsara

Entonces, a partir de ese momento, ¡actuaré con todo mi poder en beneficio de los seres sensibles!

CHANG CHU SEM PE CHO PA YE PAR SHO
del bodisatva conducta, actos do enfático

¡Realizaré las acciones de un bodisatva!

གཞན་དོན་དགེ་བ་རླབས་ཆེན་འསྒྲུབ་པར་ཤོག༔

ZHEN	DON	GE WA	LAB	CHEN	DRU PAR	SHO
de los demás	beneficio	virtud	ola	grande	lograr	enfático

¡Crearé una gran ola de virtud en beneficio de los demás!

འཁོར་བ་དོང་ནས་སྤྲུག་པའི་མཐུ་ཐོབ་ཤོག༔

KHOR WA	DONG	NAE	TRU PE	THU	THO	SHO
samsara	volcar	entonces	vaciar por completo	poder efectivo	obtener	enfático

¡Obtendré el poder efectivo de volcar y vaciar el samsara!

¡Cuerpo, Palabra, Mente. Gran Gurú, haz realidad todos los logros! Despierto a la libertad de la atadura de la creencia en la dualidad. Mi mente, tal como es, no está fabricada, está tranquila en todos los sentidos. No está creada por las buenas acciones y cualidades de Buda, y no está atada a la prisión de la desazón, la bruma y la vacilación. Con mi conciencia resplandeciente con su luz brillante, radiante e intrínseca, la inmensa madre de la realidad y su hijo se encontrarán. Así, sin ser embotado por los falsos amigos que fomentan la complacencia, seré el amigo amoroso de la buena casa de sunyata. Así, esta realidad madre y su hijo se encontrarán rápidamente. Entonces, a partir de ese momento, ¡actuaré con todo mi poder en beneficio de los seres sensibles! ¡Realizaré las acciones de un bodisatva! ¡Crearé una gran ola de virtud en beneficio de los demás! ¡Obtendré el poder efectivo de volcar y vaciar el samsara!

ཚོགས་བསྡུས་པ་ནི༔ COMPARTIR LA OFRENDA

རཾ་ཡཾ་ཁཾ་ཨོཾ་ཨཱཿཧཱུྃ༔

RAM / **YAM** / **KHAM** / **OM** / **Aa** / **HUNG**
fuego que consume las impurezas / *aire que las disipa* / *agua que limpia todos los restos* / *cuerpo** / *palabra*** / *mente#*

*nirmanakaya **sambogakaya #darmakaya
(El mantra que purifica, consagra y aumenta las ofrendas.)

ངོ་བོ་སྟོང་པའི་ཚོགས་གཞོང་དུ༔

NGO WO / **TONG PE** / **TSHO** / **ZHONG** / **DU**
apertura / *vacuidad* / *ofrenda* / *vasija* / *en*
El cuenco de ofrendas de la vacuidad de nuestra naturaleza abierta

རང་བཞིན་གསལ་བའི་ཚོགས་རྫས་བཤམས༔

RANG ZHIN / **SAL WE** / **TSHO DZAE** / **SHAM**
presencia / *claridad* / *lo que se ofrece* / *poner*
muestra la ofrenda de la claridad de nuestra presencia

ཐུགས་རྗེ་ཀུན་ཁྱབ་བྱིན་ཆེན་ཕོབ༔

THU YE / **KUN KHYA** / **YIN CHEN** / **PHO**
compasión / *lo incluye todo* / *bendiciones* / *dar*
revelando nuestra bondad que todo lo incluye.

མཆོག་གསུམ་རྩ་གསུམ་སྐུ་གསུམ་ལྷ༔

CHO / **SUM** / **TSA** / **SUM** / **KU** / **SUM** / **LHA**
joyas / *tres* / *raíz* / *tres* / *modo de iluminación* / *tres* / *dios*
Las Tres Joyas, las Tres Raíces y los Tres modos de la iluminación,

ཀུན་འདུས་བླ་མ་འདིར་གྱོན་ལ༔

KUN DUE / **LA MA** / **DIR** / **YON** / **LA**
todos juntos / *Gurú* / *aquí* / *venir* / *y*
junto con el Gurú que los engloba a todos: por favor, venid aquí y

བདེ་བ་ཆེན་པོའི་ཚོགས་མཆོད་བཞེས༔

DE WA / **CHEN POI** / **TSHO** / **CHOE** / **ZHE**
gozo / *grande* / *reunido* / *ofrendas* / *aceptar*
disfrutad de la gran felicidad de estas ofrendas reunidas.

ཉམས་ཆགས་ཉེས་ཚོགས་མཐོལ་ཞིང་བཤགས༔

ÑAM	CHA	ÑE	TSHO	THOL ZHING	SHA
lapsus	*rupturas*	*faltas*	*todas*	*palmas juntas*	*confesar*

Con las palmas de las manos juntas a la altura del corazón, confesamos todas nuestras rupturas de votos, lapsus y faltas.

འཁྲུལ་སྣང་རྟོག་ཚོགས་དབྱིངས་སུ་བསྒྲལ༔

THRUL	NANG	TOG	TSHO	YING	SU	DRAL
engañosa, *desconcertante*	*apariencias*	*pensamientos*	*todos*	*hospitalidad infinita*	*en*	*liberado*

Todas las apariencias e identificaciones engañosas son liberadas dentro de la base infinitamente hospitalaria,

ཀ་དག་རིག་པའི་ཀློང་དུ་བསྟབས༔

KA DA	RIG PE	LONG DU	TA
pura	*presencia*	*dentro*	*exponer*

y desplegadas dentro de la pureza primordial de la presencia abierta.

མགྲོན་བཞིའི་ཐུགས་དམ་བསྐང་གྱུར་ཅིག༔

DRON	ZHI	THU	DAM KANG	GYUR	CHI
huéspedes	*cuatro*	*mente*	*satisfecho*	*llegar a estar*	*debe*

Las cuatro clases de huéspedes deben quedar completamente satisfechos.

ཚོགས་རྫོགས་དོན་གཉིས་ལྷུན་གྲུབ་ནས༔

TSHO	DZO	DON	ÑI	LHUN DRU	NE
acumulación	*completa*	*beneficio*	*dos*	*espontáneo*	*entonces*

Con todas nuestras acumulaciones completas de mérito y sabiduría que surja sin esfuerzo el beneficio para uno mismo y para los demás.

སྐུ་བཞིའི་རྒྱལ་སྲིད་མྱུར་ཐོབ་ཤོག༔

KU	ZHI	GYAL	SI	ÑUR	THO	SHO
kayas	*cuatro*	*de los yinas*	*reino*	*rápidamente*	*alcanzar*	*debe*

Que todos los seres despierten rápidamente en el reino de los budas de los cuatro modos iluminados.

El cuenco de ofrendas de la vacuidad de nuestra naturaleza abierta muestra la ofrenda de la claridad de nuestra presencia revelando nuestra bondad que todo lo incluye. Las Tres Joyas, las Tres Raíces y los Tres modos de la iluminación, junto con el Gurú que los engloba a todos: por favor, venid aquí y disfrutad de la gran felicidad de estas ofrendas reunidas. Con las palmas de las manos juntas a la altura del corazón, confesamos todas nuestras rupturas de votos, lapsus y faltas. Todas las apariencias e identificaciones engañosas son liberadas dentro de la base infinitamente hospitalaria, y desplegadas dentro de la pureza primordial de la presencia abierta. Las cuatro clases de huéspedes deben quedar completamente satisfechos. Con todas nuestras acumulaciones completas de mérito y sabiduría que surja sin esfuerzo el beneficio para uno mismo y para los demás. Que todos los seres despierten rápidamente en el reino de los budas de los cuatro modos iluminados.

འདོན་བདེའི་ཕྱིར་སྤྲུར་ཐེལ་གནོན་གླིང་པས་བསྒྱིགས་པའོ༔

Adaptado por Zilnon Lingpa (C.R. Lama), para una lectura fácil

ཧོ༔ ཞལ་ཟས་ཚོགས་མཆོད་དམ་པ་འདི༔

HO   **ZHAL ZAE**   **TSHO**   **CHO**   **DAM PA**   **DI**
¡Oh!   *comida*   *reunida*   *ofrenda*   *excelente*   *este*

¡Oh! Este excelente conjunto de ofrendas de comida

འདོད་ཡོན་མ་སྤངས་ལོངས་སྤྱོད་རྒྱན༔

DON YON   **MA PANG**   **LONG CHO**   **GYEN**
todo lo que   *no rechazar*   *disfrutar, usar*   *como un adorno*
complace a los sentidos

ornamenta nuestro disfrute: ¡así que no rechaces el placer!

དངོས་གྲུབ་སྣ་ཚོགས་འདི་ལས་འབྱུང༔

NGO DRU   **NA TSHO**   **DI**   **LAE**   **YUNG**
sidhi, logro   *muchos, diferentes*   *esto*   *de*   *surgir, venir*
verdadero

De este disfrute surgen muchos logros diferentes.

རྣལ་འབྱོར་དགྱེས་པའི་ཚོགས་ལ་རོལ༔

NAL YOR   **GYE PE**   **TSHO**   **LA ROL**
yoguis, relajados   *felizmente*   *ofrendas*   *comer y disfrutar*
y abiertos   *reunidas*

Yoguis, ¡comed y disfrutad felizmente de estas ofrendas reunidas!

སིདྡྷི་ཕ་ལ་ཨ་ལ་ལ་ཧོ༔

SID DHI   **PHA LA**   **A LA LA HO**
verdadero   *resultado*   *¡Maravilloso!*
logro

El resultado es un logro verdadero: ¡maravilloso!

¡Oh! Este excelente conjunto de ofrendas de comida ornamenta nuestro disfrute: ¡así que no rechaces el placer! De este disfrute surgen muchos logros diferentes. Yoguis, ¡comed y disfrutad felizmente de estas ofrendas reunidas! El resultado es un logro verdadero: ¡maravilloso!

 དགེ་བསྔོ། DEDICACIÓN DE MÉRITO

དགེ་འདིས་བླ་མ་ཁྱེད་འགྲུབ་ནས།

GE	DI	LA MA	KHYE	DRU	NAE
virtud	*por esta*	*gurú*	*tu*	*práctica*	*tener*

Por esta virtud obtenida al hacer tu práctica

འགྲོ་ཀུན་ཉིད་དང་དབྱེར་མེད་ཤོག།

DRO	KUN	ÑI	DANG	YER ME	SHO
seres vivos	*todos*	*tú mismo*	*y*	*inseparable*	*deber*

que todos los seres se vuelvan inseparables de ti, nuestro gurú.

འཇིག་རྟེན་བདེ་བའི་དཔལ་ལ་སྤྱོད།

YI TEN	DE WE	PAL	LA	CHOE
mundano	*felicidad*	*gloria*	*con*	*disfrutar*

Que todos disfrutemos de la rica felicidad de este mundo y tengamos

རིག་འཛིན་བླ་མའི་བཀྲ་ཤིས་ཤོག།

RIG DZIN	LA ME	TRA SHI	SHO
Vidyadara	*del gurú*	*auspicioso*	*debe ser*

la buena fortuna de nuestro gurú consciente.

Por esta virtud obtenida al hacer tu práctica que todos los seres se vuelvan inseparables de ti, nuestro gurú. Que todos disfrutemos de la rica felicidad de este mundo y tengamos la buena fortuna de nuestro gurú consciente.

ཕན་པར་བསམས་པ་ཙམ་གྱིས་ཀྱང་།

PHEN PAR   **SAM PA**   **TSAM**   **GYI**   **KYANG**
beneficio   *pensar*   *solo*   *por*   *incluso*

Si el mero pensamiento de ayudar a los demás

སངས་རྒྱས་མཆོད་ལས་ཁྱད་འཕགས་ན།

SANG GYE   **CHO**   **LAE**   **KYE PHA**   **NA**
budas   *ofrenda*   *que*   *excelente*   *así*

es más excelente que la alabanza a los budas,

སེམས་ཅན་མ་ལུས་ཐམས་ཅད་ཀྱི།

SEM CHEN   **MA LUE**   **THAM CHE**   **KYI**
seres sensibles   *sin excepción*   *todos*   *de*

no es necesario ni siquiera mencionar la grandeza de esforzarse

བདེ་དོན་བཙོན་པ་སྨོས་ཅི་དགོས།།

DE DON   **TSON PA**   **MOE**   **CHI**   **GOE**
beneficio   *esfuerzo*   *decir*   *qué*   *necesidad*

por la felicidad y el bienestar de todos los seres sin excepción.

Si el mero pensamiento de ayudar a los demás es más excelente que la alabanza a los budas, no es necesario ni siquiera mencionar la grandeza de esforzarse por la felicidad y el bienestar de todos los seres sin excepción.

སྤྱོད་འཇུག་ལས།

Estrofa de Una guía para el camino del bodisatva de Shantideva.

 བསྟན་པ་རྒྱས་པའི་སྨོན་ལམ། ASPIRACIÓN AL FLORECIMIENTO DEL DARMA

ཉེར་འཚེ་མ་ལུས་ཞི་བ་དང་།

ÑER TSE   **MA LUE**   **ZHI WA**   **DANG**
dificultades,   *sin*   *pacificar*   *y*
problemas   *excepción*

¡Que al ser pacificadas todas las dificultades sin excepción, y

མཐུན་རྐྱེན་རྣམ་མཁའི་མཛོད་བཞིན་དུ།

THUN   **KYEN**   **NAM KE**   **DZO**   **ZHIN DU**
armoniosas   *situaciones*   *del cielo*   *tesoro*   *como*

con condiciones armoniosas como el tesoro del cielo,

རྒྱལ་དབང་པདྨ་འབྱུང་གནས་ཀྱི།

GYAL   **WANG**   **PAE MA YUNG NAE**   **KYI**
Yina, victorioso   *señor*   *Padmasambava*   *de*

las enseñanzas del poderoso victorioso Fuente del loto

བསྟན་པ་ཡུན་རིང་འབར་གྱུར་ཅིག།

TAN PA   **YUN RING**   **BAR**   **GYUR CHI**
doctrina   *larga vida*   *resplandeciente*   *debe ser*

vivan mucho tiempo y brillen intensamente!

ཨོཾ་ཨཱཿཧཱུྂ་བཛྲ་གུ་རུ་པདྨ་སིདྡྷི་ཧཱུྂཿ

OM   **Aa**   **HUNG**   **BEN DZA**   **GU RU**   **PAE MA**   **SID DHI**   **HUNG**
Cuerpo   *Palabra*   *Mente*   *indestructible*   *Gurú*   *Loto*   *logro*   *dar*

Indestructible gurú de los tres modos Fuente del loto, ¡concédenos el logro!

¡Que al ser pacificadas todas las dificultades sin excepción, y con condiciones armoniosas como el tesoro del cielo, las enseñanzas del poderoso victorioso Fuente del loto vivan mucho tiempo y brillen intensamente! Indestructible gurú de los tres modos Fuente del loto, ¡concédenos el logro!

ཟངས་མདོག་དཔལ་རི་སྨོན་ལམ།

Aspiración para Zangdopalri

གནས་མཆོག་དག་པ་སྤྲུལ་ཏ་ཡབ་ཟངས་མདོག་དཔལ་རི་པདྨ་འོད་ཀྱི་ཞིང་གི་སྨོན་ལམ་ལ་
བརྟེན་ནས་འཁོར་བ་ལས་བགྲོད་པའི་ཏ་ཕོ་ཆྱུར་མགྱོག་ཕྱགས་རྗེས་ལྱགས་ཀྱུ་བཞུགས་སོ༔

Esta aspiración es el gancho de la bondad de Padmasambava que
nos saca rápidamente del samsara como un corcel al galope. Al
confiar en esto llegamos a su palacio Luz del loto en la gloriosa
montaña Color de Cobre (Zangdopalri) en el lugar puro y perfecto,
la Tierra del Espantamoscas situada al suroeste.

ཨོཾ་ཨཱཿཧཱུྃ་བཛྲ་གུ་རུ་པདྨ་སི་དྡི་ཧཱུྃཿ

OM	Aa	HUNG	BEN DZA	GU RU	PAE MA	SID DHI	HUNG
Cuerpo	*Palabra*	*Mente*	*indestructible*	*maestro*	*Padmasambava*	*sidhis*	*conceder*

¡Cuerpo, palabra y mente, maestro indestructible, concede los verdaderos
logros!

འཕགས་ཡུལ་ལྷོ་ནུབ་སྤྲུལ་ཏ་ཡབ་གླིང་ཕྲན་ཡུལཿ

PHA	YUL	LHO	NUB	NGA	YAB	LING	TRAN	YUL
sagrado	*tierra*	*sur*	*oeste*	*cola*	*fin*	*isla*	*pequeño*	*tierra*

Al suroeste de Bodgaya y más allá de la tierra santa de la India se encuentra la pequeña isla cuya forma se asemeja a un espantamoscas.

ཤིན་ཏུ་འཇིགས་རུང་ཟ་བྱེད་སྲིན་པོའི་གྲོངཿ

SHIN	TU	YIG RUNG	ZA YE	SIN POE	DRONG
muy		*temible*	*que come*	*caníbal*	*ciudad*

Allí se encuentra la ciudad de los temibles caníbales rakshasa

རི་བྲག་དམར་ནག་མཆོན་ཆ་གཟེངས་འདྲའི་བསྐོརཿ

RI	DRA	MAR	NAG	TSON CHA	ZENG	DRE	KOR
montaña	*roca*	*roja*	*negra*	*armas*	*surgido*	*como*	*rodeado*

rodeada de montañas rocosas rojinegras como armas alzadas.

སྲིན་གླིང་སོ་གཉིས་གྲོང་ཁྱེར་བརྗོད་ལས་འདསཿ

SIN	LING	SO ÑI	DRONG KYER	YOE LAE DAE
canbal	*isla's*	*treinta y dos*	*ciudades*	*inexpresable, innumerables*

Hay treinta y dos islas de caníbales rakshasa con innumerables ciudades.

¡Cuerpo, palabra y mente, maestro indestructible, concede los verdaderos logros! Al suroeste de Bodgaya y más allá de la tierra santa de la India se encuentra la pequeña isla cuya forma se asemeja a un espantamoscas. Allí se encuentra la ciudad de los temibles caníbales rakshasa, rodeada de montañas rocosas rojinegras como armas alzadas. Hay treinta y dos islas de caníbales rakshasa con innumerables ciudades.

 དེ་དབུས་ས་གཞི་ཁོད་སྙོམས་ཡངས་ཤིང་ཟླུམ༔

DE WUE	SA ZHI	KHO ÑOM	YANG SHING	DUM
en el centro de la isla principal	tierra	plana muy (como una mesa)	grande	redonda

En el centro hay una isla muy grande, redonda y plana

མེ་ཏོག་པདྨའི་ལྗོངས་དང་སྨན་སྣ་ཚོགས༔

ME TOG	PAE ME	YONG	DANG	MAN	NA TSHO
flores	loto	jardín	y	medicina	muchas diferentes

que es un jardín con lotos y muchas flores y plantas medicinales.

དྲི་ངད་འཐུལ་ཞིང་དྲི་ཡིས་དབང་པོ་སངས༔

DRI	NGAE	THUL ZHING	DRI	YI	WANG PO	SANG
aroma	intenso	volátil	aroma	por	nariz	refrescar

Su aroma es intenso y se extiende con facilidad, refrescando el olfato.

དཔག་བསམ་ཤིང་ཆེན་ཡལ་ག་ལོ་འབྲས་ལྡན༔

PA SAM SHING	CHEN	YAL GA	LO	DRAE	DAN
árbol que concede los deseos	grande	rama	hojas	fruto	tener

También hay un gran árbol que concede deseos, con muchas ramas, hojas y frutos.

En el centro hay una isla muy grande, redonda y plana que es un jardín con lotos y muchas flores y plantas medicinales. Su aroma es intenso y se extiende con facilidad, refrescando el olfato. También hay un gran árbol que concede deseos, con muchas ramas, hojas y frutos.

རིན་ཆེན་ས་གཞི་བདུད་རྩིའི་ཆུ་མིག་འབབས༔

RIN CHEN	SA ZHI	DUE TSI	CHU MI	BAB
joya preciosa	tierra	amrita	primavera	venir

En esta preciosa tierra el elixir liberador burbujea de los manantiales.

བྱ་རིགས་སྣ་ཚོགས་ཆོས་ཀྱི་བརྡ་སྒྲ་ལེན༔

YA	RIG	NA TSHO	CHOE	KYI	DA	LU LEN
pájaro	clases	diversas	darma	de	símbolo	cantar

Muchas clases de pájaros cantan los sonidos simbólicos del darma.

ริ་དགས་དུད་འགྲོ་རྒྱགནས་བུང་བ་སོགས༔

RI DA	DUN DRO	CHU	NAE	BUNG WA	SO
ciervos	*animales con pezuñas*	*agua*	*habitantes*	*abejas*	*y demás*

Hay ciervos y otros animales con pezuñas, criaturas acuáticas, abejas y otros insectos zumbadores,

འཕུར་འཕྱིང་རྩེ་འཛོ་དགའ་འགྲོ་སྤྲངས་སྤྲབས་བསྐོར༔

PHUR	DING	TSE YO	GA DRO	TANG TAB	KOR
volar	*saltar*	*jugar*	*muy feliz*	*postura*	*dentro*

que expresan su alegría volando, saltando y jugando.

པདྨ་འོད་ཀྱི་ཞིང་དེར་སྐྱེ་བར་ཤོག༔

PAE MA	OE	KYI	ZHING	DER	KYE WAR	SHO
lot	*luz*	*de*	*tierra*	*allí*	*nacido*	*deber*

Debemos nacer en esta tierra de Luz de Loto.

En esta preciosa tierra el elixir liberador burbujea de los manantiales. Muchas clases de pájaros cantan los sonidos simbólicos del darma. Hay ciervos y otros animales con pezuñas, criaturas acuáticas, abejas y otros insectos zumbadores, que expresan su alegría volando, saltando y jugando. Debemos nacer en esta tierra Luz de loto.

དེ་དག་དབུས་སུ་ཡན་ལག་བརྒྱད་ལྡན་གྱི༔

DE DA	WUE	SU	YAN	LA	GYE	DEN	GYI
estos	*centro*	*en*	*buenas cualidades*		*ocho*	*tener*	*de*

En el centro, con agua que posee las ocho buenas cualidades,

རྒྱ་མཚོ་ཆེན་པོ་རླུམ་འཁྱིལ་གཏིང་དབལ་ལ༔

GYAM TSO	CHEN PO	DUM	KHYIL	TING	DRAL	LA
océano	*grande*	*rodear*	*remolino*	*profundo*	*sin*	*ahí*

hay un gran océano arremolinado de profundidad insondable.

ནང་ན་རིན་ཆེན་སྣ་ཚོགས་གཅལ་དུ་བཀྲམ༔

NANG NA	RIN CHEN	NA TSHO	CHAL	DU	TRAM
ahí dentro	*joyas*	*muchas*	*extender*	*por fuera*	*esparcido*

Muchas joyas están esparcidas por su suelo.

ཀླུ་རིགས་དཔག་མེད་མཆོད་རྫས་ཕོག་ཏེ་མཆོད༔

LU	RIG	PA ME	CHOE	DZAE	THO TE	CHOE
naga	*clase*	*innumerables*	*ofrendas*	*cosas*	*sostener*	*ofrecer*

Surgen innumerables serpientes naga y ofrecen ofrendas de muchas clases.

 པད་འོད་ཀྱི་ཞིང་དེར་སྐྱེ་བར་ཤོག༔

PAE MA **OE** **KYI** **ZHING** **DER** **KYE WAR** **SHO**
loto *luz* *de* *tierra* *ahí* *nacido* *deber*

Debemos nacer en esta tierra de Luz de loto.

En el centro, con agua que posee las ocho buenas cualidades, hay un gran océano arremolinado de profundidad insondable. Muchas joyas están esparcidas por su suelo. Surgen innumerables serpientes naga y ofrecen ofrendas de muchas clases. Debemos nacer en esta tierra Luz de loto.

དེ་དབུས་གནས་མཆོག་ཟངས་མདོག་དཔལ་གྱི་རི༔

DE **WUE** **NAE** **CHO** **ZANG DO** **PAL** **GYI** **RI**
ese *centro* *lugar* *excelente* *cobre de color* *glorioso* *de* *montaña*

En el centro del océano se encuentra el lugar supremo, la gloriosa montaña de color cobre.

ཙིཏྟའི་དབྱིབས་ཅན་རྩ་བ་མཚོར་ནུབ་ཅིང༔

TSIT **TAE** **YIB** **CHEN** **TSA WA** **TSO** **NUB CHING**
corazón de *forma* *con* *raíz* *océano* *hundido*

Con forma de corazón, su raíz está en el océano, mientras

ལྷག་མ་ལྷུན་ཆགས་ཡིད་དེན་གཟི་བརྗིད་འབར༔

LHAG MA **LHUN CHA** **YI DEN** **ZI YI** **BAR**
el resto *estable* *espléndido, impresionante* *brillante* *resplandeciente*

que el resto es inconmovible, impresionante y resplandece de luz.

མ་མོ་མཁའ་འགྲོ་ཐམས་ཅད་འདུ་བའི་གླིང༔

MA MO **KHAN DRO** **THAM CHE** **DU WE** **LING**
diosas madre *dakinis* *todas* *reunidas* *lugar*

Aquí es donde se reúnen todas las diosas madres y dakinis.

པད་འོད་ཀྱི་ཞིང་དེར་སྐྱེ་བར་ཤོག༔

PAE MA **OE** **KYI** **ZHING** **DER** **KYE WAR** **SHO**
loto *luz* *de* *tierra* *ahí* *nacido* *debe*

Debemos nacer en esta tierra de Luz de loto.

En el centro del océano se encuentra el lugar supremo, la gloriosa montaña de color cobre. Con forma de corazón, su raíz está en el océano, mientras que el resto es inconmovible, impresionante y resplandece de luz. Aquí es donde se reúnen todas las diosas madres y dakinis. Debemos nacer en esta tierra Luz de loto.

རི་རབ་དེ་ཡི་རྩེ་མོ་འོད་ལྔའི་ཀློང་ༀ

RI RAB   DE   YI   TSE MO   OE   NGE   LONG
montaña   esa   de   cima   color*   cinco*   en el
*blanco, rojo, azul, amarillo, verde

El cielo que rodea la cima de esa excelente montaña brilla con los cinco colores.

ཤེལ་དང་བཻ་ཌཱ་ རྱ་ཅུ་ དང་ར་ག་དང་ༀ

SHEL   DANG   BE DUR YA   DANG   RA GA   DANG
cristal   y   lapislázuli   y   coral   y
(lado este)   (lado sur)   (lado oeste)

Cristal blanco, lapislázuli azul, coral rojo e

ཨིནྡྲ་ནི་ལ་ལ་སོགས་རིན་ཆེན་གྱི་ༀ

IN DRA NI LA   LA SO   RIN CHEN   GYI
indranila, como una esmeralda verde   y demás   precioso   de
(lado norte)

indranila verde son los materiales preciosos

རྩིག་པ་ལྔ་ལྡན་གྲུ་བཞི་སྒོ་བཞི་པༀ

TSIG PA   NGA   DEN   DRU   ZHI   GO   ZHI PA
muros   cinco   tener   esquinas   cuatro   puertas   cuatro

que forman las paredes del palacio de cinco capas de espesor. Hay cuatro esquinas, cuatro puertas y

ཚད་དང་མཆན་ཉིད་ཡོངས་རྫོགས་གཞལ་མེད་ཁང་ༀ

TSAE   DANG   TSHEN ÑI   YONG DZO   ZHAL   ME   KHANG
medidas   y   símbolos   completo   medida   sin   palacio
*   (mandala)*

las medidas, símbolos y atributos son perfectos en este palacio infinito.

པདྨ་འོད་ཀྱི་ཞིང་དེར་སྐྱེ་བར་ཤོག་ༀ

PAE MA   OE   KYI   ZHING   DER   KYE WAR   SHO
loto   luz   de   tierra   ahí   nacido   debe

Debemos nacer en esta tierra Luz de loto.

El cielo que rodea la cima de esa excelente montaña brilla con los cinco colores. Cristal blanco, lapislázuli azul, coral rojo e indranila verde son los materiales preciosos que forman las paredes del palacio de cinco capas de espesor. Hay cuatro esquinas, cuatro puertas y las medidas, símbolos y atributos son perfectos en este palacio infinito. Debemos nacer en esta tierra de Luz de loto.

ཁང་བརྩེགས་ལྔ་པ་སྒོ་ཁང་ཏ་བབ་ལྡན༔

KHANG TSE NGA PA GO KHANG TA BAB DEN
edificio niveles cinco pórtico galerías tener

El palacio tiene cinco pisos con pórticos y galerías.

རཏྣ་རིགས་ཀྱི་ཕ་གུ་དྲ་བ་དང་༔

RATNA RIG KYI PHA GU DRA WA DANG
joyas diferentes de cornisa cadenas decorativas y

Diferentes joyas decoran cada cornisa. Hay cadenas y

ཕྲ་ཕྱེད་མདའ་ཡབ་ཕུ་ཤུད་ནོར་བུའི་ཏོག༔

TRA CHE DA YAB PU SHU NOR BUI TO
media cadenas cubierta mirador canalón para la lluvia enjoyado pináculo

medias cadenas decorativas, miradores techados, canalones para la lluvia y un pináculo enjoyado.

འཕན་གདུགས་རྒྱལ་མཚན་དར་དཔྱང་དྲིལ་གཡེར་སྤྲས༔

PHEN DU GYAL TSEN DAR CHANG DRIL YER TRAE
dosel bandera de la victoria seda borla campana pequeña adornada

Hay estandartes de cintas en los pilares, doseles en el techo, estandartes
de la victoria y borlas de seda con campanas y cascabeles cosidos.

པད་འོད་ཀྱི་ཞིང་དེར་སྐྱེ་བར་ཤོག༔

PAE MA OE KYI ZHING DER KYE WAR SHO
loto luz de tierra ahí nacido debe

Debemos nacer en esta tierra Luz de loto.

*El palacio tiene cinco pisos con pórticos y galerías. Diferentes joyas
decoran cada cornisa. Hay cadenas y medias cadenas decorativas, miradores techados, canalones para la lluvia y un pináculo enjoyado. Hay
estandartes de cintas en los pilares, doseles en el techo, estandartes de
la victoria y borlas de seda con campanas y cascabeles atados. Debemos
nacer en esta tierra Luz de loto.*

འདོད་སྣམ་རྣམས་ལ་མཆོད་པའི་ལྷ་མོ་ཡིས༔

DOE NAM NAM LA CHOE PE LHA MO YI
balcón, terraza (pl.) en ofrenda diosas por

En los balcones y terrazas hay diosas de ofrendas

མཆོད་རྫས་དུ་མ་ཐོགས་ཏེ་མཆོད་པར་བྱེད༔

CHO DZAE DU MA THOG TE CHO PAR YE
ofrenda artículos diversos llevar en alto ofrecer a hacer

que llevan en alto diversos regalos.

ཕྱི་ནང་སྒྲིབ་མེད་ཡེ་ཤེས་ཟང་ཐལ་ཀློང་༔

CHI	NANG	DRIB	ME	YE SHE	ZANG THAL	LONG
externo	*interno*	*obscurecer*	*no*	*sabiduría*	*directa*	*profundidad*

Las paredes son translúcidas. Con el conocimiento original se puede ver todo directamente y

མཐའ་དབུས་མ་འདྲེས་ཕོ་བྲང་ཟང་ཐལ་འཆར༔

THA	WUE	MA	DRE	PHO DRANG	ZANG THAL	CHAR
borde	*centro*	*no*	*mezclado*	*palacio*	*directo*	*surge*

sin mezclar el centro y la periferia, ya que todo el palacio está inmediatamente presente.

པདྨ་འོད་ཀྱི་ཞིང་དེར་སྐྱེ་བར་ཤོག༔

PAE MA	OE	KYI	ZHING	DER	KYE WAR	SHO
loto	*luz*	*de*	*tierra*	*ahí*	*nacido*	*debe*

Debemos nacer en esta tierra Luz de loto.

En los balcones y terrazas hay diosas de ofrendas que llevan en alto diversos regalos. Las paredes son translúcidas. Con el conocimiento original se puede ver todo directamente y sin mezclar el centro y la periferia, ya que todo el palacio está inmediatamente presente. Debemos nacer en esta tierra Luz de loto.

ཡེ་ཤེས་རང་འོད་ཕོ་བྲང་དེ་ཡི་མཐར༔

YE SHE	RANG	OE	PHO DRANG	DE	YI	THAR
conocimiento original	*autosurgido*	*luz*	*palacio*	*ese*	*de*	*fin, borde*

En el perímetro de este palacio que se manifiesta desde la luz intrínseca del conocimiento original

རིན་ཆེན་དུ་མ་ལས་གྲུབ་ལྕགས་རིས་བསྐོར༔

RIN CHEN	DU MA	LAE DRU	CHA	RI	KOR
joya	*muchas*	*construido*	*hierro*	*montaña*	*círculo*

hay un muro circundante de joyas que se asemeja a las montañas de hierro que rodean nuestro mundo.

སྟེང་ན་སྐུ་གདུང་འོད་འབར་འཕན་གདུགས་དང་༔

TENG NA	KU DUNG	OE BAR	PHAN DU	DANG
remate	*estupa*	*resplandeciente*	*estandartes y doseles*	*y*

El remate del muro está ornamentado con relicarios brillantes, estandartes, doseles y

 དར་ཆེན་སྤག་གི་རྒྱལ་མཆན་དུ་བས་སྤས༔

DAR CHEN TA GI GYAL TSEN DRA WAE TRAE
estandarte grande tigre de bandera de la victoria guirnaldas adornado

grandes estandartes, estandartes de la victoria del tigre y guirnaldas.

དྲིལ་གཡེར་རླུང་བསྐྱོད་ཆོས་སྒྲས་སྟོང་གསུམ་ཁྱབ༔

DRIL YER LUNG KHYO CHOE DRAE TONG SUM KHYA
campanas campanillas viento movidas darma sonido por todas partes extenderse

El viento agita las campanas grandes y pequeñas y su sonido darma se oye en todos los mundos.

པདྨ་འོད་ཀྱི་ཞིང་དེར་སྐྱེ་བར་ཤོག༔

PAE MA OE KYI ZHING DER KYE WAR SHO
loto luz de tierra ahí nacido debe

Debemos nacer en esta tierra Luz de loto.

En el perímetro de este palacio que se manifiesta desde la luz intrínseca del conocimiento original hay un muro circundante de joyas que se asemeja a las montañas de hierro que rodean nuestro mundo. El remate del muro está ornamentado con relicarios brillantes, estandartes, doseles y grandes estandartes, estandartes de la victoria del tigre y guirnaldas. El viento agita las campanas grandes y pequeñas y su sonido darma se oye en todos los mundos. Debemos nacer en esta tierra Luz de loto.

གསང་མཆོག་བླ་མེད་ཕོ་བྲང་དེའི་དབུས་སུ༔

SANG CHO LA ME PHO DRANG DEI WUE SU
secreto excelente insuperable palacio ese centro de

En el centro de este palacio secreto, excelente e insuperable

རིན་ཆེན་ཟུར་བརྒྱད་ཉི་ཟླ་པདྨའི་སྟེང་༔

RIN CHEN ZUR GYAE ÑI DA PAE ME TENG
joyas cara, lado ocho sol luna loto en

hay un trono enjoyado de ocho lados. Allí, sentado sobre el sol, la luna y el loto,

བདེ་གཤེགས་ཀུན་འདུས་རྗེ་བཙུན་སྤྲུལ་པའི་སྐུ༔

DE SHE KUN DUE YE TSUN TRUL PE KU
tatágatas que incluyen, venerable nirmanakaya,
budas que abarcan aparición

se encuentra el venerable nirmanakaya que engloba a todos los Felizmente Idos,

མཚོ་སྐྱེས་རྡོ་རྗེ་རྣམ་འགྱུར་ངེས་བཞུགས༔

TSO KYE DOR YE NAM GYUR MA NGE ZHU
lago nacido vajra forma cambiante se sienta, permanece

Tsokye Dorye, cuya forma no es fija.

པདྨ་འོད་ཀྱི་ཞིང་དེར་སྐྱེ་བར་ཤོག༔

PAE MA OE KYI ZHING DER KYE WAR SHO
loto luz de tierra ahí nacido debe

Debemos nacer en esta tierra Luz de loto.

En el centro de este palacio secreto, excelente e insuperable hay un trono enjoyado de ocho lados. Allí, sentado sobre el sol, la luna y el loto, se encuentra el venerable nirmanakaya que engloba a todos los Felizmente Idos, Tsokye Dorye, cuya forma no es fija. Debemos nacer en esta tierra Luz de loto.

གཡས་གཡོན་ཡེ་ཤེས་མཁའ་འགྲོ་རྣམས་གཉིས་དང༔

YAE YON YE SHE KHAN DRO NAM ÑI DANG
derecha izquierda sabiduría dakini (pl.) dos y
(Mandarava y Yeshe Tsogyal)

A su derecha y a su izquierda están las dos dakinis de sabiduría junto con

རྒྱ་བོད་རིག་འཛིན་དཔག་ཏུ་མེད་པ་ཡིས༔

GYA BOE RIG DZIN PA TU ME PA YI
India Tíbet vidyadaras medida, número sin por

innumerables sabios de India y Tíbet.

བླ་མེད་རྡོ་རྗེ་སྙིང་པོའི་ཆོས་འཁོར་བསྐོར༔

LA ME DOR YE ÑING POE CHOE KHOR KOR
más alta sin vajra esencia darma rueda girar

Su práctica de Darma es la insuperable esencia indestructible.

རྔ་ཆེན་གླིང་བུ་ལ་སོགས་རོལ་མོ་དྲོལ༔

NGA CHEN LING BU LA SO ROL MO DROL
tambor grande flauta y demás címbalos tocar

Tocan grandes tambores, flautas, platillos y otros instrumentos musicales.

པདྨ་འོད་ཀྱི་ཞིང་དེར་སྐྱེ་བར་ཤོག༔

PAE MA OE KYI ZHING DER KYE WAR SHO
loto luz de tierra ahí nacido debe

Debemos nacer en esta tierra Luz de loto.

A su derecha y a su izquierda están las dos dakinis de sabiduría junto con innumerables sabios de India y Tíbet. Su práctica de Darma es la insuperable esencia indestructible. Tocan grandes tambores, flautas, platillos y otros instrumentos musicales. Debemos nacer en esta tierra de Luz de loto.

གསང་མཆོག་བླ་མེད་ཕོ་བྲང་བར་ཁང་དུ༔

SANG	CHO	LA ME	PHO DRANG	BAR	KHANG	DU
secreto	*excelente*	*insuperable*	*palacio*	*medio*	*habitación, piso*	*en*

En la entreplanta de este insuperable palacio secreto excelente

བཅོམ་ལྡན་དཔལ་ཆེན་ཆེ་མཆོག་ཧེ་རུ་ཀ༔

CHOM DEN	PAL CHEN	CHEM CHO	HE RU KA
bagawán	*glorioso*	*Chemchog*	*Heruka*

se encuentra el perfecto, glorioso Chemchog Heruka rodeado por las

སྒྲུབ་པ་སྡེ་དགུ་ཕག་ཁྲོས་སེང་གེའི་གདོང་༔

DRU PA DE	GU	PHA	THROE	SENG GEI	DONG
sadana	*grupo*	*nueve, muchas*	*cerda* airada***	*del león#*	*cara*

*Dorye Phagmo **Troma Nagmo #Senge Dongma

deidades de las ocho sadanas junto con Dorye Phagmo, Troma Nagmo, Senge Dongma,

རྡོ་རྗེ་རྣལ་འབྱོར་གསང་བ་ཡེ་ཤེས་དབྱིངས༔

DOR YE NAL YOR	SANG WA	YE SHE	YING
vajra yoguini	*secreta*	*sabiduría*	*espacio*

Vajra Yoguini y Sangwa Yeshe Ying.

ཕ་མ་གཉིས་མེད་རྒྱུད་སྡེའི་འཁོར་གྱིས་བསྐོར༔

PHA	MA	ÑI ME	GYU	DEI	KHOR GYI KOR
padre	*madre*	*no-dual, neutro*	*tantras*	*de*	*rodeado*

Están rodeados por las deidades de los tantras padre, madre y no-dual.

པདྨ་འོད་ཀྱི་ཞིང་དེར་སྐྱེ་བར་ཤོག༔

PAE MA	OE	KYI	ZHING	DER	KYE WAR	SHO
loto	*luz*	*de*	*tierra*	*ahí*	*nacido*	*debe*

Debemos nacer en esta tierra Luz de loto.

En la entreplanta de este insuperable palacio secreto excelente se encuentra el perfecto, glorioso Chemchog Heruka rodeado por las deidades de las ocho sadanas junto con Dorye Pagmo, Troma Nagmo, Senge Dongma, Vajra Yoguini y Sangwa Yeshe Ying. Están rodeados por las deidades de los tantras padre, madre y no-dual. Debemos nacer en esta tierra Luz de loto.

གསང་མཆོག་བླ་མེད་སྟེང་ཁང་དང་པོའི་ནང་ༀ

SANG	CHO	LA ME	TENG	KHANG	DANG POI	NANG
secreto	*excelente*	*insuperable*	*encima*	*habitación*	*primera*	*en*

En el segundo piso de este insuperable palacio secreto excelente

བདེ་གཤེགས་དྲུག་པ་རྡོ་རྗེ་འཆང་ཆེན་ལ་ༀ

DE SHE	DRU PA	DOR YE CHANG	CHEN	LA
buda	*sexto*	*Vajradara*	*grande*	*con*

se encuentra el sexto Buda, el gran Vajradara

གཞི་བཅུ་རྩ་གཉིས་ཞི་བའི་ལྷ་ཚོགས་དང་ༀ

ZHIB CHU TSA ÑI	ZHI WE	LHA	TSHO	DANG
cuarenta y dos	*pacífico*	*deidades*	*séquito*	*y*

rodeado por las cuarenta y dos deidades pacíficas y por

ས་བཅུ་བྱང་ཆུབ་སེམས་དཔའི་ཚོགས་ཀྱིས་བསྐོར་ༀ

SA	CHU	CHANG CHU	SEM PE		TSHO	KYI	KOR
décimo	*estadio*	*bodisatvas*		*de*	*séquito*	*por*	*rodeado*

los bodisatvas del décimo estadio.

པདྨ་འོད་ཀྱི་ཞིང་དེར་སྐྱེ་བར་ཤོག་ༀ

PAE MA	OE	KYI	ZHING	DER	KYE WAR	SHO
loto	*luz*	*de*	*tierra*	*ahí*	*nacido*	*debe*

Debemos nacer en esta tierra Luz de loto.

En el segundo piso de este insuperable palacio secreto excelente se encuentra el sexto Buda, el gran Vajradara rodeado por las cuarenta y dos deidades pacíficas y por los bodisatvas del décimo estadio. Debemos nacer en esta tierra Luz de loto.

གསང་མཆོག་བླ་མེད་སྟེང་ཁང་བར་མའི་ནང་ༀ

SANG	CHO	LA ME	TENG	KHANG	BAR ME	NANG
secreto	*excelente*	*insuperable*	*encima*	*piso*	*medio*	*en*

En el tercer piso de este insuperable palacio secreto y excelente se encuentra

ལོངས་སྐུའི་འཕགས་པ་སྤྱན་རས་གཟིགས་དབང་ཕྱུག་ༀ

LONG KÜI	PHA PA	CHEN RE ZI	WANG CHU
sambogakaya	*noble*	*Avalokitésvara*	*poderoso*

el sambogakaya, el noble y poderoso Chenrezi.

འགྲོ་དྲུག་འདུལ་མཛད་ཐུབ་པ་དྲུག་རྣམས་ལ༔

DRO DRU DUL DZE THU PA DRU NAM LA
seis seres educar muni, buda seis todos con

Los protectores de los seres de los seis reinos, los seis munis y

ལོངས་སྤྱོད་རྫོགས་པའི་སྐུ་ཡི་འཁོར་གྱིས་བསྐོར༔

LONG CHO DZO PAE KU YI KHOR GYI KOR
sambogakaya de séquito por rodear

todas las formas de sambogakaya le rodean.

པདྨ་འོད་ཀྱི་ཞིང་དེར་སྐྱེ་བར་ཤོག༔

PAE MA OE KYI ZHING DER KYE WAR SHO
loto luz de tierra ahí nacido debe

Debemos nacer en esta tierra Luz de loto.

En el tercer piso de este insuperable palacio secreto y excelente se encuentra el sambogakaya, el noble y poderoso Chenrezi. Le rodean los protectores de los seres de los seis reinos, los seis munis y todas las formas de sambogakaya. Debemos nacer en esta tierra Luz de loto.

གསང་མཆོག་བླ་མེད་ཕོ་བྲང་ཡང་ཐོག་ཏུ༔

SANG CHO LA ME PHO DRANG YANG THO TU
secreto excelente insuperable palacio más arriba

En el cuarto piso de este insuperable palacio secreto y excelente se encuentra

ཆོས་སྐུའི་རྒྱལ་བ་མགོན་པོ་འོད་དཔག་མེད༔

CHO KUI GYAL WA GON PO OE PA ME
darmakaya buda señor Amitaba

el buda darmakaya, nuestro protector Amitaba,

ས་བཅུ་བྱང་ཆུབ་སེམས་དཔའི་ལྷ་ཚོགས་རྣམས༔

SA CHU CHANG CHU SEM PE LHA TSHO NAM
diez estadios de los bodisatvas deidades multitud todos

rodeado de bodisatvas del décimo estadio y de multitudes de deidades.

ཐུགས་རྗེའི་སྤྱན་གྱིས་བདག་སོགས་འགྲོ་ལ་གཟིགས༔

THU YEI CHEN GYI DA SO DRO LA ZI
de compasión ojos por nosotros seres a mirar

Todos ellos nos miran con ojos compasivos.

པདྨ་འོད་ཀྱི་ཞིང་དེར་སྐྱེ་བར་ཤོག །

PAE MA   **OE**   **KYI**   **ZHING**   **DER**   **KYE WAR**   **SHO**
loto   *luz*   *de*   *tierra*   *ahí*   *nacido*   *debe*

Debemos nacer en esta tierra Luz de loto.

En el cuarto piso de este insuperable palacio secreto y excelente se encuentra el buda darmakaya, nuestro protector Amitaba, rodeado de bodisatvas del décimo estadio y de multitudes de deidades. Todos ellos nos miran con ojos compasivos. Debemos nacer en esta tierra Luz de loto.

གཙང་ཁང་རྣམས་ལ་རིག་འཛིན་ལྷ་ཡི་ཚོགས །

TSANG   **KHANG**   **NAM**   **LA**   **RIG DZIN**   **LHA**   **YI**   **TSHO**
pura   *sala*   *muchas en*   *vidyadaras*   *deidades de*   *multitudes*

En las numerosas capillas del palacio hay multitudes de sabios,

སོ་སོར་མ་འདྲེས་འགྲོ་བའི་མོས་དོ་རུ །

SO SOR   **MA**   **DRE**   **DRO WE**   **MOE**   **NGO**   **RU**
cada uno   *no*   *mezclado*   *seres*   *deseo*   *aparecer*   *según*

Cada manifestación lo hace según los deseos de los seres sensibles.

སྣང་བརྙན་ཅིར་ཡང་འཆར་བ་སྤྲུལ་པའི་སྐུ །

NANG   **ÑEN**   **CHIR YANG**   **CHAR WA**   **TRUL PE KU**
aparición   *forma*   *cualquiera*   *surgir*   *nirmanakaya*

Estas apariciones se pueden manifestar de cualquier forma.

གང་ལ་གང་འདུལ་གདུལ་བྱའི་རེ་བ་སྐོང་ །

GANG LA GANG   **DUL**   **DUL YE**   **RE WA**   **KONG**
a cada uno según sus necesidades   *disciplina*   *de los discípulos*   *esperanzas*   *cumplir*

a fin de proporcionar lo necesario para colmar las esperanzas de los fieles.

པདྨ་འོད་ཀྱི་ཞིང་དེར་སྐྱེ་བར་ཤོག །

PAE MA   **OE**   **KYI**   **ZHING**   **DER**   **KYE WAR**   **SHO**
loto   *luz*   *de*   *tierra*   *ahí*   *nacido*   *debe*

Debemos nacer en esta tierra Luz de loto.

En las numerosas capillas del palacio hay multitudes de sabios, cada uno de los cuales se manifiesta de forma distinta según los deseos de los seres sensibles. Estas apariciones pueden manifestarse en cualquier forma posible a fin de proporcionar lo necesario para colmar las esperanzas de los fieles. Debemos nacer en esta tierra Luz de loto.

ཕྱོགས་བཅུའི་སངས་རྒྱས་བྱང་སེམས་ཉན་རང་དང༔

CHO	CHUI	SANG GYE	CHANG SEM	ÑEN	RANG	DANG
direcciones	*diez*	*budas*	*bodisatvas*	*sravakas*	*pratyeka budas*	*y*

Hay budas de las diez direcciones, bodisatvas, sravakas y pratyekabudas,

དགུ་ལྡན་བླ་མ་ཡི་དམ་རྒྱུད་བཞི་དྲུག༔

GU	DEN	LA MA	YI DAM	GYU	ZHI	DRU
nueve	*tienen*	*gurú*	*deidad del camino*	*tantra*	*cuatro*	*seis*

gurús que poseen las nueve transmisiones, las deidades del camino de las cuatro y las seis clases de tantra,

དཔའ་བོ་མཁའ་འགྲོ་ཆོས་སྐྱོང་གཏེར་གྱི་བདག༔

PA WO	KHAN DRO	CHOE YING	TER	GYI	DA
héroes	*dakinis*	*protectores del darma*	*tesoro*	*de*	*guardián*

héroes, dakinis, protectores del darma, guardianes del tesoro,

དཔའ་རྟུལ་དུང་སྨན་ལ་སོགས་སྤྲིན་ལྟར་གཏིབས༔

PA	TUL	DUNG MEN	LA SO	TRIN	TAR	TIB
héroes	*intrépido*	*diosas*	*y demás*	*nubes*	*como*	*rodear*

héroes intrépidos, diosas y muchos más, que se reúnen como nubes.

པད་འོད་ཀྱི་ཞིང་དེར་སྐྱེ་བར་ཤོག༔

PAE MA	OE KYI	ZHING	DER	KYE WAR	SHO
loto	*luz de*	*tierra*	*ahí*	*nacido*	*debe*

Debemos nacer en esta tierra Luz de loto.

Hay budas de las diez direcciones, bodisatvas, sravakas y pratyekabudas, gurús que poseen las nueve transmisiones, las deidades del camino de las cuatro y las seis clases de tantra, héroes, dakinis, protectores del darma, guardianes del tesoro, héroes intrépidos, diosas y muchos más, que se reúnen como nubes. Debemos nacer en esta tierra Luz de loto.

གནས་དེའི་ཕྱོགས་མཚམས་རིག་འཛིན་རྒྱ་མཚོ་དང༔

NAE	DEI	CHO	TSHAM	RIG DZIN	GYAM TSO	DANG
lugar	*ese*	*direcciones*	*fronteras*	*vidyadaras*	*océano*	*y*

En las ocho direcciones se extiende un océano de sabios y sus

དཔའ་བོ་དཔའ་མོ་གྲངས་མེད་འཁོར་བཅས་ཀྱི༔

PA WO	PA MO	DRANG	ME	KHOR	CHAE	KYI
héroes	*heroínas*	*número*	*sin*	*séquitos*	*con*	*de*

séquitos de innumerables héroes y heroínas.

བཟའ་བཏུང་དཔག་མེད་ཟག་མེད་བདུད་རྩིར་བསྒྱུར༔

ZA	TUNG	PA	ME ZA		ME	DU TSIR	GYU
comida	*bebida*	*medida*	*sin*	*impureza*	*sin*	*amrita*	*hacer*

Ofrecen comida y bebida sin medida, ofrendas carentes de impureza
que se han convertido en elixir liberador.

ཚོགས་ཀྱི་འཁོར་ལོའི་བར་མེད་མཆོད་པ་འབུལ༔

TSHO KYI	KHOR LOI	BAR	ME	CHO PA BUL
ofrecer	*séquito*	*cese*	*sin*	*ofrecer*

Todo esto se ofrece como un interminable festín de ofrendas de ganachakra.

པད་འོད་ཀྱི་ཞིང་དེར་སྐྱེ་བར་ཤོག༔

PAE MA	OE	KYI	ZHING	DER	KYE WAR	SHO
loto	*luz*	*de*	*tierra*	*ahí*	*nacido*	*debe*

Debemos nacer en esta tierra Luz de loto.

En las ocho direcciones se extiende un océano de sabios y sus séquitos
de innumerables héroes y heroínas. Ofrecen comida y bebida sin
medida, ofrendas carentes de impureza que se han convertido en elixir
liberador. Todo esto se ofrece como un interminable festín de ofrendas
de ganachakra. Debemos nacer en esta tierra Luz de loto.

ཡེ་ཤེས་མཁའ་འགྲོ་དཀར་སེར་དམར་ལྗང་མཐིང༔

YE SHE	DAK KI	KAR	SER	MAR	YANG	THING
sabiduría	*dakini*	*blanca*	*amarilla*	*roja*	*verde*	*azul*

Muchas dakinis de sabiduría, de color blanco, amarillo, rojo, verde y azul,

རབ་མཛེས་ཡིད་འོང་མང་པོས་བྲོ་གར་བླུ༔

RAB DZE	YI ONG	MANG POE	TRO GAR	LU
muy bellas	*encantadoras*	*muchas*	*danzar*	*cantar*

bellas y encantadoras, cantan y bailan con

འཕན་གདུགས་རྒྱལ་མཚན་རོལ་མོ་སྣ་ཚོགས་སོགས༔

PHAN	DU	GYAL TSEN	ROL MO	NA TSHO SO
colgantes	*sombrillas*	*banderas de la victoria*	*instrumentos musicales*	*diferentes y demás*

colgantes, paraguas, estandartes de la victoria y diversos instrumentos
musicales.

འཇིག་རྟེན་འདིར་སྣང་མཆོད་རྫས་ཐོགས་ཏེ་མཆོད༔

YIG TEN	DIR	NANG	CHOE	DZAE	TO TE	CHOE
mundo	*aquí*	*aparecer*	*ofrenda*	*artículos*	*portar en alto*	*ofrecer*

Portan en alto ofrendas de todo lo bueno que hay en este mundo.

པད་འོད་ཀྱི་ཞིང་དེར་སྐྱེ་བར་ཤོག།

PAE MA   OE   KYI   ZHING   DER   KYE WAR   SHO
loto   luz   de   tierra   ahí   nacido   debe

Debemos nacer en esta tierra Luz de loto.

Muchas dakinis de sabiduría, de color blanco, amarillo, rojo, verde y azul, bellas y encantadoras, cantan y bailan con colgantes, paraguas, estandartes de la victoria y diversos instrumentos musicales. Portan en alto ofrendas de todo lo bueno que hay en este mundo. Debemos nacer en esta tierra Luz de loto.

ཞིང་དེའི་མདུན་ངོས་བྲག་རི་བུམ་པའི་དབྱིབས༔

ZHING   DE   DUN NGOE   DRAG RI   BUM PAE   YIB
reino   este delante   rocosa montaña jarrón   forma

Delante de este reino sagrado hay una montaña rocosa con forma de jarrón.

མགུལ་ལ་པད་འི་ཕྱག་རྗེས་ཕྱག་མཐིལ་ནས༔

GUL   LA   PAE ME   CHA YE   CHA   THIL   NAE
cuello en el de Padmasambava mano noble manos palma de

En su cuello hay dos huellas de las manos de Padmasambava y de sus palmas

ཡེ་ཤེས་བདུད་རྩིའི་ཆུ་རྒྱུན་སྐྱེད་ཚལ་འབབས༔

YE SHE   DU TSI   CHU   GYUN   KYE   TSAL   BAB
sabiduría amrita   agua   fluye   jardín   cae

fluye amrita sagrada hacia el jardín de abajo.

མཐའ་བསྐོར་ལྱགས་རིས་ཡོངས་བསྐོར་མཚོ་དེའི་དཀྱིལ༔

THA KOR CHA RI   YONG   KOR   TSO   DEI   KYIL
rodear muro exterior completamente rodear lago de   centro

Este jardín está completamente rodeado por un muro exterior y en su centro hay un estanque de elixir liberador.

པད་འི་སྦུགས་ནས་ལས་ལྡན་དཔག་མེད་འཁྲུངས༔

PAE ME   BUE   NAE   LAE DEN   PA ME   TRUNG
loto   hueco desde afortunados innumerables nacido

De los huecos de las muchas flores de loto que crecen allí nacen innumerables seres afortunados.

པད་འོད་ཀྱི་ཞིང་དེར་སྐྱེ་བར་ཤོག༔

PAE MA   OE   KYI   ZHING   DER   KYE WAR   SHO
loto   luz   de   tierra   ahí   nacido   debe

Debemos nacer en esta tierra Luz de loto.

Delante de este reino sagrado hay una montaña rocosa con forma de jarrón. En su cuello hay dos huellas de las manos de Padmasambava y de sus palmas fluye amrita sagrada hacia el jardín de abajo. Este jardín está completamente rodeado por un muro exterior y en su centro hay un estanque de elixir liberador. De los huecos de las muchas flores de loto que crecen allí nacen innumerables seres afortunados. Debemos nacer en esta tierra Luz de loto.

གནས་ཀྱི་ཕྱོགས་མཚམས་སྲིན་ཡུལ་གླིང་རྣམས་སུཿ

NAE KYI CHO TSAM SIN YUL LING NAM SU
lugar de direcciones frontera caníbal país islas cada en

Alrededor de la montaña sagrada, en todas direcciones, en cada isla de este país de caníbales,

པད་འབྱུང་སྤྲུལ་པ་གྲངས་མེད་ཆོས་འཁོར་བསྐོརཿ

PAE YUNG TRUL PA DRANG ME CHOE KHOR KOR
Padmasambava emanación innumerables darma rueda girar

hay innumerables emanaciones de Padmasambava enseñando el Darma.

གང་ལ་གང་འདུལ་ཐབས་ཀྱིས་འགྲོ་དོན་མཛདཿ

GANG LA GANG DUL THAB KYI DRO DON DZAE
quienquiera lo que sea educar métodos, por de los seres beneficio hacer
(hacer lo que sea necesario) medios hábiles

Utilizan cualquier método de educación que sea necesario para cada individuo con el fin de beneficiar a los seres.

སྤྱོད་པ་རྨད་བྱུང་རིག་འཛིན་རྒྱལ་བའི་ཞིངཿ

CHO PA MAE YUNG RIG DZIN GYAL WE ZHING
actos maravilloso vidyadaras de los victoriosos reino

Muchos actos maravillosos son realizados por los sabios de este reino búdico.

པདྨ་འོད་ཀྱི་ཞིང་དེར་སྐྱེ་བར་ཤོགཿ

PAE MA OE KYI ZHING DER KYE WAR SHO
loto luz de tierra ahí nacido debe

Debemos nacer en esta tierra Luz de loto.

Alrededor de la montaña sagrada, en todas direcciones, en cada isla de este país de caníbales, hay innumerables emanaciones de Padmasambava enseñando el Darma. Utilizan cualquier método de educación que sea necesario para cada individuo con el fin de beneficiar a los seres. Muchos actos maravillosos son realizados por los sabios de este reino búdico. Debemos nacer en esta tierra Luz de loto.

ཞིང་མཆོག་རྣམ་དག་དེ་ཡི་ཕྱོགས་མཚམས་སུ༔

ZHING	CHO	NAM DA	DE	YI	CHO	TSHAM	SU
reino	excelente	muy puro	este	de	direcciones	frontera	en

En todas direcciones alrededor de este excelente lugar puro,

ནམ་མཁའ་ས་གཞི་བར་སྣང་ཡོངས་གང་བའི༔

NAM KHA	SA ZHI	BAR NANG	YONG		GANG WE
cielo	tierra	atmósfera	completamente		lleno

en el cielo, en el aire y en la tierra, hay muchos, muchos

ཡེ་ཤེས་ལྔ་ལྡན་འཇའ་འོད་ཐིག་ལེའི་ཀློང་༔

YE SHE	NGA	DEN	YA OE	THIG LE	LONG
sabiduría	cinco	tener	arco iris	esfera blanca	dentro

arco iris y esferas de luz con los colores de las cinco sabidurías.

པད་འབྱུང་གྲངས་མེད་ཉི་ཟླ་རྡུལ་ཇི་བཞིན་འཛིགས༔

PAE YUNG	DRANG ME	ÑI	DUL	YI ZHIN	TRI
Padmasambava	innumerables	sol	polvo	similar	reunir

Dentro de ellas hay emanaciones de Padmasambava tan numerosas como motas de polvo en los rayos del sol.

པདྨ་འོད་ཀྱི་ཞིང་དེར་སྐྱེ་བར་ཤོག༔

PAE MA	OE	KYI	ZHING	DER	KYE WAR	SHO
loto	luz	de	tierra	ahí	nacido	debe

Debemos nacer en esta tierra Luz de loto.

En todas direcciones alrededor de este excelente lugar puro, en el cielo, en el aire y en la tierra, hay muchos, muchos arco iris y esferas de luz con los colores de las cinco sabidurías. Dentro de ellas hay emanaciones de Padmasambava tan numerosas como motas de polvo en los rayos del sol. Debemos nacer en esta tierra Luz de loto.

ཞིང་དེའི་ཡོན་ཏན་བསམ་འདས་བརྗོད་མི་ལང་༔

ZHING	DEI	YON TEN	SAM DAE	YOE MI LANG
reino	de	cualidades	inconcebibles	inexpresables, inefables

Ver este reino de inconcebibles cualidades inexpresables

མཐོང་བས་ཡིད་འཕྲོག་དྲན་པས་སྡུག་བསྔལ་སེལ༔

THONG WAE	YI	THRO	DRAN PAE	DU NGAL	SEL
al verlo	mente	cautivada	recordar	sufrimiento	salva del

es desear ir allí, e incluso pensar en él es liberarse del sufrimiento.

ཐོས་པས་སེམས་སྐྱོང་བདེ་ཆེན་རྒྱལ་བའི་ཞིང་༔

THOE PAE SEM LONG DE CHEN GYAL WAE ZHING
al oír mente surgir felicidad grande Buda reino

Oír hablar de él despierta una gran felicidad en la mente.

མི་བཟོད་གདུངས་ཤུགས་དྲག་པོས་གསོལ་བ་འདེབས༔

MI ZOE DUNG SHU DRA POE SOL WA DE
inquebrantable fe, anhelo fuerza feroz rogar

Rogamos a este reino de Buda con un anhelo feroz e inquebrantable.

པདྨ་འོད་ཀྱི་ཞིང་དེར་སྐྱེ་བར་ཤོག༔

PAE MA OE KYI ZHING DER KYE WAR SHO
loto luz de tierra ahí nacido debe

Debemos nacer en esta tierra Luz de loto.

Ver este reino de inconcebibles cualidades inexpresables es desear ir allí, e incluso pensar en él es liberarse del sufrimiento. Oír hablar de él despierta una gran felicidad en la mente. Rogamos a este reino de Buda con un anhelo feroz e inquebrantable. Debemos nacer en esta tierra Luz de loto.

ཕྱི་ལྟར་བརྗོད་དོན་རྟགས་རྟགས་ཇ་ཡབ་གླིང་༔

CHI TAR DA DON TA DZO NGA YAB LING
exterior como símbolo significado signos perfecto Zangdopalri

Exteriormente, está Zangdopalri, perfecto en símbolos, significado y signos.

ནང་ལྟར་རང་ལུས་རྩ་ཁམས་མཁའ་འགྲོའི་གླིང་༔

NANG TAR RANG LUE TSA KHAM KHAN DROI LING
interior como propio cuerpo canales constituyentes de las dakinis tierra

Interiormente, está la tierra de las dakinis dentro de los canales y constituyentes de nuestro propio cuerpo.

གསང་བ་ཡེ་ཤེས་རང་སྣང་དཔལ་གྱི་ཞིང་༔

SANG WA YE SHE RANG NANG PAL GYI ZHING
secreto, profundo sabiduría no fabricado visión resplandeciente de reino

Secretamente, está el glorioso reino de la despliegue no fabricado del conocimiento original.

དད་དམ་མོས་གུས་དྲག་པོས་གསོལ་བ་འདེབས༔

DAE DAM MOE GUE DRA POE SOL WA DE
fe pura anhelo devoción fuerte rogar

Con fe pura, anhelo y devoción rezamos con fuerza para experimentarlo.

པད་འོད་ཀྱི་ཞིང་དེར་སྐྱེ་བར་ཤོག༔

PAE MA OE KYI ZHING DER KYE WAR SHO
loto luz de tierra ahí nacido debe

Debemos nacer en esta tierra Luz de loto.

Exteriormente, está Zangdopalri, perfecto en símbolos, significado y signos. Interiormente, está la tierra de las dakinis dentro de los canales y constituyentes de nuestro propio cuerpo. Secretamente, está el glorioso reino de la despliegue no fabricado del conocimiento original. Con fe pura, anhelo y devoción rezamos con fuerza para experimentarlo. Debemos nacer en esta tierra Luz de loto.

བདག་སོགས་ཚེ་འདིའི་སྣང་བ་འགགས་མ་ཐག༔

DA SO TSE DI NANG WA GA MA THA
yo otros vida esta apariencias, fin, inmediatamente / experiencias parar

Que inmediatamente después de terminar las experiencias de esta vida

འཆི་བ་འོད་གསལ་རང་ངོ་འཕྲོད་པ་དང་༔

CHI WA OE SAL RANG NGO TROE PA DANG
muerte luz clara propio rostro encontrar y

podamos reconocer nuestro propio rostro original como la luz clara de la muerte.

བར་དོར་འཇིགས་སྐྲག་སྡུག་བསྔལ་མི་འབྱུང་ཞིང་༔

BAR DO YIG TRA DU NGAL MI YUNG ZHING
bardo miedo, terror, alarma sufrimiento no surgir

Sin miedo ni sufrimiento al surgir en el bardo intermedio,

རིག་འཛིན་དཔའ་བོ་མཁའ་འགྲོའི་བསུ་མར་བཅས༔

RIG DZIN PA WO KHAN DROI SU MAR CHE
vidyadaras dakas, héroes dakinis recepción, juntos, con / fiesta de bienvenida

que nos acojan los sabios, los héroes y las dakinis.

པད་འོད་ཀྱི་ཞིང་དེར་སྐྱེ་བར་ཤོག༔

PAE MA OE KYI ZHING DER KYE WAR SHO
loto luz de tierra ahí nacido debe

Debemos nacer en esta tierra Luz de loto.

Que inmediatamente después de terminar las experiencias de esta vida podamos reconocer nuestro propio rostro original como la luz clara de la muerte. Que los sabios, los héroes y las dakinis nos acojan sin miedo ni sufrimiento en el bardo intermedio. Debemos nacer en esta tierra Luz de loto.

ཏདྱ་ཐ་པཉྩ་ཀྲི་ཡ་ཨ་ཝ་བྷོ་དྷ་ནི་སྭ་ཧཱ༔

TA DYA THA	PAN TSA	KRI YA	A VA	BHO DHA NI	SWA HA
es así	*cinco*	*actos*	*tener*	*budeidad*	*alcanzar*

Es así. Debemos realizar las cinco transformaciones y alcanzar la budeidad.

བདག་འདི་པདྨ་ནུས་ལྡན་རྡོ་རྗེ་འགྲོ་ཕན་གླིང་པ་གྲོ་ལོད་རྩལ་གྱི་རྨི་ལམ་དག་སྣང་དུ་ཟངས་
མདོག་དཔལ་རིར་ཕྱིན་སྐབས་རྒྱ་བོད་རིག་འཛིན་རྣམས་དང་ལྷན་དུ་འཚོངས་ནས་ཐམས་ཅད་
ཀྱིས་མ་གྱིན་གཅིག་ཏུ་བཏོན་པ་མཁའ་འགྲོས་ལུང་གི་མ་བརྗེད་ཡིད་ལ་ཟུང་ཅེས་གསུང་བཀའ་
བཞིན་འཁོར་ལོའི་གདོང་ནས་སྤེལ།

Yo, Padma Nudan Dorye Dropan Lingpa Drolo Tsal fui a Zangdopalri por medio de una visión y un sueño puros. En ese momento se reunieron los vidyadaras de India y de Tíbet y todos a una voz me dijeron que me mantuviera y no olvidara las instrucciones que me habían dado las dakinis. De acuerdo con su orden, escribí esto en el monasterio de Khordong.

ཟངས་མདོག་དཔལ་རིའི་བཀོད་པ༔

Una descripción de Zangdopalri

ཧཱུྃ༔   ཆོས་དབྱིངས་སྤྲོས་དང་བྲལ་བའི་ཞིང་ཁམས་སུ༔

HUNG   **CHO YING**   **TOE DANG DRAL WE**   **ZHING KHAM SU**
potencial   *darmadatu,*   *sin elaboración conceptual*   *esfera, reino*   *en*
hospitalidad infinita

Hung. En la esfera de la hospitalidad infinita libre de toda elaboración
conceptual

བདེ་གཤེགས་ཡུམ་ལྔའི་མཁའ་དབྱིངས་འབྱུང་ལྔའི་སྟེང་༔

DE SHE   **YUM NGE**   **KHA YING**   **YUNG NGE**   **TENG**
Budas   *esposas cinco*   *espacio creativo*   *elementos cinco*   *sobre*

(Budas, esposas y elementos: Vairocana y Darmadatisvari, espacio; Aksobya y Budalocana ,
agua; Amitaba y Pundarika, fuego; Ratnasambava y Mamaki, tierra; Amogasidi y Samayas-
tava, aire)

En el vientre de las esposas de los cinco Budas surgen los cinco elementos y sobre ellos

འདི་ནས་ཉི་མ་ལྷོ་ནུབ་མཆམས་ཤེད་ན༔

DI   **NAE**   **ÑI MA**   **LHO NUB**   **TSHAM SHE**   **NA**
aquí   *desde*   *sol (ocaso)*   *sur-oeste*   *lado, área*   *en el, en*

en la zona suroeste de aquí, hacia el sol poniente,

གནས་ཆེན་རྡོ་རྗེ་གདན་གྱི་ནུབ་ཕྱོགས་ན༔

NAE   **CHEN**   **DOR YE**   **DEN GYI**   **NUB**   **CHO**   **NA**
lugar   *grande (i.e. santo)*   *indestructible**   *asiento de*   *oeste*   *dirección*   *en la*
* En Bodgaya, bajo el árbol bodi donde el príncipe Sidarta se convirtió en Buda Sakiamuni.

al oeste del lugar sagrado de Dorye Den,

རྔ་ཡབ་གླིང་ཕྲན་ཟ་བྱེད་སྲིན་པོའི་ཡུལ༔

NGA YAB   **LING TRAN**   **ZA YE**   **SIN POI**   **YUL**
espantamoscas   *isla*   *pequeña*   *caníbal*   *rakshasas, bárbaros*   *país*
(Chamaradvipa,   *demónicos feroces*
en donde se sitúa Zangdopalri)

se encuentra la pequeña isla del Espantamoscas, el país de los rakshasas caníbales,

དུས་གསུམ་སངས་རྒྱས་རྣམས་ཀྱིས་བྱིན་བརླབས་པའི༔

DU   **SUM**   **SANG GYE**   **NAM**   **KYI**   **YIN LAB PE**
tiempos   *tres*   *Budas*   *todos*   *por*   *bendecida, purificada*

que ha sido bendecido por los Budas de los tres tiempos.

ཀུན་ཁྱབ་རང་བྱུང་གླིང་མཆོག་ཁྱད་པར་ཅན༔

KUN	KHYA	RANG	YUNG	LING	CHO	KHYAE PAR CHAN
todo	*impregnar*	*de sí*	*surgir*	*isla*	*excelente*	*especial*

Surgida de sí misma y omnipresente, esta excelente isla es verdaderamente especial.

Al suroeste de aquí y al oeste del lugar sagrado del Asiento
Indestructible, en dirección al sol poniente, se encuentra la pequeña isla
Espantamoscas, el país de los rakshasas caníbales que ha sido bendecido
por los Budas de los tres tiempos. Descansa sobre los cinco elementos
que surgen de los vientres de los cinco Budas dentro de la esfera de
infinita hospitalidad libre de toda elaboración conceptual. Surgida de sí
misma y omnipresente, esta excelente isla es verdaderamente especial.

སྔོན་གྱི་བསྐལ་པ་དང་པོ་འདས་པའི་དུས༔

NGON GYI	KAL PA	DANG PO	DAE PE	DUE
anterior	*kalpa, eón*	*primero*	*acabar*	*tiempo*
(hace mucho, mucho tiempo)				

Al final del primero de los eones anteriores

མ་ཏྲཾ་རུ་ཏྲ་བསྒྲལ་བའི་ཟས་བརྒྱད་ལ༔

MA TRAM RU TRA	DRAL WE	DZE	GYAE	LA
nombre del gran demonio	*matar*	*artículos, partes**	*ocho*	*a*
que fue destruido por Heruka				

*dos brazos, dos piernas, cabeza, torso, vientre y genitales

las ocho partes del cadáver de Matram Rudra

གསང་སྔགས་འབྱོན་པའི་གནས་བརྒྱད་ཕྱིན་གྱིས་བརླབས༔

SANG NGA	YON PE	NAE	GYAE	YIN GYI LA
tántrico,guyamantra	*venir*	*lugar**	*ocho***	*bendecir*

* Los lugares sagrados donde se enseñaban y practicaban los tantras.
**Los ocho lugares donde cayeron las partes del cuerpo del demonio tras ser arrojadas por
Heruka..

dieron lugar a los ocho lugares benditos especiales para el tantra.

ཙི་ཏ་ཨུ་རྒྱན་གནས་སུ་བབས་པ་ལས༔

TSI TA	UR GYAN	NAE SU	BA PA	LE
chita, corazón	*Oddiyana*	*país en*	*caer*	*de*
(pero los ñingmapa creen	*(esto quiere decir cualquier lugar en el que esté*			
que se refiere a los genitales)	*Padmasambava i.e. ahora es Zangdopalri)*			

La chita cayó en la tierra de Urgyan y

རྟེན་འབྲེལ་ཁྱད་པར་ཅན་གྱིས་གནས་མཆོག་ན༔

TEN DREL	KHYAE PAR CHAN	GYI	NAE	CHO	NA
conexión (i.e. esta tierra	*especial*	*de*	*lugar*	*excelente*	*ahí*
no es un lugar normal)	*muy*				
	importante				

debido a esta conexión tan especial es un lugar excelente.

Al final del primero de los eones anteriores las ocho partes del cadáver de Matram Rudra dieron lugar a los ocho lugares benditos especiales para el tantra. La chita cayó en la tierra de Urgyan y debido a esta conexión tan especial es un lugar excelente.

 རྡོ་རྗེ་ཕག་མོས་བྱིན་གྱིས་བརླབས་པའི་གནས༔

DOR YE PHA MOE   YIN GYI LAB PE   NAE
por Vajravarahi   bendecida   lugar

Bendecida por Dorye Phamo,

མ་མོ་མཁའ་འགྲོ་ཐམས་ཅད་འདུ་བའི་གླིང༔

MA MO   KHAN DRO   THAM CHE   DU WE   LING
diosas madre   dakinis   todas   reunir   isla, lugar

esta es la isla donde se reúnen todas las mamo y dakinis, y donde

གསང་སྔགས་བརྡ་ཡི་རང་སྒྲ་དི་རི་རི༔

SANG NGA   DA   YI   RANG   DRA   DI RI RI
guyamantra,   símbolos, signos,   de   propio   sonido   sonido vibrante, resonante
tántrico   vajras y demás   (como el rumor de muchos mantras murmurados)

os sonidos provienen de los símbolos tántricos, resonando di-ri-ri.

གནས་དེར་ཕྱིན་པ་ཙམ་གྱིས་བྱང་ཆུབ་ཐོབ༔

NAE   DER   CHIN PA   TSAM   GYI   CHANG CHU   THO
lugar   aquí   alcanzar, llegar solo, simplemente por bodi, iluminación obtener

Con sólo llegar a ella, se obtiene la iluminación.

བྱིན་ཆེན་གནས་མཆོག་ཁྱད་པར་ཅན་དེ་རུ༔

YIN   CHEN   NAE   CHO   KHYAE PAR CHAN   DE   RU
bendecir gran   lugar excelente, sagrado especial   ahí   en

Este es el lugar sagrado especial con grandes bendiciones.

Bendecida por Dorye Pamo, esta es la isla donde se reúnen todas las mamo y dakinis, y donde los sonidos provienen de los símbolos tántricos, resonando di-ri-ri. Con sólo llegar a ella, se obtiene la iluminación. Este es el lugar sagrado especial con grandes bendiciones.

རང་སྣང་ཟངས་མདོག་དཔལ་རི་ཙིཏྟེའི་དབྱིབས༔

RANG   NANG   ZANG DO PAL RI   TSIT TE   YIB
espontáneo   apariencia   sri tamaraparvat,   corazón   con forma de
(que surge de la conciencia)   tamaravarni sri parvat*
**el lugar donde se encuentra Padmasambava)*

Esta aparición espontánea, Montaña Gloriosa de color cobre, tiene forma de corazón.

རྩ་བ་ཀླུ་ཡི་རྒྱལ་པོའི་གནས་སུ་ཟུག །

TSA WA	LU		YI	GYAL POI	NAE	SU	ZU
raíz, base	naga, dioses serpiente		de	rajá, rey (i.e el océano)	lugar	en	construir, erigir

Su base está en el dominio del rey de los nagas.

ཀེད་པ་ལྷུན་ཆགས་མཁའ་འགྲོའི་གླིང་ན་བརྗིད། །

KE PA	LHUN CHA	KHAN DROI	LING	NA	YI
parte central	muy atractiva	de las dakinis	isla, lugar	en	espléndido, impresionante

Su centro es la isla más espléndida y atractiva de las dakinis, mientras que

རྩེ་མོ་ཚངས་པོའི་འཇིག་རྟེན་སྙེག་པ་འདྲ། །

TSE MO	TSHANG PE	YIG TEN	ÑE PA	DRA
pico	de Brahma	mundo	alcanzar	similar

(las esferas sin forma por encima de las de la forma y el deseo, es decir, está muy alto)

su cima es tan alta como los mundos de Brahma.

རི་བོ་གཞན་ལས་རི་རྒྱལ་ཁྱད་པར་ཅན། །

RI WO	ZHEN	LAE	RI	GYAL	KHYAE PAR CHAN
montaña	otros	comparada con	montaña	rey	especial

Comparada con las demás, este montaña especial es el rey.

Esta aparición espontánea, la Gloriosa Montaña de color cobre, tiene forma de corazón. Su base está en el dominio del rey de los nagas. Su centro es la isla más espléndida y atractiva de las dakinis, mientras que su cima es tan alta como los mundos de Brahma. Comparada con las demás, este montaña especial es el rey.

དཔལ་གྱི་རི་བོ་འབར་བའི་རྩེ་མོ་ན། །

PAL GYI RI WO	BAR WE		TSE MO	NA
sriparvat, montaña gloriosa	resplandeciente, muy brillante		pico, cima	en, sobre

En el pico brillante de esta montaña gloriosa

མ་བཙལ་ལྷུན་གྲུབ་ཡེ་ཤེས་གཞལ་ཡས་ཁང༌། །

MA	TSAL	LHUN DRU	YE SHE	ZHAL YAE KHANG
sin	empeño cuidadoso	conocimiento que surge sin esfuerzo	original	mansión divina, mandala

está la mansión divina del conocimiento original que surgió sin esfuerzo y sin empeño cuidadoso.

ཤར་ཕྱོགས་ཤེལ་ལ་ལྷོ་ཕྱོགས་བེ་དུ་ཪྻ༔

SHAR	CHO	SHEL	LA	LHO	CHO	BE DUR YA
este	lado	cristal (blanco)	con	sur	lado	lapislázuli o cornalina (azul)

Con su lado este de cristal y de bedurya en el sur,

ནུབ་ཕྱོགས་རྡྷ་ག་བྱང་ཕྱོགས་ཨིནྡྲ་ནི་མ་དོག༔

NUB	CHO	RA GA	YANG	CHO	IN DRE	DO
oeste	lado	piedra rojo oscuro, como el rubí	norte	lado	indranil (verde)	color

su lado oeste de raga y el lado norte del color del indranil,

ཕྱི་ནང་མེད་པར་གསལ་བའི་གཞལ་ཡས་ཁང༔

CHI	NANG	ME PAR	SAL WE	ZHAL YAE KHANG
exterior	interior	sin	claro, transparente	palacio, infinito, mandala

es la divina mansión transparente sin distinción de interior y exterior.

པད་འི་ད་ཀྱི་ཕོ་བྲང་ཁྱད་པར་ཅན༔

PAE MA	OE	KYI	PHO DRANG	KHYAE PAR CHAN
loto	luz	de	palacio	especial, superior

Es el palacio muy especial Luz de loto.

En el pico brillante de esta montaña gloriosa está la mansión divina del conocimiento original que surgió sin esfuerzo y sin empeño cuidadoso. Con su lado este de cristal y de bedurya en el sur, su lado oeste de raga y el lado norte del color del indranil, es la divina mansión transparente sin distinción de interior y exterior. Es el palacio muy especial Luz de loto.

གཞལ་ཡས་ཆེན་པོའི་ཕྱོགས་བཞི་མཚམས་བརྒྱད་དང༔

ZHAL YAE	CHEN POI	CHO	ZHI	TSHAM	GYAE	DANG
mansión, divina, infinitud	grande	direcciones cuatro	cuatro)	puntos intermedios	ocho	(en total

La totalidad de esta gran mansión divina, todo lo que se encuentra en las cuatro direcciones cardinales e intermedias y

སྟེང་འོག་ཐམས་ཅད་རིན་པོ་ཆེ་ལས་གྲུབ༔

TENG	OG	THAM CHE	RIN PO CHE	LE	DRU
por encima	por debajo	por todas partes	joyas	de	hecho

por encima y por debajo, está hecha de joyas.

ཁྱམས་དང་གྲུ་ཆད་སྒྲོ་འབུར་རིས་བཞི་ཡང་༔

KHYAM DANG DRU CHAE LO BUR RI ZHI YANG
patio *y* *esquina interior* *proyecciones* *lados* *cuatro* *también*

En cada uno de los cuatro lados, los patios, las esquinas interiores y los salientes

འཕྲིན་ལས་བཞི་ཡི་ཁ་དོག་སོ་སོར་གསལ༔

TRIN LE ZHI YI KHA DO SO SOR SAL
actividad* *cuatro de colores** *cada uno, separadamente* *claro, resplandeciente*
*este-blanco-pacificar, sur-amarillo-incrementar, oeste-rojo-dominar, norte-verde-destruir

brillan con el color de la actividad apropiada.

རང་བྱུང་ལྷུན་གྲུབ་གཞལ་ཡས་ཁང་ཆེན་པོ༔

RANG YUNG LHUN DRU ZHAL YAE KHANG CHEN PO
espontáneo *surgir sin esfuerzo* *mansión divina* *grande*

Esta gran mansión divina que surge de forma natural está presente al instante

La totalidad de esta gran mansión divina, todo lo que se encuentra en las cuatro direcciones cardinales e intermedias y por encima y por debajo, está hecha de joyas. En cada uno de los cuatro lados, los patios, las esquinas interiores y los salientes brillan con el color de la actividad apropiada. Esta gran mansión divina que surge de forma natural está presente al instante.

ཙིག་པ་འདོད་སྣམས་ཕ་གུ་དྲ་བ་དང་༔

TSIG PA DOE ÑAM PHA GU DRA WA DANG
muros *salientes (adornadas con objetos que agradan a los sentidos)* *columna, capitel* *guirnalda de tela* *y*

Las paredes, las cornisas adornadas, los remates de las columnas, las guirnaldas drapeadas,

དྲ་ཕྱེད་མདའ་ཡབ་རིན་ཆེན་སྣ་ལྔ་གསལ༔

DRA CHE DA YAB RIN CHEN NA NGA SAL
cadena, lazo, arco *aleros* *sustancias preciosas* *tipos* *cinco** *resplandeciente*
* oro, plata, cobre, hierro y plomo

las medias cadenas y los aleros brillan con las cinco clases de sustancias preciosas.

སྒོ་བཞི་རྟ་བབས་ཆོས་འཁོར་རྒྱན་རྣམས་ཀུན༔

GO ZHI TA BAB CHO KHOR GYAN NAM KUN
puertas *cuatro* *caballo* descender* *darmachakra, rueda* *ornamentos, elementos* *todos*
*el arco de entrada donde se apean los caballos

Las cuatro puertas, los arcos de entrada, las ruedas del darma sobre las puertas y todos los demás elementos

སྣ་ཚོགས་རིན་པོ་ཆེ་ཡིས་མཛེས་པར་བརྒྱན༔

NA TSHO RIN PO CHE YI DZE PAR GYAN
diferentes joyas con bellamente adornadas
están bellamente adornados con muchas joyas diferentes.

ཀུན་ལས་ཁྱད་འཕགས་རིན་ཆེན་གཞལ་ཡས་ཁང༔

KUN LAE KHYAE PHA RIN CHEN ZHAL YAE KHANG
todas comparadas con especial excelente preciosa mansión del mandala
Esta preciosa mansión divina es la más excelente de todas.

Las paredes, las cornisas adornadas, los remates de las columnas, las guirnaldas drapeadas, las medias cadenas y los aleros brillan con las cinco clases de sustancias preciosas. Las cuatro puertas, los arcos de entrada, las ruedas del Darma sobre las puertas y todos los demás elementos están bellamente adornados con muchas joyas diferentes. Esta preciosa mansión divina es la más excelente de todas.

དཔག་བསམ་ཤིང་དང་བདུད་རྩིའི་ཆུ་མིག་དང༔

PAG SAM SHING DANG DU TSI CHU MI DANG
árboles que cumplen deseos y de amrita, manantial y de elixir liberador
Árboles que cumplen deseos, manantiales de elixir liberador y

འཇའ་ཚོན་སྣ་ལྔས་ཕྱི་ནང་སྤྲིན་ལྟར་གཏིབས༔

YA TSHON NA NGAE CHI NANG TRIN TAR TIB
arco iris tipos cinco externo interno nubes** como reunión, asamblea*
*blanco, rojo, azul, amarillo, verde * *i.e. muchísimos
arco iris de los cinco colores aparecen dentro y fuera como masas de nubes que se juntan, y

མེ་ཏོག་པདྨའི་འོད་ཀྱིས་བར་སྣང་ཁེངས༔

ME TO PAE ME OE KYI BAR NANG KHENG
flores lotos luz por el cielo hasta el sol llenar, inundar
el cielo se llena de la luz de las flores de loto.

གནས་དེ་དྲན་པ་ཙམ་གྱིས་བདེ་ཆེན་ཐོབ༔

NAE DE DRAN PA TSAM GYI DE CHEN THO
lugar que recordar, pensar en solo por felicidad gran obtener
El mero recuerdo de este lugar produce una gran felicidad.

པདྨ་འོད་ཀྱི་གཞལ་ཡས་ཁྱད་པར་འཕགས༔

PAE MA OE KYI ZHAL YAE KHYAE PAR PHA
(nombre) (donde la luz de mansión especialmente excelente surge de los lotos)
La mansión divina Luz de loto es la más excelente.

Árboles que cumplen deseos, manantiales de elixir liberador y arco iris de los cinco colores aparecen dentro y fuera como masas de nubes que se juntan, y el cielo se llena de la luz de las flores de loto. El mero recuerdo de este lugar produce una gran felicidad. La mansión divina Luz de loto es la más excelente.

གཞལ་ཡས་ཆེན་པོ་དེ་ཡི་ནང་ཤེད་ནༀ

ZHAL YAE   **CHEN PO**   **DE**   **YI**   **NANG SHE NA**
mansión divina   *grande*   *que*   *de*   *interior*

Dentro de esta gran mansión divina

རིན་ཆེན་ཟུར་བརྒྱད་ཉི་མ་ཟླ་བའི་གདནༀ

RIN CHEN   **ZUR**   **GYAE**   **ÑI MA**   **DA WE**   **DEN**
joya   *esquina*   *ocho*   *sol*   *luna*   *cojín*
(como un loto de ocho pétalos)

hay una estructura enjoyada con ocho esquinas con cojines de sol y luna.

མ་ཆགས་པད་འབར་བའི་སྡོང་པོ་ལༀ

MA CHA   **PAE MA**   **BAR WE**   **DONG PO**   **LA**
sin deseo   *loto*   *resplandeciente*   *tallo, estambre*   *sobre*
(símbolo de eso)

Encima está el tallo brillante del loto de la liberación del deseo

པད་འབྱུང་གནས་བདེག་ཤེགས་འདུས་པའི་སྐུༀ

PAE MA YUNG NAE   **DE SHE**   **DU PE**   **KU**
Padmasambava   *Sugatas, budas*   *abarcar*   *cuerpo*
                 (i.e. sus naturalezas están contenidas en él)

sobre el que estás sentado, tú, Padmasambava, cuyo cuerpo es la presencia de todos los budas.

སྣང་མཐའི་ཐུགས་ལས་རང་བྱུང་སྤྲུལ་པའི་སྐུༀ

NANG THAI   **THU**   **LAE**   **RANG YUNG**   **TRUL PE KU**
de Amitaba   *corazón, mente*   *desde*   *espontáneo*   *Nirmanakaya, aparición*

Tú eres la emanación nirmanakaya que surge espontáneamente del corazón de Amitaba.

Dentro de esta gran mansión divina hay una estructura enjoyada con ocho esquinas con cojines de sol y luna. Encima está el tallo brillante del loto de la liberación del deseo sobre el que estás sentado, tú, Padmasambava, cuyo cuerpo es la presencia de todos los budas. Tú eres la emanación nirmanakaya que surge espontáneamente del corazón de Amitaba.

ཞི་རྒྱས་དབང་དྲག་དོན་ལ་དགོངས་པའི་ཕྱིར༔

ZHI	GYE	WANG	DRA	DON	LA	GONG	PE	CHIR
pacificar	*expandir*	*subyugar*	*destruir*	*beneficioso*		*como*	*considerar*	*con el fin de*

(i.e. con el fin de llevar a cabo las actividades que se necesiten)

Con el fin de beneficiar a los seres mediante las cuatro actividades de
pacificar, aumentar, subyugar y destruir,

སྐུ་མདོག་ཕྱག་མཚན་རྒྱན་རྣམས་མ་ངེས་ཀྱང་༔

KU	DO	CHA TSHAN	GYEN NAM	MA NGE KYANG
cuerpo	*color*	*implementos de mano,*	*ornamentos*	*no fijos pero*
(forma, silueta)		*símbolos*		

el color de tu cuerpo, tus instrumentos de mano y tus ornamentos cambian según las necesidades, pero

ཉི་མ་སྟོང་གི་འོད་ལས་གཟི་མདངས་ཆེ༔

ÑI MA	TONG	GI	OE LAE	ZI DANG	CHE
sol	*mil*	*de*	*luz (comparativo)*	*esplendor,*	*más grande*
				majestad radiante	

tu esplendor es siempre mayor que la luz de mil soles, y

རི་རྒྱལ་ལྷུན་པོ་བས་ཀྱང་བརྗིད་རེ་ཆེ༔

RI GYAL LHUN PO	BAE	KYANG	YI	RE CHE
monte Meru, el rey de las montañas (comparativo)		*también*	*impresionante*	*mayor*

tu gran majestuosidad supera a la del monte Meru.

མཚོ་སྐྱེས་རྡོ་རྗེ་ཡ་མཚན་སྤྲུལ་པའི་སྐུ༔

TSHO	KYE	DOR YE	YAM TSHAM	TRUL PE KU
lago	*nacido*	*vajra*	*increíble, maravilloso*	*emanación, aparición*
	(loto)			

Eres la maravillosa aparición, Tsokye Dorye, el vajra Nacido del loto.

*Con el fin de beneficiar a los seres mediante las cuatro actividades de
pacificar, aumentar, subyugar y destruir, el color de tu cuerpo, tus
instrumentos de mano y tus ornamentos cambian según las necesidades,
pero tu esplendor es siempre mayor que la luz de mil soles, y tu gran
majestuosidad supera a la del Monte Meru. Eres la maravillosa aparición, Tsokye Dorye, el vajra Nacido del loto.*

ཕྲགས་ཀྱི་སྤྲུལ་པ་འཇིག་རྟེན་ཁྱབ་པར་འགྱེད༔

THU	KYI	TRUL PA	YIG TEN	KHYAE PAR	GYE
mente	*de*	*emanaciones**	*mundo*	*llenar*	*diseminar, dispersar*

*formas que llevan a cabo sus actividades compasivas

Las emanaciones de tu mente se extienden hasta llenar todos los mundos y

ཕྱུན་རྩ་ཉི་ཟླ་ལྟ་བུར་དཀྱིལ་ཞིང་གཟིགས༔

CHAN TSA   **ÑI**   **DA**   **TA BUR**   **KYIL ZHING**   **ZI**
ojos   *sol*   *luna*   *similar*   *grandes, redondos y poderosos*   *mirar*

nos miras con tus grandes ojos redondos que brillan como el sol y la luna.

ནམ་མཁའི་གློག་ལས་ཕྱགས་རྗེ་འཕྲིན་ལས་མྱུར༔

NAM KHE   **LO**   **LAE**   **THU YEI**   **TRIN LAE**   **ÑUR**
del cielo   *relámpago*   *(comparativo)*   *compasivo*   *actividades*   *más rápido*

Tus actos compasivos son más rápidos que un relámpago, mientras

དགོངས་པ་ཟབ་མོ་ནམ་མཁའི་ཀློང་དང་མཉམ༔

GONG PA   **ZAB MO**   **NAM KHE**   **LONG**   **DANG ÑAM**
consciencia   *profunda*   *del cielo*   *profundidad, inmensidad y*   *igual*

tu profunda consciencia iguala la inmensidad del espacio.

འགྲོ་ལ་བརྩེ་མཛད་ཕྱགས་རྗེ་ཁྱད་པར་ཅན༔

DRO   **LA**   **TSE**   **DZE**   **THU YE**   **KHYE PAR CHAN**
seres   *a*   *amablemente*   *actuar*   *compasión*   *especial*

Con tu compasión tan especial actúas con bondad hacia todos.

Las emanaciones de tu mente se extienden hasta llenar todos los mundos y nos miras con tus grandes ojos redondos que brillan como el sol y la luna. Tus actos compasivos son más rápidos que un relámpago, mientras que tu profunda consciencia iguala la inmensidad del espacio. Con tu compasión tan especial actúas con bondad hacia todos.

འགྲོ་ལ་བརྩེ་བའི་ཐབས་ཀྱིས་འགྲོ་དོན་མཛད༔

DRO   **LA**   **TSE WE**   **THAB**   **KYI**   **DRO**   **DON**   **DZAE**
seres   *a*   *compasivo*   *método*   *por*   *seres*   *beneficio*   *hacer*

Con métodos compasivos actúas en beneficio de los seres.

ཞལ་འཛུམ་མཛེས་པའི་མདངས་ལྡན་ཡ་ལ་ལ༔

ZHAL   **DZUM**   **DZE PE**   **DANG DEN**   **YA LA LA**
cara   *sonriente*   *bello*   *rostro, tez*   *muy atractiva*

Tu rostro sonriente tiene la tez más bella y atractiva.

འབྲུག་སྟོང་ལྡིར་པས་གསུང་གི་གདངས་སྒྲ་ཆེ༔

DRUG   **TONG**   **DIR PAE**   **SUNG**   **GI**   **DANG**   **DRA**   **CHE**
dragón (i.e. truenos)   *mil*   *resonante, atronador*   *palabra de*   *expresión*   *sonido*   *mayor*

Tu elocuente voz, más fuerte que el rugido de mil dragones,

གསང་སྔགས་ཟབ་མོའི་ཆོས་སྒྲ་དི་རི་རི༔

SANG NGA **ZAB MOI** **CHO** **DRA** **DI RI RI**
tántrico, mantra secreto *profundo* *darma* *sonido* *resonante, vibrante*

vibra con el sonido del profundo darma tántrico.

མཁའ་མཉམ་ཀུན་ཁྱབ་ཚངས་པའི་གསུང་དབྱངས་སྒྲོག༔

KHA **ÑAM** **KUN** **KHYA** **TSHANG WE** **SUNG** **YANG** **DRO**
cielo *igualar* *todo* *llenar* *de Brahma* *palabra** *melodía* *dar voz*
* los seis tonos perfectos

Con todos los tonos de Brahma, tu melodioso discurso resuena por todas partes y llena el cielo.

*Con métodos compasivos actúas en beneficio de los seres. Tu rostro
sonriente tiene la tez más bella y atractiva. Tu elocuente voz, más fuerte
que el rugido de mil dragones, vibra con el sonido del profundo darma
tántrico. Con todos los tonos de Brahma, tu melodioso discurso resuena
por todas partes y llena el cielo.*

སྤྲུལ་སྐུ་ཆེན་པོའི་ཕྱོགས་བཞི་མཚམས་བརྒྱད་ན༔

TUL KU **CHEN POI** **CHO** **ZHI** **TSHAM** **GYAE** **NA**
nirmanakaya, *del gran* *direcciones* *cuatro* *direcciones* *ocho* *en*
emanación *cardinales* *intermedias* *(cuatro y cuatro)*
(Padmasambava) *(cuatro)*
  (i.e. uno de los del grupo Kabgye en cada dirección)

Alrededor de ti, la gran encarnación, en las cuatro direcciones cardinales y en las cuatro direcciones intermedias,

ལོག་པའི་དགྲ་བགེགས་བརྫིས་པའི་གདན་སྟེང་དུ༔

LOG PE **DRA** **GEG** **DZI PE** **DEN** **TENG DU**
erróneo, falso *enemigos* *obstructores* *pisoteado* *cojines* *encima de*

sobre cojines de los enemigos engañosos pisoteados y de los obstructores,

སྐུ་གསུང་ཐུགས་དང་ཡོན་ཏན་འཕྲིན་ལས་ཀྱི༔

KU **SUNG** **THU** **DANG** **YON TEN** **TRIN LE** **KYI**
cuerpo *palabra* *mente* *y* *buenas cualidades* *actividades* *de*

están las huestes de formas feroces de maras subyugadores

རིགས་ལྔ་བདེ་གཤེགས་བདུད་འདུལ་ཁྲོ་བོའི་ཚོགས༔

RIG **NGA** **DE SHE** **DU** **DUL** **TRO WO** **TSHO**
familias *cinco** *sugatas,* *maras,* *subyugadores* *formas feroces* *huestes, grupos*
budas *demonios*
*vajra, ratna, padma, karma y buda

del cuerpo, el habla, la mente, las buenas cualidades y las acciones de
los sugatas de las cinco familias,

སྒྲུབ་ཆེན་བཀའ་བརྒྱད་ཀྱི་ལྷ་ཚོགས་རྣམས་ཀྱིས་བསྐོར༔

DRU	CHEN	KAB GYE	KYI	LHA	TSHO	NAM	KYI	KOR
práctica	*grande*	*ocho herukas*	*de*	*dioses*	*multitudes*	*todos*	*por*	*rodeados*

A tu alrededor están todas las deidades del Drubchen Kabgye.

Alrededor de ti, la gran encarnación, en las cuatro direcciones cardinales y en las cuatro direcciones intermedias, están las huestes de formas feroces de maras subyugadores del cuerpo, el habla, la mente, las buenas cualidades y las acciones de los sugatas de las cinco familias, cada uno sobre cojines de los enemigos engañosos pisoteados y de los obstructores. A tu alrededor están todas las deidades del Drubchen Kabgye.

ཕྱོགས་བཞི་པདྨ་འདབ་བཞི་གདན་སྟེང་དུ༔

CHO	ZHI	PAE MA	DAB	ZHI	DEN	TENG DU
dirección	*cuatro*	*loto*	*pétalo*	*cuatro*	*cojines*	*encima de*

En las cuatro direcciones, sobre cojines de lotos de cuatro pétalos,

རིགས་བཞི་གིང་དང་མཁའ་འགྲོ་སྡེ་བཞི་ཚོགས༔

RIG	ZHI	GING	DANG	KHAN DRO	DE	ZHI	TSHO
familias	*cuatro*	*portavoces*	*y*	*dakinis*	*clases*	*cuatro*	*multitudes*

están las multitudes de portavoces de las cuatro familias y dakinis de las cuatro clases.

ཐམས་ཅད་མ་ལུས་དུར་ཁྲོད་རྒྱན་དང་ལྡན༔

THAM CHAE	MA LU	DUR TRO	GYAN	DANG DEN
todos	*sin excepción*	*cementerio*	*vestidos y adornos*	*tener*

Todas están adornadas con el atuendo del cementerio y

མཛེས་པའི་རྒྱན་དང་རོལ་པའི་སྟབས་སུ་བཞུགས༔

DZE PE	GYAN	DANG	ROL PE	TAB	SU	ZHU
bellos	*ornamentos*	*y*	*danzar*	*modo, estilo*	*en, como*	*estar, posar*

hermosos ornamentos, apareciendo en postura de danza.

ཡེ་ཤེས་མཁའ་འགྲོ་ཡབ་ཡུམ་རྣམས་ཀྱིས་བསྐོར༔

YE SHE		KHAN DRO	YAB YUM	NAM	KYI	KOR
conocimiento original		*dakinis*	*con consorte*	*todas*	*por*	*rodeado*

A tu alrededor están todas las dakinis del conocimiento original con sus consortes.

En las cuatro direcciones, sobre cojines de lotos de cuatro pétalos, están las multitudes de portavoces de las cuatro familias y dakinis de las cuatro clases. Todas están adornadas con el atuendo del cementerio y hermosos ornamentos, apareciendo en postura de danza. A tu alrededor están todas las dakinis del conocimiento original con sus consortes.

གཞལ་ཡས་ཆེན་པོའི་ཕྱོགས་བཞིའི་བར་ཁྱམས་དང་༔

ZHAL YAE	CHEN POI	CHO	ZHI	BAR KHYAM	DANG
mansión divina	grande	dirección	cuatro	patio, área externa vacía	y

En las cuatro direcciones de la mansión divina, los patios

སྒྱུ་ཆད་སྒྱོ་འབུར་རིག་འཛིན་མཁའ་འགྲོས་ཁེངས་༔

DRU CHAE	LO BUR	RIG DZIN	KHAN DRO	KHENG
esquinas	salientes interiores	vidyadaras	dakinis	repletos de

las esquinas y los salientes interiores están repletos de vidyadaras y dakinis.

ལྷ་དང་ལྷ་མོ་མང་པོ་སྤྲིན་ལྟར་གཏིབས་༔

LHA	DANG	LHA MO	MANG PO	TRIN	TAR	TIB
dioses	y	diosas	muchos	nubes	como	reunión, asamblea

Muchos dioses y diosas se reúnen como nubes y

ཕྱི་ནང་གསང་བའི་མཆོད་པ་སྣ་ཚོགས་འབུལ་༔

CHI	NANG	SANG WE	CHO PA	NA TSHO	BUL
externo	interno	secreto	ofrendas	diferentes	ofrecer

presentan diversas ofrendas externas, internas y secretas.

མ་མོ་མཁའ་འགྲོའི་སྒྱུ་ཚོགས་རྣམས་ཀྱིས་བསྐོར་༔

MA MO	KHAN DROI	LHA	TSHO	NAM	KYI	KOR
diosas madre	dakinis	dioses	multitud	todas	por	rodeado

A tu alrededor están todas las mamo y dakinis.

Los patios, las esquinas y los salientes interiores situados en las cuatro direcciones de la mansión divina están repletos de vidyadaras y dakinis. Muchos dioses y diosas se reúnen como nubes y presentan diversas ofrendas externas, internas y secretas. A tu alrededor están todas las mamo y dakinis.

རིན་ཆེན་གཞལ་ཡས་ཁང་གི་འདོད་སྣམ་ལ༔

RIN CHEN	ZHAL YAE KHANG	GI	DOE ÑAM	LA
joya	mansión divina	de, para	cornisas llenas de ofrendas	a, con

En las cornisas del palacio enjoyado

མཆོད་པའི་ལྷ་མོ་ཆར་སྤྲིན་ལྟ་བུར་གཏིབས༔

CHOE PE   LHA MO   CHAR TRIN   TA BUR   TIB
ofrecimiento   diosas   nubes de lluvia   como   reunir

las diosas de las ofrendas se reúnen como nubes de lluvia y

འདོད་ཡོན་དྲུག་གི་མཆོད་པས་འཇིག་རྟེན་ཁེངས༔

DOE YON   DRU   GI   CHOE PE   YIG TEN   KHENG
cualidades deseables seis   de   con ofrendas   mundo   llenar
(i.e todo lo que agrade a los seis sentidos)

el mundo entero se llena de ofrendas que poseen las seis cualidades
deseables.

ཀུན་ཏུ་བཟང་པོའི་མཆོད་པས་བདེག་ཤེགས་མཆོད༔

KUN TU ZANG POI   CHOE PE   DE SHE   CHOE
del bodisatva Samantabadra   por ofrecer   Ido Felizmente,   ofrecer
(como se describe en el Zangchoe Monlam)   budas

Se te presentan a ti, el Felizmente Ido, según el infinito sistema de
ofrendas de Kuntuzangpo.

ཡོན་ཏན་ཀུན་འབྱུང་གི་ལྷ་ཚོགས་དུ་མས་བསྐོར༔

YON TEN   KUN YUNG   GI   LHA   TSHO   DU ME   KOR
buenas cualidades fuente   de   dioses   multitudes   por muchas   rodeado
(lo que agrada)

A tu alrededor hay muchos dioses, fuente de todas las buenas
cualidades.

*En las cornisas del palacio enjoyado, las diosas de las ofrendas se reúnen
como nubes de lluvia y el mundo entero se llena de ofrendas que poseen
las seis cualidades deseables. Se te presentan a ti, el Felizmente Ido,
según el infinito sistema de ofrendas de Kuntuzangpo. A tu alrededor
hay muchos dioses, fuente de todas las buenas cualidades.*

གཞལ་ཡས་ཆེན་པོའི་ཕྱོགས་བཞི་སྒོ་བཞི་ན༔

ZHAL YE   CHEN POI   CHO   ZHI   GO   ZHI   NA
mansión divina   del gran   direcciones   cuatro   puerta   cuatro   en

En las cuatro puertas en las cuatro direcciones de esta gran mansión
divina

རྒྱལ་ཆེན་སྡེ་བཞི་བསྐོ་བའི་བཀའ་ཉན་མཛད༔

GYAL   CHEN   DE   ZHI   GO WE   KA   ÑAN   DZAE
rey   gran   grupos   cuatro   órdenes, instrucciones   orden   oír   hacer*
*   de Padmasambava   (i.e. obediencia)*

* Dritarashtra, Berudaka, Berupaksha y Vaisramana

están los cuatro grandes reyes que escuchan las órdenes que se les dan y

ལྷ་སྲིན་སྡེ་བརྒྱད་བྲན་དང་ཕོ་ཉར་འགྱེད༔

LHA SIN	DE	GYAE	DRAN	DANG	PHO ÑAR	GYE
dioses locales y demonios	*grupos*	*ocho*	*sirvientes y*		*mensajeros*	*repartir, dispersar*

envían a los ocho grupos de dioses y demonios como sus sirvientes y mensajeros

བདུད་དང་མུ་སྟེགས་དྲལ་ཕྲན་བཞིན་དུ་འདུལ༔

DU	DANG	MU TE		DUL TRAN	ZHIN DU	DUL
maras, demonios	*y*	*enemigos del darma*		*polvo fino*	*como ese*	*controlar, destruir*

para triturar a los maras y a los enemigos del Darma hasta convertirlos en polvo.

ཆོས་སྐྱོང་སྲུང་མའི་ལྷ་ཚོགས་འཁོར་གྱིས་བསྐོར༔

CHO KYONG		SUNG ME	LHA	TSHO	KHOR	GYI	KOR
protectores del darma		*guardianes*	*dioses*	*multitudes*	*séquito*	*por*	*rodeado*

A tu alrededor están tus huestes de protectores y guardianes del Darma.

En las cuatro puertas en las cuatro direcciones de esta gran mansión divina están los cuatro grandes reyes que escuchan las órdenes que se les dan y envían a los ocho grupos de dioses y demonios como sus sirvientes y mensajeros para triturar a los maras y a los enemigos del Darma hasta convertirlos en polvo. A tu alrededor están tus huestes de protectores y guardianes del Darma.

དབྱིངས་དང་གནས་ཡུལ་འབུམ་ཁྲ་མཁའ་འགྲོའི་ཚོགས༔

YING	DANG	NAE	YUL	BUM TRA	KHAN DROI	TSHO
darmadatu	*y*	*32 lugares*	*24 sitios*	*100,000*	*dakinis*	*multitudes*

Las innumerables multitudes de dakinis que residen en el espacio de todos los fenómenos y en los treinta y dos lugares y los veinticuatro sitios,

དཔའ་བོ་མཁའ་འགྲོ་ཆོས་སྐྱོང་བསྲུང་མར་བཅས༔

PA WO	KHAN DRO	CHO KYONG		SUNG MAR	CHAE
viras, héroes	*dakinis*	*protectores del darma*		*guardianes*	*juntos*

junto con los héroes, las dakinis, los protectores del Darma y los guardianes,

དཔག་མེད་སྤྲིན་ཕུང་འཐིབས་བཞིན་གསལ་བ་ཡི༔

PA ME	TRIN	PHUNG	TRIG	ZHIN	SAL WA	YI
innumerables	*nubes*	*masas*	*reunir*	*así, como*	*visión clara*	*de*

todos se reúnen claramente como innumerables masas de nubes.

རང་བྱུང་རང་ཤར་གསལ་ལ་འཛིན་མེད་བསྒོམ༔

RANG YUNG	RANG	SHAR	SAL	LA	DZIN	ME	GOM
espontáneos	*auto-surgir*	*visualizare*	*a*		*aferramiento*	*sin*	*meditar*

Medita sin aferrarte a esta claridad espontánea que surge de ti mismo.

Las innumerables multitudes de dakinis que residen en el espacio de todos los fenómenos y en los treinta y dos lugares y los veinticuatro sitios, junto con los héroes, las dakinis, los protectores del Darma y los guardianes, todos se reúnen claramente como innumerables masas de nubes. Medita sin aferrarte a esta claridad espontánea que surge de ti mismo.

ཧཱུྃ༔ ཨུ་རྒྱན་ཡུལ་གྱི་ནུབ་བྱང་མཚམས༔

HUNG	UR GYEN YUL	GYI	NUB YANG	TSHAM
vocativo, sílaba semilla de Padmasambava	*Oddiyana, la tierra de las dakinis*	*de*	*noroeste*	*frontera, esquina*

Hung. En la frontera noroeste de la tierra de Urgyen,

པདྨ་གེ་སར་སྡོང་པོ་ལ༔

PE MA	GE SAR	DONG PO	LA
loto	*estambres*	*tallo*	*sobre*

sobre el tallo y los estambres de un loto,

ཡ་མཚན་མཆོག་གི་དངོས་གྲུབ་བརྙེས༔

YAM TSHEN	CHO GI	NGO DRU	ÑE
maravilloso, prodigioso	*supremo (i.e. budeidad)*	*sidhis, logros*	*tiene*

con los logros maravillosos y supremos,

པདྨ་འབྱུང་གནས་ཞེས་སུ་གྲགས༔

PE MA YUNG NE		ZHE SU	DRA
Padmasambava, Gurú Rinpoché		*conocido como (afamado como)*	*famoso*

tu afamado nombre es Nacido del loto.

འཁོར་དུ་མཁའ་འགྲོ་མང་པོས་བསྐོར༔

KHOR	DU	KHAN DRO		MANG	POE	KOR
séquito	*como*	*dakinis, diosas del espacio (quiere decir que son entidades que viajan por el cielo)*		*muchas*	*por*	*rodeando*

Estás rodeado por un séquito de muchas dakinis.

ཁྱེད་ཀྱི་རྗེས་སུ་བདག་བསྒྲུབ་ཀྱིས༔

KHYE	KYI YE SU	DA	DRU	KYI
tú	*siguiéndote, emulándote*	*yo*	*practico*	*por eso*

Siguiéndote y confiando en ti hacemos tu práctica. Por lo tanto,

བྱིན་གྱིས་བརླབ་ཕྱིར་གཤེགས་སུ་གསོལ༔

YIN GYI LAB	CHIR	SHE SU SOL
bendiciones	*para*	*ven, por favor*

ven aquí, por favor, para concedernos tus bendiciones.

ग་རུ་པད་མེ་ཧྱེ་ཧཱུྃ༔

GU RU   **PE MA**   **SID DHI**   **HUNG**
gurú, maestro   *Padmasambava*   *logro verdadero*   *¡dame!*

¡Gurú Padmasambava concédenos el logro de la budeidad!

Hung. En la frontera noroeste de la tierra de Urgyen sobre el tallo y los estambres de un loto, con los logros maravillosos y supremos, tu afamado nombre es Nacido del loto. Estás rodeado por un séquito de muchas dakinis. Siguiéndote y confiando en ti hacemos tu práctica, por lo tanto, ven aquí, por favor, para concedernos tus bendiciones. ¡Gurú Padmasambava concédenos el logro de la budeidad!

ཞེས་ཅི་ནུས་དང་།

[Recita esto tantas veces como puedas con verdadera devoción de corazón.]

ཧཱུྃ༔ བཞེངས་ཤིག་པདྨ་འབྱུང་གནས་མཁའ་འགྲོའི་ཚོགས༔

HUNG   **ZHENG SHI**   **PAE MA YUNG NE**   **KHAN DROI**   **TSHO**
cinco jnana   *¡surgid!*   *Padmasambava*   *dakinis*   *multitudes*
y vocativo   *(Venid desde el darmadatu, el espacio de todos los fenómenos.)*

Hung. Padmasambava y tus multitudes de dakinis, ¡surgid!

དགོངས་ཤིག་ཕྱོགས་བཅུ་དུས་གསུམ་བདེ་གཤེགས་རྣམས༔

GONG SHI   **CHO CHU**   **DU SUM**   **DE SHE NAM**
prestad atención   *diez direcciones*   *tres tiempos*   *sugatas, budas,*
a nuestra petición   *(por todas partes)*   *(pasado, presente, futuro)*   *Felizmente Idos*

Felizmente Idos de los tres tiempos y las diez direcciones, ¡prestad atención!

རྗེ་བཙུན་ཆེན་པོ་པདྨ་ཐོད་ཕྲེང་རྩལ༔

YE TSUN   **CHEN PO**   **PAE MA**   **THO THRENG TSAL**
noble, merecedor   *grande*   *(una forma de Padmasambava)*
de respeto

Reverendísimo Padma Tho Treng Tsal,

རིག་འཛིན་མཁའ་འགྲོའི་གནས་ནས་གཤེགས་སུ་གསོལ༔

RIG DZIN   **KHAN DROI**   **NAE**   **NE**   **SHE SU SOL**
vidyadaras   *de la dakini*   *tierra*   *desde*   *ven por favor*

(i.e. Invitamos a Padmasambava a venir desde Zangdopalri, donde reside actualmente rodeado de multitudes de vidyadaras y dakinis. Cuando llega, todo su séquito le sigue automáticamente, como ocurre con un gran rey.)

por favor, ¡ven desde la tierra de los vidyadaras y las dakinis!

Hung. Padmasambava y tus multitudes de dakinis, ¡surgid! Felizmente Idos de los tres tiempos y las diez direcciones, ¡prestad atención! Reverendísimo Padma Tho Treng Tsal, por favor, ¡ven desde la tierra de los vidyadaras y las dakinis!

ཝུ་ཏྲ་མཛེས་པའི་ཐོར་ཚོག་ཤིགས་སེ་ཤིག༔

WU TRA   DZE PE   THOR CHO   SHI SE SHI
*cabello   hermoso   pelo largo suelto   ondea libremente
                        y recogido*
Tu hermosa y larga cabellera ondea, shi-se-shi.

རིན་ཆེན་རྒྱན་ཆ་མང་པོ་སི་ལི་ལི༔

RIN CHEN GYAN CHA MANG PO SI LI LI
joya   adornos   muchos   tintineando con un sonido como de lluvia incesante
Muchos adornos enjoyados tintinean, si-li-li.

དུར་ཁྲོད་རུས་ཆེན་རྒྱན་ཆ་ཁྲོ་ལོ་ལོ༔

DUR TRO   RU   CHEN   GYAN CHA   TRO LO LO
cementerio   huesos   grande   ornamentos   traquetean juntos
Los grandes ornamentos de hueso del cementerio traquetean, tro-lo-lo.

སྒྲ་དང་རོལ་མོ་མང་པོ་འུ་རུ་རུ༔

DRA   DANG   ROL MO   MANG PO   U RU RU
sonidos   y   música, címbalos   mucho   zumbar
Los sonidos y la música vibran, u-ru-ru.

Tu hermosa y larga cabellera ondea, shi-se-shi. Muchos adornos enjoyados tintinean, si-li-li. Los grandes ornamentos de hueso del cementerio traquetean, tro-lo-lo. Los sonidos y la música vibran, u-ru-ru.

ཡི་དམ་ལྷ་ཚོགས་ཧཱུྂ་སྒྲ་དི་རི་རི༔

YI DAM   LHA   TSHO   HUNG   DRA   DI RI RI
camino   deidades   multitudes   Hung   sonido   fuerte, sonido fluido
Las multitudes de deidades del camino gritan resonantes Hungs, di-ri-ri.

མཁའ་འགྲོ་སྡེ་ལྔའི་གར་བྱེད་ཤིགས་སེ་ཤིག༔

KHAN DRO   DE   NGA   GAR YE   SHI SE SHI
dakinis   kulas, familias   cinco   danzar   balanceándose de un lado a otro
Las dakinis de las cinco familias danzan con gracia, shi-se-shi.

གིང་ཆེན་དཔའ་བོའི་བྲོ་བརྡུངས་ཁྲབས་སེ་ཁྲབ༔

GING   CHEN   PA WO   TRO DUNG   TRAB SE TRAB
portavoces   grandes   viras, héroes   bailar fuerte   pisar fuerte
Los grandes portavoces y los pawo danzan con fuerza, pisando fuerte trab-se-trab.

མ་མོ་མཁའ་འགྲོ་སྤྲིན་ལྟར་ཐིབས་སེ་ཐིབ༔

MA MO   KHAN DRO   TRIN   TAR   THIB SE THIB
madres, diosas   dakinis   nubes   como   se reúnen rápida y fácilmente
Las mamo y las dakinis se reúnen como nubes, thib-se-thib.

Las multitudes de deidades del camino gritan resonantes Hungs, di-ri-ri. Las dakinis de las cinco familias danzan con gracia, shi-se-shi. Los grandes portavoces y los pawo danzan con fuerza, pisando fuerte trab-se-trab. Las mamo y las dakinis se reúnen como nubes, thib-se-thib.

ཆོས་སྐྱོང་སྡེ་བརྒྱད་ལས་བྱེད་ཁྱུགས་སེ་ཁྱུག༔

CHO	KYONG	DE	GYAE	LAE YE	KHYU SE KHYU
dirección	*protectores*	*clases*	*ocho*	*trabajadores activos*	*muy rápidamente*

Las ocho clases de protectores del darma y los trabajadores se apresuran, khyug-se-khyug.

ཞུབ་ཆེན་སྟོང་གི་སྒྲ་སྐད་སི་ལི་ལི༔

ZHUB	CHEN	TONG GI	DRA KAE	SI LI LI
armadura	*grande*	*una división militar de mil soldados*	*sonido*	*sonido vibrante de hierro*

Mil soldados acorazados repiquetean, si-li-li.

གཡས་ན་པོ་རྒྱུད་ཐམས་ཅད་ཤ་ར་ར༔

YAE	NA	PHO GYU	THAM CHE	SHA RA RA
derecha	*a la*	*dioses, devas*	*todos*	*llegan rápidamente*

A la derecha, todos los dioses se acercan rápidamente, sha-ra-ra.

གཡོན་ན་མོ་རྒྱུད་ཐམས་ཅད་ཤ་ར་ར༔

YON	NA	MO GYU	THAM CHE	SHA RA RA
izquierda	*a la*	*diosas, devis*	*todas*	*llegan rápidamente*

A la izquierda, todas las diosas vienen rápidamente, sha-ra-ra.

Las ocho clases de protectores del Darma y los trabajadores se apresuran, khyug-se-khyug. Mil soldados acorazados repiquetean, si-li-li. A la derecha, todos los dioses se acercan rápidamente, sha-ra-ra. A la izquierda, todas las diosas vienen rápidamente, sha-ra-ra.

བར་སྣང་ཐམས་ཅད་དར་དུ་གདུགས་ལྷབས་སེ་ལྷབ༔

BAR NANG	THAM CHE	DAR	DU	LHAB SE LHAB
cielo	*todo*	*bandera*	*sombrillas*	*revolotean de un lado a otro, brillan*

En todo el cielo ondean banderas y sombrillas, lhab-se-lhab.

དྲི་ཞིམ་སྤོས་ཀྱི་ངད་པ་ཐུ་ལུ་ལུ༔

DRI	ZHIM	POE	KYI	NGAE PA	THU LU LU
aroma	*agradable*	*incienso*	*de*	*intenso olor agradable*	*se extiende por todas partes*

Todo está impregnado del buen aroma de incienso de agradable olor, thu-lu-lu.

མ་ཁར་འགྲོ་གསང་བའི་བརྡ་སྐད་དི་རི་རི༔

KHAN DRO   SANG WE   DA KAE   DI RI RI
dakinis   secreto   lenguaje simbólico   sonido fluido y potente

El lenguaje de símbolos secretos de las dakinis reverbera, di-ri-ri.

གིང་ཆེན་དཔའ་བོའི་བཤུགས་སྐྱུ་རུ་རུ༔

GING CHEN   PA WO   SHU LU   KYU RU RU
grandes portavoces   viras   silbar   silbido

El silbido de los grandes portavoces y de los pawos resuena, kyu-ru-ru.

En todo el cielo ondean banderas y sombrillas, lhab-se-lhab. Todo está impregnado del buen aroma de incienso de agradable olor, thu-lu-lu. El lenguaje de símbolos secretos de las dakinis reverbera, di-ri-ri. El silbido de los grandes portavoces y de los pawos resuena, kyu-ru-ru.

ཧཱུྃ་གི་སྐྱུར་སྐྱ་མང་པོ་དི་རི་རི༔

HUNG   GI   NANG LU   MANG PO   DI RI RI
hung   de   salvaje, cantar   muchos   potente sonido fluido
                descuidado

El sonido salvaje de hung fluye libremente, di-ri-ri.

ཕཏ་ཀྱི་བརྡ་སྐད་དྲག་པོ་སངས་སེ་སང༔

PHAT   KYI   DA KAE   DRA PO   SANG SE SANG
Phat!   de   sonido simbólico   fuerte   sonido claro y agudo

El feroz sonido simbólico Phat! estalla claro y agudo, sang-se-sang.

བདག་དང་འགྲོ་དྲུག་སེམས་ཅད་ཐམས་ཅད་ལ༔

DA   DANG   DRO DRU   SEM CHEN   THAM CHE   LA
yo   y   se mueven en los   ser sensible   todos   a
                  seis reinos del samsara

Por favor, mírame a mí y a todos los seres que se mueven en los seis reinos

ཐུགས་རྗེས་གཟིགས་ལ་གནས་འདིར་གཤེགས་སུ་གསོལ༔

THU YE   ZI   LA   NAE   DIR   SHE SU SOL
con compasión   mira   entonces   lugar   aquí   ven, por favor

con compasión y entonces, ven aquí.

El sonido salvaje de hung fluye libremente, di-ri-ri. El feroz sonido simbólico Phat! estalla claro y agudo, sang-se-sang. Por favor, mírame con compasión a mí y a todos los seres que se mueven en los seis reinos y entonces, ven aquí.

གནས་འདིར་ཐུགས་རྗེས་དགོངས་ཏེ་གཤེགས་ནས་ཀྱང་༔

NAE	DIR	THU YE	GONG	TE	SHE	NE	KYANG
lugar	*aquí*	*con compasión*	*pensar*	*luego*	*venir*	*entonces*	*también*

Por favor, piensa en este lugar con compasión y ven aquí.

བདག་གིས་བྱང་ཆུབ་སྙིང་པོ་མ་ཐོབ་བར༔

DA		GI	CHANG CHU ÑING PO	MA	THO	BAR
yo (y todos los seres)		*por*	*el corazón de la iluminación*	*no*	*obtener*	*hasta*

Hasta que obtengamos el corazón de la iluminación,

བགེགས་དང་ལོག་འདྲེན་བར་ཆད་འདུལ་བ་དང༔

GEG	DANG	LOG DREN	BAR CHAE		DUL WA	DANG
obstructores	*y*	*falsos líderes*	*interruptores, obstáculos*		*someter*	*y*

por favor, somete a los obstructores, a los líderes erróneos y a los interruptores y

མཆོག་དང་ཐུན་མོང་དངོས་གྲུབ་རྩལ་དུ་གསོལ༔

CHO	DANG	THUN MONG	NGO DRU	TSAL DU	SOL
supremo	*y*	*general*	*sidhis*	*conceder*	*por favor*

concédenos logros supremos y generales.

འཁོར་བ་སྡུག་བསྔལ་གྱི་རྒྱ་མཚོ་ལས་བསྒྲལ་དུ་གསོལ༔

KHOR WA	DU NGAL	GYI	GYAM TSHO	LAE	DRAL	DU	SOL
samsara	*sufrimiento*	*de*	*océano*	*de*	*liberar*	*eliminar*	*por favor*

Por favor, libéranos del océano de sufrimiento del samsara.

Por favor, piensa en este lugar con compasión y ven aquí. Después, hasta que obtengamos el corazón de la iluminación, por favor, somete a los obstructores, a los líderes erróneos y a los interruptores y concédenos logros supremos y generales. Por favor, libéranos del océano de sufrimiento del samsara.

གསོལ་འདེབས་ལེཨུ་བདུན་མའི་ནང་ཚན་མཁའ་འགྲོ་ཡེ་ཤེས་མཚོ་རྒྱལ་ལ་གསུངས་པ་ཁ་བསྒྱུར་བྱས་པ།།

Adaptado por C.R. Lama a partir de la plegaria enseñada por Padmasambava a Yeshe Tsogyal contenida en *LOS SIETE CAPÍTULOS DE ORACIONES*.

འཆི་བ་ལམ་འཁྱེར་གདམས་ངག་ཟབ་མོ་སྤྱུར་བཅངམ་བཞུགས་སོ།

En la propia mano:
Las profundas instrucciones para usar la muerte como camino

༄༅། འཆི་བ་ལམ་འཁྱེར་གདམས་ངག་ཟབ་མོ་སྤྱུར་བཅངམ་བཞུགས་སོ།
གུ་རུ་པདྨ་སིདྡྷི་ཧཱུཾ། རྣལ་འབྱོར་པ་འཆི་ཁའི་ཚེ་ཉམས་སུ་བླང་བ་ནི། བདག་ལ་འཆི་ཁ་
བར་དོ་འཆར་དུས་འདིར། ཀུན་ལ་ཆགས་སྤང་འཛིན་ཞེན་སྤྱངས་བྱེད་ནས། གདམས་
ངག་གསལ་བའི་དང་ལ་ཡེངས་འཇུག། རང་རིག་སྐྱེ་མེད་ནམ་མཁའི་དབྱིངས་སུ་འཕོ།
ཞེས་གསུངས་པ་སྤྱར་ཚེ་འདིའི་ཞེན་ཆགས་ཐམས་ཅད་སྤངས། གདམས་ངག་ནི་དལྟ་སྐྱེ་
གནས་བར་དོར་ཐོས་བསམ་བསྒོམ་གསུམ་མཐར་ཕྱིན་པ་ཡོད་ཚེ། དེའི་འབྲས་བུ་བར་
དོར་འཁྲུལ་དགོས་པས། སྤུ་བ་ག་དག་ཕྱོགས་ནས་གདངས་ཁེལ་བ་ཡོད་ན་ཡོ་དབྱགས་ཆད་
འཕུལ་རྐྱང་སེམས་དབུ་བར་ཆུད་སྐྱབས་རང་བྱུང་གི་རིག་པ་ངོ་ཤེས་ཏེ་ཡོད་གསལ་མ་བུ་ཁོ་
འཕྲོད། འཆི་བ་ཡོད་གསལ་ཆོས་སྐྱར་སངས་རྒྱ་ཕྱགས་དང་ལ་བཞུགས་སྐྱབས་འདི་ཡིན།
སྤུན་སྒྲུབ་སྤྱང་བ་བཞིའི་ལམ་ལ་རྩལ་འབྱང་ཡོད་ཚོག་དག་གི་རང་མདངས་འགག་མེད་དུ་
ཕྱར་བའི་སྐུ་ངོར་ཟེར་གསུམ་ཞི་ཁྲོའི་ལྷ་རྣམས་རིག་རྩལ་སྤུན་སྒྲུབ་ཏུ་དོ་འཕྲོད་དེ། བར་དོར་
ཡོངས་སྤྱར་གྲོལ་བ་འདམ་རང་བཞིན་སྤྱལ་སྤྱར་སངས་རྒྱ། བསྟེད་རིས་གསལ་བ་ཆས་དང་
སྤྱགས་ལམ་དུ་ལྷུགས་པ་རྣམས་སྤྱིད་པར་དོ་ལྷོག་གི་གདམས་པས་ཉིད་མཚམས་སྤྱོར་བ་
སོགས་ཡིན། རྗེ་མི་ལས་ཀྱི་འཆི་བ་ཡོད་གསལ་ཆས་སྤྱར་གྲོལ་བ་ཕྱག་ཆེན་དང་འོད་གསལ་
ཡོངས་སྤྱར་གྲོལ་བ་བསྟེད་རིས་སྐུ་ལུས་རྩེ་ལས་སྤྱལ་སྤྱར་གྲོལ་བ་ལ་གཏུམ་མོ་དང་ཐབས་
ལམ་དགོས་པར་གསུངས། ས་སྐྱ་བ་རྣམས་བར་དོ་དུན་པ་རྣམ་གསུམ་ཞེས། བླ་མ་དུན་
པ། ཡི་དམ་ཀྱི་ལྷ་དུན་པ། གསང་མཆེན་དུན་པ་གསུམ་གྱིས་གྲོལ་བར་བ་ཤད། མདོར་ན་
ས་བཀའ་རྙིང་གསུམ་གྱི་ཟབ་གནད་དེ་སྤྱར་ཡིན་ཀྱང་། དེ་ལས་ཟབ་པ་དགུགས་ཆད་པ་དང་
མཉམ་དུ་མཁའ་སྤྱོད་དུ་བསྤྱོད་པའི་ཐབས་ཞིང་ཁམས་སྤྱོབ་བ་འདི་རང་ཟབ་ལས་འཕོ་བ་ཡང་
འདིར་འདུས། དེ་ལ་ཁྱེད་ལྷུགས་བདེ་ཆན་དང་མཛོན་དགའན་སོགས་རང་གང་འཕད་དུ་རིག་
པ་གཏོད་པ་ཡིན་ཀྱང་། དེ་རང་རྣམས་ཟངས་མ་དོག་དཔལ་རི་རང་སྣངས་སུ་བབས་པས།
བདེ་ཆན་ཡང་དེ་ཁ་ཡིན་པས། དལྟ་རིག་པ་གསལ་དུས་དམིགས་པ་འདི་བཞིན་མཛོད།

Guru Padma Siddhi Hung   En cuanto a la práctica que los yoguis deben emplear en el momento en que van a morir, el Bardo Todol dice:

«Ahora que el bardo de la muerte está surgiendo para mí, abandono todo el deseo, la ira, el aferramiento y la esperanza. Inquebrantable, mantendré el estado de la clara comprensión de las enseñanzas y enviaré mi mente al darmadatu no nacido que es como el cielo.»

En consecuencia, debes abandonar todas las esperanzas y deseos de esta vida. Ahora, durante el período que va desde el nacimiento hasta la muerte (kye ne bardo), debes perfeccionar las tres etapas de escuchar, reflexionar y meditar para que el resultado se obtenga en el período del bardo después de la muerte. (Además, si tu mente está preparada, no hay razón para que no puedas ir completamente a Zangdopalri antes del momento en que mueras).

Si tienes plena confianza en la visión de la pureza primordial de tu mente (kadag), entonces con tu exhalación final (cuando quedes inconsciente en el momento de la muerte) pon el viento/mente (lung sem) en el canal central avaduti. Entonces brillará la conciencia de sí mismo y se manifestará la luz clara de madre e hija. Tú que estás muriendo debes practicar el permanecer fusionado en la budeidad de la clara luz del Darmakaya. (Al morir debes tratar de mantener esto durante siete a veintiún días).

Cuando tengas la plena capacidad de practicar el camino de las cuatro apariencias visionarias que surgen sin esfuerzo, entonces el resplandor intrínseco de la pureza primordial (kadag) surgirá incesantemente como sonido, luz y rayos. (Las cuatro apariencias visionarias son: 1. la apariencia directa de la realidad de los fenómenos; 2. el aumento de las experiencias en la meditación; 3. el límite de la consciencia; 4. el cese del aferramiento a la realidad de los fenómenos). Entonces debes reconocer a los dioses pacíficos y airados como la energía de la presencia que surge sin esfuerzo. Con esto, en el bardo te liberarás en el sambogakaya. O bien obtendrás fácilmente la budeidad como nirmanakaya (ya que estas formas se desarrollan más tarde en el bardo).

Aquellos que sólo tienen una práctica clara del sistema en desarrollo (kye rim) y acaban de entrar en el camino tántrico deben intentar en el bardo del nacimiento (sipe bardo) evitar nacer en una existencia inferior. (Por el poder de su práctica deben esforzarse por nacer en un vientre humano en una familia donde se practique el Darma).

Milarepa dijo, «*Al morir, la liberación en la luz clara del darmakaya surge a través del mahamudra (chak chen). La liberación en la luz clara del sambogakaya surge a través del sistema en desarrollo (kye rim), el cuerpo ilusorio (gyu lu) y la práctica del sueño (milam). Mientras que para la liberación en el nirmanakaya es necesaria la práctica de tumo y tab lam.*»

Los sakyapas tiene la enseñanza de los tres recuerdos para el bardo al morir. Estos son el recuerdo del gurú, el recuerdo de la deidad del camino y el recuerdo del nombre recibido en el momento de la iniciación. Explican que la liberación se obtendrá por medio de ellos.

En resumen, estos son los profundos puntos esenciales de las enseñanzas Sakya, Kagyu y Ñingma. Pero más profundo que éstas es ser capaz, en el momento de la exhalación final al morir, de ir inmediatamente a la tierra pura (ka choe). Este método de ir al reino de Buda (shyingkam) es muy profundo e importante, por lo que aquí se presenta brevemente la técnica de transferencia (powa). La forma de practicarla consiste en tomar como objeto de la mente Dewachen o Ngoenga o cualquier reino búdico que se desee. Pero especialmente para nosotros los ñingmapa nuestra «oportunidad» o «porción» (rang kabsu babpa) es Zangdopalri aunque también podemos centrarnos en Dewachen.

Ahora, manteniendo tu mente clara, debes pensar de la siguiente manera:

སྐྱབས་འགྲོ་དང་སེམས་བསྐྱེད། REFUGIO Y BODICHITA

སངས་རྒྱས་ཆོས་དང་ཚོགས་ཀྱི་མཆོག་རྣམས་ལ།

SANG GYE CHO DANG TSO KYI CHO NAM LA
buda   darma y   sanga de   suprema (plural)   a
                                (la asamblea de los practicantes comprometidos)

En el Buda, el Darma y la Asamblea de los excelentes

བྱང་ཆུབ་བར་དུ་བདག་ནི་སྐྱབས་སུ་མཆི།

CHANG CHU BAR DU   DA NI   KYAB   SU   CHI
iluminación   hasta   yo   refugio   para ir

me refugio hasta que alcance la iluminación.

བདག་གིས་སྦྱིན་སོགས་བགྱིས་པའི་བསོད་ནམས་ཀྱིས།

DA GI   YIN   SO   GYI PE   SO NAM   KYI
yo por   generosidad demás perfecciones hacer, practicar virtud   a través*
disciplina, paciencia, diligencia, meditación, sabiduría

Por la virtud de practicar la generosidad y demás perfecciones

འགྲོ་ལ་ཕན་ཕྱིར་སངས་རྒྱས་འགྲུབ་པར་ཤོག།

DRO   LA   PHEN   CHIR   SANG GYE   DRU PAR   SHO
todos los seres a   beneficiar para buda   lograr   que ocurra

pueda alcanzar la budeidad pare el beneficio de todos los seres.

En el Buda, el Darma y la Asamblea de los excelentes me refugio hasta que alcance la iluminación. Que por la virtud de practicar la generosidad y demás perfecciones pueda alcanzar la budeidad para el beneficio de todos los seres.

ལེན་གསུམ་རྗེས༔

[Recita esto tres veces.]

 སངས་རྒྱས་དང་བྱང་ཆུབ་སེམས་དཔའ་རྣམས་ལ་ར་མདར་སྲུན་པའི་སྨོན་ལམ་བཞུགས་སོ༔

LA ORACIÓN DE ASPIRACIÓN QUE SOLICITA AYUDA DE LOS BUDAS Y
BODISATVAS

དཀོན་མཆོག་གསུམ་ལ་དངོས་སུ་འབྱོར་པ་དང་ཡིད་ཀྱི་སྤྲུལ་པའི་མཆོད་པ་འབུལ༔ ལག་དུ་
སྤོས་རི་ཞིམ་པོ་ཐོགས་ཏེ༔ གདུང་བ་དྲག་པོས་འདི་སྐྱད་དོ༔

Haz ofrendas a las Tres Joyas con los regalos que realmente tienes, agua, arroz,
etc., y también con los que imaginas en tu mente (como en el sistema del bodisatva Samantabadra). Sostén un poco de incienso perfumado en tus manos, que
están juntas en oración, y recita lo siguiente con profunda fe.

[Esto se debe hacer para uno mismo antes del momento de la muerte y antes
de la práctica del Powa. Solo los meditadores con auténtico poder pueden
beneficiar a otros haciendo esta práctica para ellos. C. R. Lama.]

ཕྱོགས་བཅུ་ན་བཞུགས་པའི་སངས་རྒྱས་དང་

CHO   CHU   NA   ZHU PE   SANG GYE DANG
direcciones diez   en   residir   budas   y
Vosotros los budas compasivos y

བྱང་ཆུབ་སེམས་དཔའ་ཐུགས་རྗེ་དང་ལྡན་པ༔

CHANG CHU SEM PA THU YE   DANG DEN PA
bodisatvas   compasión   poseer
bodisatvas que residís en las diez direcciones,

མཁྱེན་པ་དང་ལྡན་པ༔ སྤྱན་དང་ལྡན་པ༔

KHYEN PA   DANG DEN PA   CHAN   DANG DEN PA
conocimiento profundo, poseer   ojo   poseer
comprensión   *(de sabiduría)*
Y vosotros que tenéis verdadero entendimiento, que tenéis el ojo de la
sabiduría,

བརྩེ་བ་དང་ལྡན་པ༔   འགྲོ་བའི་སྐྱབས་སུ་གྱུར་པ་རྣམས་

TSE WA   DANG DEN PA   DRO WE   KYAB   SU   GYUR PA   NAM
bondad   poseer   seres   proteger como son   (plural)
(tienen el poder de ayudar) *sensibles*
vosotros que sois bondadosos, protectores de los seres,

ཐུགས་རྗེའི་དབང་གིས་གནས་འདིར་བྱོན་ཅིག།

THU YEI WANG GI NAE DIR YON CHI
de la compasión poder por lugar aquí venid!

¡por el poder de vuestra compasión debéis venir aquí!

དངོས་སུ་འབྱོར་བ་དང་ཡིད་ཀྱི་སྤྲུལ་པའི་མཆོད་པ་བཞེས་ཤིག།

NGO SU YOR WA DANG YI KYI TRUL PE CHO PA ZHE SHI

realmente	*reunidas*	*y*	*mente de*	*emanadas,*	*ofrendas*	*aceptar*	*deber*
				imaginadas	*(como pago por vuestra ayuda)*		

¡Debéis aceptar todas las ofrendas que he reunido y todas las que he creado en mi mente!

ཐུགས་རྗེ་ཅན་ཁྱེད་རྣམས་ལ་མཁྱེན་པའི་ཡེ་ཤེས།

THU YE CHEN KHYE NAM LA KHYEN PE YE SHE

los compasivos	*vosotros todos*	*con*	*verdadera comprensión*	*conocimiento*
				original

Vosotros sois los compasivos con la verdadera comprensión del conocimiento original.

བརྩེ་བའི་ཐུགས་རྗེ། མཛད་པའི་འཕྲིན་ལས།

TSE WE THU YE   **DZAE PE TRIN LAE**

tipo	*compasión*	*hacer,*	*actividad, acciones*
		llevar a cabo	*para los demás*

Tenéis compasión bondadosa. Realizáis actividades beneficiosas.

སྐྱོབ་པའི་ནུས་མཐུ་བསམ་གྱིས་མི་ཁྱབ་པ་མངའ་བ་ལགས་པས།

KYOB PE NU THU SAM GYI MI KHYA PA NGA WA LA PAE

protector	*fuerza*	*poder*	*inconcebible*	*poseer*	*por*

Poseéis una fuerza y un poder protectores inconcebibles.

Vosotros, los budas y bodisatvas compasivos que residís en las diez direcciones, vosotros que tenéis verdadero entendimiento, que tenéis el ojo de la sabiduría, vosotros que sois bondadosos, protectores de los seres, ¡por el poder de vuestra compasión debéis venir aquí! ¡Debéis aceptar todas las ofrendas que he reunido y todas las que he creado en mi mente! Vosotros sois los compasivos con la verdadera comprensión del conocimiento original. Tenéis compasión bondadosa. Realizáis actividades beneficiosas. Poseéis una fuerza y un poder protectores inconcebibles.

ཕྱགས་རྗེ་ཙན་ཁྱེད་རྣམས་ཀྱིས་བདག་ནི།   [ཆེ་གེ་མོ་ཞེས་བྱ་བ་འདི་ནི]༈

THU YE CHEN KHYE NAM   KYI   DA NI   CHE GE MO ZHE YA WA   DI NI
Compasivos   por   yo   esta persona llamada   es esto
(budas y bodisatvas)

Compasivos, ¡os invoco! Estoy [o esta persona llamada .... está]

འཇིག་རྟེན་འདི་ནས་ཕ་རོལ་ཏུ་ནི་འགྲོ༈

YIG TEN   DI   NAE   PHA ROL TU   NI   DRO
mundo*   este   desde   lejos de, más allá   ir
*su situación presente

cruzando los límites de mi mundo familiar.

འཇིག་རྟེན་འདི་ནས་ནི་བོར༈   སྐྱེས་ཆེན་པོ་ནི་འདེབས༈

YIG TEN   DI   NAE NI BOR   KYAE CHEN PO NI   DE
mundo   este   abandonar,   la muerte, el gran movimiento   atrapado,
*   expulsar   que lo lleva a uno indefenso   golpeado por*

Mi mundo ahora se está perdiendo. Estoy impactado por el gran cambio irresistible.

གྲོགས་ནི་མེད༈   སྡུག་བསྔལ་ནི་ཆེ༈   སྐྱབས་ནི་མེད༈

DRO NI   ME   DU NGAL NI   CHE   KYAB NI   ME
amigo*   sin   sufrimiento   gran   protección   sin
* Hay que dejar atrás a todos los que uno ha conocido en esta vida.

Estoy sin amigos, sufriendo mucho y sin protección.

མགོན་ནི་མེད༈   དཔུང་གཉེན་ནི་མེད༈

GON NI   ME   PUNG ÑEN NI   ME
señor,   sin   ayudante, asistente   sin

No tengo benefactor. No tengo ayuda.

ཚེ་འདིའི་སྣང་བ་ནི་ནུབ༈

TSHE   DI   NANG WA   NI NUB
vida   esta   ideas, apariencias   decaen, desaparecen

Las ideas de esta vida desaparecen.

འགྲོ་བ་གཞན་དུ་ནི་འགྲོ༈   མུན་ནག་འཐུག་པོར་ནི་འཇུག༈

DRO WA ZHAN   DU NI   DRO   MUN NA   THU POR NI   YU
seres   otros   a*   ir   oscuridad   muy sombría   entrar,
*   empezar en*
* va a renacer en otro lugar entre otros seres

Voy a estar entre extraños. Estoy entrando en una gran oscuridad.

གཡང་ཆེན་པོར་ནི་ལྷུང༔

YANG CHEN POR NI   **LHUNG**
gran peligro (como caer por un precipicio)   *caer*

Estoy cayendo en un gran peligro.

རྣམ་རྟོག་གི་ནགས་ཁྲོད་འཐུག་པོར་ནི་འཇུག༔

NAM TO   **GI**   **NAG TRO**   **THU POR NI**   **YU**
pensamientos de   *bosque*   *grande, espeso*   *entrar*

Estoy entrando en el espeso bosque de los pensamientos discursivos.

ལས་ཀྱི་དབང་གིས་ནི་དེད༔   དགོན་པ་ཆེན་པོར་ནི་འགྲོ༔

LAE   **KYI**   **WANG**   **GI NI**   **DE**   **GON PA**   **CHEN POR NI**   **DRO**
karma   *de*   *poder*   *por*   *arrastrado*   *lugar aislado*   *gran*   *ir*

Estoy siendo arrastrado por el poder del karma. Entro en un gran desierto.

རྒྱ་མཚོ་ཆེན་པོར་ནི་ཁྱེར༔   ལས་ཀྱི་རླུང་གིས་ནི་བརྫས༔

GYAM TSHO   **CHEN POR**   **NI KHYER**   **LAE KYI LUNG GI**   **NI DAE**
océano (de las   *gran*   *engullido,*   *del karma viento por*   *empujado*
aflicciones)   *(imposible salir)*   *llevado*

El gran océano me engulle. Me empuja el viento del karma.

ས་ཚུགས་མེད་པའི་ཕྱོགས་སུ་ནི་འགྲོ༔

SA TSHU   **ME PE CHO SU NI**   **DRO**
lugar de descanso, parada   *sin*   *adelante*   *ir*
(no reconocer nada)

Debo seguir viajando sin ningún lugar donde descansar.

གཡུལ་ངོ་ཆེན་པོར་ནི་འཇུག༔

YUL NGO   **CHEN POR**   **NI YU**
ideas espantosas, apariencias hostiles   *grandes, muchas*   *entrar, venir*
(como un gran campo de batalla)

Me encuentro con apariencias aterradoras.

གདོན་ཆེན་པོས་ནི་ཟིན༔

DON   **CHEN POE**   **NI ZIN**
problemas, daño   *grandes*   *atrapado*
(muchas formas demoníacas)

Estoy atrapado en un gran daño.

གཤིན་རྗེའི་ཕོ་ཉས་ནི་འཇིགས་ཤིང་སྐྲག༔

SHIN YEI   **PHOE ÑAE NI**   **YIG SHING**   **TRA**
de Yama, el señor de la muerte   *mensajeros, enviados*   *aterrorizado*   *asustado*

Estoy asustado y aterrorizado por los enviados de Yama.

ལས་ཀྱི་སྲིད་གནས་པ་ལ་ནི་འཇུག་ཡང་ཅིང༔   དབང་ནི་མེད༔

LAE   KYI   SI   NAE PA LA NI YU   YANG CHING WANG   NI ME
karma de   posibles lugares dentro entrar también   poder   sin
(i.e. no liberarse de los reinos de la compulsión kármica)

Puedo entrar en cualquiera de los lugares que mis acciones han hecho posible. No puedo hacer nada.

Compasivos, ¡os invoco! Estoy [o esta persona llamada .... está] cruzando los límites de mi mundo familiar. Mi mundo ahora se está perdiendo. Estoy impactado por el gran cambio irresistible. Estoy sin amigos, sufriendo mucho y sin protección. No tengo benefactor. No tengo ayuda. Las ideas de esta vida desaparecen. Voy a estar entre extraños. Estoy entrando en una gran oscuridad. Estoy cayendo en un gran peligro. Estoy entrando en el espeso bosque de los pensamientos discursivos. Estoy siendo arrastrado por el poder del karma. Entro en un gran desierto. El gran océano me engulle. Me empuja el viento del karma. Debo seguir viajando sin ningún lugar donde descansar. Me encuentro con apariencias aterradoras. Estoy atrapado en un gran daño. Estoy asustado y aterrorizado por los enviados de Yama. Puedo entrar en cualquiera de los lugares que mis acciones han hecho posible. No puedo hacer nada.

གཅིག་པོར་འགྲོགས་མེད་པར་འགྲོ་དགོས་པའི་དུས་ལ་བབས་ན་

CHI POR   DRO ME PAR DRO GOE PE   DU   LA BAB   NA
solo   sin amigos   ir   necesario tiempo viene   cuando (ahora)

Ahora que ha llegado el momento en que debo ir solo y sin amigos,

ཐུགས་རྗེ་ཅན་རྣམས་ཆེ་གེ་མོ་སྐྱབས་མེད་པ་

THU YE CHEN NAM   CHE GE MO KYAB ME PA
compasivos   el fallecido   sin refugio
(los budas y demás)

vosotros, los compasivos, debéis darme refugio

བདག་[འདི་]ལ་སྐྱབས་མཛོད་ཅིག༔

DA [DI]   LA KYAB   DZO CHI
yo   [este]   a   proteger, refugiar hacer debe

a mí [o a esta persona ....] ¡pues estoy sin refugio!

མགོན་མེད་པ་ལ་མགོན་མཛོད་ཅིག༔

GON   ME PA LA GON   DZO CHI
protector sin   a   beneficio hacer   debe

¡Protegedme, pues estoy sin protección!

དཔུང་གཉེན་མེད་པ་ལ་དཔུང་གཉེན་མཛོད་ཅིག༔

PUNG ÑEN	ME PA	LA	PUNG ÑEN	DZO	CHI
ayudante, asistente	*sin*	*a*	*asistencia*	*hacer*	*debe*

¡Ayudadme porque estoy sin ayuda!

བར་དོའི་མུན་ནག་ཆེན་པོ་ལས་སྐྱོབས་ཤིག༔

BAR DOI	MU NA	CHEN PO	LAE	KYOB	SHI
estado intermedio	*oscuro, sombrío gran*		*de*	*proteger*	*debe*

Debéis protegerme de la gran oscuridad del bardo.

ལས་ཀྱི་རླུང་དམར་ཆེན་པོ་ལས་བཟློག་ཅིག༔

LAE	KYI	LUNG	MAR	CHEN PO	LAE DO	CHI
karma	*de*	*viento*	*rojo*	*gran*	*de repeler*	*debe*
		(empujándome por detrás)				

Debéis repeler el viento tempestuoso del karma.

གསིན་རྗེའི་འཇིགས་སྐྲག་ཆེན་པོ་ལས་སྐྱོབས་ཤིག༔

SHIN YEI	YI	DRA	CHEN PO	LAE	KYOB	SHI
Yama	*terror*	*miedo*	*gran*	*de*	*proteger*	*debe*

Protegedme del gran terror del Señor de la Muerte.

བར་དོའི་འཕྲང་རིང་ཆེན་པོ་ལས་སྒྲོལ་ཅིག༔

BAR DOI	TRANG	RING	CHEN PO	LAE	DROL	CHI
del bardo	*estrecho*	*largo*	*camino difícil del*		*salvar*	*debe*

Debéis salvarme del largo y estrecho pasaje del bardo.

ཐུགས་རྗེ་ཅན་ཁྱེད་རྣམས་ཀྱི་ཐུགས་རྗེ་མ་ཆུང་ཅིག༔

THU YE CHEN	KHYE	NAM	KYI	THU YE	MA CHUNG	CHI
Compasivos	*vosotros todos*		*de*	*compasión*	*no decrece*	*debe*

Compasivos, ¡vuestra compasión no debe debilitarse!

རམ་དར་མཛོད་ཅིག༔   ངན་སོང་གསུམ་དུ་མ་བཏང་ཅིག༔

RAM DA DZO	CHI	NGEN SONG	SUM DU	MA	TANG	CHI
ayuda,	*hacer debe*	*estados afligidos*	*tres**	*no*	*enviar*	*debe*
				(no dejes que su mal karma lo envíe allí)		

*infiernos, fantasmas insaciables, animales

Debéis ayudarme. No me enviéis a los tres reinos inferiores.

སྔོན་གྱིས་དམ་བཅའ་མ་གཡེལ་བར༔

NGON	GYI	DAM CHA	MA	YEL WAR
anteriores	*de*	*votos*	*no*	*alejarse de*
(sus votos de ayudar a todos los seres)				

Manteneos firmes en los votos que hicisteis en tiempos pasados.

ཐུགས་རྗེའི་ཤུགས་སྐྱུར་དུ་སྦྱུང་ཞིག༔

THU YEI   **SHU**   **ÑUR DU**   **CHUNG**   **ZHI**
de la compasión poder   *rápidamente*   *completar*   *debe*
(para ayudarme)

Vuestro poder compasivo debe alcanzar rápidamente toda su fuerza.

སངས་རྒྱས་དང་བྱང་ཆུབ་སེམས་དཔའ་རྣམས་ཀྱིས༔

SANG GYE   **DANG**   **CHANG CHU SEM PA**   **NAM**   **KYI**
budas   *y*   *bodisatvas*   *todos*   *por*

Budas y bodisatvas,

ཆེ་གེ་མོ་བདག [འདི] ལ་

CHE GE MO   **DA**   **[DI]**   **LA**
persona   *yo*   *[esta]*   *a*

por mí [o por esta persona «nombre de la persona»],

ཐུགས་རྗེས་ཐབས་དང་ནུས་པ་མ་ཆུང་ཞིག༔

THU YE   **THAB**   **DANG**   **NU PA**   **MA**   **CHUNG**   **ZHI**
compasión   *método*   *y*   *poder*   *no*   *aminorar*   *debe*

¡no debéis permitir que disminuyan vuestros métodos y poder compasivos!

ཐུགས་རྗེས་བཟུང་ཞིག༔

THU YE   **ZUNG**   **ZHI**
compasión   *sostener*   *debe*

Debéis sostenerme con compasión.

སེམས་ཅན་ལས་ངན་པའི་དབང་དུ་མ་གཏོང་ཞིག༔

SEM CHEN   **LAE**   **NGEN PE**   **WANG**   **DU**   **MA**   **TONG**   **ZHI**
ser sensibles   *karma*   *mal*   *de*   *poder*   *bajo*   *no*   *poner, ir*   *debe*

Evitad que los seres caigamos bajo el poder de nuestro propio mal karma.

དཀོན་མཆོག་གསུམ་གྱིས་བདག་ཅག

KON CHO SUM   **GYI**   **DA CHA**
Las Tres joyas   *por*   *nosotros*

Buda, Darma, y Sanga,

བར་དོར་སྡུག་བསྔལ་ལས་སྐྱོབས་ཏུ་གསོལ༔

BAR DOR   **DU NGAL LAE KYOB TU SOL**
bardo en   *sufrimiento del*   *proteger*   *por favor*

por favor, protegednos de los sufrimientos del bardo.

Ahora que ha llegado el momento en que debo ir solo y sin amigos, vosotros, los compasivos, debéis darme refugio [o a esta persona ....] ¡pues estoy sin refugio! ¡Protegedme, pues estoy sin protección! ¡Ayudadme porque estoy sin ayuda! Debéis protegerme de la gran oscuridad del bardo. Debéis repeler el viento tempestuoso del karma. Protegedme del gran terror del Señor de la Muerte. Debéis salvarme del largo y estrecho pasaje del bardo. Compasivos, ¡vuestra compasión no debe debilitarse! Debéis ayudarme. No me enviéis a los tres reinos inferiores. Manteneos firmes en los votos que hicisteis en tiempos pasados. Vuestro poder compasivo debe alcanzar rápidamente toda su fuerza. Budas y bodisatvas, por mí [o por esta persona «nombre de la persona»], ¡no debéis permitir que disminuyan vuestros métodos y poder compasivos! Debéis sostenerme con compasión. Evitad que los seres caigamos bajo el poder de nuestro propio mal karma. Buda, Darma y Sanga, por favor, protegednos de los sufrimientos del bardo.

ཅེས་མོས་གུས་དྲག་པོའི་སྒོ་ནས༔ བདག་གཞན་ཐམས་ཅད་ཀྱིས་ལན་གསུམ་བྱའོ༔ དེ་ནས་བར་དོ་ཐོས་གྲོལ་དང་འཕྲང་སྒྲོལ་འཇིགས་སྐྱོབ་མའི་སྨོན་ལམ་བཏབ་པར་བྱའོ༔ སངས་རྒྱས་དང་བྱང་ཆུབ་སེམས་དཔའ་རྣམས་ལ་རམདར་སྐུལ་བའི་སྨོན་ལམ་རྫོགས་སོ༔ ས་མ་ཡ༔ རྒྱ་རྒྱ་རྒྱ༔

Con la devoción más intensa, nosotros y todos los demás seres debemos rezar así tres veces. A continuación, lee las oraciones de aspiración para la protección contra el miedo que se dan en el Bardo Todol y en el Bardo Tangdrol. Con esto concluye la oración de Aspiración que solicita ayuda de los budas y bodisatvas. Votos. Sello. Sello. Sello.

གཟུ་སྐྱོང་བའི་ཞི་ཁྲོ་ལས་སོ།

[Del Karling Zhitro.]

ཕྱོགས་བཅུའི་དུས་གསུམ་བདེ་གཤེགས་རྣམས༔

CHO	**CHUI**	**DU**	**SUM**	**DE SHE NAM**
direcciones	*diez*	*tiempos*	*tres*	*sugatas, budas, y bodisatvas*
(i.e. por todas partes)		*(pasado, presente, futuro)*		

Budas de las diez direcciones y de los tres tiempos

མདུན་གྱི་ནམ་མཁར་སྤྱན་དྲངས་ལ༔

DUN GYI	**NAM KHAR**	**CHEN DRANG**	**LA**
frente a mí	*cielo*	*invitar*	*entonces*

os invito a aparecer en el cielo ante mí.

ཇེ་གཅིག་གུས་པས་ཕྱག་འཚལ་ལོ༔

TSE CHI   **GU PAE**   **CHA TSHAL LO**
en un punto,   *devoción, por*   *rendir homenaje*
estable

Con devoción concentrada os ofrezco mi homenaje.

ཨོཾ་བཛྲ་ས་མ་ཡ་ཛཿཛཿ

OM   **BEN DZA**   **SA MA YA**   **DZA DZA**
vocativo   *vajra,*   *votos, compromisos*   *¡venid! ¡venid!*
   indestructible

Om. Mantened vuestros votos vajra. ¡Venid! ¡Venid!

Budas de las diez direcciones y de los tres tiempos, os invito a aparecer en el cielo ante mí. Con devoción concentrada os ofrezco mi homenaje. Om. Mantened vuestros votos vajra. ¡Venid! ¡Venid!

བཅོམ་ལྡན་འདས་དེ་བཞིན་གཤེགས་པ་དགྲ་བཅོམ་པ་

CHOM DEN DE   **DE ZHIN SHE PA**   **DRA CHOM PA**
Bagawán, victorioso   *tatágata, buda*   *Arhat, vencedor*

Victorioso, Así Ido, Vencedor,

ཡང་དག་པར་རྫོགས་པའི་སངས་རྒྱས།

YANG DA PAR   **DZO PE**   **SANG GYE**
perfecto   *completo*   *buda*
(Samyak Sambuda)

buda completo y perfecto,

མགོན་པོ་འོད་དཔག་ཏུ་མེད་པ་ལ་

GON PO   **OE PA TU ME PA**   **LA**
benefactor   *Amitaba*   *a*

benefactor Amitaba, a tí

ཕྱག་འཚལ་ལོ།   མཆོད་དོ།   སྐྱབས་སུ་མཆིའོ།

CHA TSHAL LO   **CHO DO**   **KYAB SU CHI O**
homenaje   *ofrecer*   *refugiarse*

(Le saludamos porque juró no olvidar nunca a quienes le invocan y llevarlos a Dewachen.)

te rendimos homenaje, te presentamos ofrendas y en ti nos refugiamos.

Victorioso, así ido, vencedor, buda completo y perfecto, benefactor Amitaba, te rendimos homenaje, te presentamos ofrendas y en ti nos refugiamos.

[Recita esto tres veces o más.]

བཅོམ་ལྡན་འདས་དེ་བཞིན་གཤེགས་པ་དགྲ་བཅོམ་པ་

CHOM DEN DE   **DE ZHIN SHE PA**   **DRA CHOM PA**
Bagawán, victorioso   *tatágata, buda*   *Arhat, vencedor*

Victorioso, Así Ido, Vencedor,

ཡང་དག་པར་རྫོགས་པའི་སངས་རྒྱས།

YANG DA PAR   **DZO PE**   **SANG GYE**
perfecto   *completo*   *buda*
(*Samyak Sambuda*)

buda completo y perfecto,

མཚན་ལེགས་པར་ཡོངས་བསྒྲགས་དཔལ་གྱི་རྒྱལ་པོ་ལ་

TSHAN   **LEG PAR**   **YONG**   **DRA**   **PAL GYI**   **GYAL PO**   **LA**
nombre   *bien*   *lleno*   *leer o llamar*   *glorioso*   *rey*   *a*
(El nombre del Buda que prometió salvar a todos los que pronunciaran su nombre.)

Tshan Legpar Yong Drag Palgyi Gyalpo , a ti,

ཕྱག་འཚལ་ལོ།   མཆོད་དོ།   སྐྱབས་སུ་མཆིའོ།

CHA TSHAL LO   **CHO DO**   **KYAB SU CHI O**
homenaje   *ofrecer*   *refugiarse*

te rendimos homenaje, te presentamos ofrendas y en ti nos refugiamos.

Victorioso, así ido, vencedor, buda completo y perfecto, Tshan Legpar Yong Drag Palgyi Gyalpo, a ti, te rendimos homenaje, te presentamos ofrendas y en ti nos refugiamos.

[En este punto también se pueden leer los nombres de los 1.000 Budas.]

བཅོམ་ལྡན་འདས་དེ་བཞིན་གཤེགས་པ་དགྲ་བཅོམ་པ་

CHOM DEN DE   **DE ZHIN SHE PA**   **DRA CHOM PA**
Bagawán, victorioso   *tatágata, buda*   *Arhat, vencedor*

Victorioso, Así Ido, Vencedor,

ཡང་དག་པར་རྫོགས་པའི་སངས་རྒྱས།

YANG DA PAR   **DZO PE**   **SANG GYE**
perfecto   *completo*   *buda*
(*Samyak Sambuda*)

buda completo y perfecto,

(འདས་པའི་)སངས་རྒྱས་མར་མེ་མཛད་ལ་

DAE PE   **SANG GYE**   **MAR ME DZE**   **LA**
pasado   *buda*   *Dipamkara*

anterior buda Dipamkara, a ti,

ཕྱག་འཚལ་ལོ།   མཆོད་དོ།   སྐྱབས་སུ་མཆིའོ།

CHA TSHAL LO   **CHO DO**   **KYAB SU CHI O**
homenaje   *ofrecer*   *refugiarse*

te rendimos homenaje, te presentamos ofrendas y en ti nos refugiamos.

Victorioso, así ido, vencedor, buda completo y perfecto, anterior buda Dipamkara, a ti, te rendimos homenaje, te presentamos ofrendas y en ti nos refugiamos.

བཅོམ་ལྡན་འདས་དེ་བཞིན་གཤེགས་པ་དགྲ་བཅོམ་པ་

CHOM DEN DE   **DE ZHIN SHE PA**   **DRA CHOM PA**
Bagawán, victorioso   *tatágata, buda*   *Arhat, vencedor*

Victorioso, Así Ido, Vencedor,

ཡང་དག་པར་རྫོགས་པའི་སངས་རྒྱས།

YANG DA PAR   **DZO PE**   **SANG GYE**
perfecto   *completo*   *buda*
   (*Samyak Sambuda*)

buda completo y perfecto,

(མ་འོངས་པའི་)སངས་རྒྱས་བྱམས་པ་མགོན་པོ་ལ་

MA ONG PE SANG GYE   **YAM PA GON PO LA**
futuro buda   *Maitreyanath*   *a*

futuro buda, buda Maitreyanath, a ti,

ཕྱག་འཚལ་ལོ།   མཆོད་དོ།   སྐྱབས་སུ་མཆིའོ།

CHA TSHAL LO   **CHO DO**   **KYAB SU CHI O**
homenaje   *ofrecer*   *refugiarse*

te rendimos homenaje, te presentamos ofrendas y en ti nos refugiamos.

Victorioso, así ido, vencedor, buda completo y perfecto, el futuro buda, buda Maitreyanath, a ti, te rendimos homenaje, te presentamos ofrendas y en ti nos refugiamos.

བཅོམ་ལྡན་འདས་དེ་བཞིན་གཤེགས་པ་དགྲ་བཅོམ་པ་

CHOM DEN DE   **DE ZHIN SHE PA**   **DRA CHOM PA**
Bagawán, victorioso   *tatágata, buda*   *Arhat, vencedor*

Victorioso, Así Ido, Vencedor,

ཡང་དག་པར་རྫོགས་པའི་སངས་རྒྱས།

YANG DA PAR   **DZO PE**   **SANG GYE**
perfecto   *completo*   *buda*
   (*Samyak Sambuda*)

buda completo y perfecto,

དཔལ་རྒྱལ་བ་ཤཀྱ་ཐུབ་པ་ལ་

PAL   GYAL WA   SHA KYA THUB PA   LA
glorioso   *victorioso*   *Sakiamuni*   *a*

el glorioso victorioso, Sakiamuni, a ti,

ཕྱག་འཚལ་ལོ།   མཆོད་དོ།   སྐྱབས་སུ་མཆིའོ།

CHA TSHAL LO   CHO DO   KYAB SU CHI O
homenaje   *ofrecer*   *refugiarse*

te rendimos homenaje, te presentamos ofrendas y en ti nos refugiamos.

Nuestro maestro, victorioso, así ido, vencedor, buda completo y perfecto, el glorioso victorioso, Sakiamuni, a ti, te rendimos homenaje, te presentamos ofrendas y en ti nos refugiamos.

བྱང་ཆུབ་སེམས་དཔའ་སེམས་དཔའ་ཆེན་པོ་

CHANG CHU SEM PA   SEM PA CHEN PO
Bodisatva   *Mahasatva*

Bodisatva, gran ser,

འཕགས་པ་སྤྱན་རས་གཟིགས་འཇིག་རྟེན་དབང་ཕྱུག་ལ་

PHA PA   CHEN RAE ZI   YIG TEN   WANG CHU   LA
Arya   *Avalokitésvara*   *mundo*   *poderoso*   *a*

Avalokitésvara[1] puro, poderoso del mundo, a ti,

ཕྱག་འཚལ་ལོ།   མཆོད་དོ།   སྐྱབས་སུ་མཆིའོ།

CHA TSHAL LO   CHO DO   KYAB SU CHI O
homenaje   *ofrecer*   *refugiarse*

te rendimos homenaje, te presentamos ofrendas y en ti nos refugiamos.

Bodisatva, gran ser, Avalokitésvara puro, poderoso del mundo, a ti, te rendimos homenaje, te presentamos ofrendas y en ti nos refugiamos.

བྱང་ཆུབ་སེམས་དཔའ་སེམས་དཔའ་ཆེན་པོ་

CHANG CHU SEM PA   SEM PA CHEN PO
Bodisatva   *Mahasatva*

Bodisatva, gran ser,

འཕགས་པ་མཐུ་ཆེན་ཐོབ་པ་ལ་

PHA PA   THU CHEN THO PA   LA
Arya   *Vajrapani, de gran poder*   *a*

Vajrapani puro, a ti,

ཕྱག་འཚལ་ལོ།   མཆོད་དོ།   སྐྱབས་སུ་མཆིའོ།

CHA TSHAL LO   **CHO DO**   **KYAB SU CHI O**
homenaje   *ofrecer*   *refugiarse*

te rendimos homenaje, te presentamos ofrendas y en ti nos refugiamos.

Bodisatva, gran ser, Vajrapani puro, a ti, te rendimos homenaje, te presentamos ofrendas y en ti nos refugiamos.

བྱང་ཆུབ་སེམས་དཔའ་སེམས་དཔའ་ཆེན་པོ་

CHANG CHU SEM PA   SEM PA CHEN PO
Bodisatva   *Mahasatva*

Bodisatvas, grandes seres,

འཕགས་པ་ཉེ་བའི་སྲས་ཆེན་པོ་བརྒྱད་ལ་

PHA PA   ÑE WE   SAE   CHEN PO   GYAE   LA
Arya   *cercanos* *discípulos²* *grandes* *ocho* *a*

Arya, los ocho grandes discípulos cercanos, a vosotros,

ཕྱག་འཚལ་ལོ།   མཆོད་དོ།   སྐྱབས་སུ་མཆིའོ།

CHA TSHAL LO   **CHO DO**   **KYAB SU CHI O**
homenaje   *ofrecer*   *refugiarse*

os rendimos homenaje, os presentamos ofrendas y en vosotros nos refugiamos

Bodisatvas, grandes seres, los ochos puros discípulos cercanos, a vosotros, os rendimos homenaje, os presentamos ofrendas y en vosotros nos refugiamos.

ཡེ་བཙུན་པདྨའི་བྱིན་བརླབ་ཉེར་ཐོབ་ཅིང་།

YE TSUN PE ME   YIN LAB   ÑER   THO CHING
de Padmasambava *bendecir* *completamente* *obtenido*

Obtuviste plenamente la bendición de Padmasambava, y

སྦས་ཡུལ་གནས་སྒོ་འབྱེད་ཅིང་ཟབ་གཏེར་བཏོན།

BAE YUL   NAE GO   YE CHING ZAB   TER   TON
tierra secreta *lugar puerta* *abrir profundo* *tesoros** *sacado, mostrado*
*el Khordong Terchen Tersar (Consiguió la llave directamente de Padma Trinlae.)

y abriendo la puerta de una tierra secreta revelaste el profundo tesoro.

གྲུབ་པའི་དབང་ཕྱུག་ནུས་ལྡན་རྡོ་རྗེ་ལ།

DRU PE   WONG CHU   NU DEN DOR JE   LA
sidhas,   *Señor,*   *(nombre de Khordong Terchen* *a*
santos   *el poderoso* *Dropan Lingpa Nuden Dorye)*

Nuden Dorye, señor de los sidhas,

གསོལ་བ་བདེབས་སོ་འཕོ་བའི་ལམ་བསྒྲོང་ཤོག

SOL WA DE SO PHO WE LAM DROE SHO
rogar   transferencia camino ir bien debe

te rogamos que nuestra práctica de la transferencia vaya bien.

Obtuviste plenamente la bendición de Padmasambava, y abriendo la puerta de una tierra secreta revelaste el profundo tesoro. Nuden Dorye, señor de los sidhas, te rogamos que nuestra práctica de la transferencia vaya bien.

ཡེ་ནས་རང་རིག་གདོད་མའི་ཆོས་དབྱིངས་སུ

YE NE   RANG RIG   DOE ME   CHO YING   SU
desde el   presencia intrínseca   primordial,   darmadatu,   en
principio   original   hospitalidad infinita

Desde el principio, en la hospitalidad infinita primordial, la presencia intrínseca

ཆོས་ཀུན་རྣམ་པར་གྲོལ་བའི་སྒྱུ་འཕྲུལ་གྱིས

CHO   KUN   NAM PAR DROL WE   GYU TRUL GYI
fenómenos todos liberar por completo   ilusiones   por

libera completamente todos los fenómenos como una ilusión.

མཐའ་ཡས་རྒྱལ་བའི་འཁོར་ལོའི་མགོན་གཅིག་པུ

THA YAE   GYAL WE   KHOR LOI   GON   CHI PU
sin límites   Yina, Victorioso   doctrinas   señor   uno, único
(Gonpo Wangyal)   (i.e. el grande)

Tú eres el único maestro de las doctrinas ilimitadas del Buda,

དབང་བསྒྱུར་གྲུབ་པའི་བླ་མ་གང་དེ་ལ

WANG GYUR   DRU PE   LA MA   GANG DE   LA
poderoso   obtenido   gurú   él   a

poderoso gurú sidha,

གསོལ་བ་འདེབས་སོ་འཕོ་བའི་ལམ་བསྒྲོང་ཤོག

SOL WA DE SO PHO WE LAM DROE SHO
rogar   transferencia camino ir bien deber

te rogamos para que nuestra práctica de la transferencia vaya bien.

Desde el principio, en la hospitalidad infinita primordial, la presencia intrínseca libera completamente todos los fenómenos como una ilusión. Tú eres el único maestro de las doctrinas ilimitadas del Buda, poderoso gurú sidha, te rogamos para que nuestra práctica de la transferencia vaya bien.

སྐལ་ལྡན་སྨིན་གྲོལ་ཨུ་རྒྱན་གླིང་མཆོག་ཏུ།

KAL DEN	MIN	DROL	UR GYEN	LING	CHO	TU
afortunado	*madurar (iniciación)*	*liberar (doctrinas)*	*Padma**	*isla*	*excelente*	*en*

* Fue a Zangdopalri y recibió bendiciones, iniciaciones y doctrinas de Padmasambava..

Tú, el afortunado que madura y libera en el excelente reino de Padma-sambava,

བདེ་སྟོང་ཟུང་འཇུག་འོད་གསལ་ཆེན་པོའི་དོན།

DE	TONG	ZUNG YU		OE SAL	CHEN	POI	DON
felicidad	*sunyata*	*íntimamente fundida*		*luz clara*	*grande*		*significado directo*

despertaste a la gran luz clara, la unión del gozo y la vacuidad.

མངོན་སུམ་སྟོན་མཛད་རོལ་པའི་རྡོ་རྗེ་ལ།

NGON SUM	TON	DZAE	ROL PE DOR YE	LA
manifestar (Fue capaz de enseñar estos métodos a otros)	*mostrar*	*hiciste*	*Dechen Rolpe Dorye**	*a*

* Fue la segunda encarnación de Nuden Dorye.

Dechen Rolpe Dorye, enseñaste esto claramente a los demás.

གསོལ་བ་འདེབས་སོ་འཕོ་བའི་ལམ་བསྒྲོད་ཤོག

SOL WA DE SO	PHO WE	LAM	DROE	SHO
rogar	*transferencia*	*camino*	*ir bien*	*deber*

Tú, el afortunado que madura y libera en el excelente reino de Padma-sambava, despertaste a la gran luz clara, la unión del gozo y la vacuidad. Dechen Rolpe Dorye, enseñaste esto claramente a los demás. Te rogamos para que nuestra práctica de transferencia vaya bien.

དམ་པ་དེ་དག་ཀུན་གྱིས་རྗེས་བཟུང་ཞིང་།

DAM PA	DE DA	KUN	GYI	YE ZUNG ZHING
santo (los gurús del linaje)	*estos*	*todos*	*por*	*considerar discípulo*

Todos los santos te consideran su discípulo,

ངུར་སྨྲིག་འཛིན་པ་བཏུལ་ཞུགས་དམ་པ་ཡི།

NGUR MIG	DZIN PA	TUL ZHU	DAM PA	YI
hábito rojo (era un monje)	*vestir*	*practicante resuelto*	*sagrado, excelente*	*de*

excelentísimo y resuelto practicante vestido de rojo,

རྒྱལ་བསྟན་ཉིན་མོར་བྱེད་པའི་ལྷག་བསམ་ཅན།

GYAL   TEN   ÑING MOR   YE PE   LHA   SAM   CHEN
Yina,   doctrina de día como   hacer   bueno, pensamiento poseedor
Buda   superior

tú cuyas intenciones superiores hacen que las doctrinas del Buda se
hagan realidad durante el día,

ཚུལ་ཁྲིམས་བཟང་པོའི་ཞབས་ལ་གསོལ་བ་འདེབས།

TSHUL TRIM ZANG POI   ZHAB   LA   SOL WA DE
(Fue una encarnación de   pies   a   rogar
Vimalamitra y el gurú de C R Lama)

Tshultrim Zangpo, rogamos a tus pies.

འཕོ་བའི་མཁའ་སྤྱོད་འགྲུབ་པར་བྱིན་གྱིས་རློབས།

PHO WE   KHA CHO   DRU PAR   YIN GYI LO
transferencia   Khacho   lograr   bendecir
reino puro

Por favor, bendícenos para que tengamos éxito en nuestra transferencia
al reino puro de Khacho.

*Todos los santos te consideran su discípulo, excelentísimo y resuelto
practicante vestido de rojo, tú cuyas intenciones superiores hacen que
las doctrinas del Buda se hagan realidad durante el día, Tshultrim
Zangpo, rogamos a tus pies. Por favor, bendícenos para que tengamos
éxito en nuestra transferencia al reino puro de Khacho.*

བདེ་ལྡན་ཞིང་དུ་སྣང་མཐའ་འོད་མི་འགྱུར།

DE DEN ZHING   DU   NANG THA   OE MI GYUR
Sukavati Kshetra,   en   Amitaba   Luz Inmutable
reino de Dewachen   (forma darmakaya)

Amitaba Luz Inmutable, en el reino de Dewachen,

རི་པོ་ཏ་ལར་འཕགས་མཆོག་སྙིང་རྗེའི་གཏེར།

RI   PO TA LAR PHA   CHO   ÑING YEI   TER
monte Potala en   arya, puro,   excelente de la compasión tesoro
*   noble   (Chenrezi, forma sambogakaya)*

Chenrezi, el noble tesoro de la compasión en el monte Potala,

རྔ་ཡབ་གླིང་དུ་པདྨ་ཐོད་ཕྲེང་རྩལ།

NGA YAB LING   DU   PAE MA THO TRENG TSAL
Isla Espantamoscas, lugar en   una forma airada de Padmasambava
de Zangdo Palri, la tierra   (forma nirmanakaya)
pura de Padmasambava

Padma Thod Treng Tsal en Zangdo Palri,

དབྱེར་མེད་སྐྱབས་ཀུན་འདུས་ཞལ་བླ་མ་རྗེ།

YER ME	**KYAB**	**KUN**	**DU**	**ZHAL**	**LA MA**	**YE**
no diferente, inseparable	*refugio*	*todos*	*asamblea*	*rostro*	*Gurú*	*especial*

estos, nuestros inseparables protectores, están reunidos dentro de nuestro gurú.

Amitaba Luz Inmutable, en el reino de Dewachen, Chenrezi, el noble tesoro de la compasión en el monte Potala, Padma Thod Treng Tsal en Zangdo Palri, estos, nuestros inseparables protectores, están reunidos dentro de nuestro gurú.

ཚིག་བདུན་གསོལ་འདེབས། ORACIÓN EN SIETE VERSOS

ཧཱུྃ༔ ཨོ་རྒྱན་ཡུལ་གྱི་ནུབ་བྱང་མཚམས༔

HUNG	**UR GYEN YUL**	**GYI**	**NUB YANG**	**TSHAM**
vocativo, sílaba semilla de Padmasambava	*Oddiyana, la tierra de las dakinis*	*de*	*noroeste*	*frontera, esquina*

Hung. En la frontera noroeste de la tierra de Urgyen,

པདྨ་གེ་སར་སྡོང་པོ་ལ༔

PE MA	**GE SAR**	**DONG PO**	**LA**
loto	*estambres*	*tallo*	*sobre*

sobre el tallo y los estambres de un loto,

ཡ་མཚན་མཆོག་གི་དངོས་གྲུབ་བརྙེས༔

YAM TSHEN	**CHO GI**	**NGO DRU**	**ÑE**
maravilloso, prodigioso	*supremo (i.e. budeidad)*	*sidhis, logros*	*tiene*

con los logros maravillosos y supremos,

པདྨ་འབྱུང་གནས་ཞེས་སུ་གྲགས༔

PE MA YUNG NE	**ZHE SU**	**DRA**
Padmasambava, Guru Rinpoché	*conocido como*	*famoso*

tu afamado nombre es Nacido del Loto.

འཁོར་དུ་མཁའ་འགྲོ་མང་པོས་བསྐོར༔

KHOR	**DU**	**KHAN DRO**	**MANG**	**POE**	**KOR**
séquito	*como*	*dakinis, diosas del espacio (quiere decir que son entidades que viajan por el cielo)*	*muchas*	*por*	*rodeando*

Estás rodeado por un séquito de muchas dakinis.

ཁྱེད་ཀྱི་རྗེས་སུ་བདག་སྒྲུབ་ཀྱིས༔

KHYE   KYI YE SU   DA   DRU   KYI
tú   siguiéndote,   yo   practico   por eso
          emulándote

Siguiéndote y confiando en ti hacemos tu práctica. Por lo tanto,

བྱིན་གྱིས་བརླབ་ཕྱིར་གཤེགས་སུ་གསོལ༔

YIN GYI LAB   CHIR   SHE SU SOL
bendiciones   para   ven, por favor

ven aquí, por favor, para concedernos tus bendiciones.

གུ་རུ་པད་མ་སི་དྷི་ཧཱུྃ༔

GU RU   PE MA   SID DHI   HUNG
gurú, maestro   Padmasambava   logro verdadero   ¡dame!

¡Gurú Padmasambava concédenos el logro de la budeidad!

Hung. En la frontera noroeste de la tierra de Urgyen sobre el tallo y los estambres de un loto, con los logros maravillosos y supremos, tu afamado nombre es Nacido del Loto. Estás rodeado por un séquito de muchas dakinis. Siguiéndote y confiando en ti hacemos tu práctica, por lo tanto, ven aquí, por favor, para concedernos tus bendiciones. ¡Gurú Padmasambava concédenos el logro de la budeidad!

ཞེས་ཅི་ནུས་དང་།

[Recita esto tantas veces como puedas con verdadera devoción de corazón.]

བསྟོད་པ་ ORACIÓN

ཧཱུྃ༔   མ་བཅོས་སྤྲོས་བྲལ་བླ་མ་ཆོས་ཀྱི་སྐུ༔

HUNG   MA CHOE   TOE DRAL   LA MA   CHOE KYI KU
Hung   sin artificio   sin elaboración   gurú   darmakaya, modo intrínseco

Hung. El gurú sin artificios ni elaboración es el modo intrínseco.

བདེ་ཆེན་ལོངས་སྤྱོད་བླ་མ་ཆོས་ཀྱི་རྗེ༔

DE   CHEN   LONG CHO   LA MA   CHOE   KYI   YE
gozo   gran   sambogakaya,   gurú   darma   de   señor
                 disfrute

El gurú de la gran felicidad, maestro del Darma, es el modo del disfrute.

པད་སྡོང་ལས་འཁྲུངས་བླ་མ་སྤྲུལ་པའི་སྐུ༔

PAE   DONG   LAE   THRUNG   LA MA   TRUL PE KU
loto   tallo   del   nacido   gurú   nirmanakaya, modo de aparición

El gurú Nacido del loto es el modo de aparición.

ཀུ་གསུམ་རྡོ་རྗེ་འཆང་ལ་ཕྱག་འཚལ་བསྟོད༔

KU	SUM	DOR YE CHANG	LA	CHA TSAL	TO
cuerpo	tres	Vajradara	a	postrar	alabar

Rendimos homenaje y alabamos al vajradara que tiene estos tres modos.

Hung. El gurú sin artificios ni elaboración es el modo intrínseco. El gurú de la gran felicidad, maestro del Darma, es el modo del disfrute. El gurú Nacido del loto es el modo de aparición. Rendimos homenaje y alabamos al vajradara que tiene estos tres modos.

སྙིང་ནས་མོས་གདུང་དྲག་པོས་གསོལ་འདེབས་ན།

ÑING	NE	MOE	DUNG	DRAG POE	SOL DE	NA
corazón, i.e. sinceramente	de	fe	devoción	muy fuerte	rogar	debido a esto por lo tanto

Te rezamos de todo corazón con fe firme y devoción, así que

རྟག་ཏུ་བརྩེ་བས་རྗེས་བཟུང་བྱིན་རླབས་སྩོལ།

TAG TU	TSE WE	YE ZUNG	YIN LAB	TSOL
siempre	compasión	acoger a todos los seres sensibles	bendecir	conceder

por favor acógenos siempre con tu compasión y concédenos tu bendición.

གནས་སྐབས་ཕྱི་ནང་འགལ་རྐྱེན་བར་ཆད་ཞི།

NAE KAB	CHI	NANG	GAL KYEN	BAR CHAE	ZHI
en esta vida, en ocasiones	externo	interno	situaciones difíciles	obstáculos	pacificar

Apacigua las dificultades y obstáculos externos e internos que se presenten y

ཚེ་རིང་བདེ་འབྱོར་བསམ་དོན་ལྷུན་གྱིས་འགྲུབ།

TSHE	RING	DE	YOR	SAM DON	LHUN GYI DRU
vida	larga	felicidad	riquezas	lo que desee	obtener fácilmente

concédenos larga vida, felicidad, riquezas y el cumplimiento sin esfuerzo de nuestros deseos.

Te rezamos de todo corazón con fe firme y devoción, así que por favor acógenos siempre con tu compasión y concédenos tu bendición. Apacigua las dificultades y obstáculos externos e internos que se presenten y concédenos larga vida, felicidad, riquezas y el cumplimiento sin esfuerzo de nuestros deseos.

ཆོས་མིན་ལྟ་ངན་རྒྱུད་ལ་མི་སྐྱེ་བར།

CHO MIN TA NGAN GYU LA MI KYE WAR
Darma no visiones malas mente en no surgir

Que no surjan en nuestras mentes puntos de vista erróneos ni la ausencia de Darma,

ཆོས་མཐུན་དཀར་པོའི་བསམ་སྦྱོར་གོང་དུ་འཕེལ།

CHO THUN KAR POI SAM YOR GONG DU PHEL
dármico puro, virtuoso pensamientos acciones aumenten cada vez más

y que nuestras intenciones y acciones virtuosas dármicas aumenten cada vez más.

ནམ་ཞིག་འཆི་ཁ་གནད་གཅོད་མི་སྐྱོང་ཞིང་།

NAM ZHI CHI KHA NAE CHO MI ÑONG ZHING
cuando momento de la muerte enfermedad problemas no experimentar

Que no experimentemos enfermedades ni problemas en el momento de la muerte,

འཕོས་མ་ཐག་ཏུ་མཁའ་འགྲོས་མདུན་བསུས་ནས།

PHO MA THAG TU KHAN DRO DUN SU NE
salir inmediatamente dakinis ante mí esperar entonces
por la coronilla

que abandonemos inmediatamente nuestros cuerpos y nos encontremos con las dakinis que esperan para guiarnos.

Que no surjan en nuestras mentes puntos de vista erróneos ni la ausencia de Darma, y que nuestras intenciones y acciones virtuosas dármicas aumenten cada vez más. Que no experimentemos enfermedades ni problemas en el momento de la muerte, que abandonemos inmediatamente nuestros cuerpos y nos encontremos con las dakinis que esperan para guiarnos.

པདྨ་འོད་ཀྱི་ཞིང་དུ་སྐྱེས་ནས་ཀྱང་།

PAE MA OE KYI ZHING DU KYE NE KYANG
loto luz de reino en nacido entonces también

Al nacer en el reino Luz de loto, que podamos

གུ་རུའི་ཞལ་མཐོང་གསུང་གི་ལུང་ནོད་དེ།

GU RUI ZHAL THONG SUNG GI LUNG NOE DE
de Padmasambava rostro ver discurso de instrucciones escuchar entonces

ver el rostro de Padmasambava y escucharle enseñar.

ས་ལམ་ཡོན་ཏན་མིག་འཕྲུལ་ལྟ་བུར་འགྲོད།

SA LAM YON TEN MIG TRUL TA BUR TRO
bumi marga buenas cualidades milagro como ascender, ganar
10 estadios 5 caminos

Que ascendamos milagrosamente por los Estadios y los Senderos y obtengamos todas las buenas cualidades.

རང་གཞན་དོན་གཉིས་མཐའ་རུ་ཕྱིན་པར་ཤོག །

RANG	ZHEN	DON	ÑI	THA RU CHIN PAR	SHO
yo mismo	*otros*	*beneficio*	*ambos*	*logrado por completo*	*pueda*
(i.e. budeidad)					

Que logremos profundos beneficios para nosotros mismos y para todos los demás.

Al nacer en el reino Luz de loto, que podamos ver el rostro de Padmasambava y escucharle enseñar. Que ascendamos milagrosamente por los Estadios y los Senderos y obtengamos todas las buenas cualidades. Que logremos profundos beneficios para nosotros mismos y para todos los demás.

འདོད་དོན་གསོལ་བ་ནི༔   REZAR POR LO QUE QUEREMOS

ཕྱི་ལྟར་བདེ་དོན་རྟགས་ཚོགས་རྫ་ཕུབ་གླིང༔

CHI	TAR	DA DON	TA	DZO	NGA YAB LING
externo	*como*	*significado*	*signos[3]*	*perfectos*	*isla Espantamoscas*
en general		*simbólico*			*(donde está Padmasambava ahora)*

En general, en la isla Espantamoscas, donde los signos perfectos indican un significado profundo;

ནང་ལྟར་རང་ལུས་ཕུང་ཁམས་མཁའ་འགྲོའི་གྲོང༔

NANG	TAR	RANG	LUE	PHUNG	KHAM	KHA DROI	DRONG
interno	*como*	*propio*	*cuerpo*	*cinco[4]*	*dieciocho[5]*	*de las dakinis*	*lugar, ciudad[6]*
				skandas	*datus*		

en particular, en la ciudad de las dakinis de los factores constituyentes y generativos de nuestro propio cuerpo;

གསང་བ་བདེ་སྟོང་དབྱེར་མེད་ཐིག་ལེའི་ཀློང༔

SANG WA	DE TONG	YER ME	THIG LEI	LONG
secreto[7],	*vacuidad y*	*no diferente,*	*de la bola,[8]*	*centro*
profundamente	*gran gozo*	*inseparable*	*de la esfera*	

secretamente, en la inmensidad de la esfera de la inseparabilidad del gozo y la vacuidad;

ཡང་གསང་བྱ་རྩོལ་བྲལ་བ་བཅུག་མའི་གཤིས༔

YANG	SANG	YA	TSOL	DRAL WA	ÑUG ME	SHI
muy	*secreto[9]*	*acción*	*esfuerzo[10]*	*sin[11]*	*original, inmutable*	*naturaleza*

y más secretamente, en y como nuestra naturaleza original e inmutable libre de acciones y esfuerzo,

 རང་བྱུང་རང་ཤར་རང་གྲོལ་བདེ་བ་ཆེ༔

RANG YUNG	RANG SHAR	RANG DROL	DE WA	CHE
espontáneo	*autosurgir*	*autoliberar, autodesvanecerse*	*felicidad*	*grande, vacío*

está la gran felicidad espontánea autorealizadora autoliberadora,

གཉིས་མེད་རྒྱལ་པོ་དོན་གྱི་ཧེ་རུ་ཀ༔

ÑI ME	GYAL PO	DON GYI	HE RU KA
no-dual, sin samsara ni nirvana[13]	*rey de*	*genuino, original*	*Heruka*[12]

el rey de la no-dualidad, el genuino Heruka original,

གནས་གསུམ་མཁའ་འགྲོའི་གཙོ་བོ་པད་འབྱུང༔

NAE	SUM	KHA DROI	TSO WO	PAE MA YUNG
lugares	*tres**	*de las dakinis*	*señor*	*Padmasambava***

* Tres lugares del cuerpo, la palabra y la mente, donde permanecen y funcionan.
** En sus distintos aspectos Padmasambava reside en todos esos sitios.

Padmasambava, el señor de las dakinis de los tres lugares.

སྐུ་གསུམ་དབྱེར་མེད་ཞབས་ལ་གསོལ་བ་འདེབས༔

KU	SUM	YER ME	ZHAB	LA	SOL WA DE
cuerpos, modos	*tres**	*no diferentes, no separados*	*pies*	*a*	*ruego*

* Darmakaya, Sambogakaya, Nirmanakaya

Te rogamos a ti en quien los tres modos son inseparables.

En general, en la isla Espantamoscas, donde los signos perfectos indican un significado profundo; en particular, en la ciudad de las dakinis de los factores constituyentes y generativos de nuestro propio cuerpo; secreta- mente, en la inmensidad de la esfera de la inseparabilidad del gozo y la vacuidad; y más secretamente, en y como nuestra naturaleza original e inmutable libre de acciones y esfuerzo, está la gran felicidad espontá- nea que surge de sí misma autoliberadora, el rey de la no-dualidad, el genuino Heruka original, Padmasambava, el señor de las dakinis de los tres lugares. Te rogamos a ti en quien los tres modos son inseparables.

ཞེས་གྲང་མང་བཟླས་རེས༔

[Reza así tres o más veces.]

 དེ་ལྟར་གསོལ་བ་བཏབ་པའི་བྱིན་རླབས་ཀྱིས༔

DE TAR   SOL WA TA PE   YIN LAB   KYI
de esta forma   de rezar   bendecir   por

Por la bendición de haber rezado de esta manera,

ཚེ་འདིར་མངོན་སུམ་ཁྱོད་ཞལ་མྱུར་མཇལ་ནས༔

TSE   DIR   NGON SUM KHYO ZHAL   ÑUR   YAL   NAE
vida   esta   claramente,   tu   rostro   rápidamente encontrar, ver entonces
            manifiestamente   por esas bendiciones
(Ver que no somos distintos de Padmasambava)

que en esta vida podamos ver directa y rápidamente tu rostro.

ཉོན་མོངས་ཤེས་བྱའི་སྒྲིབ་པ་ཀུན་དག་ཅིང༔

ÑON MONG   SHE YE   DRIB PA   KUN   DA   CHING
aflicciones   huellas sutiles**   oscurecimientos#   todos   purificar entonces*
*estupidez, ira, deseo, orgullo, celos ** hábitos de la larga práctica de la estupidez y el error*
 # lo que oculta la verdad, las aflicciones y sus huellas

Entonces, al purificar todos los oscurecimientos que surgen de las aflicciones y las huellas sutiles,

གཞོན་ནུ་བུམ་སྐུའི་རང་ཞལ་མཇལ་བར་ཤོག༔

ZHON NU   BUM   KUI   RANG   ZHAL   YAL WAR   SHO
juvenil   vasija   cuerpo   propio   rostro   encontrar, ver que podamos*
                                        (mi propia presencia original)
* Nuestra naturaleza original vacía es siempre joven y fresca, pero está oculta en el recipiente de nuestras aflicciones.

podremos ver nuestro verdadero rostro, ¡la siempre joven presencia original!

Por la bendición de haber rezado de esta manera, que en esta vida podamos ver directa y rápidamente tu rostro. Entonces, al purificar todos los oscurecimientos que surgen de las aflicciones y las huellas sutiles, podremos ver nuestro verdadero rostro, ¡la siempre joven presencia original!

འདི་སྣང་ནུབ་ཚེ་དཔའ་བོ་མཁའ་འགྲོའི་ཚོགས༔

DI   NANG   NUB   TSE   PA WO   KHA DROI   TSO
esta vida[14]   final   tiempo viras, héroes   dakinis   multitud

Cuando esta vida llegue a su fin, que multitudes de viras y dakinis

རོལ་མོ་སྒྲ་སྙན་གླུ་དབྱངས་དམ་ཆོས་སྒྲས༔

ROL MO   DRA   ÑEN   LU   YANG   DAM   CHOE   DRAE
música   sonido   dulce   canciones melodías   sagrado   Darma   sonido

interpreten una música armoniosa y canten canciones melodiosas, todo con el sonido del sagrado Darma.

ཊཱ་མ་རུ་དང་མཆོད་རྫས་ཐོག་གྱུས་ནས༔

DA MA RU   **DANG CHO DZAE**   **THO YAE**   **NAE**
damaru, tambor   *y*   *ofrendas*   *sostener en alto,*   *entonces*
de mano de dos caras   *i.e. utilizar*

Que sosteniendo damarus y ofrendas

ས་སྤྱོད་རྔ་ཡབ་དཔལ་རིར་འཁྲིད་པར་ཤོག༔

SA CHO   **NGA YAB**   **PAL RIR**   **TRI PAR**   **SHO**
los que van   *Espantamoscas*   *Gloriosa Montaña*   *guiar, dirigir*   *puedan*
a la tierra   *(el palacio de Padmasambava en Zangdopalri)*

nos guíen a la gloriosa montaña de la isla Espantamoscas.

Cuando esta vida llegue a su fin, que multitudes de viras y dakinis entonen dulce música y canciones melodiosas, todo con el sonido del sagrado Darma. Que sosteniendo damarus y ofrendas nos guíen a la gloriosa montaña de la isla Espantamoscas[15].

དེ་མ་ཐག་པར་གུ་རུ་ཡབ་ཡུམ་གྱི༔

DE MA THAG PAR   **GU RU**   **YAB YUM**   **GYI**
inmediatamente, en ese momento   *Padmasambava*   *con su consorte*   *de*

Que nada más llegar allí podamos ver el rostro de Padmasambava con su consorte,

ཞལ་མཇལ་གསུང་ཐོས་གདམས་ངག་ཀུན་ཐོབ་ནས༔

ZHAL   **YAL**   **SUNG**   **THOE**   **DAM NGA**   **KUN**   **THO**   **NAE**
rostro   *encontrar*   *palabra*   *escuchar*   *instrucción*   *toda*   *obtener*   *entonces*

escuchar su palabra y recibir de él todas las instrucciones.

ས་ལམ་མཐར་ཕྱིན་རིག་འཛིན་རྣམ་པ་བཞིའི༔

SA   **LAM**   **THAR CHIN**   **RIG DZIN**   **NAM PA ZHI**
diez estadios,   *cinco caminos[16],*   *completar, acabar,*   *vidyadara,*   *clases,*   *cuatro*
o bumis   *o marga*   *cumplir*   *sostenedor de*   *grados*
                                 la presencia natural.

Entonces, completando los Estadios[17] y Senderos[18], que podamos ascender rápidamente a los cuatro[19] grados de sabiduría.

གོ་འཕང་མྱུར་ཐོབ་ཨུ་རྒྱན་པདྨ་དང༔

GO PHANG   **ÑUR**   **THO**   **UR GYEN GYEN PAE MA DANG**
etapas, grados   *rápidamente**   *obtener*   *Padmasambava*   *y*
* *Todo esto puede ser durante una sola meditación profunda.*

Que al volvernos idénticos a Padmasambava

 དབྱེར་མེད་འགྲོ་བའི་དཔལ་དུ་བདག་གྱུར་ནས༔

YER ME	DRO WE	PAL	DU	DA	GYUR	NAE
no diferente de	*seres en samsara*	*beneficiar*	*para*	*yo*	*llegue a ser*	*entonces*

seamos de gran beneficio para aquellos que se mueven en el samsara, y

མཁའ་མཉམ་འགྲོ་བ་མ་ལུས་འདྲེན་པར་ཤོག༔

KHA	ÑAM	DRO WA	MA LUE	DREN PAR	SHO
cielo	*tantos como*	*seres en samsara*	*sin excepción*	*guiar, dirigir*	*que yo pueda*

que seamos guías para todos los seres sin excepción, tantos como el cielo.

Que nada más llegar allí podamos ver el rostro de Padmasambava con su consorte, escuchar su palabra y recibir de él todas las instrucciones. Entonces, completando los Estadios y los Senderos, que podamos ascender rápidamente a los cuatro grados de sabiduría. Que al volvernos idénticos a Padmasambava seamos de gran beneficio para aquellos que se mueven en el samsara, y que seamos guías para todos los seres sin excepción, tantos como el cielo.

Transferencia suave

རང་གི་སྙིང་ཁ་ནས་ཟ་ཡབ་དཔལ་རིའི་བར་དུ་

RANG GI	ÑING KHA	NAE	NGA YAB	PAL RI	BAR DU
mi	*mente,* *el centro del corazón*	*desde*	*Espantamoscas**	*Zangdopalri*	*hasta llegar a*

*la isla de los rakshasas donde vive Padmasambava

Desde el centro de mi corazón hasta la gloriosa montaña de Zangdopalri

འོད་ལྔའི་ལམ་གསལ་ཞིང་འཚེར་བ་ཐལ་ལེ་འཕྲག་པའི་

OE	NGE	LAM	SAL ZHING	TSHER WA	THAL LE	YU PE
luz	*cinco**	*camino*	*claro*	*resplandeciente*	*directo*	*emerger, reunirse*

*blanco, rojo, azul, amarillo, verde

surge un camino de luz de cinco colores, claro, brillante y directo.

སྟེང་དུ་རང་སེམས་རང་གཟུགས་ཀྱི་རྣམ་པ་ཅན་གྱི་

TENG DU	RANG	SEM	RANG	ZU	KYI	NAM PA	CHEN	GYI
en lo alto	*propia*	*mente*	*propia*	*forma de*		*forma* *(nuestro cuerpo actual en esta vida)*	*tener*	*de*

Mi mente lo recorre con la forma de mi cuerpo actual.

གཡས་གཡོན་མདུན་རྒྱབ་ཐམས་ཅད་དཔའ་བོ་རིག་འཛིན་མཁའ་འགྲོའི་

YAE	YON	DUN	GYAB	THAM CHE	PA WO	RIG DZIN	KHAN DROI
lado derecho	*lado izquierdo*	*al frente*	*detrás*	*por todas partes*	*viras*	*vidyadara*	*dakinis*

A mi derecha y a mi izquierda, delante y detrás, están todos los héroes, vidyadaras y dakinis.

ཚོགས་ཀྱི་གྲོགས་དང་བཅས་ཏེ་

TSHO	KYI	DRO	DANG CHE	TE
multitudes	*de*	*amigos, ayudantes*	*juntos*	*entonces*

Junto con estas multitudes de ayudantes,

འོད་ཀྱི་ལམ་གྱི་སྟེང་ན་ཕར་

OE	KYI	LAM	GYI	TENG NA	PHAR
luz	*de*	*camino*		*encima de*	*más allá*

hasta el final de este camino de luz

ཉམས་དགའ་ཡལ་ཡལ་ཡིན་འཐིབ་འཐིབ་

ÑAM	GA	YAL YAL	YIN	THIB THIB
sentir	*feliz*	*ligero y feliz*	*bendecir*	*envolver la bruma*

(Somos más felices conforme nos acercamos a Zangdopalri)

viajo instantáneamente, sin esfuerzo, felizmente,

སྣང་བ་བདེ་ཆམ་ཆམ་ཕྱིན་ཏེ

NANG WA   **DE**   **CHAM CHAM**   **CHIN**   **TE**
idea, sentimiento feliz   *espontáneo*   *ir allí*   *entonces*
(Somos más felices conforme nos acercamos a Zangdopalri)

gozosamente, envuelto en bendiciones.

འཇིག་རྟེན་མི་ཡུལ་གྱི་སྣང་བ་

YIG TEN   **MI**   **YUL GYI**   **NANG WA**
mundo*   *humano del país*   *ideas*
**y todo el samsara*

Las apariencias y los recuerdos de la vida humana en este mundo

ཐིབ་ཐིབ་ནུབ་ཏེ་ཕྱིར་ཕྱིར་ལུས་

THIB THIB   **NUB**   **TE**   **CHIR CHIR**   **LU**
desaparecer   *declinar y desvanecer entonces sucesivamente*   *dejar atrás*

se desvanecen y desaparecen uno tras otro hasta que todos quedan muy atrás.

མཁའ་སྤྱོད་ཟངས་མདོག་དཔལ་རི་བཀྲ་ལམ་ལམ་ཤར

KHA CHO ZANG DO PAL RI   **TRA**   **LAM LAM**   **SHAR**
Zangdopalri, se entrevé   *brillante* *vívido*   *surgir*
en el cielo

Entonces Khacho Zangdopalri aparece claro y vívido ante mí.

ཨོ་རྒྱན་པདྨ་རིག་འཛིན་ཡི་དམ་མཁའ་འགྲོའི་དབུས་ན་

OR GYEN PAE MA RIG DZIN   **YI DAM**   **KHAN DROI**   **WU**   **NA**
Padmasambava   *vidyadaras deidad del camino dakinis*   *centro*   *en*

En el centro de muchos vidyadaras, deidades del camino y dakinis está Padmasambava

བཞུགས་པ་དང་ཉེ་ཞིང་སོང་ཏེ་མཐར་རང་གཟུགས་

ZHU PA   **DANG**   **YE ÑYER SONG**   **TE**   **THAR**   **RANG**   **ZU**
sentado   *y*   *acercarse cada*   *entonces finalmente propio*   *cuerpo*
                  vez más

sentado y yo me acerco cada vez más hasta que finalmente mi cuerpo

གུ་རུའི་ཐུགས་ཀར་སིབ་ཀྱིས་ཐིམ་པར་བསམ།

GU RUI   **THU KAR**   **SIB**   **KYI**   **THIM PAR**   **SAM**
de Gurú Rinpoché   *su corazón,en fundir*   *por*   *absorto, como creer*
(como dos gotas de agua que se funden inseparablemente)

es absorbido por su corazón y se disuelve en él.

Desde el centro de mi corazón hasta la gloriosa montaña de Zangdopalri surge un camino de luz de cinco colores, claro, brillante y directo. Mi mente lo recorre con la forma de mi cuerpo actual. A mi derecha y a mi izquierda, delante y detrás, están todos los héroes, vidyadaras y dakinis. Junto con estas multitudes de ayudantes, hasta el final de este camino de luz viajo instantáneamente, sin esfuerzo, felizmente, gozosamente, envuelto en bendiciones. Las apariencias y los recuerdos de la vida humana en este mundo se desvanecen y desaparecen uno tras otro hasta que todos quedan muy atrás. Entonces Khacho Zangdopalri aparece claro y vívido ante mí. En el centro de muchos vidyadaras, deidades del camino y dakinis está sentado Padmasambava y yo me acerco cada vez más hasta que finalmente mi cuerpo es absorbido por su corazón y se disuelve en él.

ལ་བདེ་འབོལ་ལེ་བཞག

[Permanece relajado y feliz.]

ཚིག་བདུན་གསོལ་འདེབས། ORACIÓN EN SIETE VERSOS

ཧཱུྂ༔ ཨོ་རྒྱན་ཡུལ་གྱི་ནུབ་བྱང་མཚམས༔

HUNG
vocativo, sílaba semilla de Padmasambava

UR GYEN YUL GYI
Oddiyana, la de tierra de las dakinis

NUB YANG
noroeste

TSHAM
frontera, esquina

Hung. En la frontera noroeste de la tierra de Urgyen,

པདྨ་གེ་སར་སྡོང་པོ་ལ༔

PE MA
loto

GE SAR
estambres

DONG PO
tallo

LA
sobre

sobre el tallo y los estambres de un loto,

ཡ་མཚན་མཆོག་གི་དངོས་གྲུབ་བརྙེས༔

YAM TSHEN
maravilloso, prodigioso

CHO GI
supremo (i.e. budeidad)

NGO DRU
sidhis, logros

ÑE
tiene

con los logros maravillosos y supremos,

པདྨ་འབྱུང་གནས་ཞེས་སུ་གྲགས༔

PE MA YUNG NE
Padmasambava, Guru Rinpoché

ZHE SU
conocido como

DRA
famoso

tu afamado nombre es Nacido del Loto.

འཁོར་དུ་མཁའ་འགྲོ་མང་པོས་བསྐོར༔

KHOR
séquito

DU
como

KHAN DRO
dakinis, diosas del espacio (quiere decir que son entidades que viajan por el cielo)

MANG
muchas

POE
por

KOR
rodeando

Estás rodeado por un séquito de muchas dakinis.

ཁྱེད་ཀྱི་རྗེས་སུ་བདག་སྒྲུབ་ཀྱིས༔

KHYE   KYI YE SU   DA   DRU   KYI
tú   siguiéndote,   yo   practico   por eso
emulándote

Siguiéndote y confiando en ti hacemos tu práctica. Por lo tanto,

བྱིན་གྱིས་བརླབ་ཕྱིར་གཤེགས་སུ་གསོལ༔

YIN GYI LAB   CHIR   SHE SU SOL
bendiciones   para   ven, por favor

ven aquí, por favor, para concedernos tus bendiciones.

གུ་རུ་པདྨ་སིདྡྷི་ཧཱུྃ༔

GU RU   PE MA   SID DHI   HUNG
gurú, maestro   Padmasambava   logro verdadero   ¡dame!

¡Gurú Padmasambava concédenos el logro de la budeidad!

Hung. En la frontera noroeste de la tierra de Urgyen sobre el tallo y los estambres de un loto, con los logros maravillosos y supremos, tu afamado nombre es Nacido del Loto. Estás rodeado por un séquito de muchas dakinis. Siguiéndote y confiando en ti hacemos tu práctica, por lo tanto, ven aquí, por favor, para concedernos tus bendiciones.

ཞེས་ཅི་ནུས་དང་།

[Recita esto tantas veces como puedas con verdadera devoción de corazón.]

ORACIÓN

ཧཱུྃ༔   མ་བཅོས་སྤྲོས་བྲལ་བླ་མ་ཆོས་ཀྱི་སྐུ༔

HUNG   MA CHOE   TOE DRAL   LA MA   CHOE KYI KU
Hung   sin artificio   sin elaboración   gurú   darmakaya, modo intrínseco

Hung. El gurú sin artificios ni elaboración es el modo intrínseco.

བདེ་ཆེན་ལོངས་སྤྱོད་བླ་མ་ཆོས་ཀྱི་རྗེ༔

DE   CHEN   LONG CHO   LA MA   CHOE KYI   YE
gozo   gran   sambogakaya,   gurú   darma   de   señor
disfrute

El gurú de la gran felicidad, maestro del Darma, es el modo del disfrute.

པད་སྡོང་ལས་འཁྲུངས་བླ་མ་སྤྲུལ་པའི་སྐུ༔

PAE   DONG   LAE   THRUNG   LA MA   TRUL PE KU
loto   tallo   del   nacido   gurú   nirmanakaya, modo de aparición

El gurú Nacido del loto es el modo de aparición.

སྐུ་གསུམ་རྡོ་རྗེ་འཆང་ལ་གསོལ་བ་འདེབས༔

KU SUM DOR YE CHANG LA SOL WA DE
cuerpo tres Vajradara, el a rogar
buda primordial

Rogamos al vajradara que tiene estos tres modos.

Hung. El gurú sin artificios ni elaboración es el modo intrínseco. El gurú de la gran felicidad, maestro del Darma, es el modo del disfrute. El gurú Nacido del loto es el modo de aparición. Rogamos al vajradara que tiene estos tres modos.

འཕོ་བ་ TRANSFERENCIA

ཧྲཱིཿ སྙིང་ཀའི་པདྨ་འདབ་བརྒྱད་ཀྱིས་པའི་དབུས༔

HRI ÑING KE PAE MA DAB GYAE GYE PE WU
biya* cetro del corazón loto pétalo ocho abrir en el centro de
*de cualquier deidad en la que se medite

HRI. En el centro de un loto abierto de ocho pétalos en mi corazón,

རྣམ་པར་ཤེས་པ་མ་གསར་སྒོ་ང་ཚམ༔

NAM PAR SHE PA MA SAR GO NGA TSAM
consciencia a punto de eclosionar huevo como

como un huevo en el que el polluelo está a punto de eclosionar,

ལང་ལིང་འཕར་བའི་ཟེར་མདངས་ཡར་འཕྲོས་པས༔

LANG LING PHAR WE ZER DANG YAR TROE PAE
agitar resplandeciente rayos brillante arriba* irradiar por
*Debes creer plenamente que tu mente abandona por completo tu cuerpo y viaja irradiando rayos de luz hacia el corazón de la deidad..

mi conciencia está saltando lista para partir, entonces se dispara hacia arriba en brillantes rayos de luz y

པདྨ་འབྱུང་གནས་ཐུགས་ཀར་ཐིམ་པར་གྱུར༔

PAE MA YUNG NAE THU KAR THIM PAR GYUR
Padmasambava[20] corazón, en absorber, fundir convertirse
(en Zangdopalri) la mente

se funde en la mente de Padmasambava.

ཧྲཱིཀ༔ ཧྲཱིཀ༔ ཧྲཱིཀ༔ ཕཊ༔ ཕཊ༔ ཕཊ༔

HIK! HIK! HIK! PHAT PHAT PHAT
¡Ve! ¡Ve! ¡Ve! ¡Corta! ¡Corta! ¡Corta!

Hik! Hik! Hik! Phat! Phat! Phat!

HRI. En el centro de un loto abierto de ocho pétalos en mi corazón, como un huevo en el que el polluelo está a punto de eclosionar, mi conciencia está saltando lista para partir, entonces se dispara hacia arriba en brillantes rayos de luz y se funde en la mente de Padmasambava. Hik! Hik! Hik! Phat! Phat! Phat!

དམིགས་པ་འདི་ཡང་ཡང་བསྒྱུར། རྣམ་རྟོག་འཕོ་ན་འཆི་བ་མ་ཡིན། ཟང་མདོག་དཔལ་རིར་ ཨོ་རྒྱན་གྱི་ཞབས་དྲུང་དུ་འགྲོ་བ་ཡིན། དལན་དངོས་སུ་མཇལ་བ་ཡིན། ང་ལས་དགའ་ བ་སུ་ཡོད་སྙམ་བྱེད། ཡང་བག་ཆགས་ཀྱི་དབང་གིས་འཇིགས་སྲང་དང་ཟ་ཟིའི་འཁྲུལ་པ་ ཅི་བྱུང་ཡང་རྨི་ལམ་དང་སྒྱུ་མ་ལྟ་བུ་ཡིན། བདེན་པར་གྲུབ་པ་རྡུལ་ཙམ་ཡང་མེད་པར་ཐད་ཏུད་ ཀྱིས་གཅོད། བདེན་མེད་དང་སྒྱུ་མ་ལྟ་བུར་དུན་པ་འདི་བར་དོ་སྒོང་པའི་ཐབས་ཟབ་ཤོས་ཡིན། འདིའི་ངང་ལ་དབུགས་སོན་མི་ཡུལ་དུ་ཤི་བ་དང་། མཁའ་སྤྱོད་དུ་སྐྱེ་བ་དུས་མཉམ་ཡིན།

Debes repetir esta práctica una y otra vez. Si surgen pensamientos discursivos (de miedo, arrepentimiento, etc.) no pienses que te estás muriendo, sino cree que vas a estar inmediatamente con Padmasambava en Zangdo Palri. «*Ahora le veré de verdad. ¿Quién podría sentirse más feliz que yo?*» Debes desarrollar este sentimiento.

Además, debido al poder de los sutiles hábitos kármicos, pueden surgir ideas aterradoras y una meditación turbia y confusa. Pero no importa lo que ocurra, debes ver que es como un sueño o una forma mágica. Debes tener claro que no tienen ni un átomo de realidad sustancial. Recordar que carecen de existencia inherente y que son como formas mágicas es el método de práctica más profundo e importante del bardo. Si uno exhala su último aliento en ese estado, morirá en el reino de los humanos y nacerá en el mismo momento en Khacho, el reino de las dakinis de Zangdo Palri.

[C.R. Lama dijo que esto sólo debe practicarse con la intención de abandonar el cuerpo inmediatamente cuando 1) uno se está muriendo, 2) uno está siendo torturado o tiene una muerte lenta y dolorosa, o 3) se ve obligado a dejar la práctica del Darma]

ཁམས་ཀྱིས་ཕྱོག་ན།

[Luego, si es posible, debes recitar esto:]

ནམ་ཞིག་ཚེ་ཟད་འཆི་བའི་དུས་བྱུང་ཚེ༔

NAM ZHI TSHE   ZAE   CHI WE   DU   YUNG TSHE
cuando, si   duración vital   acabada   de la muerte   tiempo surgir   momento, cuando

Cuando llegue el momento de la muerte con el agotamiento de nuestra duración vital,

གནད་གཅོད་སྡུག་བསྔལ་དྲག་པོས་ཉེན་པ་ན༔

NAE   CHO   DU NGAL   DRA POE   ÑEN PA   NA
enfermedad   fatal   sufrimiento   intenso,   perturbado,   si, cuando
                                     terrible   en peligro

si nos sentimos atribulados por el sufrimiento feroz de una enfermedad mortal,

ཡིད་གཉིས་ཐེ་ཚོམ་མེད་པར་གསོལ་བ་ཐོབ༔

YI ÑI   THE TSHOM   ME PAR   SOL WA THO
dos mentes   dudar   sin   debemos rezar

debemos rezar sin dudas ni incertidumbres

ཨོ་རྒྱན་སྣང་བ་མཐའ་ཡས་སྤྲུལ་པ་སྟེ༔

OR GYAN NANG WA THAE YAE   TRUL PA   TE
es el nombre de Padmasambava en   aparición   entonces
la forma de Amitaba

a la aparición de Orgyen Amitaba

བདེ་བ་ཅན་གྱི་ཞིང་དུ་ངེས་པར་སྐྱེ༔

DE WA CHEN   GYI   ZHING   DU   NGE PAR   KYE
Dewachen,   de   reino   en   de verdad, seguro   nacido
Sukavati

para que podamos nacer con seguridad en Dewachen.

ཨོ་རྒྱན་པདྨ་འབྱུང་གནས་ལ་གསོལ་བ་འདེབས༔

OR GYAN   PAE MA YUNG NAE   LA   SOL WA DE
la tierra donde   Padmasambava   a   rezar
nació

Rezamos a Padmasambava de Orgyen.

Cuando llegue el momento de la muerte con el agotamiento de nuestra duración vital, si nos sentimos atribulados por el sufrimiento feroz de una enfermedad mortal, debemos rezar sin dudas ni incertidumbres a la aparición de Orgyen Amitaba para que podamos nacer con seguridad en Dewachen. Rezamos a Padmasambava de Orgyen.

ཞེས་དང་

[Recita esto muchas veces y además,]

འགྲོ་བའི་མགོན་པོ་ཨོ་རྒྱན་རིན་པོ་ཆེ༔

DRO WE	GON PO	OR GYEN RIN PO CHE
seres sensibles	benefactor	Padmasambava

Benefactor de los seres, Orgyen Rinpoché,

ཞིང་ཁམས་གནས་མཆོག་གང་ན་བཞུགས་གྱུར་ཀྱང་༔

ZHING KHAM	NAE	CHO	GANG	NA	ZHU GYUR	KYANG
reino puro	lugar	supremo	donde sea, el que sea	en	estar	aún

en cualquier excelente lugar puro en el que te encuentres,

ཐུགས་རྗེས་མྱུར་མགྱོགས་ལྕགས་ཀྱུ་ཡིས༔

THU YE	ÑUR	GYO	DEN PE	CHA KYU	YI
por compasión	rápidamente	correr	tener	gancho de hierro	por

con el gancho de hierro relámpago de tu compasión

བདག་སོགས་ཁྱེད་ཀྱི་གདུལ་བྱར་གྱུར་པ་རྣམས༔

DA SO	KHYE KYI	DUL CHAR	GYUR PA	NAM
nosotros	tus	discípulos, súbditos	son	(plural)

debes liberarnos a nosotros, tus discípulos,

འཁོར་བའི་ཆུ་བོ་ཆེ་ལས་བསྒྲལ་ནས་ཀྱང་༔

KHOR WE	CHU WO CHE	LAE	DRAL	NAE	KYANG
del samsara	río grande	desde	libre	entonces	también

del gran río del samsara y luego

ཨོ་རྒྱན་མཁའ་སྤྱོད་གནས་སུ་དྲང་དུ་གསོལ༔

OR GYEN KHA CHOE	NAE	SU	DRANG DU	SOL
Zangdopalri	lugar	a	dirigirnos	por favor, te rogamos

conducirnos a tu tierra pura de Orgyen Khacho.

Benefactor de los seres, Orgyen Rinpoché, en cualquier excelente lugar puro en el que te encuentres, con el gancho de hierro relámpago de tu compasión debes liberarnos a nosotros, tus discípulos, del gran río del samsara y luego conducirnos a tu tierra pura de Orgyen Khacho.

ཞེས་སོགས་ཀྱིས་གསོལ་བ་དྲང་དུང་བཏབ། མ་ཐུག་ན་ཐུགས་ཡིད་གཅིག་ཏུ་བསྲེས། རབ་ཏུ་དདགས་གི་དངས་ལྟ་རངསེམས་དབྱེར་མེད་དུ་སྤྱོདགོང་། འདི་ལྟར་སྒྲུབ་ན་ཤི་བས་འཆོངས་པ་ཡི་ནོ།

Debes rezar con intensa devoción utilizando estas y otras oraciones similares. Si no eres capaz de rezar entonces debes tratar de fusionar tu mente completamente con la mente del Gurú. Si en ese estado de fusión puedes permanecer relajado y claro en la inseparabilidad de la mente del Gurú y la tuya propia, eso es lo mejor. Si practicas así, la muerte te conducirá a la felicidad.

ཞེས་པ་འདི་ཡང་མགྲོན་གཉེར་ཀུན་དགའ་ཤེས་རབ་འབམས་ཀྱིས་གྲོ་འཆལ་ཏེ་ལྟ་བའི་ལས་དུ་ཉེ་
བར་གྱུར་པ་ན་རིག་འཛིན་ཆེན་པོ་ཀུན་བཟང་པདྨ་འཕྲིན་ལས་ཀྱིས་བརྩེ་བ་ཆེན་པོས་གདམས་
པ་སྤྱར་བཅངས་སུ་རྩལ་བ་ཡིན་པ་ལས་ཕྱིས་སྤྱར་དང་ལྡད་འཇུག་མང་པོར་མ་དག་རྒྱན་
འཕྲམས་ཀྱི་དཔེ་སྣ་རེ་འདུག་ཀྱང་། འདིར་མ་ཕྱི་ཕྱར་མ་ལས་བཤུས་པའོ།། །།

Con respecto a este texto, cuando su asistente personal Kunga Sherab contrajo reumatismo y se estaba muriendo, Rigdzin Chenpo Kunzang Padma Trinle sintió gran compasión por él y por eso le dio estas instrucciones para practicar que había preparado expresamente. Más tarde, después de que el propio Padma Trinle muriera, otros escribieron muchas cosas incorrectas adicionales y las pusieron en el texto, de forma que aparecieron muchas versiones erróneas. Pero el texto que aquí se ofrece carece de todos los añadidos posteriores [C.R. Lama].

Transferencia basada en Chenrezi

རང་ཉིད་དམ།   ཚེ་འདས་མིང་འདི་ཞེས་བྱ་བ་

RANG ÑI   DAM   TSHE   DAE   MING   DI   ZHE CHA WA
yo   o   vida   ido   nombre   este   llamado
(Esta práctica puede utilizarse tanto para la propia transferencia como para ayudar a alguien que ha muerto)

Para uno mismo o para el llamado [...] que ha muerto:

ཁྱོད་ཀྱི་ལུས་འདི་འཕགས་པ་སྤྱན་རས་གཟིགས་

KHYO KYI   LU   DI   PHA PA   CHEN RAE ZI
tu   cuerpo este arya, noble Avalokitésvara

imagino que mi cuerpo se convierte en el noble Chenrezi,

སྐུ་མདོག་དཀར་པོ་ཞལ་གཅིག་ཕྱག་བཞི་

KÜ   DO   KAR PO   ZHAL   CHI   CHA   ZHI
cuerpo color blanco   rostro   uno   manos cuatro

de color blanco, con una cara, cuatro brazos y

ཞབས་གཉིས་སྐྱིལ་ཀྲུང་གི་བཞུགས་པ།

ZHAB   ÑI   KHYIL TRUNG   GI   ZHU PA
pies   dos   postura del loto con   sentado

sentado con ambos pies en la postura del loto.

ཕྱག་དང་པོ་གཉིས་ཐུགས་ཀར་ཐལ་མོ་སྦྱར་བའི་

CHA   DANG PO   ÑI   THU KAR   THAL MO YAR WE
manos   primera   dos   en el corazón palmas unidas en el gesto de rezar

Mis dos primeras manos, con las palmas unidas en el corazón,

དབུས་སུ་ནོར་བུ་དགོས་འདོད་ཀུན་འབྱུང་འཛིན་པ།

WU   SU   NOR BU   GOE   DOE   KUN   YUNG   DZIN PA
centro en   joya   necesidad deseo todos fuente   sostener

sostienen en su interior la joya que cumple los deseos: la Fuente de toda satisfacción.

གཡས་འོག་མས་ཤེལ་ཕྲེང་དང་།   གཡོན་འོག་མས་

YAE   OG MAE   SHEL   TRENG   DANG   YON   OG MAE
derecha inferior   cristal rosario   y   izquierda inferior por

Mi mano inferior derecha sostiene un rosario de cristal y la inferior izquierda

 པདྨ་དཀར་པོ་ཁ་ཕྱེ་བ་སྙན་གྱི་ཐད་ཀར་འཛིན་པ།

PAD MA	KAR PO	KHA CHE WA	ÑEN	GYI THAE KAR	DZIN PA
loto	*blanco*	*abierto*	*oreja*	*a la altura*	*sostiene*

un loto blanco a la altura de mi oreja.

སྐུ་ལ་ལོངས་སྤྱོད་རྫོགས་པའི་ཆས་བཅུ་གསུམ་གྱིས་བརྒྱན་པ།

KU	LA	LONG CHO DZO PE	CHAE	CHU SUM	GYI	GYEN PA
cuerpo a		*sambogakaya*	*vestir*	*trece*	*por*	*adornado*

Mi cuerpo está adornado con los trece adornos del sambogakaya[21].

Para uno mismo o para el llamado [...] que ha muerto: imagino que mi cuerpo se convierte en el noble Chenrezi, de color blanco, con una cara, cuatro brazos y sentado con ambos pies en la postura del loto. Mis dos primeras manos, con las palmas unidas en el corazón, sostienen en su interior la joya que cumple los deseos: la Fuente de toda satisfacción. Mi mano inferior derecha sostiene un rosario de cristal y la inferior izquierda un loto blanco a la altura de mi oreja. Mi cuerpo está adornado con los trece adornos del sambogakaya.

རང་ངམ།　　ཆོས་འདས་ཁྱོད་ཀྱི་སྤྱི་བོའི་ཐད་དུ་དོ་

RANG NGAM	TSHE DAE	KHO KYI	CHI WOI	THAE DU	NGO WO
Yo *o*	*el que ha fallecido*	*tu*	*coronilla*	*directamente encima*	*de verdad*

Directamente encima de la coronilla de mi cabeza o de la del que ha fallecido

རང་གི་རྩ་བའི་བླ་མ་ཡིན་པ་ལ་རྣམ་པ་

RANG GI	TSA WE	LA MA	YIN PA	LA	NAM PA
propio	*raíz*	*gurú*	*es*	*con*	*forma*

visualizo lo siguiente: la esencia de mi propio gurú raíz tiene la forma

འཕགས་པ་སྤྱན་རས་གཟིགས་ཞལ་གཅིག་ཕྱག་བཞི་པར་གསལ་བའི་

PHA PA	CHEN RAE ZI	ZHAL	CHI	CHA	ZHI	PAR	SAL WE
arya	*Avalokitésvara*	*rostro*	*uno*	*mano*	*cuatro*	*como*	*visualizar*

del noble Chenrezi con una cara y cuatro brazos.

སྤྱི་བོར་མགོན་པོ་འོད་དཔག་ཏུ་མེད་པས་བརྒྱན་པ།

CHI WOR	GON PO	OE PA TU ME	PAE	GYEN PA
coronilla	*benefactor*	*Amitaba*	*por*	*adornado*

La coronilla de su cabeza está adornada con el benefactor Amitaba.

འཕགས་པའི་གདན་གྱི་པདྨས་ཚངས་པའི་བུ་ག

PHA PE   DEN   GYI   PAE MAE   TSHANG PE BU GA
gurú como   sentado de   loto   brahmaranda, orificio en la coronilla*
Avalokitésvara

*Es el área que se obtiene marcando un círculo a diez centímetros por encima de las orejas.

Visualizo claramente que el cojín de loto de Chenrezi cubre completamente

ནོན་པ་ཞིག་ཏུ་གསལ་བར་གྱུར

NON PA   ZHIG TU   SAL WAR GYUR
cubir   como   visualizar con claridad
completamente

la apertura potencial brahmaranda en la parte superior de mi cabeza.

Directamente encima de la coronilla de mi cabeza o de la del que ha fallecido visualizo lo siguiente: la esencia de mi propio gurú raíz tiene la forma del noble Chenrezi con una cara y cuatro brazos. La coronilla de su cabeza está adornada con el benefactor Amitaba. Visualizo claramente que el cojín de loto de Chenrezi cubre completamente el orificio potencial brahmaranda en la parte superior de mi cabeza.

རང་ངམ།   ཚེ་འདས་ཀྱི་ལུས་ཀྱི་དབུས་སུ

RANG NGAM TSHE DAE   KYI LU   KYI WU   SU
Yo   o   el que ha de cuerpo de centro en
fallecido

Para mí mismo o para el que ha fallecido, visualizo claramente lo siguiente: en el centro de mi cuerpo

ཚ་དབུ་མ་ཕྱི་དཀར་ལ

TSA   WU MA   CHI   KAR   LA
canal avaduti, por fuera blanco con
central

está el canal central avaduti. Es blanco por fuera y

ནང་རྒྱ་སྐྱེགས་ཀྱི་ཁུ་བ་ལྟར་དམར་པ

NANG GYA KYEG KYI KHU WA TAR MAR PA
por dentro laca   de líquido   como rojo
(como lacre)

por dentro es rojo como la laca líquida.

པདྨའི་འདབ་མ་ལྟར་སྲབ་པ

PAD ME   DAB MA   TAR SE PA
loto   pétalo   grosor como, i.e. fino

Tiene el grosor de un pétalo de loto.

ཕྱི་ནང་གསལ་སྒྲིབ་མེད་པ།

CHI   NANG   SEL   DRIB ME PA
por fuera por dentro claro   no opaco

Por fuera y por dentro es claro y no opaco.

རང་བཞིན་སྒྱུ་ལུས་ཀྱི་རྩ་མ་ཡིན་པ།

RANG ZHIN   GYU   LU   KYI   TSA   MA YIN PA
ordinario   ilusorio cuerpo de canal   no es

No es como los canales nerviosos de mi cuerpo ilusorio ordinario.

དཔེར་ན་རྭ་དུང་མགོ་མཇུག་ལོག་པ་ལྟ་བུ།

PER NA   RA DUNG   GO JUG LOG PA   TA BU
por ejemplo   trompetilla   invertida, i.e. con la   similar a
*   de hueso   boquilla hacia abajo*

Por ejemplo, es como una trompetilla de hueso invertida, larga y recta, pero estrechada en su extremo.

རྩ་བ་ཕྲ་ལ་ཁ་ཟུམ་ལ་ཁད་ཡོད་པ།   ཙེ་མོ་ཡངས་པ།

TSE WA TRA LA KHA ZUM LA KHAE YOE PA   TSE MO   YANG PA
inferior fina   como cerrada como similar tiene   el pabellón ancho

La parte inferior es tan fina que está como cerrada. El extremo superior es ancho y

སྤྱི་བོ་ཚངས་པའི་བུ་གར་ཁྱབ་པ་ཞིག་གསལ་བར་གྱུར།

CHI WO   TSHANG PE BU GAR   KHYA PA   SEL WAR GYUR
coronilla de   orificio brahmaranda   a   llena   visualizar claramente

llena la zona de la coronilla de mi cabeza. Lo visualizo claramente.

རྩ་དབུ་མ་མར་སྟེ་ཁ་ཟུམ་པ།

TSE   U MA   MAR NE   KHA ZUM PA
canal   avaduti   extremos inferior cerrado

El extremo inferior de este canal central está cerrado.

Para mí mismo o para el que ha fallecido, visualizo claramente lo siguiente: en el centro de mi cuerpo está el canal central avaduti. Es blanco por fuera y por dentro es rojo como la laca líquida. Tiene el grosor de un pétalo de loto. Por fuera y por dentro es claro y no opaco. No es como los canales nerviosos de mi cuerpo ilusorio ordinario. Por ejemplo, es como una trompetilla de hueso invertida, larga y recta, pero estrechada en su extremo. La parte inferior es tan fina que está como cerrada. El extremo superior es ancho y llena la zona de la coronilla de mi cabeza. Lo visualizo claramente. El extremo inferior de este canal central está cerrado.

 སྙིང་ཁར་པདྨ་འདབ་མ་བརྒྱད་ཀྱི་ལྟེ་བར།

ÑING KHAR   PE MA   DAB MA   GYAE   GYI   TE WAR
en el corazón   loto   pétalo   ocho   de   en el mismo centro

En mi corazón hay un loto de ocho pétalos en cuyo centro

རང་གི་རྣམ་པར་ཤེས་པའི་ངོ་བོ་ཐིག་ལེ་དཀར་པོ།

RANG GI   NAM PAR SHE PE   NGO WO   THIG LE   KAR PO
mi   mente, conciencia   esencia   bindu, esfera   blanca

hay una esfera blanca que es la esencia de mi conciencia.

བྱ་མ་གསར་གྱི་སྒོ་ང་ལྟར་འཕར་ལ་ཁད་པ།

CHA MA SAR GYI   GO NGA   TAR   PHAR LA   KHE PA
pájaro   nuevo   huevo   como   saltar, volar   intentar

Como un huevo del que está a punto de salir el polluelo, se mueve arriba y abajo

འཕུར་ལ་ཁད་པ།

PHUR LA   KHE PA
volar, saltar   intentar

como si estuviera a punto de despegar.

ཡི་གི་ཧྲཱིཿ ཡིས་མཚན་པ་ཞིག་གསལ་བར་གྱུར།

YI GI HRI   YI   TSHAN PA ZHI   SAL WAR GYUR
sílaba HRI   por, con   marcada   visualizar claramente*

*El HRI muestra que la esfera, tu conciencia, no es diferente de Chenrezi. Está en tu canal central, en tu corazón.

Visualizo esta esfera claramente marcada con la sílaba HRI.

En mi corazón hay un loto de ocho pétalos en cuyo centro hay una esfera blanca que es la esencia de mi conciencia. Como un huevo del que está a punto de salir el polluelo, se mueve arriba y abajo como si estuviera a punto de despegar. Visualizo esta esfera claramente marcada con la sílaba HRI.

ལང་ལིང་འཕར་བའི་ཟེར་མདངས་ཡར་འཕྲོས་པས༔

LANG LING   PHAR WE   ZER   DANG   YAR   TROE PAE
vibrando y   resplandeciente   rayos   brillante   arriba   irradiar
(Sube por el canal central y sale por la coronilla.)

Mi conciencia salta ligeramente, lista para partir, y luego se dispara hacia arriba en rayos de luz resplandecientes y

སྤྱན་རས་གཟིགས་དབང་ཐུགས་ཀར་ཐིམ་པར་གྱུར༔

CHEN RE ZI WANG   THU KAR   THIM PAR   GYUR
Avalokitésvara   en su corazón   disolver   hace

se funde con la mente corazón de Chenrezi.

ཧྲཱིག༔ ཧྲཱིག༔ ཧྲཱིག༔ ཕཊ༔ ཕཊ༔ ཕཊ༔

HIK   **HIK**   **HIK**   **PHAT**   **PHAT**   **PHAT**
¡Ve!   *¡Ve!*   *¡Ve!*   *¡Corta!*   *¡Corta!*   *¡Corta!*

Hik! Hik! Hik! Phat! Phat! Phat!

Mi conciencia salta ligeramente, lista para partir, y luego se dispara hacia arriba en rayos de luz resplandecientes y se funde con la mente corazón de Chenrezi. Hik! Hik! Hik! Phat! Phat! Phat!

ཕྱགས་རྗེ་ཆེན་པོའི་ཚེ་སྒྲུབ་བཞུགས་སོ།།

Práctica de larga vida de Chenrezi

བཙོམ་ལྡན་ཚེ་དཔག་མེད་ལ་ཕྱག་འཚལ་ལོ།

Homenaje al victorioso Amitayus.

རང་ཉིད་ཕྱགས་རྗེ་ཆེན་པོ་ཡིঃ

RANG ÑI **THU YE CHEN PO** **YI**
yo mismo *Chenrezi,* *de*
　　　　gran compasión

Surgiendo como Chenrezi,

སྤྱི་གཙུག་པད་ཉི་ཟླའི་གདནঃ

CHI TSU **PE MA** **ÑI** **DE** **DEN**
mi coronilla *loto* *sol* *luna* *cojines*

en mi coronilla, sobre cojines de loto, sol y luna,

ཧྲིঃ　　ལས་འགྲོ་མགོན་ཚེ་དཔག་མེདঃ

HRI **LAE** **DRO** **GON** **TSHE PA ME**
sílaba* *desde* *seres* *señor,* *Amitayus, Vida ilimitada*
　　　　　　benefactor

* De la sílaba HRI se elevan rayos de luz como ofrenda a los Budas de las diez direcciones, luego los rayos regresan con su bendición y se funden en la HRI. Entonces los rayos se elevan de nuevo y tocan a todos los seres de los seis reinos eliminando todos sus pecados y penas. Luego estos rayos regresan a la letra HRI que se transforma en Amitayus

hay una letra HRI que se convierte en Amitayus, el benefactor de los seres.

དམར་པོ་ཞལ་གཅིག་ཕྱག་གཉིས་པঃ

MAR PO **ZHAL** **CHI** **CHA** **ÑI PA**
rojo *rostro* *uno* *mano* *dos*

Es de color rojo, con una cara y dos brazos.

ཕྱག་གཉིས་མཉམ་བཞག་ཚེ་བུམ་བསྣམསঃ

CHA **ÑI** **ÑAM ZHA** **TSHE BUM** **NAM**
manos *dos* *en el regazo en gesto de meditación* *vasija de larga vida* *sostener*

Sus dos manos están en gesto de meditación en su regazo sosteniendo la vasija de la larga vida.

ཞབས་གཉིས་རྡོ་རྗེའི་སྐྱིལ་ཀྲུང་བཞུགས༔

ZHAB   ÑI   DOR YEI KYIL TRUNG   ZHU
pies   dos   postura del loto   sentado

Está sentado con los dos pies en la postura del loto.

Homenaje al victorioso Amitayus. Surgiendo como Chenrezi, en mi coronilla, sobre cojines de loto, sol y luna, hay una letra HRI que se convierte en Amitayus, el benefactor de los seres. Es de color rojo, con una cara y dos brazos. Sus dos manos están en gesto de meditación en su regazo sosteniendo la vasija de la larga vida. Está sentado con los dos pies en la postura del loto.

ཡུམ་ཆེན་གོས་དཀར་སྐུ་མདོག་དམར༔

YUM   CHEN   GO KAR   KU   DO   MAR
esposa gran   Pundarika   cuerpo color   rojo

Su esposa, Gokarmo, es de color rojo y

ཕྱག་གཡས་ཚེ་དར་ཡབ་ལ་འཁྱུད༔

CHA   YAE   TSHE DAR   YAB   LA   KHYU
mano   derecha flecha   esposo   a   abrazar*
*con cinco paños de colores atados

abraza a su esposo con la mano derecha, que sostiene una flecha de larga vida.

གཡོན་པ་ཚེ་བུམ་ཐུགས་ཀར་བསྣམས༔

YON PA   TSE BUM   THU   KAR   NAM
izquierda   vasija de larga vida   corazón en el   sostener

Su mano izquierda sostiene una vasija de larga vida en su corazón.

ཞབས་གཉིས་ཡབ་ལ་འཁྲིལ་སྦྱོར་མཛད༔

ZHAB   ÑI   YAB   LA   TRIL YOR   DZAE
pies   dos   esposo   a   abrazar, emparejar   hace

Sus dos piernas le rodean en unión.

བདེ་བ་ཅན་ནས་ཡེ་ཤེས་སེམས༔

DE WA CHEN   NAE   YE SHE SEM
Dewachen, Sukavati   desde   jnanasatvas, las formas de sabiduría puras de de Amitayus y Pundarika

Desde Dewachen a sus formas de sabiduría

སྤྱན་དྲངས་གཉིས་མེད་བརྟན་པར་བཞུགས༔

CHEN DRANG ÑI ME TEN PAR ZHU
invitar se fusionan no-dualmente toman asiento permanecen

se les invita y se fusionan y asientan sin distinción.

Su esposa, Gokarmo, es de color rojo y abraza a su esposo con la mano derecha, que sostiene una flecha de larga vida. Su mano izquierda sostiene una vasija de larga vida en su corazón. Sus dos piernas le rodean en unión. Desde Dewachen se invita a sus formas de sabiduría y se fusionan y asientan sin distinción.

ཨོཾ་བཛྲ་ཨ་ཡུ་ཥེ་ས་པ་རི་ཝ་ར

OM BENDZA A YU SHE SA PA RI WA RA
cinco indestructible Amitayus, con tu círculo de deidades
sabidurías vacuidad larga vida

Om. Indestructible Amitayus y tu círculo, te ofrecemos

བཛྲ་	ཨཱརྒྷཾ	པཱདྱཾ་	པུཥྤེ	དྷུཔེ
BENDZA	**ARGHAM**	**PADYAM**	**PUSHPE**	**DHUPE**
indestructible,	*agua para*	*agua para*	*flores*	*incienso*
puro	*beber*	*lavarse los pies*		

agua para beber, agua para lavarse los pies, flores, e incienso indestructibles

ཨཱལོཀེ	གནྡྷེ	ནཻ་ཝི་དྱེ	ཤབྡ	ཨ༔	ཧཱུྃ༔
ALOKE	**GANDHE**	**NEDIDYE**	**SHABDA**	**A**	**HUNG**
lámparas	*perfumes*	*comida*	*sonidos*	*vacuidad*	*ofrecer*

lámparas, agua perfumada, comida y música, por favor disfruta de estas ofrende de la vacuidad.

Om. Indestructible Amitayus y tu círculo, te ofrecemos agua para beber, agua para lavarse los pies, flores, e incienso indestructible, lámparas, agua perfumada, comida y música, por favor disfruta de estas ofrende de la vacuidad.

འཇིག་རྟེན་འདྲེན་པའི་གཙོ་བོ་ཚེ་དཔག་མེད༔

YIG TEN DREN PE TSO WO TSHE PA ME
mundo guías líder Amitayus
(los budas que guían
a los seres fuera del samsara)

Amitayus, líder de aquellos que nos guían desde el mundo,

དུས་མིན་འཆི་བ་མ་ལུས་འཇོམས་མཛད་པའི༔

DU MIN CHI WA MA LU YOM DZAE PE
prematuro muerte sin derrotar hacer
(antes de que la duración máxima
vital que permite el propio karma)

tú detienes todo tipo de muerte prematura,

མགོན་མེད་སྡུག་བསྔལ་གྱུར་པ་རྣམས་ཀྱི་སྐྱབས༔

GON ME   **DU NGAL**   **GYUR PA NAM**   **KYI**   **KYAB**
protectores,   *sufrimiento*   *aquellos que*   *de*   *protector, refugio*
benefactores

y eres el refugio de los que sufren sin protector.

སངས་རྒྱས་ཚེ་དཔག་མེད་ལ་ཕྱག་འཚལ་བསྟོད༔

SANG GYE   **TSHE PA ME**   **LA**   **CHA TSHAL**   **TOE**
Buda   *Amitayus*   *to*   *homenaje*   *alabar*

Buda Amitayus, te rendimos homenaje y alabanza.

Amitayus, líder de aquellos que nos guían desde el mundo, tú detienes todo tipo de muerte prematura y eres el refugio de los que sufren sin protector. Buda Amitayus, te rendimos homenaje y alabanza.

ༀ་བཛྲ་ཨ་ཡུ་ཥེ་ཧཱུྃ་བྲཱུྃ་ནི་ཛཿ

OM   **BEN DZA**   **A YU SHE**   **HUNG BRUM NI DZA**
cinco sabidurías   *indestructible*   *larga vida*   *(sílabas semilla   )*
vacuidad   [por recitar esto]

Om. Indestructible larga vida. Hung. Bhrum. Ni. Dza:

ཐུགས་ཀའི་ཧཱུྃ་ལས་འོད་ཟེར་འཕྲོས༔

THU KE   **HUNG**   **LAE**   **OE ZER**   **TRO**
centro del   *sílaba*   *desde*   *rayos de luz*   *irradian**
corazón   *Hung*

*De nuevo estas luces suben como ofrenda a los Budas y bajan para purificar a todos los seres.

Dza: con esto irradian rayos de luz de la letra Hung en el corazón de Amitayus.

འོད་ཟེར་ཡབ་ཀྱི་ཞལ་ནས་འཐོན༔

OE ZER   **YAB KYI**   **ZHAL**   **NAE**   **THON**
rayos de luz   *del esposo*   *boca*   *de la*   *salir*

Los rayos de luz salen de su boca y

ཡུམ་གྱི་ཞལ་དུ་ཞུགས༔

YUM GYI   **ZHAL**   **DU**   **ZHU**
de la esposa   *boca*   *en*   *entrar*

entran en la boca de su esposa.

སྐུའི་དབྱིབས་རྒྱུད་ཡུམ་གྱི་མཁར་བབས༔

KUI   **YIB**   **GYU**   **YUM GYI**   **KHAR**   **BAB**
del cuerpo   *figura*   *a través*   *de la esposa*   *vagina*   *desciende*
   forma

Luego descienden a través de su cuerpo hasta su vagina y

དེས་བདག་གི་སྤྱི་གཙུག་ཏུ་བབས་པས༔

DE	DA GI	CHI TSU	TU	BAB	PAE
así	*mi*	*coronilla*	*en*	*desciende**	*por la que*

*i.e. entra en mi cuerpo por la coronilla

fluyen dentro de mí a través de la coronilla.

Om. Indestructible larga vida. Hung. Bhrum. Ni. Dza: con esto irradian rayos de luz de la letra Hung en el corazón de Amitayus. Los rayos de luz salen de su boca y entran en la boca de su esposa. Luego descienden a través de su cuerpo hasta su vagina y fluyen dentro de mí a través de la coronilla.

ཚེ་རབས་ཀྱི་སྡིག་པ་ཐམས་ཅད་རྣག་ཁྲག་དང་༔

TSHE RAB	KYI	DIG PA	THAM CHE	NAG	TRAG	DANG
todas las vidas	*de*	*pecados*	*todos*	*pus*	*sangre*	*y*

Debido a esto todos los pecados que he cometido en cualquiera de mis vidas

དུད་ཁུའི་ཚུལ་དུ་ནག་དུ་རུ་རུ་ཕྱིར་འཐོན༔

DUE KHUI	TSHUL	DU	NAG DU RU RU	CHIR	THON
aguas negras	*estilo*	*como*	*muy negro*	*fuera*	*sale (de mi ano)*

fluyen fuera de mi cuerpo como pus y sangre y en forma de aguas muy negras y

ཕྱིའི་རྒྱ་མཚོའི་མཐར་སོང་བར་བསམ༔

CHII	GYAM TSOI	THAR	SONG WAR	SAM
exterior	*océano*	*y a*	*ir como*	*creer*

(Hasta el más distante borde del exterior del mundo)

se desvanecen hasta el borde más lejano del océano exterior.

བདག་གི་ལུས་བདུད་རྩིས་གང་བར་བསམ༔

DA GI	LU	DU TSI	GANG WAR	SAM
mi	*cuerpo*	*elixir liberador*	*llenar como*	*creer*

Ahora estoy seguro de que mi cuerpo está lleno de elixir liberador.

Debido a esto todos los pecados que he cometido en cualquiera de mis vidas fluyen fuera de mi cuerpo como pus y sangre y en forma de aguas muy negras y se desvanecen hasta el borde más lejano del océano exterior. Ahora estoy seguro de que mi cuerpo está lleno de elixir liberador.

ༀ་བཛྲ་ཨ་ཡུ་ཥེ་ཧཱུྃ་བྷྲཱུྃ་ནི་ཛཿ༔

OM	BEN DZA	A YU SHE	HUNG BRUM NI DZA
cinco sabidurías vacuidad	*indestructible*	*larga vida*	*(sílabas semilla)*

Om. Indestructible larga vida. Hung. Bhrum. Ni. Dza:

ཕྱོགས་བཅུའི་སངས་རྒྱས་དང་བྱང་ཆུབ་སེམས་དཔའ་ཐམས་ཅད་ཀྱིས༔

CHO CHUI   **SANG GYE**   **DANG**   **CHANG CHU SEM PA**   **THAM CHE**   **KYI**
diez direcciones   *budas*   *y*   *bodisatvas*   *todos*   *por*

Imagino que todos los budas y bodisatvas de las diez direcciones

ཚེའི་དངོས་གྲུབ་བདག་ལ་གནང་བར་བསམ༔

TSHEI   **NGO DRUB**   **DA**   **LA**   **NANG WAR**   **SAM**
larga vida   *sidhi, verdadero*   *mí*   *a*   *dar*   *como*   *creer, imaginar*
         logro

me conceden el verdadero logro de la larga vida.

ཁམས་གསུམ་སྲིད་གསུམ་

KHAM   **SUM**   **SI**   **SUM**
mundos   *tres**   *existencias*   *tres+*
* del deseo, de la forma y sin forma   +humanos ,dioses y dioses serpiente

Imagino que el brillo y el resplandor de

ཐམས་ཅད་ཀྱི་ཚེའི་བཀྲག་མདངས་དང༔

THAM CHE   **KYI**   **TSHEI**   **TRA**   **DANG**   **DANG**
todos   *de*   *vidas*   *resplandeciente*   *irradiar*   *y*

todo lo que vive en los tres mundos y las tres existencias, y

འབྱུང་བའི་བཅུད་ཐམས་ཅད

YUNG WE   **CHU**   **THAM CHE**
elementos*   *esencia*   *todo*
*tierra, agua, fuego, aire, espacio

todas las esencias de los elementos

འོད་ཟེར་གྱི་ཚུལ་དུ་བསྡུས་ནས་

OE ZER   **GYI**   **TSHUL**   **DU**   **DUE**   **NE**
rayos de luz   *de*   *método*   *en, con*   *reunir*   *entonces*

se reúnen en forma de rayos de luz

བདག་ལ་ཐིམ་པར་བསམ་ཞིང༔

DA   **LA**   **THIM PAR**   **SAM ZHING**
mí   *en*   *fundir*   *como creer*

y luego se funden en mí.

དེ་ནས་ཚེ་དཔག་མེད་ཡབ་ཡུམ་བདག་ལ་ཐིམ་པར་བསམ༔

DE NE   **TSHE PA ME**   **YAB YUM**   **DA**   **LA**   **THIM**   **PAR**   **SAM**
entonces   *Amitayus*   *con Pundarika*   *a mí**   *en*   *fundir*   *como*   *creer*
*todavía en la forma de Chenrezi

Luego imagino que Amitayus y su esposa también se funden en mí.

Om. Larga vida indestructible. Hung. Bhrum. Ni. Dza: Imagino que todos los budas y bodisatvas de las diez direcciones me conceden el verdadero logro de la larga vida. Imagino que el brillo y el resplandor de todo lo que vive en los tres mundos y las tres existencias, y todas las esencias de los elementos se reúnen en forma de rayos de luz y luego se funden en mí. Luego imagino que Amitayus y su esposa también se funden en mí.

ཐིམས་སུ་བསྟེ་སྟོན་ལམ་བཀྲ་ཤིས་ཕྱི་མཐུན་བྱའོ༔

[A continuación, disuelve tu forma como Chenrezi y descansa en el vacío todo el tiempo que puedas. A continuación, adopta tu forma habitual y recita la oración de dedicación general y los versos auspiciosos.]

དགེ་བ་འདི་ཡིས་མྱུར་དུ་བདག

GE WA   DI   YI   ÑUR DU   DA
virtud   esta   por   rápidamente yo
Que por esta virtud pueda rápidamente

སྤྱན་རས་གཟིགས་དབང་འགྲུབ་གྱུར་ནས།

CHEN RAE ZI WONG   DRU GYUR   NAE
Chenrezi   lograr   entonces
obtener el estado de Chenrezi, y entonces

འགྲོ་བ་གཅིག་ཀྱང་མ་ལུས་པ།

DRO WA   CHI   KYANG   MA LUE PA
seres   uno   incluso   sin excepción
a todos los seres sin excepción

དེ་ཡི་ས་ལ་འགོད་པར་ཤོག

DE   YI   SA   LA   GOE PAR   SHO
su,   estado en   ponerlos   pueda
de Chenrezi
pueda llevarlos al estado de Chenrezi.

Que por esta virtud pueda obtener rápidamente el estado de Chenrezi y entonces pueda llevar a todos los seres sin excepción a ese mismo estado.

འཇིག་རྟེན་འདྲེན་པའི་གཙོ་བོ་ཚེ་དཔག་མེད༔

YIG TEN   DREN PE   TSO WO   TSHE PA ME
mundo   guías   líder   Amitayus
(los budas que guían
a los seres fuera del samsara)
Amitayus, líder de aquellos que nos guían desde el mundo,

དུས་མིན་འཆི་བ་མ་ལུས་འཇོམས་མཛད་པའི༔

DU MIN   **CHI WA**   **MA LU**   **YOM**   **DZAE PE**
prematuro   *muerte*   *sin*   *derrotar*   *hacer*
(antes de que la duración máxima
vital que permite el propio karma)

tú detienes todo tipo de muerte prematura,

མགོན་མེད་སྡུག་བསྔལ་གྱུར་པ་རྣམས་ཀྱི་སྐྱབས༔

GON ME   **DU NGAL**   **GYUR PA NAM**   **KYI**   **KYAB**
protectores,   *sufrimiento*   *aquellos que*   *de*   *protector, refugio*
benefactores

y eres el refugio de los que sufren sin protector.

སངས་རྒྱས་ཚེ་དཔག་མེད་ཀྱི་བཀྲ་ཤིས་ཤོག༔

SANG GYE   **TSHE PA ME**   **KYI**   **TRA SHI**   **SHO**
Buda   *Amitayus*   *de*   *buena fortuna*   *pueda*

Que haya la buena fortuna del buda Amitayus.

Amitayus, líder de aquellos que nos guían desde el mundo, tú detienes
todo tipo de muerte prematura y eres el refugio de los que sufren sin
protector. Que haya la buena fortuna del buda Amitayus.

སྐྱོན་གྱིས་མ་གོས་སྐུ་མདོག་དཀར༔

KYON   **GYI**   **MA GOE**   **KU**   **DO**   **KAR**
falta   *por*   *no afectado*   *cuerpo* *color*   *blanco*

No afectado por ningún defecto, tu cuerpo es blanco

རྫོགས་སངས་རྒྱས་ཀྱིས་དབུ་ལ་བརྒྱན༔

DZO   **SANG GYE**   **KYI**   **WU**   **LA**   **GYEN**
perfecto *buda*   *por*   *cabeza* *en*   *ornamento*
    Amitaba

con un perfecto buda adornando tu cabeza.

ཐུགས་རྗེ་སྤྱན་གྱིས་འགྲོ་ལ་གཟིགས༔

THU YE   **CHEN**   **GYE**   **DRO**   **LA**   **ZI**
con compasión   *ojo*   *por*   *seres*   *a*   *mirar*

Miras a todos los seres con el ojo de la compasión:

སྤྱན་རས་གཟིགས་ཀྱི་བཀྲ་ཤིས་ཤོག༔

CHEN RAE ZI   **KYI**   **TRA SHI SHO**
Chenrezi,   *de*   *¡buena fortuna!*

¡que todos disfrutemos de la buena fortuna de Chenrezi!

No afectado por ningún defecto, tu cuerpo es blanco con un perfecto buda adornando tu cabeza. Miras a todos los seres con el ojo de la compasión: ¡que todos disfrutemos de la buena fortuna de Chenrezi!

ས་མ་ཡ་ཛྫཿ Votos. Sello. Sello. Sello.

རུབ་ཟངས་མཆོད་དམར་པོ་ནས་རིག་འཛིན་ཆེན་པོ་རྣོད་ཀྱི་ལྡེམ་འཕྲུ་ཅན་དངོས་གྲུབ་རྒྱལ་
མཚན་གྱིས་གཏེར་ནས་སྤྱན་དྲངས་པའོ༔

Rigdzin Chenpo Gokyi Demtruchen Ngoedrub Gyaltsen tomó este tesoro del Tesoro de cobre rojo del oeste.

འཁོར་ལོས་བསྒྱུར་རྒྱལ་རྒྱལ་པོའི་ཕོ་བྲང་དང་༔

KHOR LOE GYUR GYAL   GYAL POI   PHO DRANG   DANG
Rajachakravartin   del rey   palacio   y
monarca universal

El palacio real del monarca universal, y

རིན་ཆེན་བདུན་དང་བཀྲ་ཤིས་རྫས་བརྒྱད་དང་༔

RIN CHEN   DUN   DANG   TRA SHI DZE   GYE   DANG
preciosas   7   y   cosas auspiciosas 8#   y*
oro, plata, turquesa, perla, coral, cristal, plomo
espejo, medicina Gi-Wang, cuajada, yerba Durwa, madera de manzano, una concha dextró-gira, bermellón, y mostaza blanca

las siete joyas, y las ocho cosas auspiciosas, y

ཙི་བཅུད་འབྲུ་ཡི་བཅུད་དང་ཤིང་གི་བཅུད༔

TSI CHU   DRU YI CHU   DANG   SHING GI CHU
fruta, esencia esencia de cereales y   esencia de árboles
de flores

la esencia de la fruta, la esencia de cereales, y la esencia de los árboles;

བཅུད་རྣམས་བསྡུས་ལ་བསྟིམ་ཞིང་སྙིང་པོ་བཟླས༔

CHU NAM   DU LA   TIM ZHING   ÑING PO   DA
todas las esencias reunidas   se mezclan en la mantra   recitar
*   juntas   torma*

todas estas esencias se reúnen y se funden en la torma mientras se recitan los mantras.

 བདེ་གཤེགས་རྣམས་དང་རྡོ་རྗེ་སློབ་དཔོན་གྱིས༔

DE SHE   **NAM**   **DANG**   **DOR YE LOB PON**   **GYI**
sugatas, budas   *todos*   *y*   *gurús Vajra Acharya*   *por*

Rezando para que todos los Idos felizmente y los gurús tántricos

ཚེ་ཡི་དངོས་གྲུབ་བདུད་རྩིར་བྱིན་གྱིས་བརླབས༔

TSHE YI   **NGO DRU**   **DU TSIR**   **YIN GYI LAB**
larga vida   *sidhi, verdadero logro*   *amrita, elixir*   *como bendición*

lo bendigan como el elixir liberador del verdadero logro de la larga vida,

གསོལ་བ་གབ་ཅིང་འཆི་མེད་བདུད་རྩིར་གྱུར༔

SOL WA DE CHING   **CHI ME**   **DU TSIR**   **GYUR**
rezando   *inmortal*   *amrita*   *llegue a ser*

se convierte en el elixir liberador de los inmortales.

El palacio real del monarca universal, y las siete joyas, y las ocho cosas auspiciosas, y la esencia de la fruta, la esencia de cereales, y la esencia de los árboles; todas estas esencias se reúnen y se funden en la torma mientras se recitan los mantras. Rezando para que todos los Idos felizmente y los gurús tántricos lo bendigan como el elixir liberador del verdadero logro de la larga vida, se convierte en el elixir liberador de los inmortales.

ཨོཾ་ཨཱཿཧཱུྃ་བཛྲ་གུ་རུ་པདྨ་སིདྡྷི་ཧཱུྃ་ཧཱུྃ་ཧཱུྃ༔

OM   **Aa**   **HUNG**   **BEN ZA**   **GU RU**
Cuerpo   *palabra*   *mente*   *poderoso*   *maestro*

PADMA   **SID DHI**   **HUNG HUNG HUNG**
Padmasambava   *verdaderos logros*   *danos*

Poderosísimo gurú Padmasambava, poseedor de los tres kayas, ¡concédenos los verdaderos logros!

ན་ན་ཁ་ཐེ་སི་དྡྷི་ཧཱུྃ་ཧཱུྃ་ཧཱུྃ༔

NA NA KHA DHE   **SID DHI**   **HUNG HUNG HUNG**
muy diferentes   *verdaderos logros*   *danos*

¡Concédenos muchos y diferentes logros verdaderos!

སརྦ་སི་དྡྷི་ནཱ་མེ་དྡྷི་ཧྲཱིཿ

SAR WA   **SID DHI**   **DHA NAM**   **ME DHI HRI**
todos   *verdaderos logros*   *dar*   *dar*

¡Concédenos todos los logros verdaderos!

ཨཱཿཡུ་སི་དྡྷི་ས་མ་ཡ་བསྲུས་བསྲུས༔

Aa YU SID DHI SA MA YA DU   DU
vida fortalecerse   tus votos   ¡deben llegar! ¡deben llegar!

Nuestras vidas deben hacerse fuertes. Mantén tus votos. ¡Los verdaderos logros deben llegar!

Poderosísimo gurú Padmasambava, poseedor de los tres kayas, ¡concédenos los verdaderos logros! ¡Concédenos muchos y diferentes logros verdaderos! ¡Concédenos todos los logros verdaderos! Nuestras vidas deben hacerse fuertes. Mantén tus votos. ¡Los verdaderos logros deben llegar!

ཞེས་བརྗོད

[Recita esto.]

འཇིག་རྟེན་ཁམས་ཀྱི་ལོངས་སྤྱོད་ལྔ༔

YIG TEN KHAM KYI LONG CHO NGA
mundo reinos de riqueza cinco
          (lo que es agradable a los sentidos)

De todos los reinos del mundo todo lo que agrada a los cinco sentidos

ཐུབ་ཀྱིས་བསྡུས་ལ་ཚེ་ལ་བསྟིམ་པར་བྱ༔

UB KYI DUE LA TSHE LA TIM PA CHA
reunir por reunión entonces vida en mezclar hacer
junto   *(objetos para la larga vida)*

se reúne y se funde en la esencia vital.

De todos los reinos del mundo se reúne todo lo que agrada a los cinco sentidos y se funde en la esencia vital.

ཞེས་གསུངས་པའི་སྒྲུབ་རྫས་རྣམས་ལ་ཚེ་བཅུད་བསྟིམ་པའི་དམིགས་པ་བྱ།། །།

[Al decir esto, imagina que la esencia vital se funde en los artículos de práctica, tanto los que tienes en el altar como los que estás imaginando.]

ཕུན་བསྩ་ཁར།

[Al final de esta práctica...]

ཧཱུྃ༔ རིག་འཛིན་ཡོངས་རྫོགས་སྤྱན་འདྲེན་གཤེགས༔

HUNG   RIG DZIN YONG DZO CHEN DREN SHE
cinco sabidurías Vidyadaras todos invitar venid, por favor

Hung. Invitamos a todos los vidyadaras, ¡por favor, venid!

ཕྱི་ནང་གསང་བའི་ཆོགས་མཆོད་འབུལ༔

CHI   **NANG**   **SANG WE**   **TSHO CHO**   **BUL**
externo   *interno*   *secreto*   *ofrendas reunidas*   *ofrecer*

Ofrecemos las ofrendas externas, internas y secretas reunidas.

ཉམས་ཆགས་འགལ་འཁྲུལ་མཐོལ་ལོ་བཤགས༔

ÑAM   **CHA**   **GAL**   **TRUL**   **THOL LO**   **SHA**
faltas   *infracciones*   *errores*   *confusión*   *con las manos unidas en plegaria*   *confesar y pedir perdón*
(de votos)

Confesamos humildemente nuestras faltas, infracciones, errores, confusión y pedimos perdón.

སྐུ་གསུང་ཐུགས་ཡོན་ཕྲིན་ལས་བསྟོད༔

KU   **SUNG**   **THU**   **YON**   **TRIN LAE**   **TOE**
cuerpo   *palabra*   *mente*   *cualidades*   *actividades*   *alabar*
nirmanakaya   *sambogakaya*   *darmakaya*

Alabamos tu cuerpo, palabra, mente, cualidades y actividades.

མཆོག་དང་ཐུན་མོང་དངོས་གྲུབ་སྩོལ༔

CHO   **DANG**   **THUN MONG**   **NGO DRUB**   **TSOL**
suprema   *y*   *general*   *sidhis, verdaderos logros*   *danos, por favor*
(budeidad)

Por favor, concede los logros verdaderos supremos y generales.

མ་ཧཱ་པཉྩ་ཨ་མྲྀ་ཏ་ཁ་ཧི༔

MA HA   **PAN TSA**   **A MRI TA**   **KHA HI**
grande   *cinco*   *amrita, elixir liberador*   *toma, por favor*

Toma las cinco grandes amritas.

མ་ཧཱ་བ་ལིཾ་ཏ་ཁ་ཧི༔

MA HA   **BHA LIN TA**   **KHA HI**
grande   *torma*   *come*

Come el gran sacrificio.

མ་ཧཱ་རཀྟ་ཁ་ཧི༔

MA HA   **RAK TA**   **KHA HI**
grande   *sangre*   *bebe*

Bebe la gran sangre.

མ་ཧཱ་སརྦ་པུ་ཙ་ཁ་ཧི༔

MA HA   **SAR VA**   **PU TSA**   **KHA HI**
grande   *todo*   *ofrendas*   *come*

Come las grandes ofrendas.

Hung. Invitamos a todos los vidyadaras, ¡por favor, venid! Ofrecemos las ofrendas externas, internas y secretas reunidas. Confesamos humildemente nuestras faltas, infracciones, errores, confusión y pedimos perdón. Alabamos tu cuerpo, palabra, mente, cualidades y actividades. Por favor, concede los logros verdaderos supremos y generales. Toma las cinco grandes amritas. Come el gran sacrificio. Bebe la gran sangre. Come las grandes ofrendas.

དགེ་བསྔོ། DEDICACIÓN DEL MÉRITO

དགེ་འདིས་བླ་མ་ཁྱེད་འགྲུབ་ནས།

GE	DI	LA MA	KHYE	DRU	NAE
virtud	*por esta*	*gurú*	*tu*	*práctica*	*tener*

Por la virtud de realizar tu práctica,

འགྲོ་ཀུན་ཉིད་དང་དབྱེར་མེད་ཤོག།

DRO	KUN	ÑI	DANG	YER ME	SHO
seres vivos	*todos*	*tú mismo*	*y*	*inseparables*	*deben*

que todos los seres se vuelvan inseparables de ti, nuestro gurú.

འཇིག་རྟེན་བདེ་བའི་དཔལ་ལ་སྤྱོད།

YIG TEN	DE WE	PAL	LA	CHOE
mundana	*felicidad*	*gloria*	*con*	*disfrutar*

Que todos disfrutemos de la rica felicidad de este mundo y tengamos

རིག་འཛིན་བླ་མའི་བཀྲ་ཤིས་ཤོག།

RIG DZIN	LA ME	TRA SHI	SHO
Vidyadara	*del gurú*	*auspicioso*	*debe ser*

la buena fortuna de nuestro gurú consciente.

Por la virtud de realizar tu práctica, que todos los seres se vuelvan inseparables de ti, nuestro gurú. Que todos disfrutemos de la rica felicidad de este mundo y tengamos la buena fortuna de nuestro gurú consciente.

ཕན་པར་བསམས་པ་ཙམ་གྱིས་ཀྱང་།

PHEN PAR	SAM PA	TSAM	GYI	KYANG
beneficio	*pensar*	*solo*	*por*	*incluso*

Si el mero pensamiento de ayudar a los demás

སངས་རྒྱས་མཆོད་ལས་ཁྱད་འཕགས་ན།

SANG GYE	CHO	LAE	KYE PHA	NA
budas	*ofrenda*	*que*	*excelente*	*así*

es más excelente que la alabanza a los budas,

སེམས་ཅན་མ་ལུས་ཐམས་ཅད་ཀྱི།

SEM CHEN	MA LUE	THAM CHE	KYI
seres sensibles	*sin excepción*	*todos*	*de*

no es necesario ni siquiera mencionar la grandeza de esforzarse

བདེ་དོན་བརྩོན་པ་སྨོས་ཅི་དགོས།།

DE DON	TSON PA	MOE	CHI	GOE
beneficio	*esfuerzo*	*decir*	*qué*	*necesidad*

por la felicidad y el bienestar de todos los seres sin excepción.

Si el mero pensamiento de ayudar a los demás es más excelente que la alabanza a los budas, no es necesario ni siquiera mencionar la grandeza de esforzarse por la felicidad y el bienestar de todos los seres sin excepción.

སྤྱོད་འཇུག་ལས།

Estrofa de Una guía para el camino del bodisatva de Shantideva.

Notes

1. Cuando el deber de Amitaba en Dewachen haya terminado, Avalokitésvara (Chenrezi) tomará el relevo, rescatando a aquellos que pronuncien su nombre. Y cuando el servicio de Chenrezi haya terminado, Vajrapani tomará el relevo.

2. Manjushri, Vajrapani, Avalokitésvara, Ksitigarba, Sarvanivaranabiskumbi, Akashagarba, Maitreya, Samantabadra

3. Todo en esta isla mandala simboliza la purificación del samsara.

4. Los cinco skandas constituyentes son: forma, sentimiento, percepción, asociación y conciencia..

5. Los dieciocho datus son: los seis órganos de los sentidos, los seis objetos de los sentidos, y las seis consciencias de los sentidos. Las dakinis residen en todos los aspectos del sujeto y el objeto; están presentes por todas partes.

6. Padmasambava permanece en nuestro propio cuerpo, en los constituyentes, la carne, la sangre, el pelo, etc..

7. Secretamente, Padmasambava permanece en nuestra propia mente como la claridad de la felicidad y la vacuidad inseparables.

8. La esfera es la presencia de la mente en nuestro corazón; es el potencial del vacío.

9. No es conocido en absoluto por los que vagan en la ignorancia y el sufrimiento del samsara.

10. Sin actividad dualista. Este es el lugar y la naturaleza de Padmasambava.

11. De la forma más secreta, no se necesita más acción y así Padmasambava descansa en el estado natural.

12. La forma implacable de la mente iluminada, una forma airada de Padmasambava..

13. Además, el rey no está separado de su reino.

14. Esto se parece a la muerte física real, pero significa una meditación profunda que corta la conexión con, y la implicación en, las apariencias samsáricas de este mundo. En un estado inconsciente de las apariencias, uno puede viajar directamente a Zangdopalri, guiado por las dakinis y los protectores, y encontrarse directamente con el propio Padmasambava y obtener sus enseñanzas y bendiciones. Este es el final de la existencia ordinaria de sufrimiento confundido.

15. Cuando muera, quiero ir a la ciudad de Padmasambava y que su círculo, las dakinis, toquen música a mi llegada para hacerme feliz. Pero si no practicamos ahora, ¿cómo podremos practicar cuando muramos? Zangdopalri está muy cerca; puedes ir andando. Imagina que Padmasambava te ha invitado y que envía gente a recibirte. Cada vez que vayas a algún sitio piensa que Zangdopalri está cerca y que estás caminando hacia allí. Este es el primer paso de la transferencia (Phowa). En la tradición Ñingmapa, muchas personas han obtenido buenos resultados con esta práctica y han realizado cuerpos de arco iris. Debes practicar como te resulte más fácil y según tu deseo. Necesitas fe y visualización. Pero sin práctica no obtendrás ningún resultado.

16. Las cinco vías en el camino hacia la iluminación son Gyur Lam, Thong Lam, Gom Lam y Thar-Chin-Pe Lam.

17. Los diez estadios o niveles de los bodisatvas son: Muy gozosa,

Inmaculada, Iluminadora, Resplandeciente, Difícil de conquistar, Manifiesta, Alejamiento, Inquebrantable, Excelente Inteligencia y Nube de la doctrina.

18. Las cinco vías de los vehículos causales: la vía de las provisiones, la vía de la conexión, la vía de la visión, la vía de la meditación y la vía del no más aprendizaje.

19. Los cuatro rangos de sabios o sostenedores de la presencia: el sostenedor de la presencia de la maduración (Namin), el sostenedor de la presencia del poder sobre la duración de la vida (Tsewang), el sostenedor de la presencia del gran sello (Chagchen), el sostenedor de la presencia espontánea (Lhundrup).

20. Puedes cambiar esta última línea según tu práctica principal actual, sustituyendo Padmasambava por el nombre de tu deidad de meditación.

སྣང་བ་མཐའ་ཡས་

NANG WA THA YE
Amitaba
(en Dewachen)

ཆེ་མཆོག་ཧེ་རུ་ཀ་

CHEM CHO HE RU KA
Gran Heruka excelente
(en el mandala de Heruka)

སྤྱན་རས་གཟིགས་དབང་

CHEN RE ZI WONG
Avalokitésvara
(en Potala)

ཨཱཪྻ་ཏཱ་རེ

AR YA TA RE
Tara (en Yulokod)

21. Los trece adornos del sambogakaya son 5 prendas de seda y 8 joyas ornamentales. Los elementos individuales varían en los distintos listados.

Oración de dedicación

བསོད་ནམས་འདི་ཡིས་ཐམས་ཅད་གཟིགས་པ་ཉིད།

SO NAM   DI   YI   THAM CHE   ZI PA   ÑI
mérito, virtud   este por   todo   ver   de verdad

Que por este mérito pueda yo llegar a ser omnisciente.

ཐོབ་ནས་ཉེས་པའི་དགྲ་རྣམས་ཕམ་བྱེད་ཅིང་།

THOB   NAE   ÑE PE   DRA NAM   PHAM YE CHING
obtener entonces pecaminosos enemigos   derrotar

Entonces, derrotando a todos los enemigos perturbadores,

སྐྱེ་རྒ་ན་འཆིའི་རྦ་ཀློང་འཁྲུགས་པ་ཡི།

KYE   GA   NA   CHI   BA LONG   TRU PA   YI
nacimiento vejez enfermedad muerte maremoto en movimiento,   de
*   lanzado y arrastrado*

a donde [los seres] son lanzados y arrastrados por las olas del nacimiento, la vejez, la enfermedad y la muerte,

སྲིད་པའི་མཚོ་ལས་འགྲོ་བ་སྒྲོལ་བར་ཤོག ||

SI PE   TSHO LAE   DRO WA   DROL WAR   SHO
del mundo, del samsara océano del   seres   liberar   pueda

que pueda liberar[los] del océano del samsara.

Que por este mérito pueda yo llegar a ser omnisciente. Entonces, derrotando a todos los enemigos perturbadores, que pueda liberar a todos los seres del océano del samsara, donde son lanzados y arrastrados por las olas del nacimiento, la vejez, la enfermedad y la muerte.